ORFEU EXTÁTICO NA METRÓPOLE

NICOLAU SEVCENKO

Orfeu extático na metrópole

São Paulo, sociedade e cultura nos frementes anos 20

2ª edição

Copyright © 1992, 2024 by Nicolau Sevcenko

Grafia atualizada segundo o Acordo Ortográfico da Língua Portuguesa de 1990, que entrou em vigor no Brasil em 2009.

Capa
João Baptista da Costa Aguiar sobre *O homem racional* (1928), de Nicola Diulgheroff, óleo sobre tela, 113,5 x 99 cm, e, no detalhe, *Fantasias arquitetônicas: 101 composições,* nº 33 (1933), de Iakov Chernikhov

Diagramação do caderno de fotos
Ettore Bottini

Vinhetas
No frontispício, ilustração de Jean Cocteau para a capa de seu *La Machine Infernale* (Paris: Bernard Grasset, 1934)/ © Adagp/ Comité Cocteau, Paris/ AUTVIS, Brasil, 2023. Na p. 432, *Original Art Deco Designs,* placa 71, de William Rowe (Estados Unidos: Dover Publications, 1973)

Preparação
Christina Binato

Índice remissivo
Beatriz Calderari de Miranda e Maria Claudia Carvalho Mattos

Revisão
Andrea Souzedo e Eduardo Russo

Atualização ortográfica
Página Viva

Dados Internacionais de Catalogação na Publicação (CIP)
(Câmara Brasileira do Livro, SP, Brasil)

Sevcenko, Nicolau, 1952-2014
    Orfeu extático na metrópole : São Paulo, sociedade e cultura nos frementes anos 20 / Nicolau Sevcenko. — 2ª ed. — São Paulo : Companhia das Letras, 2024.

    Bibliografia
    ISBN 978-85-359-3482-3

    1. São Paulo (SP) — Civilização 2. São Paulo (SP) — Vida intelectual I. Título.

23-170393   CDD-981.61

Índice para catálogo sistemático:
1. São Paulo : Cidade : História 981.61

Cibele Maria Dias — Bibliotecária — CRB-8/9427

Todos os direitos desta edição reservados à
EDITORA SCHWARCZ S.A.
Rua Bandeira Paulista, 702, cj. 32
04532-002 — São Paulo — SP
Telefone: (11) 3707-3500
www.companhiadasletras.com.br
www.blogdacompanhia.com.br
facebook.com/companhiadasletras
instagram.com/companhiadasletras
twitter.com/cialetras

aos mestres
Sérgio Buarque de Holanda e
Rui Galvão de Andrada Coelho
em memória

Mesmo nesse nosso mundo, que os homens se aplicam em adaptar às suas legislações artificiosas, tudo nos ensina que o sucesso e o insucesso ocorrem indistintamente para os bons e para os maus. O mundo, na realidade, não foi arrumado ao gosto dos homens, como um tabuleiro de xadrez. A injustiça faz-se lei contra todas as inconveniências. Poucas pessoas têm a coragem ou a impertinência de refletir sobre essas coisas. E, certamente, não convém que muitos homens se percam em imaginações que dissipam a vontade e liquidam o gosto de viver. Nós não fomos postos nesse mundo para descobrir as verdades e sim para achar as conveniências.

Sérgio Buarque de Holanda, *Raízes de SBH*

Conforme nos sugere a lenda do Imperador e as flores exóticas, os atos que satisfazem à imaginação são: a revelação, a confirmação, a classificação e o contraste. O que ela não tolera, porém, são a dessintonia, a descontinuidade, a desserialização e a dissemia.

Rui Galvão de Andrada Coelho, anotações de aula

A filosofia é a batalha contra o enfeitiçamento da nossa inteligência por meio da linguagem.

Ludwig Wittgenstein, *Philosophical Investigations*

Sumário

Prefácio: Hermenêutica e narrativa — *Maria Odila Leite da Silva Dias*... 11

Agradecimentos... 29

Introdução... 37

1. A abertura em acordes heroicos dos anos loucos.................43
   Carnaval na Babilônia.. 44
   Mobilização permanente..70
   Do Águia de Haia ao Águia dos Ares........................... 110

2. Os maquinismos de uma cenografia móvel...................... 131
   Danças no escuro e a céu aberto................................... 131
   Exposição Universal bizarra 155
   Alerta geral no "front interno"..................................... 182

3. O vento das trincheiras é quente.................................... 217
   Sedições de sonâmbulos regressivos 218
   As senhoritas de Avinhão e a arte em Parada 256
   Salve o novo!.. 282

4. Da história ao mito e vice-versa duas vezes 311
    Um Jequitibá no palco.. 312
    Panoramas do morro dos tísicos 357
    Bênção e revelações do estranhamento 385

Conclusão: Cai a noite.. 427

Lista das abreviações utilizadas... 433
Notas.. 435
Fontes e bibliografia... 479
Índice remissivo... 511
Crédito das ilustrações... 526

Prefácio
Hermenêutica e narrativa

*Maria Odila Leite da Silva Dias**

> *Todos os conceitos em que, do ponto de vista semiótico, se congregue todo um processo, esquivam-se à definição: só o que não tem história é definível.*
>
> Nietzsche, trad. Sérgio Buarque de Holanda

Historiador dos limiares do mundo moderno, Nicolau Sevcenko nos oferece um livro de leitura arrebatadora e densa, que seduz e instiga o leitor capaz de sobreviver à ansiedade cartesiana, pois procede a um exercício de árdua interpretação, evitando conceitualismos categóricos e abrindo trilhas renovadoras, desimpedidas de cadeias sistêmicas e de explicações causais. O livro, sobre os impasses históricos do momento modernista, comporta três eixos narrativos multifacetados e até certo ponto independentes uns dos outros, sugestivos de processos históricos de avassaladoras mudanças que se encadearam sutilmente no tempo: o primei-

---

* Prof.ª Titular de História do Brasil no Dep. de História da FFLCH da USP.

ro trata da urbanização acelerada de São Paulo, improvisada como aventura na trilha da especulação cafeeira, entre 1890 e 1930; o autor projeta o surgimento de identidades nacionais importadas ou mal inventadas no espaço ambíguo que separava a intelectualidade paulista das necessidades concretas de sobrevivência dos imigrantes e ex-escravos mal assimilados na urbanização de São Paulo. O segundo eixo diz respeito ao desenraizamento da cultura europeia, à revolução da tecnologia, à Primeira Guerra Mundial e à ruptura com os parâmetros epistemológicos do século XIX; acompanha a difusão desordenada e incongruente das condições materiais da vida urbana e industrial a partir da Europa pelo mundo afora; e revela as ambiguidades das engrenagens do advento no Brasil de uma cultura europeia de massas e, mais especificamente, o seu choque com o espírito modernista de experimentação e busca de novas possibilidades culturais. O terceiro e último eixo do livro analisa a cultura europeia de massas e o surto do modernismo paulista; confronta a dialética das mudanças desencadeadas pela urbanização com as possibilidades de criação cultural num meio colonizado pela presença europeia e exacerbado por novas formas de mobilização tecnológica.

O historiador articula uma rede de inter-relações interpretativas dos efeitos da urbanização sobre a vida cotidiana e cultural a partir de um prisma distanciado de crítica, construindo pontes a sugerir ligações entre o modernismo e o fortalecimento do Estado: a busca de uma linguagem poética fragmentária, disposta às inovações, e o mito fascista; o surgimento de uma nova consciência de brasilidade a prometer rupturas com o passado autoritário e a revolução de 1930; a nova identidade brasileira, essencialmente cosmopolita, vislumbrada pela experiência urbanizadora, que prometia possibilidades inéditas e no entanto mantinha estreitas ligações de dependência com a vida cultural de Paris, ainda mais acirradas pelos novos meios de comunicação, pelas artes gráficas, pela imprensa, pelo cinema com repercussões marcantes na arte e na imaginação poética dos modernistas.

A fim de reviver na sua própria concretude histórica as mudanças de vida aceleradas pela urbanização, o autor estabelece certa ponte de empatia e de convívio entre o público leitor e as duas primeiras gerações de homens desenraizados, que sonharam um mundo novo e viveram a experiência de massificação da cultura. A conceituação do livro adere à metáfora da dança cósmica de Nietzsche (p. 251), através da qual o filósofo agitava sua inquietação demolidora de ideias herdadas e valores fixos, despertando a imaginação dos homens das últimas décadas do século XIX para a historicidade do sujeito e a temporalidade das verdades tidas como perenes. Para Nicolau Sevcenko o sentido metafórico do movimento também simboliza o anti-intelectualismo, que foi parte integrante do esforço demolidor das convenções e formas herdadas. Com essa intenção compraz-se numa passagem em que Paul Valéry corporifica esse ímpeto criativo (pp. 228-9) e lembra Max Jacob, que apreendia a vida como um tango, ou Scott Fitzgerald ao batizar a década de 1920 como "a era do jazz" (p. 256). Em *Orfeu extático na metrópole,* ao estudar a urbanização de São Paulo, o autor inicia com um parágrafo sobre a moda dos chás dançantes e das associações recreativas, com seus ritmos e freges frenéticos, e culmina com a imagem da cidade como palco iluminado e com a análise do Carnaval como ação rítmica ritualizada a refletir a vida da própria cidade (pp. 149-55).

Elucidar o leitor e sensibilizá-lo para esse movimento obriga-o à hermenêutica de processos culturais tensos, que o autor interpreta com recursos dialéticos surpreendentes, através de contrastes, nuanças e projeções sutis. Descreve condições novas de vida material e novas formas de representação do provisório, do contingente e do fragmentário: o devir das coletividades, a diluição dos valores comunitários herdados, o choque com os pressupostos do individualismo racionalista e da cultura ilustrada, a busca de novos condicionamentos e formas de expressão, assuntos já amplamente descritos nas polêmicas em torno à critica da modernidade e da urbanização nos ensaios de Walter Benjamin e da escola crítica de Frankfurt. Nicolau Sevcenko retoma com ímpeto renovador as especificidades paulistas da experiência de desenraizamento do homem moderno.

No correr desse processo, topa com a dinâmica de um mundo num vir a ser imprevisível e instável, assombrado por possibilidades opostas e em contradição aberta, definido por um movimento histórico acelerado, a prometer o fortuito, o provisório, o não determinante, construído sobre o estilhaçamento das referências estáveis e das tradições totalizantes: "Homem-máquina, máquina personalizada, mulher-energia, energia erotizada, máquina e energia transformando os ritmos e condições de vida e os seres humanos se metamorfoseando por automatismos sobrepostos, ativando seus impulsos, nervos e músculos, até romper o cerceamento de valores e preceitos que restringiam as condutas e temperavam as aspirações, liberando uma crisálida moderna, com gestos ágeis, roupas leves de corte militar, cigarro no canto da boca e o desejo irrefreável de se fundir numa força colossal, uma massa devastadora, que em avalanche sepulte o velho mundo e redesenhe um novo à sua imagem" (p. 130).

Nesse alvoroço de mudanças que exigia inovações e criatividade, esgueiram-se em contraposição tendências ameaçadoras de mobilização para a ação coletiva e uniformizadora, que viriam a gerar o planejamento, a massificação, o corporativismo autoritário. O espaço aberto para o provisório e as inovações em São Paulo tornava-se perigosamente propício a forjar identidades através da exploração do ideal de uma raça nova de homens disciplinados. "A luta contra o caos se faria pela História e aquela contra a história, por meio do mito" (p. 330). De modo que naquele momento ambas as tendências se chocavam constantemente no íntimo de cada habitante: "Aos anseios de comunidade dos desenraizados no espaço correspondiam os anseios de continuidade histórica dos desenraizados no tempo" (pp. 65-6).

O mesmo movimento pendular de tese e antítese perpassa a primeira parte do livro em que é descrito o processo de urbanização da cidade e a ritualização de movimentos de massa, como o Carnaval, o esporte, o próprio hábito do flerte, o trânsito, os comícios populares e as grandes festas de iniciativa estatal. Aos poucos a cidade se transforma num palco de ação teatral ampla e abrangente de cada indivíduo que a habita, ao ponto de tornar-se alvo da ação política de mobilização das grandes massas. O impulso inicial de automatização e excitamento das energias sensoriais liberadas nascera na Europa, com a experiência da Primeira Guerra Mundial, e se reproduzia nas atividades esportivas e nas partidas de futebol: "Seu caráter difuso, mais do que estabelecer padrões de ordem, suscita e sustenta um eriçamento dos estados de ânimo, que é tão mais produtivo quanto mais imediato, mais motor, mais coletivo e mais irrefletido" (p. 82).

Crítico da cultura, o autor toma como ponto de referência um momento de grandes transformações da sociedade, que pressupõe a necessidade de parâmetros epistemológicos novos, inclusive a redefinição do político, pois há um deslocamento do campo do poder das instituições do Estado-nação do século XIX para a esfera do privado e do cotidiano. Transformações avassaladoras tinham solapado as bases de entendimento e os valores comuns que construíam os nexos sociais e comunitários entre os homens. A Primeira Guerra Mundial teria sido o palco em que se varreram as coerências de consenso na cultura ocidental, concentrando-se simultaneamente no front estratégico e no front do cotidiano "num único e grande movimento, elétrica e mecanicamente coordenado" (p. 232).

A politização do dia a dia transformou o corpo do morador da cidade e a sua forma de percepção do mundo exterior, de modo que os indivíduos passaram a ser colonizados em seus gestos, sentimentos e na própria maneira de apreender a realidade. Encontrar novos nexos e legitimidades, que pudessem dar sentido às imensas e portentosas formas de mobilização coletiva, que a urbanização e a tecnologia de guerra punham em ação na vida de todo o dia, era um imenso desafio para todos os campos da percepção e do conhecimento. Nessa época, a tecnologia do relógio tornou possível a sincronização da medida do tempo de modo que, desde a Primeira Guerra, impôs-se uma mudança grande na forma de percepção do tempo, que passou a ser um dos componentes mais importantes dentre os fatores de mobilização geral dos corpos e das mentes dos cidadãos do novo mundo urbanizado (p. 255).

Para seres humanos criados nos valores da palavra e da razão era difícil encontrar formas de expressão que dessem sentido às transformações que ocorriam no seu cotidiano: "A emergência das grandes metrópoles e seu vórtice de efeitos desorientadores, suas múltiplas faces incongruentes, seus ritmos desconexos, sua escala extra-humana e seu tempo e espaço fragmentários, sua concentração de tensões, dissiparam as bases de uma cultura de referências estáveis e contínuas" (p. 56).

A busca de novos valores e formas de expressividade marca todo o universo dos homens europeus da década de 1920. A questão em jogo, na expressão de Walter Benjamin, era a própria sobrevivência do ser humano, atropelado por impulsos de mobilização dos sentidos que passavam a falar mais alto do que a cultura herdada. A noção de tempo mudou e com ela também a de progresso material e de tempo linear. A escola de Frankfurt traçou com pessimismo sua crítica da civilização contemporânea, pessimismo já manifestado no limiar do mundo moderno por homens como Burckhardt e Tocqueville, pioneiros da história crítica da cultura, os quais em suas obras entreviam ameaças de barbárie em meio ao impacto da modernidade sobre os valores do individualismo liberal e pressentiam a civilização europeia ameaçada.

A principal característica que marca o estilo do autor deste livro consiste no modo como lança mão de vários recursos para interpretar as mudanças de percepção e de circulação na cidade, movimentos dos corpos e a ação ritualizada da automatização urbana, a sintonia dos poetas com a fragmentação dos focos visuais e das sensações da vida na metrópole. É o que o leva a ser essencialmente narrativo e a percorrer dentro de suas possibilidades críticas privilegiadas toda uma gama de experiências culturais diversificadas. Este livro procura reconstruir diferentes aspectos da ruptura com o mundo da ordem estabelecida do século XIX, e interpretar em múltiplas temporalidades e diversos níveis de experiência as dimensões do fenômeno da urbanização através de um esforço amplo de crítica da vida cotidiana e da cultura, tanto em relação às experiências criativas com a forma na poesia, no cinema, nas artes plásticas, quanto no próprio modo de a publicidade jogar com a febre do *novo* e do *moderno*.

A elaboração de uma estética experimental teria a ver com a síndrome modernista de destruição de parâmetros do século XIX e com a busca de uma linguagem desestruturada e fragmentária, a sugerir sensações e experiências da vida urbana. Para os artistas no limiar do mundo moderno, o problema era o de destruir sobrevivências arcaicas ou anacrônicas e liberar o homem para a possibilidade de novas formas de expressão. É nesse sentido que o autor transcreve uma citação de Picasso, que definia a pintura como "uma soma de destruições" (p. 272), e lembra as imagens urbanas fragmentadas nos poemas de T.S. Eliot e a busca dos pintores por novas formas de energia ou de expressões plásticas.

Nesse sentido é que também o historismo dos fins do século XIX veio a confrontar-se com a noção de objetividade e dos *fatos* tais como eram vistos pelos positivistas na querela do método das ciências naturais e históricas. As nuanças, as tendências, os movimentos passaram a ocupar a atenção dos historiadores em vez da certeza de fatos cronológicos e periodizações específicas. A mudança do conceito de tempo linear possibilitou a representação na historiografia de uma multiplicidade de durações que podiam conviver entre si. A vida urbana sugeria essa multiplicidade de ritmos e de temporalidades diferentes a indicar a mobilidade e a temporalidade do conhecimento. Para o autor, as megalópoles "têm temporalidades e ritmos que lhes são próprios e que estão mais próximos do que qualquer outra parte dos impulsos mecânicos e automáticos dos equipamentos modernos" (p. 428).

Nicolau Sevcenko lembra Wittgenstein e sua crítica da linguagem como única teoria possível do conhecimento. A palavra se revestiria de um sentido lúdico a partir do momento que o seu sentido passava a depender do consenso do grupo, pois a prática da linguagem é que definiria suas conotações.

A multiplicidade de níveis de análise, em meio a diferentes matrizes estéticas (pp. 293-4), a capacidade de interpretação crítica numa diversidade de manifestações que vão desde a automatização do trânsito e da vida cotidiana nas cidades até a obra dos poetas modernistas como Mário de Andrade ou Manuel Bandeira ou a crítica da pintura de Picasso, Gauguin, Tarsila do Amaral ou Rego Monteiro (p. 398) é a marca principal da contribuição inovadora de Nicolau Sevcenko para a historiografia contemporânea de São Paulo e do Brasil. Ele trata de captar a atmosfera da época das grandes exposições (pp. 243 e 288) de âmbito local ou universal, e de acompanhar as diferentes tendências inovadoras, tais como o surto do cubismo ou da art déco.

O estilo é intenso e muito pessoal pois reflete a paixão e o engajamento do autor com a crítica da politização do cotidiano e do advento da cultura de massas. Essa intensidade está presente na forma como alterna na narrativa a busca das palavras capazes de reviverem experiências específicas inovadoras com o intuito crítico perspectivista. O livro é minuciosamente documentado e a pesquisa se reveste do carisma dos testemunhos da época, com os quais o autor estabelece relações de forte empatia. O perspectivismo é uma forma de interpretação inerente à historicidade do próprio conhecimento do historiador. Consiste em documentar o ponto de vista dos testemunhos da época de modo a entabular com eles um diálogo, no qual a posição do historiador enquanto intérprete se vê sempre ressaltada.

Nicolau Sevcenko construiu neste livro uma sucessão de focos narrativos descontínuos, a fim de nuançar e sugerir processos sutis e complexos que se interseccionam sem se fixarem em relações de causalidade ou de necessidade, nem de linearidade no tempo. Atualmente escreve-se muito sobre o retorno da narrativa como forma de interpretação na historiografia contemporânea. Nessa sua nova versão se trata, porém, de uma narrativa que também sofreu muitas transformações com relação à narrativa do século XIX, pois reflete diretamente a crítica da linearidade do tempo e do processo histórico evolutivo. A crítica da noção de modernidade como progresso subentende a quebra da linearidade das periodizações e a multiplicidade de sujeitos históricos. O sujeito humano universal cede a uma pluralidade de sujeitos. O empenho nesse caso é o de construir abordagens parciais sob o pano de fundo do relativismo cultural.

Neste livro, o tempo linear é substituído por uma multiplicidade de durações, que se sucedem nos capítulos que têm como foco central assuntos específicos, urdidos entre si na movimentação do tema central da crítica da modernidade e da vida urbana.

São características comuns ao que existe de melhor na historiografia contemporânea, que é eminentemente narrativa, na medida em que tende a ser configurativa. O historiador procura construir múltiplos focos narrativos, correspondendo à disseminação de sujeitos e de temporalidades diversas e a sua interação recíproca. Cada conjuntura tem o seu próprio centro de significados, e a interpretação crítica do processo peculiar de urbanização de São Paulo inspirou-se em estudos afins de análise da urbanização de Paris tal como esboçada no estudo de Walter Benjamin sobre as arcadas da rua de Rivoli ou o de Carl Schorske sobre as reformas urbanas de Viena na belle époque. Os esforços de Haussmann ou de Antônio Prado confluiriam nesse sentido da concretização do mito da ação dirigida ou disciplinada (pp. 173-4).

A primeira parte do livro, que descreve e interpreta o processo de urbanização de São Paulo, é intensamente perspectivista, pois consiste na documentação da experiência de desenraizamento de cronistas, jornalistas anônimos ou não, com quem o autor estabelece uma sintonia para apreender ao vivo um fenômeno de quebra de identidade, que depois se apagaria da consciência dos testemunhos de época. Cada um dos temas muito específicos dos primeiros capítulos refere constantemente a citações de trechos de jornalistas contemporâneos dos fatos narrados. Por intermédio deles, o historiador capta em crescendo a perda de identidade individual face ao superestranhamento que se impôs como estado visceral da crise de crescimento da cidade.

O perspectivismo é cuidadosamente ressaltado não apenas no encadear de citações, na vida dos testemunhos do surgimento dos rituais comunitários nos quais os homens, enquanto indivíduos, se transformam em sensações encadeadas por impulsos mais amplos que vêm de fora: o futebol, as corridas de carro, o Carnaval, as enchentes, o espetáculo dos voos pioneiros rasantes sobre multidões delirantes. Trata-se de um lapso de consciência antes do mergulho nas sombras do esquecimento acarretado pela nova identidade automatizada da cidade.

Esse diálogo pressupõe pontes de comunicação entre o escritor e seus testemunhos, que provêm de problemas e dúvidas colocados pelo historiador a partir da sua inserção no mundo atual. Esse ponto de encontro e de fusão de experiências de vida de épocas bem diferenciadas depende das possibilidades do historiador de trabalhar essa linha do horizonte entre o presente e o passado. Georg Gadamer procurou retratar o aspecto dialógico da interpretação através da metáfora da linha do horizonte, onde os problemas apresentados pelo historiador, a partir de um ponto preciso de inserção no mundo contemporâneo, na medida em que haja um ponto de fusão ou de interseção dessas indagações, possibilitam o diálogo com testemunhos do passado.

Esse ponto na linha do horizonte, entrevisto por Georg Gadamer, tem sua réplica na busca de Nicolau Sevcenko por um ponto de interseção comum entre o historiador e os jornalistas da época. São muitas as citações e frequentes as referências aos jornalistas, com os quais partilha a experiência única de testemunhar um momento de ruptura histórica. Ali e somente naquele momento preciso, documentado nas fontes da imprensa da época, é que se tornava tangível a experiência da perda de identidade dos cidadãos da cidade de São Paulo e de automatização dos sentidos do indivíduo. A faina de mobilização dos sentidos e de imposição de rituais de ação coletiva "tendia a ficar obscurecida e pouco visível, escondida dos próprios homens à qual se viam expostos". Por isso, o autor de *Orfeu extático na metrópole* dedicou-se à hermenêutica da cidade e do moderno, chamando a atenção do leitor para o seu trabalho sinistro de ofuscação da consciência e da memória.

Em inúmeras passagens o historiador procura analisar esse ponto de interseção de experiências vividas ou de expectativas de experiências futuras, onde passado e presente se projetariam no futuro.* É o caso do fanatismo quase religioso com que os fãs do cinema passam a viver os personagens dos filmes. Esse ponto de dissolução seria o momento de ruptura da herança do individualismo racional com a nova experiência de vida urbana desenraizadora dos sentidos e das possibilidades de sintonia entre valores díspares de épocas que se afastavam e se tornavam intraduzíveis uma para a outra. "Essa esfinge moderna também amaldiçoa os que não são capazes de decifrá-la, muito embora a sua pluralidade desconcertante e metamórfica resista à fixidez de quaisquer fórmulas explicativas ou mesmo à opacidade das linguagens codificadas" (pp. 39-40).

Pode-se discutir (e nisso o livro é instigante e polêmico) a procedência desse radicalismo que opõe de modo tão drástico o mundo do indivíduo, da razão ou da palavra ao mundo das sensações fragmentadas, da ação ritualizada e da cidadania das emoções conturbadas (pp. 137-8 e 361). Gadamer, por exemplo, elabora a hermenêutica da continuidade das tradições num mundo em transformação, e poder-se-ia sempre argumentar que as heranças do passado não existiam em São Paulo, onde o tráfico de escravos e o contínuo deslocamento da população já tornara o desenraizamento uma condição permanente da sociedade colonial.

Para Nicolau Sevcenko, há ruptura e perda de identidade, de modo que, a partir de certo momento, tornar-se-ia difícil, senão impossível, dar a palavra ao outro enquanto magia do desconhecido ou da diferença e do exotismo, intraduzível "por pertencer a um quadro de linguagens, referências, valores e símbolos fundamentalmente desconhecido e de remota possibilidade de superação" (p. 244).

---

* Reinhart Koselleck, *Future's Past. On the Semantics of Historical Time*, Nova York, MIT Press, 1985, p. 273.

A propósito do projeto de um livro que Victor Segalen nunca chegou a publicar, *O exotismo, uma estética do diverso*, Nicolau Sevcenko identifica a figura do exota: "O exota é assim um ser aureolado por existir numa dimensão que está sempre além da dos homens com quem ele convive. O cultor da diferença encarna ele próprio o princípio e a sedução hipnótica do inefável. Os homens se estiolam na reprodução massiva da identidade, o exota arde sob a energia do sol perpétuo do mundo do Outro [...] É pela Diferença, é no Diverso que se exalta a existência" (pp. 245-6).

A busca da documentação do outro, da marcação da diferença, consiste justamente na multiplicação de uma pluralidade de sujeitos, em vez do Sujeito abstrato universal proposto por Descartes. É o que inspira a aproximação da observação empática do viajante, ou peregrino romântico, com o conhecimento participante do antropólogo perspectivista ou do historiador do presente, que se esforça por interpretar o texto de um testemunho do passado. Clifford Geertz refere-se a esse ponto de interseção ou à perspectiva do intérprete que se põe no ponto de vista do outro, como a buscar a hermenêutica da diferença através de uma sintonia ou compreensão no sentido do termo tal como existia para os cientistas sociais contemporâneos de Georg Simmel ou de Max Weber. O conhecimento nas ciências humanas implica uma margem de discernimento entre um conhecimento supostamente objetivo ou científico e a hermenêutica propriamente dita, que pressupõe certa empatia ou conhecimento participante, certa forma de sintonia entre o historiador e o objeto de estudo que constrói (pp. 427-8), como o autor de *Orfeu extático na metrópole* estabelece com seus leitores.

O autor, essencialmente interpretativo, traduz bem no seu estilo narrativo as possibilidades desse conhecimento, no qual sujeito e objeto se sintonizam e se fundem para captar vivências críticas e documentá-las ao vivo. Há momentos em que ele se identifica com a voz de um poeta, como T.S. Eliot, ao compor "Rhapsody on a Windy Night", em Paris, em 1911, para logo distanciar-se marcando a passagem crítica que os separa no horizonte do conhecimento possível: "Mais do que cogitar que espécie de licor ele tomou, talvez devêssemos nos perguntar se estamos de fato dispostos a aceitar o copo que ele nos oferece" (p. 42).

Na última parte do livro, Nicolau Sevcenko dialoga intensamente com Blaise Cendrars, cujo depoimento poético analisa de perto revivendo sua maneira de captar a urbanização de São Paulo como "uma situação surrealista transformada em experimento social: a cidade era em si mesma uma audaciosa obra de arte modernista" e o poeta sabia incorporá-la na irregularidade de suas estrofes, que desafiavam a sua percepção de espaço mais do que as convenções estéticas: "Suas acumulações paratáticas de elementos conflitantes introduzem a confusão nos nossos sentidos mais do que na nossa compreensão" (p. 408).

É justamente na empatia que estabelece com Blaise Cendrars que o historiador discerne o ponto crítico de interseção capaz de transmitir o momento preciso de ruptura de um mundo para o outro. Ele, o historiador, e o poeta-soldado, Blaise Cendrars, fazem ambos parte de um mundo estilhaçado. O parto se dera na noite em que Guillaume Apollinaire pressentiu o que representaria a guerra como ruptura da consciência e da memória. Consumado o parto, todos se viram arrastados no turbilhão dos novos tempos em que testemunhos e observadores, modernistas e fascistas já não se distinguiam mais com clareza uns dos outros. Também se identifica com Manuel Bandeira, o poeta do contingente, da alienação do indivíduo, da solidão e do fortuito.

Este livro reavalia, num crescendo pessimista de fim de século, os custos irredimíveis da modernidade. Do início ao fim, o autor debate e opõe sempre em tensão dialética as possibilidades da consciência e da memória, da nova percepção do homem moderno face às ameaças da ação ritualizada, coletiva, anuladora das resistências do indivíduo e da sua possibilidade de crítica. Ao abordar o modernismo, ressalta o evento da Semana de Arte Moderna entre toda uma programação maciça de festas cívicas que se sucediam na cidade, como a procurar um ponto de vista mais amplo e mais distanciado das crônicas de época, que lhe possibilitasse uma abordagem ao mesmo tempo mais estrutural e mais desprendida: "O quadro todo como se vê, pelo que implicava de dissipação de balizas, liberação de impulsos, incorporação estrutural da incerteza e do fortuito, ênfase na mobilização física, muscular, reflexa, inconsciente, era particularmente propício para a repotencialização dessa outra entidade arcaica e regressiva, o mito" (p. 429).

No último capítulo, ao estudar os modernistas paulistas e seu enquadramento ambíguo na sociedade urbana, procura uma redefinição profunda da política no âmbito da cultura moderna, que tinha superado de certa forma as dualidades tradicionais do século XIX, já sem expressão no mundo urbanizado. A politização do privado e a privatização do público são dimensões novas que se impõem à interpretação crítica do historiador e o compelem a transcender as referências formais da política daquele período, com seus programas, partidos, plataformas e marcos cronológicos anacrônicos. A transição inexorável da modernidade para o mito da ação automatizada e para a magia dos rituais políticos de massa tinha de certa forma transcendido as categorias antiquadas das oligarquias no poder, já minadas pela força das transformações da cidade de São Paulo, embora pudesse não ser aparente para os contemporâneos dos acontecimentos. A dualidade do público e do privado já não se sustentava mais ante o processo gigantesco da metrópole e da cultura de massas; é bem verdade que também no passado colonial das oligarquias locais nunca tinha sido um polo norteador do espírito cívico.

Entretanto, o aparato hegemônico das oligarquias paulistas transformava-se num ritmo um pouco mais lento do que a imaginação dos modernistas. O autor busca documentar as especificidades do meio urbano particularmente vulneráveis a impulsos coletivistas xenófobos ou a mobilizações nacionalistas. Descreve os voos rasantes com que Washington Luís comemorou sua posse no governo paulista (p. 119). Revive os frêmitos do culto ao herói da aviação Edu Chaves, os grandes ajuntamentos de multidões compassadas, assim como a construção de monumentos históricos à Independência, às Bandeiras, a Olavo Bilac propiciando grandes festas cívicas (pp. 143-4). Analisa a transformação do Carnaval numa grande festa animada pela toxina amarga do agravamento das tensões sociais e da pauperização (p. 153).

Neste trabalho de história da cultura e da urbanização, Nicolau Sevcenko demonstra grande habilidade em documentar as mediações sociais mais concretas do surgimento do cosmopolitismo urbano da cidade de São Paulo. O capítulo em que estuda o processo de especulação fundiária e o planejamento urbano é uma contribuição inovadora e cheia de informações para o movimento global do seu trabalho (pp. 154-6). Da mesma forma, a parte em que estuda as condições de vida urbana nos bairros mais pobres e o agravamento da questão social também demonstra muita pesquisa e grande sensibilidade para interpretar formações sociais em crise (pp. 182-216). Em outra passagem, expõe o quanto as circunstâncias locais de São Paulo se distinguiam das do Rio de Janeiro, onde uma série de crises locais dificultava manifestações jacobinas.

Entretanto, na perspectiva do processo mais global da modernidade e da urbanização, o autor procura transcender as dimensões da política conjuntural da época, que a seu ver permanecia enquadrada em símbolos e instituições do século XIX. A figura política de Getúlio Vargas e o evento de 1930 eram mais do que crises políticas, pois se referiam a uma escala colossal de comoção pública.

O autor acena com tendências da arte moderna, de certa forma incorporadas no processo de urbanização e de populismo autoritário, na direção das ideologias totalitárias e orgânicas. A arte moderna antes de ser mistificada surgira como campo de experiências inovadoras, a partir de parâmetros concretos, que se organizavam de modo puramente relacional, "em arranjos arbitrários e provisórios" (p. 266). Por isso, ao traçar a hermenêutica do *moderno* (pp. 282ss), Nicolau Sevcenko cuidou de desmistificar o sentido arregimentador da arte moderna. É o que procura explicitar na crítica do balé *Parade*. Para o historiador crítico da poesia, da música e da arte modernistas, restava o apelo à possibilidade de um distanciamento compatível com a mobilidade e a liberdade do indivíduo.

Por afinidades eletivas, discerne na participação de Sérgio Buarque de Holanda no movimento modernista um caminho radical, independente das mobilizações, dos partidos, da política tradicional, das tendências à remodelação orgânica e compulsiva da cultura (pp. 428-9): a possibilidade de viver em movimento sem que a vida perdesse sua consistência (p. 417); a certeza de que o pensamento significativo para sua época seria necessariamente apolítico e abrangente de novas percepções do social (p. 431). Para esse intelectual pioneiro do modernismo, "a obra de arte não exprime nunca uma solução, mas simplesmente uma atitude. Diante de cada questão que se propõe um determinado momento é sempre possível a nós tomar um ponto de vista novo".

Na conclusão de seu livro, ao fazer a crítica da abrangência do mito da ação coletiva e da faina nacionalista de brasilidade tropical, Nicolau Sevcenko acena para o pequeno gato cinza do poeta do Curvelo, como símbolo da possibilidade de um estilo individual de vida, e agita um pequeno resquício de esperança na perspectiva crítica do historiador Sérgio Buarque de Holanda, que acreditava na possibilidade de um estado de desprendimento, propício "à reavaliação crítica permanente do fluxo erradio das circunstâncias" (p. 432): "Só à noite enxergamos claro".

São Paulo, 13 de junho de 1992

Agradecimentos

Este trabalho foi parte escrito em Londres, parte em São Paulo. Quando iniciei esta pesquisa em 1986, a Universidade de Londres vivia um clima agitado, pela comemoração do seu sesquicentenário. Os debates e polêmicas se multiplicavam por todos os lados e vi meu projeto original de pesquisa mudar de configuração sucessivas vezes, até assumir uma feição completamente diversa daquela com que eu aterrissara no Reino Unido. O ambiente afetuoso que eu encontrei no Instituto de Estudos Latino-Americanos da Universidade de Londres foi um desmentido taxativo e providencial à propalada contenção de sentimentos genericamente atribuída aos britânicos. Gostaria portanto de manifestar a dívida substancial que este trabalho tem para com os diretores do ILAS, professor John Lynch em 1986 e professor Leslie Bethell do ano seguinte em diante. O professor Leslie Bethell estendeu nossa relação acadêmica para uma amizade pessoal e pude assim desfrutar de um convívio marcado por momentos gratificantes, junto ainda muitas vezes à sua mulher Felicity Guinness, familiares e amigos. Outras pessoas para com quem minhas dívidas não têm limites são o professor David Treece e sua mulher, professora Glenn Dawkins, de quem tive repetidas vezes o privilégio de ser hóspede, e que acabaram se tornando quase uma segunda família para mim, tamanho o afeto que lhes tenho e que sinto ser recíproco. Desdobraram-se para o plano carinhoso também as relações com o professor William Howe e sua mulher, assim como com o professor John Gledson, que tornou inesquecíveis as minhas viagens a Liverpool. Foram também extremamente fecundos os contatos com os colegas do ILAS, professores Ian Roxborough, Colin Lewis, Fred Parkinson, sem contar essa autêntica glória que foi dividir a sala 33 do prédio nº 35, em Tavistock Square, com o professor Eric Hobsbawm. Meu enriquecimento contínuo foi ainda alimentado pelos contatos estimulantes com os colegas do Centro de Estudos de Cultura Latino--Americana, professores Vivian Scheling e John Kraniauskas, assim como com a professora Dawn Ades, da Universidade de Essex. Quanto ao pessoal técnico do ILAS, na impossibilidade de nomear todos, gostaria de evocar ao menos o dr. Anthony Bell, a impagável Hazel Aitken e a equipe da biblioteca, Alan Biggins, Valerie Cooper e Pamela Decho — salvação segura nas muitas horas de aflição e pânico, apoio oportuno na pesquisa, vibração e euforia nas festas.

Em São Paulo, concentrei minhas pesquisas nas várias bibliotecas da FFLCH da USP, estendendo as consultas também para as da Faculdade de Direito, FAU, ECA, Instituto de Estudos Brasileiros, Instituto de Estudos Avançados e do Museu de Arqueologia e Etnologia, a cujos funcionários agradeço a atenção e o apoio. Cabe um destaque especial ao Centro de Apoio à Pesquisa Histórica, dirigido pelo professor José Sebastião Witter, onde meus esforços foram mais prolongados, explorando ao limite a paciência dos funcionários e técnicos, que me retribuíram no entanto com uma generosa amizade. Utilizei ainda a biblioteca do Instituto Histórico e

Geográfico e a B. M. Mário de Andrade e prezo aqui a solicitude de atendimento que encontrei em ambas. Vários colegas do Departamento de História acompanharam o andamento desta pesquisa, me fornecendo preciosas indicações, referências, informações e esclarecimentos que se incorporaram ao trabalho. É o caso dos professores Augustin Wernet, Arnaldo Daraya Contier, Edgard Carone, José Sebastião Witter e do nosso habitual visitante, o professor Thomas Skidmore. O professor Elias Thomé Saliba, mais que um apoio, foi um cúmplice de ideias, as quais foram fertilizadas também pela professora Maria Inez Machado Pinto e pelos professores Agnaldo Aricê Caldas Farias, George Crespan e Nelson Schapochnick. Acima de tudo, porém, gostaria de ressaltar uma vez mais a dívida intelectual que tenho para com essa que vem sendo a minha orientadora desde a graduação e a quem devo a definição da minha carreira, a professora Maria Odila Leite da Silva Dias.

Fiz esta pesquisa sem nenhum apoio financeiro, em condições precárias, sem recursos materiais ou técnicos adequados que aliviassem minha condição de monge copista, via de regra mal instalado, em ambientes mal-iluminados para minha vista vacilante e lutando para tentar burlar os horários de fechamento de bibliotecas e arquivos. Nada de heroico nisso, é só deprimente. E é revelador também das condições que cercam quem insiste em se dedicar à ciência a sério no nosso país. Gostaria de agradecer, muito, às agências que financiaram minhas viagens aéreas, em especial o British Council, por meio do seu escritório em São Paulo, dirigido pelo sr. John Todd, com o apoio do sr. Michael Winter; à Konrad-Adenauer-Stiftung da República Federal da Alemanha, por intermédio do seu representante, professor George Sperber; à Fapesp, por intermédio do seu diretor-científico, professor Flávio Fava de Morais, e ao CNPq.

Nas condições em que trabalhei, o apoio dos amigos no momento da produção material deste texto foi decisivo. Por todo lado alguém me deu uma mão, na datilografia, tentando tornar legível meu manuscrito criptográfico, na digitação, nas cópias, nas revisões, no arrolamento das fontes etc. A Editora Scipione, por intermédio de seus diretores Luís Esteves Sallum e Antonio Nicolau Youssef, me facultou generosamente o uso de seus equipamentos e o auxílio de funcionários, dentre os quais foi de estratégica valia o de Vanderlei Marco Stravinski. O editor e bibliófilo José de Souza Pessoa me emprestou inúmeras obras básicas, desde o início da pesquisa, além de indicar e sugerir fontes. O engenheiro Homero Basani foi providente na composição da bibliografia. A professora Sandra Carletti se desincumbiu da organização do memorial. Genima Screpanti, Adalberto Luís de Oliveira e Hormando Céspedes Jr. lutaram para transformar meu manuscrito em letra, dando corpo e visibilidade ao texto. Andréa Cozzolino, Paulo Migliacci, Dulce Seabra e Christina Binato reviram as provas. Pela minha sobrevivência física, na extenuante arrancada final, zelou Joana Costa Lôbo, com as atenções e os quitutes da Bahia. A todos, muito obrigado por trocarem o meu desamparo pela minha eterna gratidão.

Os amigos Antonio Carlos Hansen Terra de Souza e Ronei Bacelli foram uma permanente fonte de estímulos na fase intermediária desta pesquisa e teriam nela por certo um papel ainda mais significativo, se não tivessem sido tragicamente arrancados do nosso convívio. À memória deles e à sua presença neste trabalho associo os meus agradecimentos.

Outra perda abaladora para mim foi a do querido amigo e conselheiro oportuno, o professor Francisco de Assis Barbosa. Desde o meu trabalho anterior de pesquisa, sobre o Rio de Janeiro, o professor Francisco passou a me apoiar e estimular em todos os sentidos, numa atitude desprendida feita dessa generosidade de erudito devotado aos estudos da cultura brasileira, que lhe era tão típica e fazia dele um modelo e amparo inestimável aos pesquisadores. Ele faleceu no dia mesmo em que veio a São Paulo, decidido a lutar contra todas as suas limitações físicas, para examinar este meu trabalho. Não há palavras que exprimam toda a gratidão que eu lhe tenho, por mim e pela legião de estudiosos a quem ele dedicou sua vida.

Este texto foi apresentado como tese de livre-docência à FFLCH da USP, sendo submetido à banca examinadora composta pelos professores Maria Odila Leite da Silva Dias, João Alexandre Barbosa, Antônio Houaiss, Bento Prado Jr. e Murilo Marx. Sou-lhes grato pela convivência instigante ao longo dos vários dias de exame e, em particular, pela leitura atenta e observações argutas que me auxiliaram a escoimar parte das imperfeições e limitações deste trabalho.

Cristina Simi Carletti está integrada nesta pesquisa do princípio ao fim. Desde as reviravoltas do espírito em 1986 até a conclusão do livro, ela foi a interlocutora das inquietações, das dúvidas, das decisões, da impaciência, da angústia e das alternativas. Espero que ela se reconheça no que quer que o livro possa ter de bonito.

A neblina das manhãs de inverno
— ó São Paulo enorme, ó São Paulo de hoje, ó São Paulo
   ameaçador! —
a neblina das manhãs de inverno
amortece um pouco o orgulho triunfante das tuas chaminés.
A neblina esconde o contorno das grandes fábricas ao longe,
perdidos na planície, entre o chato casario proletário.
E tudo cor de barro novo, como se fosse manchado de sangue
   [...]

Ribeiro Couto, "São Paulo"

Introdução

Sabe-se muito pouco sobre o orfismo, e os parcos fragmentos do que se conhece não chegam a constituir um conjunto coerente. No entanto sua lenda, cheia de meandros misteriosos, persiste como uma das mais fascinantes tradições da Grécia antiga. No seu núcleo, ela narra como Orfeu, filho de Apolo e sacerdote de Dionísio, era um músico tão prodigioso que, quando ele cantava e tocava a sua lira, todas as mulheres e homens, todos os animais, árvores, plantas e até as pedras acorriam irresistivelmente atraídos, compondo um círculo ao seu redor para ouvi-lo. Ele seduzia mesmo deuses, monstros e criaturas infernais com sua música, socorrendo assim os Argonautas nos piores apuros de sua peregrinação, chegando inclusive a tentar resgatar sua mulher do reino dos mortos. No que falhou somente porque, tendo sido proibido de vê-la até que ela o seguisse às portas de saída do Hades, num impulso incontido voltou-se para olhá-la no instante final, podendo apenas contemplá-la desaparecendo para sempre nas trevas do além. Através de Hesíodo, Ovídio, mas sobretudo Virgílio, o mito de Orfeu se tornaria um dos mais caros temas literários da cultura ocidental, sendo sucessivamente retomado pelo Renascimento, romantismo, simbolismo e surrealismo. Para este estudo, a referência a Orfeu e ao orfismo traz tão só a evocação da primeira vez, na tradição cultural a que estamos ligados, em que se concebeu que o homem era dotado de duas almas. Para os órficos — é uma das poucas coisas que se sabe — cada pessoa ao nascer adquire uma alma, que caracteriza sua personalidade e suas idiossincrasias e que desaparece com ela quando da sua morte. Essa alma era chamada *psyche*. A outra, a "alma invisível", era eterna, migrava por um ciclo de sucessivas reencarnações e era uma manifestação da própria energia cósmica que estava na essência dos deuses e de todos os seres e elementos. Essa alma oculta só se manifestava através dos rituais de catarse e êxtase coletivos. Os gregos a denominavam *daemon*. Era com ela que Orfeu se comunicava por meio de sua voz e sua lira. Ele era um oficiante do êxtase.[1]

Essa figura literária nos serve apenas como uma imagem sugestiva, a fim de sondar o papel desempenhado pelas projeções culturais numa sociedade passando por um processo de exacerbação de tensões, em curso de se tornar uma megalópole moderna. Os anos 1920 assinalam uma etapa decisiva desse processo e têm particular significação pelas iniciativas de definição de um padrão cultural de identidades que caracterizam o período. Essas iniciativas, em parte deliberadas, em parte reativas e em parte surpreendentes até mesmo para os agentes que as assumiam, se destinavam, por um lado, a mediar os confrontos sociais que atingem ápices críticos nesse momento e, por outro, a reorganizar os sistemas simbólicos e perceptivos das coletividades, em função das demandas do ritmo, da escala e da intensidade da vida metropolitana moderna. O recondicionamento dos corpos e a invasão do imaginário social pelas novas tecnologias adquirem, portanto, um papel central nessa experiência de reordenamento dos quadros e repertórios culturais herdados, composta sob a presença dominante da máquina no cenário da cidade tentacular. A cidade viraria ela mesma a fonte e o foco da criação cultural, se tornando um tema dominante, explícita ou tacitamente, para as várias artes, fornecendo-lhes muito mais chaves para a reformulação da estrutura compositiva interna das obras, do que propriamente incidentes ou argumentos, que se dissolvem em impressões erráticas.

Muito mais do que o próprio paradigma da ordem, como era concebida a pólis grega, ou o modelo perfeito da comunidade civil, como a Roma eterna, capital e centro do mundo, a metrópole moderna recebe uma representação ambivalente como o local de origem de um caos avassalador e a matriz de uma nova vitalidade emancipadora. As colagens expressionistas de Citroën (*Metrópolis*, 1923) e Podsadeck (*Cidade moderna*, 1928), assim como os cenários do *Gabinete do dr. Caligari* (1919), de Robert Wiene, acentuam os tons apocalípticos. A série de "Estações", de Léger (1923), os diagramas de Nova York, de Picabia e Man Ray (1917-20), os filmes *Berlim, sinfonia de uma metrópole* (1927), de Walter Ruttmann, ou *O homem da câmara* (1929), de Dziga Vertov, mostram a cidade como um vórtice de potencialidades revolucionárias, ainda em latência, malconhecidas e mal-exploradas, mas já indicativas do mais ousado experimento social que jamais houve. Outros, como as paisagens urbanas que caracterizaram as obras de De Chirico e Magritte ao longo dos anos 1920, ou a túrbida Paris do filme *Rien que les heures* (1926), do paulista Alberto Cavalcanti, mantêm a ambiguidade de um cenário perturbador na sua monumentalidade, bizarro nos significados que institui, evasivo nas suas perspectivas desorientadoras, misterioso e ameaçador nos perigos que oculta, falacioso nas promessas ruidosas que o seu tumulto incessante estruge. Essa esfinge moderna também amaldiçoa os que não são capazes de decifrá-la, muito embora a sua pluralidade desconcertante e metamórfica resista à fixidez de quaisquer fórmulas explicativas ou mesmo à opacidade das linguagens codificadas.[2]

Daí que, para poder pronunciar o ineditismo dessa experiência crucial representada pelas metrópoles tecnológicas, era preciso forjar outra dicção: fluida, pontual, plástica, descontínua, multifária. Uma linguagem milenarmente elaborada para poder desempenhar-se da descrição de um castelo, se tornara obsoleta ante a repentina e estonteante aparição de uma usina colossal de energia elétrica. E a usina é apenas um único dos apêndices da cidade moderna. O que essa nova linguagem estava longe de exigir, porém, eram grandiloquência e retumbância. A multiplicação ciclópica das escalas do ambiente urbano tinha como contrapartida o encolhimento da figura humana e a projeção da coletividade como um personagem em si mesmo. O que era um choque tanto para orgulhos individuais malferidos, quanto para liames comunitários esgarçados por escalas de padronização que não respeitavam quaisquer níveis de vínculos consanguíneos, grupais, compatrícios ou culturais, impondo uma produção avassaladora de mercadorias, mensagens, normas, símbolos e rotinas, cujo limiar de alcance pretendia abranger não menos do que a extensão da superfície do globo terrestre. Diante da magnitude desse panorama, as próprias opções para os artistas oscilavam entre limites extremos do desvario, da afluência, da náusea, da desmistificação.

Tomemos um exemplo notável, a "Rhapsody on a Windy Night", de T.S. Eliot, escrita em Paris em 1911, publicada em Londres em 1915. O poeta verifica como a conjunção da velocidade do carro em que ele se move, com o compasso ritmado das lâmpadas de rua pelas quais vai passando, estabelece múltiplas correspondências e reflexos com a lua, a escuridão da noite, as silhuetas noturnas e o deslocamento constante de outros veículos iluminados, criando assim um contexto artificial de estranha irrealidade, com efeitos dissolventes sobre a sua memória, cujos registros se desprendem e se associam aleatoriamente, fazendo colidir imagens e palavras procedentes da linguagem orgânica de um código culto, com fragmentos e circunstâncias contingentes que estampam uma rotina e uma vida esvaziadas de significações.

Doze horas
Pelas retas da rua
Envolta numa síntese lunar,
Sussurrando sortilégios lunares
Dissolvem-se os pavimentos da memória
E todas as suas relações nítidas,
Suas divisões e precisões,
Todo poste de luz que eu passo
Bate como um tambor fatalista,
E pelos lapsos da escuridão
A meia-noite sacode a memória
Como um louco agita um gerânio morto.
....

Vem a reminiscência
De gerânios secos palentes
E pó nas rachaduras,
Cheiro de castanhas nas ruas,
E cheiros femininos em quartos gradeados,
E cigarros em corredores
E cheiro de coquetéis em bares.

A lua do poste disse,
"Quatro horas,
Eis o número na porta.
Memória!
Você tem a chave,
A arandela projeta um círculo no degrau.

Suba.

A cama está pronta; a escova de dentes pende na parede,
Ponha seus sapatos junto à porta, durma, se prepare para a vida."

A última reviravolta da faca.[3]

Não há nada de heroico ou solene no poema. A linguagem coloquial e completamente despojada conflita com súbitos blocos de erudição que emergem dentre os versos, como a citação de Jules Laforgue em francês, "la lune ne garde aucune rancune". Ou com um gigantesco guindaste, que um dia no cais havia tomado das mãos do poeta um pedaço de pau velho que ele encontrara num banco de areia da margem, esticando-lhe sua fabulosa garra mecânica. Ou aquela prosaica escova de dentes pendurada na parede. A suspensão de juízos valorativos e isenção de ânimo com que o poeta vai alinhando essas evocações, objetos e palavras, introduz uma extravagante equivalência entre eles, que inclui a própria voz e humanidade do poeta. Ele aplaina as referências da sua existência num contínuo cadenciado, sem hierarquias ou discriminações, como se estivesse aturdido ou bêbado. Mais do que cogitar que espécie de licor ele tomou, talvez devêssemos nos perguntar se estamos de fato dispostos a aceitar o copo que ele nos oferece.

1. A abertura em acordes heroicos dos anos loucos

Quisera ser ás para voar bem alto
Sobre a cidade de meu berço!
Bem mais alto que os lamentos bronze
As catedrais catalépticas
....

Dar cambalhotas repentinas
Loopings fantásticos
Saltos mortais
Como um atleta elástico de aço

O ranger rascante do motor...
No anfiteatro com painéis de nuvens
Tambor...

Se um dia
O meu corpo escapasse ao aeroplano,
Eu abriria os braços com ardor
Para o mergulho azul na tarde transparente...

Como seria semelhante
A um anjo de corpo desfraldado
Asas abertas, precipitado
Sobre a terra distante...

Riscando o céu na minha busca
Rápida e precisa,
Cortando o ar em êxtase no espaço
Meu corpo cantaria
Sibilando
A sinfonia da velocidade
E eu tombaria
Entre os braços abertos da cidade...

Ser aviador para voar bem alto!

Luís Aranha, "O aeroplano"

CARNAVAL NA BABILÔNIA

Desde os seus primeiros dias, o ano de 1919 trouxe uma inusitada excitação às ruas de São Paulo. Era alguma coisa além da turbulência instintiva, que o calor um tanto tardio do verão quase tropical da cidade naturalmente incitava nos seus habitantes. De tal modo esse novo estado de disposição coletiva era sensível, que os paulistanos em geral, surpresos consigo mesmos, e os seus porta-vozes informais em particular, os cronistas, se puseram a especular sobre ele. E logo, por toda parte, se falava da felicidade especial de um novo ano que anunciava o fim dos três flagelos que atingiram a cidade, submetendo-a a aflições terríveis em 1918, os chamados "três Gês": a Gripe (espanhola), a Geada e os Gafanhotos.[1] Outras versões ampliadas denunciavam entre calafrios os "cinco Gês", acrescentando àqueles também a Guerra (Primeira Guerra Mundial) e as greves (as grandes greves de 1917 e 1918).[2] De fato, parecia-se estar saindo de uma conjuntura particularmente catastrófica. A epidemia da gripe espanhola, difundida pelo mundo todo a partir do foco dos campos de batalha da Europa, caíra sobre a cidade com uma voracidade que evocava a peste negra medieval: em alguns meses prodigalizou São Paulo de valas coletivas lotadas de cadáveres, com não poucos moribundos atirados às fossas ainda vivos de permeio, nas correrias desencontradas do pânico.[3] As geadas intensas e as nuvens de gafanhotos se tornaram, em 1918, um pesadelo recorrente e opressivo nessa cidade estreitamente dependente dos sucessos da lavoura cafeeira.[4] As greves, pelo pior que se temia, haviam vindo para ficar, mas a barbárie da Guerra, essa, ao menos, garantiam as autoridades internacionais, acabara para sempre. Com a segurança da paz mundial, as expectativas se voltaram para o último front e nada impedia que se nutrissem esperanças de alcançar a harmonia mundial e a paz social. Depois de tantos tormentos, era imperativo que o futuro fosse brilhante. Correndo adiante dos fatos, como os sedentos atrás de uma miragem, homens e mulheres injetavam um fundamento emotivo à própria euforia e se lançavam a ela.

A entrada no novo ano foi saudada pelo coro de apitos ensurdecedores das fábricas do Brás, do Belenzinho e da Mooca, que subiam e ecoavam pelas colinas centrais da cidade, os quais, somados à gritaria da garotada, correndo pelas ruas e repicando com pedaços de metal os postes de ferro da Light, introduziam a celebração das famílias numa atmosfera de selvageria metálica, da meia-noite até ao alvorecer do dia.[5] Era o sinal dado para as zabumbas e charangas dos clubes carnavalescos que, pelos próximos meses, percorreriam periodicamente as ruas do Triângulo central da cidade, atravancando o trânsito, convulsionando os escritórios e açulando o povo pelas calçadas, a lembrar a todos quão próximo se estava do império de três dias da loucura.[6] Até que a saturnália chegou: e chegou, naquele ano de 1919, com uma intensidade que nunca se vira antes. O próprio cronista d'*O Estado de S. Paulo,* cavalheiro de respeito e figurante dos altos círculos sociais, meio encabulado, confessou-se contaminado pelas incitações do excesso: "Desta vez me diverti de uma maneira que me permitirei qualificar de imoderada". E se apressou a justificar o seu deslize, atribuindo a fraqueza a uma animação geral inédita e arrebatadora.

> Transportando as minhas reminiscências a uns dez anos passados, não me acode à mente a lembrança de um outro Carnaval em que as expansões populares chegassem, como neste que acaba de expirar, a uma exaltação tão elevada, a uma vibração tão intensa, a um entusiasmo tão comunicativo e sadio.

Sem dúvida, havia algo de novo no ar, algo especial, algo de diferente. Acompanhemos as divagações do nosso cronista.

> Por que essa diferença? Não me parece falsa a observação, que ocorreu a muita gente, atribuindo-a à necessidade de um atordoamento que tivesse a virtude de fazer esquecer um pouco o mal-estar e as apreensões que anuviam o espírito público num momento delicado como o atual, em que o sopro revolucionário sacode toda a superfície da terra e a questão social constitui o problema de maior importância, para a qual todos os homens de governo e todos os estadistas dignos deste nome voltam o melhor de seus cuidados, de sua atenção e de seus estudos. O Carnaval deste ano foi, mais do que nunca, um derivativo necessário para este povo enigmático, que assiste impassível à consumação de todas as usurpações, praticadas em seu nome...[7]

Com muita maestria, o cronista acentua o que julga uma atitude impassível, com duas outras ações que denotam passividade, a de atordoar-se e a de se esquecer. Contudo, ao confessar o seu próprio pecadilho, sua expansão desabusada, ele revelou o sentido positivo, ativo, insidioso, do seu divertimento. O mesmo, aliás, que ele indicou no comportamento desenfreado dos carnavalescos: expansivo, exaltado, vibrante, entusiasmado, comunicativo. Sua ambiguidade, entretanto, está longe de assinalar um engodo ou um equívoco. Ela é talvez o sintoma mais notável do momento. Quando ele — o cronista — incorpora o frenesi do Carnaval, ele o vive intensamente; como uma experiência que multiplica suas forças ao lhes dar uma dimensão coletiva, concentra as suas energias sob o impacto de mil excitações, lhe instilando por fim a autoconfiança e o arrojo ímpio de quebrar regras. Quando, ao contrário, ele pensa o tumulto do Carnaval a posteriori e friamente, ele se penitencia de público e releva o descomedimento dos foliões como mera embriaguez evasiva. Obviamente, o nosso jornalista não é o único personagem da cidade que transita por essa estranha ambivalência. Ele mesmo nos adverte que essas suas divagações estão em consonância com o bulício geral das ruas. O que esse murmúrio das vozes da cidade revela, em contrapartida, é a perplexidade amplamente difundida, diante da nova equação de valores. A presença e o efeito dos fatos da ação crescem e tomam a dianteira aos fatos da consciência reflexiva. A ação coletiva ritualizada fortalece e libera, a ação reflexiva individual isola e constrange. Essa maré tormentosa de euforia de 1919 traria consigo muitas novidades imprevistas, ambiguidades, dilemas, incompossibilidades vividas pelos mesmos sujeitos. Mas sobretudo viria reduzir a visibilidade de um mundo transparente, de contornos definidos até então e que, daqui por diante, só parcialmente poderia ser entrevisto, borrado, diluído e impreciso, sob o rebuliço permanente das águas turvas.

Um outro cronista, do mesmo *O Estado de S. Paulo*, igualmente arguto, notou também que algo peculiar se destilava nesse sôfrego Carnaval de 1919. Ao contrário do seu colega, este se manteve à parte da pândega geral e se pôs a vagar pelas ruas na condição de observador distante. No fim da primeira noite de euforia, já na iminência de correr para a redação e redigir às pressas a crônica para a edição do dia seguinte, ele vislumbrou num rápido instante a cena que fixaria na sua coluna. Ele começa o artigo ressaltando que havia algo de inusitado na movimentação desse Carnaval.

Na Avenida Paulista. Onze da noite de segunda-feira de Carnaval. Já não é mais a agitação, o bulício alegre, o *brouhaha* festivo do corso, o rumor confuso de mil vozes e mil ruídos diversos no torneio de serpentinas e de facécias — o mais expansivo, o mais vibrante e o mais pitoresco espetáculo que em São Paulo se tem visto.

O cenário muda rápido e é a brusquidão inesperada da mudança que chama a atenção do jornalista, ainda mais que a exaltação de ânimos que a antecedera. A princípio, ele acredita que é só o retorno da rotina que ele está presenciando, a cidade refluindo para a sua normalidade habitual.

Deserta agora, a Avenida repousa e respira enfim! Após tamanha barafunda e vozeria. Já rodam os bondes. De quando em quando surdem os automóveis, surdem e passam velozmente, com uma porção de mascarados a gritar e a cantar como doidos...

Súbito a repentina transformação da cena. Uma outra multidão invade a avenida, tocada de um estado de comoção pelo menos tão intenso quanto o dos que a vão abandonando, embora de bem outra natureza.

Ora, enquanto a multidão do corso se recolhe às casas, ou perambula ainda pela cidade, ávida de mais barulho e de mais folias, ou se prepara para se desengonçar nos bailes carnavalescos, na mais desbragada e delirante troça — o que se vê agora na avenida são crianças e mulheres do povo, curvadas aqui e ali, a ensacar as serpentinas servidas. Pobres criaturas! Os outros divertem-se ainda e elas já vêm à colheita do lixo — do lixo que decerto lhes mata a fome...

Não para aí a surpresa. Num instante uma outra coluna de invasores se precipita sobre a avenida e a cena se transfigura numa batalha a campo aberto, no palco do mais moderno, elegante e exclusivo espaço urbano de São Paulo.

Súbito repontam os carroções da Limpeza Pública, com um séquito enorme de operários. Em poucos minutos, formam-se às esquinas montões de serpentinas, que os carroções vão arrastando lentamente [...]. Próximo ao belvedere, uma mulher amontoa a custo braçadas de serpentinas, forcejando por acomodá-las em três sacos. Eis que os homens do lixo a veem, e mais que depressa as suas vassouras avançam sobre os três montes. E a mulher desesperada, quase a chorar, foge arrastando os tubos de serpentinas, como se estivesse a salvar uma coisa preciosa...[8]

Nessa sequência de instantâneos, o cronista retrata com notável desembaraço um brusco esfacelamento das comunicações. Substituindo a comunhão anterior da festa, três grupos interdependentes, mas também antagonísticos, se projetam em circuitos contraditórios: os mascarados exultantes nos carros em disparada, as catadeiras com o rosto esquálido de aflição, as caras empoeiradas dos lixeiros apressados. Naturalmente, o número de participantes se amplia se forem acrescentados à cena o olhar curioso dos passageiros dos bondes, a expressão voyeurista do repórter e as fisionomias maldormidas do público leitor do matutino no dia seguinte. Todos vivem de maneiras diferentes a mesma experiência, concentrada no mesmo setor do espaço público e no mesmo intervalo de tempo. A rigor, não são um espaço e um tempo qualquer. A passagem da segunda para a terça-feira de Carnaval marca um dos clímax mais sensacionais da vida da cidade, e a Avenida Paulista, em especial nas cercanias do Belvedere, é o topo por excelência do espaço urbano, de onde se podem observar desde as colinas centrais adjacentes, que compõem o corpo básico da urbe, até as várzeas mais distantes do Tietê, Tamanduateí e Pinheiros, que cercam a cidade fazendo com que ela pareça uma ilha, com sua moldura de águas lodosas, ponteada de casebres humildes por toda a extensão. Tem-se aí, pois, um tempo e um espaço que primam pela alta distinção, o que adiciona uma deliberada ressonância simbólica às anotações do jornalista. A excepcionalidade desse momento e desse local põe em relevo a estranha conjunção observada entre simultaneidade de ações desconexas, incomunicabilidade de grupos, fragmentação das percepções, descontinuidade dos fluxos de trânsito pela área pública. O mostruário ilustre da Avenida Paulista exibe a substância bizarra da vocação metropolitana de São Paulo.

Se confrontarmos agora as crônicas dos jornalistas que se assinam S. e P., teremos um quadro revelador da nova sensibilidade que se vai definindo na cidade que cresce em escala fenomenal.[9] S. manifesta a natureza especialmente forte e coesiva das experiências de ação coordenada coletiva, envolvendo multidões de indivíduos que, embora estranhos entre si, se submetem a um mesmo conjunto de motivações e estímulos para a ação. O fato de serem estranhos que adquirem uma nova identidade capaz de exaltá-los e libertá-los, graças a uma fonte externa e artificial de incitamento, é que faz dessa experiência algo diverso dos rituais tradicionais e típico da nova ambiência metropolitana. Quanto a

P., ele, ao contrário, descreve como as novas condições de vida na grande cidade esfacelam os grupos, dispersam as ações, dissociam as percepções, precipitam antagonismos, interrompem as comunicações, selam diferenças irredutíveis. O extraordinário é verificar como as apreensões desses dois cronistas, em aparência tão adversas, confluem para um mesmo cerne, uma mesma atitude de base, capaz de se exprimir no entanto de modos diversos. Se a experiência de S. é de se unir, de se integrar às legiões de estranhos, a de P. é de observá-las, contido, à parte. Mas se o que S. busca ao juntar-se à multidão é a excitação de se tornar algo diferente de si mesmo, um corpo gigantesco e poderoso, P. por sua vez também encontra excitação ao reduzir a multidão com seu olhar perscrutador ao mais completo grau de estranhamento: uma estranheza que tanto o atrai quanto o desafia e o comove, em doses iguais, mas sobretudo excita os seus sentimentos e os dos seus leitores, arrastando-os a um grau superior de percepção não verbalizada.

Um exemplo eloquente dessa última atitude, de como as vicissitudes de indivíduos ou de partes da população estavam se tornando um entretenimento ou espetáculo a outros grupos, sem despertar qualquer impulso de identificação — ao contrário, graças mesmo a uma deliberada persistência do estranhamento —, podia ser testemunhado nas inelutáveis enchentes catastróficas do verão. Dadas a condição vulnerável das várzeas e as anfractuosidades dos rios que cingiam os arredores da cidade, bem como o sistema de represas e barragens da Light, mantido sempre deliberadamente no seu nível máximo, qualquer precipitação mais intensa na estação chuvosa redundava em cheias que submergiam o casario humilde das planícies. Sua concentração nessa área se dava justamente pelos preços mais baixos dos terrenos e aluguéis nas áreas alagadiças. Logo no início de janeiro de 1919, os temporais vieram com uma violência implacável. As enchentes foram torrenciais. Ao redor da área de confluência dos rios Tamanduateí e Tietê, densamente povoada, as consequências do dilúvio foram calamitosas. O cronista P. se decidiu a fazer a crônica da tragédia.

> Fui ontem com alguns amigos, ver a enchente do Tietê, sobre a qual corriam pavorosas versões na cidade, chegando-se até a dizer que a Ponte Grande viera abaixo... Fomos, como toda gente por mera curiosidade. Há quanto tempo não se registrava uma enchente assim!

O tipo de gente que acorreu para ver o mar de água barrenta, que como por um nefando prodígio se formara num instante ao sopé da cidade, era da mais variada, como se podia notar pelos seus recursos de acesso. Parte fora de carro, parte de bondes e outros a pé. Todos se apertavam e se acotovelavam no alto da Ponte Grande, que afinal e felizmente não ruíra, para alcançar o maior panorama possível. Dali, P. continua a narrar suas impressões.

> Cansados os olhos da água monótona, a correr violentamente sob a ponte e a se espalhar até muito longe, a gente se arranca, afinal, a esse espetáculo.

Assim os magotes de espectadores vão se revezando na balaustrada da Ponte Grande, como na galeria de um grande teatro ao ar livre, num entra e sai fervilhante. Mas a missão de P. é de outra natureza, e ele se demora pelos arredores.

> Eu não me dou por satisfeito. Quero ver ainda umas ruas vizinhas à Ponte Grande e à Ponte Pequena, onde habitam famílias das mais pobres e humildes da cidade. Mal dou alguns passos porém e sou abordado por um italiano que não sei por que me reconheceu. E sem que lhe perguntasse nada, o pobre homem conta-me a sua desgraça: a casa inteira invadida pelas águas, todos os trastes

perdidos — até 120 mil-réis que guardara tão bem guardados! Para cúmulo, ainda a mulher está doente, desde que lhe nasceu o quinto filho, e todos estão desabrigados sem saber para onde ir, nem o que comer... — *Che disgrazia, signore! Che disgrazia...* E, ao saber que muitas famílias foram colhidas pela mesma desventura, e que em algumas houve mesmo mortes — só então me arrependo da despreocupação e da indiferença com que há instantes olhava a enchente, e só então me revolto contra as troças divertidas que os curiosos faziam na Ponte Grande e até contra os lindos versos de Alberto de Oliveira que um de nós murmurava tranquilamente, sem um pensamento para os desgraçados...[10]

Também a autoridade pública ignorava por completo a sorte dos flagelados. À parte uma ou outra iniciativa dos bombeiros para salvar alguns indivíduos ou famílias totalmente ilhadas, ou tentar resgatar vítimas de desabamentos, nada mais havia. Nenhum plano para prevenção das enchentes ou para minimizar suas consequências, nenhum socorro ou acolhimento provisório dos desabrigados, nem rações de alimentos, nem roupas, nem banhos, nem vacinas, nada, simplesmente indiferença.[11] Como se o sinistro houvesse acontecido em outro lugar do globo, ou num outro tempo remoto, envolvendo gente completamente estranha e distante. É bem verdade que, nas áreas mais atingidas, tendiam a predominar os imigrantes estrangeiros, que constituíam parte substancial das classes operárias e do esforço produtivo da cidade: italianos sobretudo, e também portugueses, espanhóis, alemães e eslavos, árabes e israelitas.[12] O cosmopolitismo da população adventícia, assinalando um nítido recorte de discriminação social, como um estigma a mais a se acrescentar ao das gentes negras e mestiças, vinha reforçar a disposição de estranhamento intrínseca ao processo de metropolização. O passado escravista, ainda recente, palpitava nos tratos sociais e na atitude discricionária, peremptória, brutal das autoridades, conferindo às relações hierárquicas um acento lancinante, quando não atroz.[13]

De tal modo o estranhamento se impunha e era difuso, que envolvia a própria identidade da cidade. Afinal, São Paulo não era uma cidade nem de negros, nem de brancos e nem de mestiços; nem de estrangeiros e nem de brasileiros; nem americana, nem europeia, nem nativa; nem era industrial, apesar do volume crescente das fábricas, nem entreposto agrícola, apesar da importância crucial do café; não era tropical, nem subtropical; não era ainda moderna, mas já não tinha mais passado. Essa cidade que brotou súbita e inexplicavelmente, como um colossal cogumelo depois da chuva, era um enigma para seus próprios habitantes, perplexos, tentando entendê-lo como podiam, enquanto lutavam para não serem devorados.

Esse vazio, portanto, que tanto S. quanto P. procuram preencher de modos diversos, indica acima de tudo um lapso da consciência. Um lapso que, se mantido, redundaria num permanente e grave mal-estar, ademais de uma terrível instabilidade psicológica. Vivendo num mundo onde as coisas não têm definição — ou porque são inéditas, ou porque se apresentam quer em escala desproporcional quer num ritmo inalcançável, ou porque são desconformes com o meio, ou ainda porque estão descontextualizadas — os personagens desse mundo em ebulição carecem, com urgência, de um eixo de solidez que lhes dê base, energias e um repertório capaz de impor sentidos a um meio intoleravelmente inconsistente. Acresce a essa inconsistência o potencial destrutivo concreto representado pelo súbito advento de tecnologias revolucionárias no dia a dia, por uma estrutura econômica frágil e sem flexibilidade, um quadro político instável e um estado de conflito social quase fora de controle, em meio ao panorama de abalo crítico deixado pela Guerra: inflação disparada, greves crônicas e crescentes, agitação operária, estado de sítio. Assim, se a reação defensiva de S. se manifesta na busca de uma supraidentidade de base emocional, a de P. implica o encontro de um supraestranhamento capaz de desencadear sobressaltos intuitivos. Em ambos os casos o mundo da razão, da palavra, da consciência, oriundo da traição neoclássica, científica e liberal do século XIX, já não trazia respostas em seu vocabulário assentado sobre estabilidades, que dessem conta de representar a nova ordem turbilhonante das coisas. O vácuo deixado pela consciência instila uma nova linguagem que articula diretamente os sentidos: uma linguagem imponente, irresistível, inefável, insidiosa — a ação ritualizada — quer para ser enunciada como celebração coletiva, quer para ser sorvida como um sermão sensorial: o espetáculo. As reações variantes de S. e P. são, pois, o verso e o reverso da mesma atitude: o estranhamento total é apenas o lado escuro da identidade unívoca.

Posta a ação como o âmago irradiador das significações na nova sociedade em formação, a herança cultural haurida dos séculos passados se torna obsoleta, ou só se mantém em circulação, com sua carga de prestígio, se reelaborada segundo os termos do novo código. O que a centralização da cultura ao redor do imperativo da ação requer das pessoas, em primeiro lugar, é o seu engajamento físico, em condições que rompam com a rotina do cotidiano e o consenso dos hábitos e ideias. Só desse modo elas podem vir a desempenhar um papel ativo, integrando uma força coletiva que adquire assim uma corporiedade extra-humana. Nesse desempenho físico, em que o corpo é a peça central, os agentes da "ideia nova" se expõem a um intenso bombardeio sensorial e emocional, que se torna a substância energética em si mesma da ação, não devendo, pela lógica da sua própria economia, se desdobrar em considerações reflexivas ulteriores. Nesse sentido, não é que a ação preceda o pensamento, mas mais do que isso, ela se nutre exatamente da abstinência dele.

Essa nova forma de disposição cultural é tão peculiar e estranha às sociedades ditas "históricas" (ela é justamente típica, num outro contexto, das culturas chamadas "primitivas"), que requer alguma forma de aprendizado sistemático para ser incorporada. Quem foi criado pelas dominantes culturais da razão e da palavra, dificilmente consegue vencer suas resistências ao mundo não verbalizado da ação coordenada, disciplinada, eficaz. A emergência das grandes metrópoles e seu vórtice de efeitos desorientadores, suas múltiplas faces incongruentes, seus ritmos desconexos, sua escala extra-humana e seu tempo e espaço fragmentários, sua concentração de tensões, dissiparam as bases de uma cultura de referências estáveis e contínuas. Mas foi a escala sem precedentes da destruição maciça desencadeada pela primeira guerra tecnológica que eliminou fisicamente das posições decisivas os homens ligados ao lastro cultural dos séculos anteriores. Após a Guerra, seja pela morte, afastamento ou desmoralização dos antigos líderes, uma nova geração emergiu: jovens portadores da "ideia nova", gente vinda do seio do caos metropolitano e formada nele. Não foi a deflagração da Guerra que abriu a caixa de Pandora, mas, por meio da crise de escala mundial e da magnitude inédita do seu impacto, ela espalhou os demônios da ação pelo mundo e o submeteu ao seu comando.[14]

Naquele início de 1919 em São Paulo, o alvorecer de um novo tempo, que a população e os cronistas pressentiam e preconizavam, correspondia portanto a uma corrente de efeitos muito mais amplos do que os circunscritos limites da cidade. Fosse como fosse porém, a maré de euforia e agitação era patente, cristalina. O jornalista P., entusiasmado com essa atmosfera, irradiava energia e incitava os seus leitores.

Haverá alguém por aí que não se tenha divertido ontem? Quantas festas! Corridas no Jóquei Clube, partidas de futebol e de tênis, corso na avenida, corso na cidade, matinê dançante no Paulistano, matinês nos teatros, carnaval na Praça da República, carnaval no Brás... que sei eu? E haverá quem, com tantos divertimentos, ainda se tenha deixado ficar em casa, a bocejar e a cochilar até à noite?[15]

O antigo hábito de repousar nos fins de semana se tornou um despropósito ridículo. Todos para a rua: é lá que a ação está. Não é que repousar não seja mais viável, é que se tornou uma obsolescência, uma caduquice. Não é descansando que alguém se prepara para a semana vindoura, é recarregando as energias, tonificando os nervos, exercitando os músculos, estimulando os sentidos, excitando o espírito. Sob o epíteto genérico de "diversões", toda uma nova série de hábitos, físicos, sensoriais e mentais, são arduamente exercitados, concentradamente nos fins de semana, mas a rigor incorporados em doses metódicas como práticas indispensáveis da rotina cotidiana: esportes, danças, bebedeiras, tóxicos, estimulantes, competições, cinemas, shopping, desfiles de moda, chás, confeitarias, cervejarias, passeios, excursões, viagens, treinamentos, condicionamentos, corridas rasas, de fundo, de cavalos, de bicicletas, de motocicletas, de carros, de avião, tiros de guerra, marchas, acampamentos, manobras, parques de diversões, boliches, patinação, passeios e corridas de barco, natação, saltos ornamentais, massagens, saunas, ginástica sueca, ginástica olímpica, ginástica coordenada com centenas de figurantes nos estádios, antes dos jogos e nas principais praças da cidade, toda semana.

Muitos desses hábitos e práticas já existiam e estavam em vigência desde o começo do século, pelo menos. Mas é nessa conjuntura que eles adquirem um efeito sinérgico, que os compõe como uma rede interativa de experiências centrais no contexto social e cultural: como a fonte de uma nova identidade e de um novo estilo de vida. Seu público é composto maciçamente dos que então passam a ser chamados, exatamente por serem adeptos dessas práticas e dessa mentalidade, os "jovens", expressão que adquire uma conotação toda especial e uma carga prodigiosa de prestígio. Os "clubs" que centralizam essas atividades surgem como modelos da elite, mas, na década de 1920, já estão difundidos pelos bairros, periferias, várzeas e se tornam um desdobramento natural das próprias uniões operárias. Por trás disso tudo a filosofia é: ser jovem, desportista, vestir-se e saber dançar os ritmos da moda é ser "moderno", a consagração máxima. O resto é decrepitude, impotência, passadismo e tem os dias contados.[16]

Em nenhum lugar, porém, a insurgência dessa nova ordem cultural se deu sem enfrentar fortes resistências. Em São Paulo particularmente, as circunstâncias ainda lhe eram algo adversas. O impacto avassalador da Guerra chegou aqui arrefecido nos seus efeitos culturais, quer pelo atenuante da distância e das comunicações precárias, quer pela participação irrelevante do Brasil no conflito. Os tímidos progressos das novas concepções científicas e tecnológicas, das linhas de montagem e técnicas gerenciais modernas, não eram de monta a conferir um substrato econômico decisivo para o predomínio da nova mentalidade.[17] O equilíbrio político dominante era conservador, com limitada flexibilidade e mesmo tolerância, para se revestir do novo prestígio das tinturas modernas. Em suma, as latências do "novo homem" e da "ideia nova" se avolumaram num contágio crescente e irreversível, mas sem raízes fundas, se propagando rápido no imediato pós-guerra, porém com um horizonte de difusão limitado e sob compressão.[18]

Um outro cronista d'*O Estado,* que escreve sem nunca assinar a coluna "A sociedade", dá bem uma mostra do esforço para resistir à maré montante da sensualidade e da ação como um fim em si mesma, esse contínuo exercício de adestrar e coordenar os corpos, para que ao fim eles se libertem dos constrangimentos e assumam um desafiador orgulho da figura física indene, desprendida, insolente. Ele investe, na sua catilinária, inicialmente contra os sussurros defesos "que se murmuram nos elegantíssimos bailes públicos de nossos dias, nos democráticos salões de cinema, nos 'chás' e em toda parte onde a sociedade mais que se diverte — delira e tresvaira". Em seguida ele evolui para um registro agudo da cadeia de sinais e representações corporais com que essa subsociedade exprime os seus valores.

> Que ideal de beleza se respira nesses ajuntamentos mais ou menos promíscuos, a tanto por cabeça? Pode ser belíssimo. Será talvez o ideal clássico. A plástica impecável, o domínio dos sentidos e da vida feita da vivacidade, a vitória da forma e da exterioridade, o quase retorno às túnicas e a outras belezas, muito belas é verdade, talvez seja o que impera hoje. Concordam que é bonito? Não duvidamos. Mais que bonito, é amoral e, sobretudo, não é nada cristão. Paganismo, puro paganismo, não pede orações e súplicas. Exige sacrifícios e sacrifica desde logo a candura da alma na incontinência dos modos e na irreverência de pensamentos.[19]

"Incontinência dos modos e irreverência de pensamentos", o diagnóstico não podia ser mais preciso. "A plástica impecável, a vitória da forma e da exterioridade", "o ideal clássico", são estocadas de mestre; basta lembrar a figura emblemática de Isadora Duncan, lenda viva pelos palcos de todo o mundo, cuja adoração atingia as raias de um culto. "Paganismo, puro paganismo", é o golpe de misericórdia. É realmente do que se trata. Outros deram outros nomes a essa atitude, a essa disposição de ânimo: primitivismo, purismo, *fauve* — mas paganismo serve muito bem. Porque evoca o primado do físico sobre o espiritual, do aqui e do agora sobre o lá e o após, do holístico sobre o heurístico, das forças inexoráveis sobre o indivíduo e o livre-arbítrio, da ação sobre o pensamento, do instinto sobre a consciência. "É amoral", deveras.

O fato de esse cronista anônimo trabalhar no mesmo jornal e escrever para o mesmo público que S. e P. insinua o quão complexa é a conjuntura cultural, o quanto as posições se entrelaçam e estabelecem compromissos voláteis. Mas também demonstra o quanto os diapasões estão afinados para exprimir, em perfeita sintonia, que uma corrente estranha iniciava um curso de transformações no interior da sociedade, cuja natureza se podia intuir, mas cujo desfecho era imprevisível e, de qualquer modo, indesejável. Era algo que, definitivamente, vinha do exterior, que se exprimia em palavras estrangeiras, que demandava recursos, equipamentos ou modelos importados para se consumar. Uma força alienígena, um assalto, uma invasão, uma epidemia, cujo foco de origem repontava na outra borda do Atlântico ou na porção oposta do continente americano: no Ocidente exótico. Um Ocidente que, sempre louvado e idolatrado, depois da Guerra não se podia reconhecer mais. Não era mais o mundo de Victor Hugo, de Tolstói, Pasteur, Wagner, Verdi e Disraeli. Naufragava na mais negra crise econômica, aparentemente irreversível, e por todo lado exsudava revoluções, lideranças anárquicas, horrores fratricidas e criaturas desvairadas.

O mesmo cronista anônimo, exatamente um mês antes, já anunciara do alto de sua coluna a fonte de onde emanavam os novos vícios, rápido se difundindo pelas partes sãs e indefesas que restavam no mundo.

> [...] apenas haviam cessado as hostilidades [da Primeira Guerra Mundial] [...] uma loucura desenfreada de prazeres se abateu sobre a Europa, arrastando homens e mulheres numa mesma onda de folia e de doido entusiasmo. [...] O caso assustou os moralistas: o problema foi encarado por todos os sociólogos. Teriam para sempre fugido do mundo a inocência e a ingenuidade? Poder-se-iam realmente chamar imorais costumes que pareciam tão gene-

ralizados e universais? Era ainda tempo de se opor um dique à onda avassaladora?...[20]

O dique, de fato, já existia. O problema real era saber até quando ele poderia suportar os choques contínuos, montantes, ingentes da "onda avassaladora". Nosso jornalista incógnito, com seu tato admiravelmente apurado, ia mais longe ainda e apontava com convicção quais os elos, pelos quais se estabelecia a ampla cadeia de comunicações, em que a vaga corruptora se transmitia e prosperava. Seu olhar saltitava pelo mundo através do fluxo ininterrupto de telegramas recebidos pelas agências noticiosas internacionais e assim ele podia acompanhar, com o dedo acusador, "essa louca efervescência, sob cujos aspectos nos aparecem as grandes cidades".[21] O mal era urbano, ou melhor, metropolitano. São Paulo, por força das circunstâncias, quisesse ou não, deveria pagar o preço da sua metropolização desenfreada, orgulho primordial, aliás, dos mesmos paulistas. Daí o cronista anônimo evocar e reiterar cauteloso as graves cogitações dos moralistas e sociólogos do seu tempo. O mal era inevitável, a questão sendo, portanto, como controlá-lo ou — já que ele viera para ficar — o que fazer dele.

No caso de São Paulo, o problema era obviamente muito mais delicado. É em torno de 1919-20 que — refletindo sobre o grande crescimento industrial do período de guerra, as estatísticas do último censo demográfico-econômico, a iminência de se tornar um dos palcos da celebração do centenário da Independência e o complexo conjunto de reformas urbanas desenvolvido nesse momento — a imprensa suscita e repercute, ao mesmo tempo, a imagem de São Paulo como uma das grandes metrópoles do mundo, com um ritmo prodigioso de crescimento e potencialidades incalculáveis de progressão futura.[22] O Rio de Janeiro e Buenos Aires podiam ser provisoriamente maiores, mas o compasso do crescimento e a magnitude dos recursos da capital paulista eram tais, que seu triunfo sobre as duas rivais mais próximas era inapelável e apontava para destinos ainda mais altos.[23] Verifica-se, pois, o início de uma tomada de consciência tanto de um sentido de identidade, quanto de uma manifestação de destino da cidade. Cortada do passado pelo seu modo de desenvolvimento abrupto, São Paulo, tal como era figurada pelos seus cronistas, aparecia insistentemente refletida num improvável espelho do futuro. Esse espelho espectral cintilava ao longe, como se pode supor, nos confins do Ocidente exótico. De modo que, ou esses observadores o viam daqui refletindo as metrópoles europeias e americanas ou, alternativamente, projetavam a silhueta disforme de São Paulo contra aquelas cidades, procurando encontrar os sinais da sua identidade em cada uma e no conjunto das marcas do contraste.

Um dos resultados mais bem-sucedidos desse último procedimento culminou na fórmula, provida de uma copiosa carga metafórica, da "Babel invertida". Ela foi inicialmente sugerida pelo influente ideólogo Alberto Torres, carioca com vistas ao Brasil, ao que parece inspirado nos dilemas postos pelo romance *Canaã*, de Graça Aranha. Mas o articulista J. A. Nogueira a repropôs nas páginas d'*O Estado de S. Paulo,* em termos precipuamente adaptados às ponderações em curso sobre a identidade paulista. Tendo em mente o estado inexorável de desagregação e decadência da Europa, ele profetiza.

> Tudo leva a crer que o movimento aluvial dos ádvenas, egressos do velho mundo e das velhas opressões secularmente organizadas, tende a crescer prodigiosamente, rumo das nossas plagas. E começaremos então a penetrar no coração do maravilhoso encargo que nos foi cometido pela Providência. [...] E começaremos a realizar uma gloriosa inversão do mito de Babel — a tornada dos povos dispersos pela terra ao seio de uma pátria humana, [...] onde [...] surgirão como num encantamento as novas arquiteturas da sociedade futura.[24]

O novo mito vem a calhar, em primeiro lugar porque atribui um sentido — claro e promissor ademais — para os magotes de estranhos, balbuciando suas línguas esdrúxulas, que se acotovelam impacientes por todos os recantos de São Paulo. A linguagem da reconstrução da fábula é por si só muito reveladora. Ela opõe o "velho mundo" — com todos os estigmas da degenerescência, "as velhas opressões, secularmente organizadas" — contra o "novo", com suas conotações geológicas, miraculosas, divinas, místicas, inexoráveis: o "movimento aluvional dos ádvenas", o "crescimento prodigioso", o "coração do maravilhoso encargo", a "Providência", a "gloriosa inversão", o "encantamento das novas arquiteturas". Usufruindo do recente prestígio da conotação dada às coisas jovens, a revisão do mito não deixa dúvidas quanto a quem pertence o futuro; tirando o máximo proveito das convicções e do estado de espírito em voga. A velha Europa que divide os homens pelo ódio, lançando-os uns contra os outros, destruindo o alto edifício da civilização, é a velha Babel rediviva. O mundo novo, representado por São Paulo, onde primeiro o branco se fundia com o índio, depois os descendentes destes se cruzaram com os negros, e agora as novas gerações se consorciam com os fugitivos da Europa convulsionada, é a nova terra da promissão, onde se vão erguer as torres sólidas das "novas arquiteturas da sociedade futura", a Babel invertida, a Babel que une e, portanto, leva ao clímax, a consumação da missão mística que a sua antecessora frustrara.

Esse mito, erótico e holístico, de criação de uma nova raça, assinalada por um destino manifesto de envergadura cósmica, se desdobraria em inúmeras variantes e sucedâneos ao longo da década de 1920. Mas essa matriz deixa bem clara a raiz urbana do mito. Evidência disso, à parte as metáforas centrais da torre e das arquiteturas, é a maneira como ele se presta para equacionar os impasses patenteados pelos jornalistas S., P. e o cronista anônimo da seção "A sociedade" d'*O Estado*. Ele provê ao extremo a supraidentidade libertadora sugerida no texto de S. Ao mesmo tempo impõe, como condição imperativa, a avalanche de estranhos, o supraestranhamento pressentido por P., para que a sua presença saturada precipite a percepção do nível superior em que se opera a fusão. Quanto ao cronista social anônimo, o mito lhe permite esconjurar os seus pavores, indicando que a "onda avassaladora" abandona afinal o Ocidente exótico, para cumprir uma missão mais alta, lançando aqui as bases da nova e definitiva civilização.

Só o que o mito não podia fazer, era mudar a realidade. Porque, afinal, a Babel era de verdade. Ela agregava centenas de milhares de seres desenraizados, arrancados pela força ou pela aflição dos seus lares e regiões de origem, transportados como gado através dos mares, negociados por "agentes de imigração" com preço fixo por cabeça, conforme a idade, sexo, origem e condições físicas, despejados em pontos infectos de endemias tropicais, sem instruções, sem conhecimento da língua, sem recursos, sem condições de retorno, reduzidos à mais drástica privação para que a penúria mesma lhes servisse de acicate ao trabalho e motivo de submissão.[25] Postos a competir com os párias negros, recém-egressos da escravidão, e os "caipiras", mestiços refugiados na gleba precária do seu "sítio" apossado, sem direitos de qualquer espécie.[26] Quanto aos índios, esses sequer teriam a chance de serem iludidos pela miragem da Babel: a expansão definitiva das fazendas nessa década seria acompanhada do extermínio sistemático das últimas tribos e comunidades ainda remanescentes no interior do estado de São Paulo.[27]

Nesse quadro, estabelecido pela expansão internacional da economia cafeicultora, a cidade de São Paulo, subproduto imprevisto e até inoportuno dessa evolução, aparece aos agentes desgarrados e itinerantes enredados nela como a possível boia salva-vidas no descomunal naufrágio que os flagelara. Desenganados das falácias do "ouro verde", da "sociedade livre", da "economia competitiva", pela realidade restrita da monocultura extensiva, esses homens e mulheres, das mais variadas culturas e extrações sociais, buscariam em São Paulo uma válvula de escape, um abrigo temporário ou, no melhor dos casos, uma segunda chance, na indústria ou nos serviços. Para os negros, desde os últimos tempos da escravidão, a cidade era um foco de quilombos e agitação abolicionista, onde o ar recendia a liberdade. Mas a discriminação, a competição em condições desvantajosas com os imigrantes e a brutal repressão policial cedo anuviaram essa perspectiva.[28] Aos caipiras, acuados e pressionados pelo avanço das fazendas, a demanda crescente da cidade poderia oferecer uma alternativa de pequenos serviços e vendas, muito limitados porém, dados os custos implicados pela concorrência dos "chacareiros" imigrantes, pelos controles oficiais do acesso aos mercados e pela ação inelutável dos açambarcadores.[29] Aos imigrantes, em boa parte coligados em comunidades de patrícios, nos casos ainda mais felizes, em Associações de Ajuda Mútua, Uniões Operárias, sindicatos ou círculos paroquiais, a situação nem por isso era promissora. Defrontados com jornadas de dez, catorze ou dezesseis horas de trabalho, preferencialmente propostos a mulheres e crianças, salários congelados, custo de vida e aluguéis em escalada permanente e completo desamparo legal, sua vida na cidade pouco diferia das fazendas de que se haviam esquivado.[30] Mais do que o mito de Babel, nessa ordem de metáforas, São Paulo para esses grupos evocaria o Cativeiro da Babilônia.

Salta aos olhos a discrepância dos impulsos inscritos nesses dois mitos: constringente no primeiro, centrípeto no segundo. Se havia no interior da sociedade grupos mais afeitos a um desses modos de representação da cidade do que ao outro, o provável é que ambas as tendências se chocassem constantemente no íntimo de cada habitante. Aos anseios de comunidade dos desenraizados no espaço correspondiam os anseios de continuidade histórica dos desenraizados no tempo. Situações que se entrecruzavam, porque a nova metrópole emergente era um fenômeno surpreendente para todos, tanto espacialmente, por sua escala e heterogeneidade, quanto temporalmente, tão absoluta era a sua ruptura com o passado recente. Afora uma inexpressiva minoria, que desfrutava o raro privilégio das viagens internacionais, a maciça maioria da população ignorava por completo a experiência de viver numa metrópole, até o momento em que foi inadvertidamente envolvida numa. Tanto a forma histórica da metrópole, quanto as moderníssimas tecnologias implicadas nela para transporte, comunicações, produção, consumo e lazer, a experiência mesma de assumir uma existência coletiva inconsciente, como "massa urbana", imposta por essas tecnologias, se abateram como uma circunstância imprevista para os contingentes engolfados na metropolização de São Paulo. Todas essas condições se impuseram mais rápido do que eles pudessem assimilar, sob uma irresistível pressão internacional, tão vasta para ser compreendida, quanto mínima fora a possibilidade de transmissão de novas atitudes no curto espaço de cerca de duas gerações.[31]

Uma vaga nostalgia latejava sob uma impressão geral de aturdimento.[32] Os que podiam se apegar a remanescências de uma tradição comunitária anterior ao seu mergulho no vórtex metropolitano, como era, por exemplo em boa parte, o caso dos anarquistas, resistiam com maior vigor às pressões dispersivas e reorientadoras do novo ambiente.[33] Aos que não dispunham delas ou as percebiam irremediavelmente consumadas, restava inventar um tempo e um meio idealizados, ao ponto de servirem de referência norteadora.[34] Mas a situação era, em definitivo, exponencialmente favorável aos mais jovens, que não tinham que aprender com o passado ou com a cultura herdada, se atirando sem reservas ao turbilhão da metrópole e incorporando diretamente dele as novas potencialidades, sentidos e condutas infundidos pelos modernos sistemas e tecnologias metropolitanas. O que só aprofundava o lapso e o conflito entre gerações, acentuando a conturbação e o mal-estar gerais. Além da sua heterogeneidade nacional, étnica, social, na cidade conviviam simultaneamente temporalidades múltiplas e diversas, em alguns casos incomunicáveis na sua estranheza recíproca, em outros mutuamente hostis, na maior parte se ajuizando equivocadamente umas sobre as outras.[35]

A justaposição de tantas partículas heteróclitas e adversas num curtíssimo espaço de tempo, sem nenhum planejamento prévio, num local impróprio, despreparado, disposto improvisadamente por meio de medidas isoladas e descontínuas, tomadas ao acaso dos fatos consumados, dão mais a imagem do caos de um incidente histórico de máxima contingencialidade do que da instauração de uma ordem urbana moderna. Ao contrário da aldeia original, criteriosamente planejada segundo o ambicioso projeto catequético dos jesuítas, a São Paulo moderna nasce de um motim dos fatos contra qualquer ética da prudência ou do bem-estar. Nessas condições era tão natural a alguém ser vítima, como era possível a outrem tirar proveito dessa situação emergencial, ao custo do aumento da aflição coletiva. Mas essa instabilidade precária do atrito que se amplia sempre não poderia durar sem que se pronunciasse de algum ponto uma disposição coesiva, uma vocação coletiva de qualquer feitio que haurisse sua força dessa atmosfera mesma — a única geral — de fricções, precipitações e desinteligências. O mito ajuda a organizar os fatos dispersos, como anotou um poeta do período.[36] Mas no caso de São Paulo, a ação ritualizada claramente precedeu e organizou o mito, derivando no produto cristalizado do mito da ação.

Republicando e referendando o editorial da recém-fundada revista *Sports*, o jornal *O Estado de S. Paulo* fixou em fórmulas concisas os termos de uma nova convicção.

A luta é pois uma lei biológica e o concurso — que é a luta legalizada e metodizada, artificial e inteligente — tem assim o seu fundamento na própria natureza animal, porquanto significa o esforço obscuro das espécies pela sua conservação e pelo seu desenvolvimento. A vida inteira não passa de uma competição. Os jogos, o trabalho, o próprio ato de existir, tudo é concurso, tudo é preparo e exercício das próprias forças que se medem com as alheias.[37] Todas são modos de valorizar e avaliar as energias pessoais, comparando-as com outras energias.[38]

As alusões à biologia poderiam levar a crer que se trata aqui de uma formulação mais acintosa do corriqueiro darwinismo social do século XIX. Mas de fato se trata de coisa diversa e nova. Ao contrário daquela doutrina do individualismo extremado, que coloria de um acento dramático a ideologia liberal, temos agora uma concepção que enaltece o supremo sentido social, coletivo, da ação desempenhada como um dispêndio da "verdadeira energia", aquela que coliga, coordena, compõe, conforma.

A energia física — continua o editorial —, o desenvolvimento orgânico, podem ser obtidos pelo esforço individual isolado, contanto que seja metódico e racional. O seu verdadeiro valor porém, só poderá ser medido e provado pela luta, pela competição. Um aparelho indica a intensidade da contração muscular, mas só a luta pode dizer qual a verdadeira energia em seu mérito real, aplicada à função para que foi criada e educada. Deste modo não se pode dizer que um homem é realmente forte e eficaz se pode só levantar grandes pesos; é preciso que demonstre ainda poder cumprir um trabalho coletivo e lutar com os seus inimigos nas condições sociais da luta.

O desfecho do editorial é lapidar: "Outro valor não tem o esporte senão o de preparar o homem pela luta e para a luta". É fácil imaginar o quanto as circunstâncias da Guerra contribuíram para difundir essa mentalidade.[39] Mas é ainda mais fácil avaliar o quanto ela deve e o quanto ela se ajusta por si mesma ao panorama turbulento das tensões sociais potencializadas pelas grandes metrópoles. Tanto que essa corrente ativista precedeu a Primeira Guerra e, a rigor, conta muito dentre os estados exaltados de ânimo que, contra toda sensatez, deflagraram a carnificina.[40] Num outro editorial, *O Estado de S. Paulo* refletia com extrema lucidez a percepção do curso que as coisas tomavam e de como a Guerra, mais do que desencadeadora das novas correntes, fora um sintoma e um prenúncio de uma época embrionária, da qual ela já era uma abertura em fúria e uma manifestação ingênita.

> A Europa continua a dar sinais cotidianos de uma profunda perturbação dos espíritos, que faz às vezes pensar se estamos assistindo às últimas repercussões da Guerra ou se nos achamos apenas no princípio de uma grande época de comoções e transformações, de que a Guerra fosse somente o sinal e o primeiro impulso. Por toda parte o mal-estar e a exaltação se traduzem numa cadeia ininterrupta de violências. Na Itália, os choques sangrentos entre o fascismo e o socialismo; na Grã-Bretanha, o duelo porfiado e terrível entre o poderio inglês e a rebeldia calculada e implacável dos irlandeses; na Espanha, na França, em Portugal, dissídias e embates com um mesmo fundo geral de luta entre duas grandes correntes inconciliáveis, entre duas eras que se defrontam, duas ordens de concepções sociais que se repelem...[41]

A luta, pois, está na ordem do dia. Não mais como confronto entre indivíduos, mas como combate coletivo entre princípios, entre vastas legiões de correligionários que se organizam hierárquica e disciplinadamente, com vistas à máxima eficácia da ação combativa. O que não seria necessariamente algo novo. O dado singular, porém, salientado insistentemente no editorial, é o modo alarmante como as massas em confronto se entregam a estados emocionais compulsivos.[42] O texto progride acumulando referências a esses modos de transporte passional, culminando num desfecho selvagem: a "profunda perturbação dos espíritos", as "comoções", a "exaltação" e a "cadeia ininterrupta de violências". É esse mergulho sem peias em transes de intensidade emocional "primitiva", essa nova técnica para engendrar a "verdadeira energia", que sublinha o perfil de um novo tempo, marcado por um ritmo de vertigem e um impacto de forças de uma magnitude inédita. Essa nova economia do instinto, condensado, orquestrado e dirigido para um papel proeminente, assume a cena pública transformando as cidades num palco monumental. Na capital paulista, esse novo estilo de regularização do cotidiano metropolitano começou a se impor com uma clareza e uma força incontestáveis, desde aqueles princípios eufóricos de 1919, em que o espaço urbano se transfigurou, surpreendendo os cronistas com

o mais expansivo, o mais vibrante e o mais pitoresco espetáculo que em São Paulo se tem visto.[43]

MOBILIZAÇÃO PERMANENTE

Logo no primeiro dia daquele faustoso ano de 1919, o cronista de esportes d'*O Estado de S. Paulo* não escondia o seu entusiasmo ao noticiar o progresso surpreendente que vinham tomando as atividades esportivas no país.

O ano esportivo que ontem findou foi, nesta década do século XX, o mais fértil em grandes acontecimentos de alcance imediato e de alcance futuro para o esporte brasileiro. Nunca se viu no Brasil tão intenso e tão geral movimento, não só de intensificação e melhoria dos esportes já existentes, como também da introdução de esportes novos...[44]

Mas isso que parecia o clímax era, ainda uma vez, apenas o prenúncio do que estava por se cumprir em escala ainda mais drástica. O crescendo das práticas e das emoções esportivas é tão palpável, que pode ser acompanhado quase que dia a dia na coluna esportiva, cada vez maior, a cada edição mais vibrante. No início do semestre seguinte, o mesmo cronista concentrava o foco da sua análise na cidade de São Paulo e mantinha o tom veemente do seu diagnóstico:

> 1919 tem sido um ano excepcionalmente favorável à introdução de novos esportes em São Paulo. De momento em momento surgem iniciativas visando objetivos diversos dos já conhecidos e movimentam-se atenções e esforços em prol de práticas desportivas ainda desconhecidas entre nós.[45]

Apenas vinte dias mais tarde, o desenvolvimento esportivo em contínua progressão, se espalhando por todos os cantos da cidade, envolvendo os mais diversos grupos sociais, num surto multiplicativo de emulações, leva o cronista a um novo patamar de exaltação. Já agora a sua coluna e as suas forças são insuficientes para fazer a história e o inventário das inúmeras manifestações de coordenação corporal.

> Nesse ano de 1919 os esportes estão tomando um desenvolvimento verdadeiramente espantoso, a tal ponto rápido, brilhante e seguro, que os mais otimistas não o poderiam ter suspeitado. Dia a dia aparecem melhoramentos ou surgem iniciativas. Generaliza-se e intensifica-se a prática das atividades físicas já conhecidas e aparecem e

se desdobram oportunidades para a adoção e a prosperidade entre nós, de esportes que de nome mal conhecíamos. Uma enumeração de todas as fases desse belo movimento de energias não caberia aqui e não é nosso intuito fazê-lo agora. Desejamos é que tão magnífico surto de progresso não morra e não esmoreça...[46]

A lista de fato é enorme e incluiria várias modalidades de provas pedestres, náuticas, ciclísticas, motociclísticas, automobilísticas, provas de natação, nado coordenado, saltos ornamentais, provas de tiro, esgrima, polo, boxe, luta romana, ginástica sueca, ginástica com aparelhos, ginástica rítmica, demonstrações coletivas, beisebol etc...[47] Ao declará-la bem-vinda e denominar essa proliferação esportiva de "um belo movimento de energias", o jornalista acrescenta à notícia o beneplácito da aprovação dos meios responsáveis pela ordem pública. Mais do que aprovação, a última frase indica mesmo um gesto de louvor a essa adesão em massa aos rituais de desempenho físico. Eis aí uma reação nervosa. Apesar da surpresa diante do vulto adquirido por essa celebração inédita do corpo, dos músculos, das ações coordenadas, vozes as mais diversas da sociedade assumem um tom otimista, laudatório ao tentarem nomeá-la ou descrevê-la.[48] Impulso tão original e de tão extraordinárias proporções como esse não poderia deixar de se tornar um assunto de interesse geral e, em breve, os cronistas se aperceberam da curiosidade coletiva e passaram a especular sobre a sua origem.

Não precisaram ir longe. O fenômeno era recente e suas trilhas de difusão pulsavam manifestas. Considerado um avanço incontestável, uma conquista social, seu advento marcava uma nova etapa na história da humanidade. De par com as últimas descobertas tecnológicas, de fato como um desdobramento delas, se destacou a noção de que o corpo humano em particular e a sociedade como um todo são também máquinas, autênticos dínamos geradores de energia. Quanto mais se aperfeiçoassem, regulassem, coordenassem esses maquinismos, tanto mais efetivo seria o seu desempenho e mais concentrada sua energia potencial.[49] Novamente, o momento catalisador dessa nova consciência foi em especial a Grande Guerra. O concerto de forças e recursos posto em movimento pelo esforço da Guerra, compondo vínculos precisamente encadeados entre os lares, as indústrias, a administração central, os meios de transporte e comunicação e a frente de batalha, é que deu substância ao novo conceito de "guerra total".[50] Antes da Guerra, a ideia de que os corpos orquestrados e suas potencialidades físicas representassem uma dimensão mais significativa da realidade do que aquela expressa pela imaterialidade buliçosa das mentes era minoritária e chocante, embora ascendente. Após a Guerra ela era um dogma, consagrado pelos exércitos nos campos de luta, confirmado por novas correntes das ciências sociais, assumido pelas gerações mais jovens de líderes políticos e flertado pelas tendências mais agressivas das artes modernas.[51]

No final de 1919, o colunista esportivo d'*O Estado de S. Paulo* já pontificava o novo credo com perfeito domínio da sua extensão e significado.

[...] o aguilhão das necessidades econômicas, lutas armadas nos campos de batalha e combates pacíficos no terreno do comércio colocam inexoravelmente os governos na contingência de ligarem a máxima importância possível ao grave problema da aptidão dos seus governados e, principalmente, de sua eficiência na luta universal assim estabelecida. Dentre os requisitos, porém, exigidos do homem moderno nas conquistas pacíficas do braço e da mente, o da sua capacidade física e intelectual é o que se destaca entre todos. E dentre estes dois, o que predomina como base indispensável e necessária para garantia dos triunfos é o da sua resistência física. Este postulado já não sofre contestação alguma no terreno da ciência ou no domínio da prática. É convicção assentada e inabalável de todos os povos e por eles tem sido balizada toda a ação que precedeu ou sucedeu o grande conflito armado que há pouco terminou. Reformas recentíssimas, no sentido de incrementar a educação física da mocidade, têm sido decretadas na França, Inglaterra, Estados Unidos, Uruguai, Argentina e outros países [...].[52]

Cerca de dez dias antes, o mesmo jornalista, refletindo sobre o fervilhar disseminado de propensões atléticas por todo o mundo, encontrou uma justificação muito elucidativa nas palavras de um oficial das forças aliadas: "A rapidez de formação dos Exércitos ingleses de 8 milhões de homens foi devida em sua maior parte a estar a juventude da Grã-Bretanha já aparelhada para a luta pelo treino nos esportes".[53] A conexão íntima entre o moderno ressurgimento dos esportes e as mobilizações militares ficou exposta de uma forma cristalina no contexto da Grande Guerra. Por exemplo, a celebração da vitória pelos Exércitos foi coordenada pelos norte-americanos, que organizaram, entre junho e julho de 1919, os Jogos Interaliados, disputados entre os recrutas e os oficiais mobilizados. Um dos efeitos desse certame foi a introdução e difusão de várias modalidades esportivas e estilos de condicionamento físico, tipicamente ingleses ou norte-americanos, no conjunto do continente europeu.[54]

As primeiras olimpíadas do pós-guerra, a serem disputadas na cidade de Antuérpia em 1922, comportavam um grande contingente de atletas militares, a maior parte dos quais ainda uniformizados e prestando serviço nas diversas unidades dos Exércitos aliados. O caso do Exército francês, tal como relatado à imprensa internacional, é típico desse estado de profundo congraçamento entre guerra, esportes e espetáculo.

A França está determinada a desempenhar-se tão bem nos jogos olímpicos de Antuérpia quanto nos campos de batalha na última guerra e, com o fim de conseguir isso, ela está convocando a mesma mocidade que conduziu seu pavilhão à vitória na Champagne e no Somme: os *poilus*. [...] Assim, a flor da raça francesa quanto ao físico e segundo todos os pontos de vista atléticos continua sob as armas. [...] Já foi assentado um programa dentre os diretores atléticos do Exército francês, à frente dos quais se encontra o coronel See, chefe da Escola de Atletas de Joinville, do Exército francês.[55]

Nem só guerra e festival — o novo surto desportivo era tido também como um fator inquestionável de incremento da produtividade econômica. "Após a extinção das endemias reinantes nas Filipinas — informava o cronista de esportes — e a introdução de novos métodos de educação física, a sua exportação aumentou de 100%."[56] Alguns dias depois, o mesmo articulista enfatizava em termos ainda mais candentes: "Nos atuais campos de esporte está-se preparando uma geração que indiscutivelmente modificará de modo acentuado a nossa moral e a grande atividade do povo paulista em todos os desdobramentos do seu comércio, da sua indústria e da sua agricultura".[57] Não deveria escapar de fato a nenhum observador atento o quanto o adestramento físico e as suas necessárias implicações, em termos de hábitos de higiene, profilaxia, alimentação e regularização da vida cotidiana, acarretariam não só em aumento das aptidões físicas individuais, mas sobretudo numa consistente disciplina do comportamento e num estímulo extraordinário dos dispêndios de atividade, os quais causariam um impacto principalmente na dimensão das expressões coletivas.

As virtualidades das novas práticas atléticas se mostravam portanto tão promissoras, que foram logo elaboradas num sistema capaz de abranger e acompanhar toda a vida ativa dos indivíduos. Esse sistema se chamava educação física. Seus primeiros teóricos eram bastante explícitos ao indicar as fontes e descrever o espírito dessa filosofia emergente dos corpos e da ação. É o caso do dr. A. Thooris, presidente da Comissão Científica da Federação Francesa de Atletismo, que declarou à revista *France et Monde*:

> Depois dos brinquedos vem o esporte. Os ingleses não têm feito outra coisa senão pôr as crianças e rapazes em sítios e instalações convenientes ao seu peito e aos seus membros. Eles lhes aplicaram os mesmos princípios de criação e treinamento dos animais. E chegaram ao seu objetivo, seu código de ginástica — e só pelo esporte. Em resumo, a regeneração da raça não se fará enquanto a nação não compreender a necessidade de pistas, estádios [...]. A infância e a mocidade precisam de ar, ar livre, e depois alimentação racional, vindo depois uma vida muscular alegre, interessante, consciente de seus fins.[58]

A associação dos esportes e da ginástica com o adestramento de animais poderia parecer crua, mas é de fato precisa e muito reveladora. Ela indica com clareza que o objetivo precípuo do treinamento é agir sobre o inconsciente, fomentando desse modo automatismos no comportamento, percepção e movimentação dos indivíduos, que se tornem ao final uma sua segunda natureza, independente de conjecturas reflexivas. Uma pessoa educada assim seria tão mais eficiente no seu desempenho, quanto mais imediatas e encadeadas fossem suas reações aos diferentes estímulos externos. A rigor, se trataria de uma outra pessoa, muito mais competitiva, muito mais ativa e muito mais rápida, se comparada com aquelas que não foram exercitadas dentro desse sistema. Daí o dr. Thooris falar em "regeneração da raça", em "vida muscular alegre" — não vida imaginativa alegre — e em "consciência dos seus fins", porque já não é preciso pensar neles: eles foram incorporados.

Os teóricos dessa nova ciência começam a pulular por toda parte: Mosso, Demeny, Lagrange, Tissié, Pagliani, Romero, Brest,

Mac Fadden, Preyer, Guts Muths, Ziegler...[59] Um documento extraordinário sobre a emergência e o teor dessa mentalidade foi deixado na forma de diário por um oficial alemão, escrito enquanto ele foi mantido como prisioneiro de guerra no interior do Império Russo. Para entreter seus colegas oficiais no campo de prisioneiros, ele organizava torneios e atividades esportivas. Como ainda lhe sobrasse muito tempo de lazer, ele se pôs a refletir sobre o significado da atividade esportiva, concluindo que seu efeito fundamental era exatamente de natureza cultural e psicológica: criar nos indivíduos uma disposição instintiva à ação disciplinada, à coordenação coletiva de movimentos e propósitos e a se guiar por um conjunto fixo de regras, limites e alternativas. O desígnio do esporte está em incorporar o "espírito esportivo", muito mais do que em vencer alguma prova ou competição.[60] Obviamente o lado espetacular do esporte, os grandes torneios, as demonstrações de ginástica conjunta, os duelos de atletas, os grandes eventos multiesportivos, as celebrações atléticas nos estádios monumentais magnetizam, eletrizam, empolgam coletividades inteiras, irradiando esses automatismos do "espírito esportivo" ampla e profundamente pelas sociedades.[61]

Isso posto, é preciso considerar simultaneamente o poderoso atrativo exercido pelos esportes sobre as várias comunidades, para se poder avaliar a magnitude do seu impacto cultural. Independente do que as autoridades públicas ou desportivas pensassem ou pretendessem a partir dele, a prática ou mesmo a contemplação do esporte traziam uma gratificação instantânea para seus aficcionados. A intensidade e a pletora de estímulos, emoções, adestramentos, agilidades, impulsos, excitações, perspicácia, divertimento e gozo, além de transes profundos de expectativa, comunhão e euforia, se ofereciam como ganhos imediatos aos praticantes ou entusiastas dos esportes. Os poderes públicos podiam ou não manifestar intenções categóricas em relação aos efeitos sociais da disseminação das atividades atléticas, mas nelas os indivíduos e as comunidades encontrariam, por sua própria conta, um recurso de satisfação de muitas de suas carências e um meio de despertarem e disporem de porções negligenciadas, rejeitadas ou frustradas das suas energias. Fosse como simples exercício, como metáfora, como ritual ou celebração, o esporte tanto viria preencher o vazio da ruptura abrupta ocorrida na rotina cotidiana das comunidades, como traria o potencial de novas alternativas de adaptação e um novo repertório de atitudes congeniais a um mundo em imprevisível fermentação.

Uma vez mais, naturalmente, eram os mais jovens aqueles que melhor poderiam perceber e assimilar essas possibilidades criadas pelo esporte em meio à confusão do caos urbano. Por isso mesmo, por estar fortemente identificado com os mais jovens e lhes propiciar os indícios de um novo estilo de vida, desembaraçado dos entraves de um passado recente mas já obsoleto, o esporte se torna a moda e a moda adquire um acento desportivo. Assumir ostensivamente os sinais associados ao novo ativismo atlético constitui um meio de patentear de forma inequívoca a distância entre as gerações e a diferença entre as mentalidades. As roupas se tornam mais leves, mais apegadas aos contornos da anatomia, mais coloridas e estampadas, mais adequadas à movimentação ágil do corpo, assumindo inspirações suscitadas em parte pelos fardamentos militares, em parte pelos trajes desportivos.[62] Os rapazes raspam barbas e bigodes, aparam o cabelo rente, frisado a fixador, trocam o bordão pela gravata, o patacão pelo relógio de pulso, o "pince-nez" pelos óculos de aro, a casaca pelo "pullover", o chapéu pelo boné automobilístico ou de caça. No lazer, eles não relutam em usar o "short" com meias três-quartos, o "sweater" de mangas curtas e a cabeça gloriosamente descoberta, expondo o rosto ao frescor do vento e aos raios bronzeantes do sol. Isso quando não exibiam a seminudez hirsuta nos trajes sumários de banho, usados tanto para a natação quanto, mais atrevidamente, no próprio remo de canoas pelos rios da cidade, provocando o arrepio das famílias.[63]

O grande espanto e o escândalo galopante, porém, iria ocorrer, como se poderia esperar, com a mudança dos hábitos e trajes femininos. Num mundo até então polarizado quase exclusivamente em torno da figura masculina, as moças aderiram com frenético entusiasmo aos hábitos modernos e desportivos, deliciadas com os ares de independência e voluntariedade que eles conotavam, desencadeando assim uma comoção que atravessou a década. Os tecidos leves, transparentes e colantes; a renúncia aos adereços, enchimentos, agregados de roupas brancas, perucas, armações e anquinhas; o rosto ao natural, a cabeça descoberta e os cabelos cortados extremamente curtos, quase raspados na nuca, davam às meninas uma intolerável feição masculina, agressiva, aventureira, selvagem.[64] O clímax da indignação, claro, foi inflamado pelo duplo efeito do dramático encurtamento das saias, convergindo no generoso alongamento dos decotes, na frente e por trás. As queixas choviam na redação d'*O Estado*: "Como explicaríamos nós — se pergunta o cronista social — as relações da Guerra com a seminudez da moda de hoje?".[65] Dois dias mais tarde, o mesmo jornalista chegava ao ponto de louvar os rigores do inverno paulista: "Deixai que se maldiga o inverno. Quando não faça comer mais [...] ele tem, isso tem, uma qualidade: estabelece a proporcionalidade entre o decoro e a nudez. Desaparecem as extremidades nuas, os colos nus, os braços nus. Já é alguma coisa".[66]

Numa troca de cartas ao jornal, dois "pais de família", como eles se assinam, se revezam em catilinárias contra a irreverência das moças. O primeiro fustiga os bailes e as danças, o segundo pega o mote e desce às roupas:

Sr. redator — o *pai de família* que lhe escreveu ontem acerca das danças de agora, tem carradas de razão [...], mas esqueceu-se lamentavelmente de uma coisa importante: os vestidos com que as suas filhas vão a essas festas. Eu não conheço tal cavalheiro, mas posso garantir que as saias [entenda-se vestidos] das suas graciosas criaturas não têm mais de quatro palmos de extensão...; que os decotes são de palmo e meio a dois; e que elas se esquecem sempre de pôr espartilho, mesmo quando saem a passeio... Já notou o sr. redator como são excessivamente curtos e exíguos os trajes femininos de agora? O lema dos modistas no tocante à seda dos vestidos, à musselina, ao crepe-da-china, ao *liberty,* à *charmeuse* — é que quanto menos melhor. Melhor e mais caro... E as moças vão aceitando e pagando tudo, a ponto de se verem por aí, de vez em quando (felizmente), senhoritas que quase mostram os joelhos...[67]

Nos carros e nos bondes, nos cafés e nos bares, nos bailes e nos estádios, nos umbrais das lojas e nas escadarias dos teatros, os movimentos bruscos e sobretudo os estudados repuxavam as sedas bem acima dos joelhos.[68] As mulheres definitivamente ganhavam o espaço público. Elas estavam por toda parte, a qualquer hora. Tecelãs, costureiras e aprendizes, cedo pela madrugada, em busca das fábricas e oficinas de modas. Balconistas, atendentes e serviçais do comércio logo depois. No início da manhã, colegiais, aias e professoras se dirigiam às escolas e conservatórios. Daí até o meio-dia, o agito indiscriminado das compras trazia mulheres de todas as classes, etnias e idades para o centro. As operárias saíam às ruas para o curto repouso das doze horas, enquanto as senhoras e moças das casas conspícuas se recolhiam para o almoço moroso e a sesta. A partir das dezesseis horas, se estabelecia o "footing" no circuito de lojas finas do Triângulo, cujo ápice era o chá das cinco nos salões do Mappin Stores e o refluxo, o "rush" das seis. Nesse horário, os homens deixavam os escritórios e bancos; as moças de família retornavam aos lares, dando início à "toilette" dos eventos noturnos; as operárias regressavam a pé ou nos bondes em legiões ruidosas. No ínterim as moças-sem-família afluíam ao Triângulo, em manobras sedutoras pelos bares e cervejarias, combinando com os cavalheiros os encontros tardios que eles teriam, depois de deixarem em casa as senhoras e senhoritas que levaram ao teatro, restaurantes e cinemas.[69]

O centro da cidade recendia a perfume e o fru-fru das saias comunicava os fluxos das marés femininas indo e vindo, circunscrevendo o Triângulo numa aura de desejo.[70] Os corpos sadios, lépidos, expostos ao frescor dos elementos, faziam da cidade uma passarela para a desenvoltura ágil; transformavam o flerte num torneio itinerante, veloz, volátil e as conquistas, em troféus temporários. Nessa nova chave, o amor era um jogo rápido. O cronista social d'*O Estado* observou essa drástica mudança na coreografia da sedução das moças paulistas, que transitou bruscamente do acanhamento à movimentação frenética:

> Outrora — e não há muito tempo — as senhoritas paulistanas distinguiam-se por uma tal ou qual rigidez de maneiras que, se não levava logo o observador a tomá-las por inglesinhas desembarcadas, não deixava entretanto de chamar a atenção de muito forasteiro e de espevitar-lhe a curiosidade. Por que será que as moças de São Paulo parecem andar pela rua de um jeito solene? Por que será que as moças desta terra parecem ter acanhamento de sorrir e de conversar? Por que será que elas parecem eternamente medrosas de quebrar o aprumo, estar continuamente governando e prendendo os próprios movimentos, como se a mais ligeira discrepância do ritmo adotado equivalesse ao horror de um escorregão ou de uma queda? [...] Mas os tempos mudam. Parece que as senhoritas paulistanas quiseram de repente desforrar-se do período em que eram tidas por inflexíveis e desgraciosas e deliberaram exercer as flexibilidades possíveis... [...] Mais devagar, senhoritas, mais devagar![71]

A atitude esportiva, nesse sentido ampliado, implica uma reformulação profunda da experiência da vida. Repudiando tudo quanto é artificial e postiço, tudo que embaraça os movimentos e sufoca a natureza, ela faz convergirem a exterioridade latejante dos sentidos em liberdade e a profundidade dos instintos chamados ao contato da flor da pele. A paixão desinibida estendendo os limites da percepção, os sentidos e nervos superativados insuflando os ardores da natureza íntima. Toda essa energia excedente confluindo para alimentar movimentos coordenados de massa em circuitos fechados, embora entremeáveis e cumulativos. O esporte, como o Carnaval, como o flerte em série, dentre outros, seria apenas mais um desses novos circuitos. Por isso mesmo, seu desenvolvimento seria tanto induzido quanto espontâneo, tanto bem-vindo quanto igualmente ressentido e obstado. A organicidade precípua que esse ativismo metodizado manifesta se refere sobretudo à sua própria consistência interna. Uma vez atingida uma dinâmica suficientemente acelerada, como aquela instilada pela Guerra, ele se alimenta de si mesmo e se multiplica por contágio e emulação. Seu caráter difuso, mais do que estabelecer padrões de ordem, suscita e sustenta um eriçamento dos estados de ânimo, que é tão mais produtivo quanto mais imediato, mais motor, mais coletivo e mais irrefletido.

São Paulo teve patronos precoces na introdução dos esportes modernos, representados, por exemplo, seja pela comunidade inglesa, intimamente envolvida com os vários aspectos financeiros, econômicos e tecnológicos da metropolização da cidade, seja por figuras demiúrgicas como o conselheiro Antônio Prado.[72] Uma vez dados esses impulsos iniciais, entretanto, o movimento adquire uma força própria e se reproduz em múltiplas direções, atingindo contextos sempre mais amplos, com uma energia crescente. As associações, sociedades e clubes esportivos surgem por toda parte, envolvendo os mais diferentes meios sociais. Mais significativamente, essas agremiações logo se coligam, criando a Associação Paulista de Sports Atléticos, com o sentido de atuar como entidade fomentadora, supervisora e coordenadora suprema de toda a vida desportiva que começava a vicejar em São Paulo. Em 1919, comentava o cronista esportivo d'*O Estado,* "a APSA, como entidade federativa, conta com cerca de 150 clubes de organização regular, constituídos com mais de 15 mil moços em plena atividade, entregando-se a torneios esportivos que já nos colocam à altura dos mais adiantados do mundo".[73] O otimismo que essa avaliação comportava não era pura presunção. O desenvolvimento desportivo de São Paulo assumia um tal vulto que, em torneios internos, a sua superioridade sobre o Rio de Janeiro e o restante da federação era esmagadora e incontestável.[74] Quando o Brasil se consagrou pela primeira vez campeão sul-americano de futebol em 1919, com um time que contava com nada menos do que nove titulares paulistas, a premonição se confirmou: São Paulo era a maior potência desportiva da América Latina.[75]

Afora os 150 clubes regulares e os 15 mil atletas da APSA, novos contingentes se juntavam continuamente a esses quadros, acrescentando dimensões as mais complexas ao panorama desportivo paulista. Logo nos inícios de 1919, os estudantes decidem criar o I Campeonato Acadêmico do Atleta Completo, assumindo simultaneamente o compromisso público de se empenhar pela instauração do "verdadeiro atletismo entre nós", "conforme às necessidades dos novos tempos".[76] Menos de dois meses depois, em vista da "tão excelente impressão causada pelos resultados do campeonato acadêmico no público em geral e na classe dos estudantes dos cursos superiores", eles fundam a primeira sociedade desportiva estudantil, a Associação Atlética Faculdade de Direito de São Paulo, contando dentre os membros da sua comissão esportiva o então estudante e futuro escritor modernista António de Alcântara Machado.[77] Em maio do mesmo ano, a APSA criou a sua Comissão de Educação Física, envolvendo no seu projeto o próprio governo do estado, que assumia a tarefa de implementar uma política estadual de educação física, abrangendo todos os níveis de instituições escolares estaduais.[78]

A proliferação de clubes esportivos se dissemina pelas várzeas operárias, levando a APSA à criação do Campeonato Municipal de Football, visando tanto estimular quanto envolver esses novos contingentes e tornar a várzea numa fonte fornecedora de novos talentos desportivos.[79] As Uniões Operárias, por sua vez, organizam suas próprias unidades atléticas, dedicadas sobretudo ao futebol, mas envolvendo também os demais chamados "esportes terrestres".[80] Várias empresas privadas estimulam o surto esportivo, organizando equipes, realizando campeonatos ou subsidiando troféus, medalhas e prêmios.[81] Alguns jornais de grande circulação, como *O Estado de S. Paulo* e *La Fanfulla*, da comunidade italiana, assumiam a organização de provas atléticas de grande amplitude e importância decisiva na consolidação de uma mentalidade e identidade desportiva paulista, prontamente imitadas em cadeia por outras cidades do interior do estado.[82] As iniciativas pululam por todos os lados, mas convergem numa só direção: a mobilização física da população.

A participação da imprensa nesse empenho pela mobilização permanente, dada a sua condição estratégica como meio monopolizador da comunicação social até então, era de uma importância particularmente notável. A Volta de São Paulo, organizada pelos editores esportivos da edição noturna d'*O Estado de S. Paulo* e por isso chamada também de Prova Estadinho ou Prova Clássica Estadinho, é o melhor exemplo desse novo papel da imprensa. Essa competição iniciada em 1918, quando ainda "as atividades pedestres eram quase que desconhecidas entre nós", se torna instantaneamente uma coqueluche e um dos eventos esportivos mais retumbantes da cidade.[83] Inúmeros amadores acorrem para se inscrever nessa maratona urbana, acompanhada através das ruas da cidade pelas multidões extasiadas. À parte esse imenso envolvimento coletivo entretanto, que estabelece um nexo inextricável entre o espaço físico da cidade e o esporte, o jornal, nas suas duas edições diárias, desempenha uma ação didática ainda mais ampla e efetiva, embora também mais sutil. Ao instruir os corredores potenciais sobre como se preparar para competir na prova, os cronistas enfatizam a importância crucial da longa preparação física, obtida através da prática metódica e cotidiana de uma série encadeada de exercícios físicos. Exercícios esses muito simples, minuciosamente listados e explicados, como diferentes técnicas de pular corda ou de fazer flexões de solo, e que portanto podiam — a sugestão mesmo era de que deveriam — ser adotados por todo e qualquer cidadão, para serem desempenhados no próprio interior dos seus lares, associando assim o esporte coletivo com a vida doméstica, a rotina diária e a existência individual e privada de cada habitante da cidade.[84]

Mas, é claro, as expectativas gerais eram de que o papel-chave nesse boom esportivo em São Paulo deveria em última instância caber às autoridades oficiais. Era o que exigiam os clubes e associações, era o que clamavam a imprensa e a APSA. O governo, de fato, não iria se furtar a essa nova função para a qual era chamado e, na medida em que isso se conciliava com suas complexas articulações de interesses, iria se tornar um poderoso núcleo catalisador desse ativismo generalizado. A figura decisiva na implementação dessa démarche política foi Washington Luís que, no começo de 1919, como prefeito da capital, assumiu publicamente, em discurso oficial no Club Atlético Paulistano, o compromisso de que "as boas iniciativas em prol da valorização humana teriam da sua parte toda animação e auxílio". Promovido a governador do estado num rearranjo interno decidido pela alta cúpula do Partido Republicano Paulista (PRP), já em fins daquele ano ele ordenava a contratação de professores suecos de ginástica para as escolas públicas de São Paulo e assumia o compromisso de dar início ao tão ansiado projeto de construção do estádio monumental poliesportivo da capital paulista. Um ano mais tarde ele era louvado como o grande patrono dos esportes em São Paulo.

> Ninguém desconhece em São Paulo o entranhado carinho com que o sr. Washington Luís acompanha o evolver do esporte paulista e a sua grande simpatia pelos clubes que disputam o campeonato da Associação. Já por diversas vezes teve a Sua Excelência oportunidade de pôr em foco esses sentimentos, quer atendendo a todas as solicitações que lhe são feitas pelas direções dos nossos clubes, quer acompanhando com o mais vivo interesse tudo quanto diz respeito aos progressos dos mesmos.[85]

Muito a propósito aliás, Washington Luís cultivava ele mesmo uma imagem de pessoa atlética e, quando os cronistas noticiavam o seu envolvimento com eventos dessa natureza, costumavam fazer acompanhar do seu nome o prestigioso aposto, "ele que é também esportista".[86] Washington Luís apadrinhou ainda várias competições, cujos títulos ou troféus passaram a levar o seu nome, como as Regatas Washington Luís, disputadas no Tietê.[87] Quando foi implantado o primeiro Campeonato Estadual de Luta Romana, o então presidente do estado se apressou em oferecer pessoalmente um bronze artístico para o vencedor da categoria de pesos-pesados, incitando membros do seu secretariado a contribuírem com as medalhas para todas as outras categorias.[88] Na grande festa urbana de recepção dos jogadores campeões sul-americanos de futebol — nove dentre os onze sendo paulistas, como a imprensa local nunca nos deixa esquecer — os convidados de honra eram Washington Luís e seu secretariado. Dispondo dos recursos da cidade, Sua Excelência garantiu ao festival pompa e circunstância nunca vistas, acionando carros de bombeiros, bandas, lanceiros, guardas de honra, flores, luzes e foguetório. São Paulo assumia em grande estilo seu precioso título de capital desportiva absoluta.[89]

Com os espíritos nesse estado de alta afetação, não era de surpreender que tanto as autoridades desportivas quanto mesmo intelectuais e políticos se pusessem a engendrar planos para levar às últimas consequências a liderança esportiva paulista, centralizando uma reforma atlética e profilática — a "regeneração da raça" — que da capital de São Paulo se espraiaria para o interior do estado, para os confins do país, transbordando até mesmo para as fronteiras continentais.[90] Independente de elucubrações mais ambiciosas, entretanto, a atmosfera de exaltação em torno da nova cultura física continuava fermentando e deu origem à primeira revista de grande circulação, especializada e inteiramente dedicada às diversas atividades atléticas, que trazia o eloquente nome de *Sports*. Era profusamente ilustrada pelo futuro pintor modernista Di Cavalcanti e impressa em tipos serifados sobre papel glacê.[91] Quer fosse por parte de líderes paulistas, quer por parte dos jornalistas esportivos, os apelos contínuos eram para que as exigências de rigor e o nível de excelência do esporte paulista fossem sempre aumentados. Em editorial do início de 1920, *O Estado* clamava:

> Julgamos indispensável que se cuide desde agora — e não é cedo — da aquisição de um material esportivo completo e perfeito, próprio para com ele serem tentados e estabelecidos recordes. Nesse ponto de vista qualquer economia é inteiramente condenável, capaz de tolher gravemente o nosso desenvolvimento esportivo.[92]

Tendo em vista apelos como esse e a nova voracidade por recordes, em maio de 1920 a APSA anunciou a contratação por três anos de um especialista norte-americano, capaz de atualizar técnicas e métodos de preparação dos atletas paulistas. O cronista desportivo d'*O Estado* enaltece a iniciativa e ressalta a sua importância, dado que ela elevava a concepção de formação física ao plano de uma prática científica de nível superior.

> Trata-se [a contratação do técnico norte-americano], queremos fazer notar, de um diretor de educação física e não de um simples instrutor de ginástica. [...] Formado pela célebre Escola de Educação Física de Springfield e tem um curso teórico-prático tão regularmente feito como o de um médico ou de um engenheiro.[93]

Importações de modalidades, importações de materiais, importações de conhecimentos, importações de professores, importações de técnicas, o fervor esportivo ia tomando o volume de uma avalanche de grande amplitude. O esporte ganhava dimensões políticas e os clubes estendiam o seu alcance social. Panfletos pelo alistamento eleitoral eram distribuídos dentro dos estádios durante os jogos, os clubes cooperavam no esforço pelo combate e erradicação da gripe espanhola, ao mesmo tempo que organizavam farta distribuição de presentes de Natal às crianças pobres da cidade, em gigantescos festivais públicos no coração do Brás.[94] As atividades esportivas se irradiavam por todos os lados e começavam a fazer de criaturas completamente anônimas até então, os novos heróis do novo mundo da ação permanente: mais famosos que os políticos do dia, mais celebrados que os poetas, só comparáveis aos grandes vultos da Grécia olímpica.

Os semideuses do novo século podiam ser cidadãos abastados ou imigrantes humildes, ter nomes luso-brasileiros sonoros ou patronímicos estrangeiros esdrúxulos, o que importava era o que eles tinham em comum com os seus adoradores fanatizados: a paixão do movimento, a religião da velocidade, a magia da energia superlativa. Dia a dia a cidade produzia e entronizava novos ídolos. Num dia, as láureas eram do cavalo campeoníssimo Reppy, consagrado em todos os prados e pistas da cidade. Noutro, a glória imortal era concedida a Andreucci, tricampeão da Volta de São Paulo. Num instante o clamor se transferia para os heróis Arbace Simi e José Caloi, recordistas ciclísticos de São Paulo e do país. No momento seguinte, a vibração se voltava para João Gual, o imbatível motociclista paulista, pilotando sua implacável Harley-Davidson, especialmente adaptada para competições. Dele, as atenções transitavam para se concentrar em Roberto Costa, o vencedor da Maratona da Cidade, ou para a equipe de remo do Club de Regatas Tietê, ou para o time tetracampeão de futebol do Club Atlético Paulistano, ou para o seu arquirrival, o Palestra Itália, ou para o irascível Corinthians Paulista. Mas sobretudo unanimemente, incontestavelmente, fervorosamente, as aclamações maiores eram galvanizadas por Edu Chaves, o capitão dos ares, detentor de todos os recordes aeronáuticos do país, e para o maior artilheiro futebolístico de todos os tempos, Arthur Friedenreich.[95] As imagens, mil vezes reproduzidas em jornais e revistas, desse novo panteão atlético, despertavam nos seus admiradores, quaisquer que fossem suas etnias, nacionalidades, condição social, sexo ou convicções, uma nova identidade e um peculiar orgulho compulsivo de se sentir parte da cidade.

"O futebol em São Paulo, principalmente no ano de 1919, evoluiu espantosamente." Assim comentava o cronista esportivo d'*O Estado*, em matéria ilustrada com uma fotografia de aproximadamente 20 × 30 cm, mostrando uma multidão compacta, uma massa humana colada ombro a ombro, padronizada pela regularidade circular dos chapéus e dos ternos acinzentados. Essa cena, surpreendente nas suas primeiras revelações, vai se tornando cada vez mais frequente e comum, embora seu crescimento constante ao longo da década ainda continue a maravilhar os comentaristas. Num curto período, sem dar tempo para que as pessoas se acostumassem ao fenômeno, a vida da cidade gera essas agregações maciças, em que tanto a multidão é atraída pela fruição em comum de um espetáculo, quanto pelas próprias proporções inusitadas das massas envolvidas. O público se constitui numa manifestação espetacular em si mesmo, o que acrescenta uma dimensão extra ao evento, multiplicando a intensidade das emoções que ele suscita. Os encontros futebolísticos rápido se tornariam a principal fonte desse duplo deleite, fixando um modelo, assim para os cidadãos como para as autoridades, a ser reproduzido em diversas outras oportunidades e circunstâncias.[96]

Em 10 de novembro de 1919, em plena fase decisiva do campeonato de futebol da cidade, o jornalista de esportes d'*O Estado* se declarava perplexo diante da "multidão colossal de mais de 20 mil pessoas" que acorrera ao Parque Antártica para assistir ao jogo entre o Corinthians Paulista e o Palestra Itália, apesar da chuva torrencial que desabava sobre São Paulo. Seu espanto, porém, não durou mais do que uma semana, porque no jogo seguinte, entre os inimigos jurados Palestra e Paulistano, aquele imenso público dobrou em volume, mantendo as instalações precárias do estádio no limiar de uma calamidade iminente. A narrativa do cronista, apesar de extensa, é saborosa pelo pitoresco dos detalhes e também pelo que revela do seu estado de espirituosa perturbação.

A assistência de ontem ao jogo Palestra x Paulistano no Parque Antártica bateu, cremos, o recorde das lutas esportivas em São Paulo. Cerca de 40 mil pessoas acorreram à grande praça de esportes do Palestra. Desde as doze horas começou o transporte de sócios e partidários dos dois clubes e de pessoas que iam simplesmente apreciar a luta, ver decidir, praticamente, a colocação dos dois mais cotados candidatos ao campeonato da cidade. Da mesma maneira que foram utilizados todos os meios de transportes imagináveis, desde o *pedibus calcantibus* até o automóvel, com escala pelos bondes, tílburis, carriolas, cavalos de monta etc., também se servia o público de todos os recursos imagináveis para não perder uma só das peripécias do encontro que tão interessante se anunciava, como de fato o foi. As arquibancadas e as gerais, como as cercas ao redor do campo, ficaram cheíssimas — é o termo. Nas árvores, mais do que da outra vez, no domingo anterior, instalaram-se numerosos espectadores, vergando-lhes os ramos ao peso da estranha carga. Na coberta das arquibancadas, sobre as telhas de zinco escaldante, havia tanta gente, que os felizardos que estavam mais ou menos sentados ou em pé, ao abrigo do sol e da chuva, receavam que lhes caísse por cima aquele pedaço de céu velho. No segundo tempo a multidão se apertou tanto, de encontro à cerca, que ela em vários pontos cedeu e seria derrubada se a não tivessem prontamente escorado. Nos próprios gols do campo pequeno do parque havia quem se mantivesse de pé sobre a prancha horizontal, com o auxílio de varas de bambu. Nos automóveis ao redor do campo a aglomeração *era um fato*, estando os tejadilhos desses veículos convertidos em palanques de nova espécie.[97]

A paixão futebolística crescia muito mais depressa do que as providências administrativas dos clubes ou do governo podiam acomodar ou sequer acompanhar, estabelecendo a infraestrutura de recursos e serviços urbanos capaz de garantir a sua plena vazão e desenvolvimento. Já no torneio do primeiro semestre desse ano de 1919, ficara clara a necessidade premente de um grande estádio municipal para os jogos decisivos, e a imprensa, sobressaltada com o evidente descompasso, passaria a fazer da questão da praça de esportes monumental o seu principal cavalo de batalha na área desportiva. No encontro entre o Paulistano e o Palestra, em junho daquele ano, o cronista exprimia o apelo, enumerando as propostas concretas que já o substanciavam. Aquele jogo, dizia o jornalista, demonstrou mais uma vez a necessidade inadiável em que estamos de possuir uma grande praça de esportes, para poder acomodar suficientemente as grandes audiências que já conta entre nós o futebol. Muito se tem falado do estádio da cidade. Há até três projetos para a construção dele: um na Várzea do Carmo, outro no Parque Antártica e outro no Vale do Anhangabaú. Nenhum deles porém vai por diante, nem parece que queira passar do papel e do nanquim para o terreno. E esperando, sofremos todos...[98]

Pelo fim do ano, o anseio público pelo estádio já era tão palpável e candente, que um candidato a vereador o incluiu como ponto de honra do seu programa, em termos que não deixassem dúvidas aos seus potenciais eleitores, quanto ao grau exaltado da sua determinação: "Obter o mais depressa possível, com toda urgência, sem perda de um instante, imediatamente, já, agora mesmo, a construção do *stadium* paulista".[99]

Uma avaliação do significado profundo da febre futebolística não pode, entretanto, se circunscrever ao âmbito do cobiçado estádio ou da curta duração das partidas. O fenômeno esportivo em geral, futebolístico em particular, é uma manifestação plenamente urbana, que palpita de um modo ou de outro por todos os desvãos da cidade e preenche o tempo ampliado das horas de lazer. Ele é ubíquo na fisicalidade concreta das atitudes e expressões que difunde e onímodo na variedade abstrata dos estados emotivos que desperta e alimenta. A cidade dissipada no caos de um crescimento tumultuoso encontra nele a enfibratura de correntes que organizam pela exaltação. Essas correntes conjugam focos de alinhamentos coletivos que se sustentam pela adesão voluntária e a comutação do entusiasmo em doses cotidianas. A cidade não assiste ao esporte como um episódio isolado e externo: ela lhe dá vida, corpo e voz — ela não o vê de fora, ela se vê nele. Eis como um dos editorialistas d'*O Estado* retrata o fenômeno em meados de 1920, com um notável senso de observação.

> Provavelmente nunca se verificou em São Paulo tão acentuado gosto popular pelo futebol, como nesses últimos tempos. As associações dedicadas ao cultivo desse esporte se multiplicam pela cidade, e a realização de jogos em que tomem parte clubes de certa importância nos meios esportivos é acontecimento que interessa fundamente a quase toda população, da qual uma grande parte passa o melhor de seus domingos nas arquibancadas dos campos onde tais encontros se verificam. E, à noite, no centro da cidade, nos cafés, nas confeitarias, nas ruas, não há querer travar uma prosa que não tenha por assunto os feitos deste ou daquele campeão, ou em que não se comentem probabilidades de projetados prélios. E a política dos *footballers*, ativos ou platônicos, é já hoje tão acirrada que chega a fazer sombra à... dos políticos.

A continuação desse editorial em forma de crônica é ainda mais reveladora, particularmente no seu irônico movimento conclusivo.

> Mas não é só esse futebol assim normalmente organizado que merece as atenções dos aficcionados. Há pelos bairros da cidade, dos mais chegados ao centro aos mais remotos, infinidades de clubes que o cultivam, com ardor em nada inferior aos da primeira [divisão]. Quem quer que tome um bonde qualquer em tarde domingueira, e percorra os mais afastados arrabaldes, terá ensejo de apreciar a extensão granjeada em nossa terra pelo culto do esporte bretão. Nesses dias não fica uma aberta de terreno baldio, um trecho de baixada, mais ou menos plano, um trato de várzea de chão menos escorregadio, que não seja tomado por duas fervorosas equipes, na disputa de encarniçados matches. Pelos barran-

cos dos aterros circunvizinhos, pelos galhos das árvores próximas, torcedores em bando seguem interessadíssimos as sucessivas fases do prélio. Aplausos delirantes e chufas mordazes acolhem cada lance da pugna, tal como nos jogos da Antártica ou da Floresta. Mas a nota pitoresca, que falta nos torneios realizados nestas áreas aristocráticas é que, terminado o jogo naquelas, muitas vezes se veem os jogadores, vencidos e vencedores indistintamente, arremeter para as madeiras que formam os retângulos dos gols, e, arrancando-as do solo, carregarem-nas às costas, com todos os outros apetrechos e acessórios futebolísticos. É que, dizem eles, a lenha anda hoje muito cara e vasqueira e os últimos retardatários da assistência não são lá de inspirar grande confiança...[100]

Movendo o foco das áreas centrais da cidade em direção às periferias distantes, o cronista atravessa a intersecção entre o futebol e a penúria, onde o esporte convive com a carência e a intimidação. Nessas áreas o jogo força as regras. Mas o problema era mais difuso e menos discriminado no espaço do que poderia parecer. Se em algumas circunstâncias o futebol revela todo seu potencial arregimentador e sua força de organização, como no jogo que os estudantes da Faculdade de Direito promoveram entre o Santos F. C. e o Palestra Itália, em benefício da construção do monumento cívico a Olavo Bilac, a situação no geral era bem mais confusa e conflituosa.[101] Chovem queixas, reclamações e apelos do público e da redação contra os jogos improvisados de futebol, promovidos dentre os operários, pelas ruas e praças da cidade em seus intervalos de almoço e, principalmente, contra os "garotos", "moleques", "vadios" e "vagabundos", que se entregavam quase que o dia inteiro, por todos os cantos da cidade, nos terrenos baldios, ruas e esquinas, aos chutes e correrias atrás de bolas de pano e papel, couro ou simples tocos de madeira.[102] Nesses casos, o futebol e os seus praticantes eram identificados com a perturbação da ordem e contravenção das leis, não raro com a própria criminalidade. Por essa perspectiva ele é visto como uma presença conturbadora e sua difusão como uma ameaça crescente.[103]

Fosse como fosse, visto pelo alto ou pela base da hierarquia social, no centro ou na periferia, o futebol propiciava o embaralhamento das posições relativas, suscitava identificações desautorizadas, invadia espaços interditos e desafiava tanto o tempo do trabalho quanto o do lazer. Esse componente indisciplinado, essa pressão insurgente contra espaços e restrições discriminadoras, se incomodava alguns grupos, por outro lado atraía multidões. O adensamento físico e simbólico da sua presença e significados desencadeava por sua vez reações na direção inversa. Isso ocorria na medida em que, à popularidade arrebatadora do futebol e à sua concepção como representativo de um instinto puro e autêntico do povo, se acrescentava o atrativo de ele ser visto como uma fonte genuína de identidade, oferecendo assim um refrescante refúgio para aqueles que respiravam uma atmosfera saturada de afetações cosmopolitas e maneirismos de salão. O futebol forneceria ademais uma alternativa de vitalidade e perspectivas de uma nova atitude física e mental, um sucedâneo, enfim, adequado tanto aos jovens e modernos desencantados com o colapso da velha Europa e sua cultura, quanto aos contingentes em turbilhão que a crise internacional e a metropolização precipitada privaram seja da sua cultura de raiz, seja de uma educação convencional.

Esse avanço em avalanche, num curtíssimo intervalo de tempo, atingia proporções tão extraordinárias que, já em meados de 1920, o cronista esportivo d'*O Estado* desabafava em tom escaldado.

> O esporte paulista sofre de uma verdadeira hipertrofia de futebol. Trata-se de uma infecção futebolística que de crônica está agora no seu período agudíssimo. [...] Ele absorve todas as atenções, todos os cuidados, todos os esforços. Noventa e nove décimos por

cento da atividade esportiva paulista concentra-se no jogo da Associação. Nossos esportistas não veem, não pensam, não querem, não sabem outra coisa, senão futebol. É futebol do começo ao fim do ano, do início ao fecho da semana, do nascer ao morrer do dia. O futebol é o filho único do povo paulista, com todos os vícios e defeitos da criança amimada.[104]

Por toda parte, aliás, os ânimos se esquentavam, e a paixão futebolística, assumindo proporções de destempero, se tornava uma questão de honra pessoal, quando não de orgulho patriótico. Já por ocasião da fase decisiva do Campeonato Sul-Americano de 1919, *O Estado*, reproduzindo matéria do *Jornal do Brasil* do Rio, onde a disputa se realizava, deixava claro o estado de espírito que dominava as legiões de aficcionados.

No círculo dos jovens, considera-se impatriótico o desinteresse pelo desfecho desse certâmen continental, declarado que seja por um brasileiro! E nas rodas mundanas, não se admite nem por esnobismo, uma afirmativa dessa natureza...[105]

O interesse pelo novo esporte era de tal monta que, precocemente como possa parecer, no início daquele ano, o jornalista Antônio Figueiredo colocava à venda a primeira *História do football em São Paulo*, distribuída, entre outras livrarias e casas comerciais, pela própria redação d'*O Estado*.[106] Desse livro sairiam os argumentos para provar a superioridade paulista no esporte bretão e, no momento crítico do rompimento (temporário) de relações entre a Liga Futebolística de São Paulo e a Confederação Brasileira de Desportos, centrada no Rio e composta de dirigentes cariocas, daria ensejo a uma significativa ruptura cronológica. A partir daquele momento o cronista d'*O Estado* passa a dividir a história do futebol brasileiro entre História Antiga, quando ele esteve sob a hegemonia fluminense, e História Moderna, quando foi estabelecida a plena autonomia e indiscutível superioridade dos paulistas.[107]

Não por acaso, na celebração da vitória do Campeonato Sul-Americano, quando era enfaticamente enaltecida a quase exclusiva composição paulista do selecionado nacional, o cronista d'*O Estado* saiu-se com uma assertiva que revelava um novo estado de consciência, destinado porém a uma carreira longa e sinuosa.

> Na conquista do título de campeões do futebol sul-americano, os jogadores brasileiros evidenciaram possuir as melhores qualidades que se pode desejar em *footballers*, qualidades que só eles, e nenhum outro povo, resumem todas.[108]

Era a descoberta de uma vocação. Esse conceito religioso também não é casual e não faltam evidências que comprovem a sua propriedade. O dia 23 de junho de 1919 marcava a mais importante festividade religiosa celebrada em São Paulo então, a procissão maciça da veneração de Corpus Christi, atravessando caudalosamente, com sua abundância de andores, crucifixos, imagens, estandartes, flâmulas e paramentos, toda a extensão central da cidade, hierarquicamente disposta em seções consecutivas de irmandades. Mas naquele ano, naquele preciso domingo, estava marcado o jogo entre os adversários intimoratos Paulistano e Palestra Itália. O resultado da funesta coincidência ficou assinalado pelo repórter de assuntos religiosos d'*O Estado*, com indisfarçado ressentimento, certamente compartilhado pelo clero.

> Era de ver-se no desfile a ordem reinante, o número considerável de estudantes e a grande concorrência das associações femininas. Cumpre notar porém, que as associações masculinas achavam-se muito desfalcadas, causando má impressão até a ausência de algumas irmandades.[109]

Essa nova fidelidade vinha refletida na matéria da seção esportiva, dando a cobertura do jogo que se realizara naquele mesmo dia e fazendo referências em tom exaltado à "enorme assistência", "jogo magnífico", "concorrência formidável", "enorme entusiasmo".[110] Aliás, foi por causa da multidão colossal que convergiu para assistir a esse jogo, evidenciando os estreitos limites de acomodação do estádio, que o Club Atlético Paulistano decidiu ampliar as arquibancadas do seu campo de futebol.[111] Fenômeno curioso, senão preocupante, numa cidade em que um dos pouquíssimos elementos comuns às diversas camadas da população, local ou adventícia, era justamente o tradicional e proverbial fervor católico. O mais interessante é notar que, também no âmbito futebolístico, a afiliação dos aficcionados aos seus clubes se traduzia em emoções e sentimentos de uma intensidade férvida. Já a respeito desse mesmo jogo entre o Palestra e o Paulistano, o jornalista d'*O Estado* alertava as autoridades desportivas e policiais contra "os partidários vermelhos que os dois clubes contam às centenas e aos milhares". Noutra matéria, pouco mais tarde, sobre o jogo Corinthians e Palestra, o cronista investia contra "o triste espetáculo e o mau, péssimo, exemplo do clubismo", apelando para a conciliação dos partidários dos dois times, em favor da "'união sagrada'... integral e absoluta" dos esportistas da cidade.[112]

As estatísticas policiais confirmavam o aumento dos casos de violência nos fins de semana, relacionados à larga difusão do futebol por todos os recantos da cidade.[113] As grandes concentrações coletivas nos estádios, os ânimos acirrados de turbas rivais se entrechocando e comprimindo-se em espaços estreitos e instalações precárias forneciam ademais à polícia condições excepcionais de treinamento e aprendizado de técnicas de controle de massas. Tanto técnicas hauridas da repressão às greves eram aplicadas nos estádios, quanto, como corolário, os confrontos esportivos ilustravam com riqueza de detalhes as demandas do controle social. A descrição das condições de cobertura do jogo Palestra e Corinthians de abril de 1920, ocorrido no estádio corintiano, não difere muito nem envolve um público muito diferente do que seria a cobertura de um confronto com piquetes de greve ou multidões em assembleia. O tema é o de uma batalha campal.

> A onda de povo que se dirigiu à Ponte Grande foi se comprimindo nas suas acanhadas dependências e de tal forma que... transbordou. Continuava o povo chegando, mas já havia a polícia tomado as suas "enérgicas providências". [...] Conseguimos "penetrar", muito embora nos custasse a ousadia algumas espaldeiradas. É que de quando em vez o povo fazia incursões arriscadas e a "linha de defesa." da polícia tinha que ceder terreno. [...] Houve, como é natural, como é justo, como é lógico, protestos e reclamações. A elas a polícia atendeu fazendo correrias e outras brutalidades, como é de seu velho e querido hábito. Numa delas, um nosso companheiro que tentava entrar não escapou de ser espaldeirado... [...]Basta dizer que a polícia ficou senhora da situação.[114]

O sintoma da violência, externo ao espetáculo, era contudo parte constitutiva dos próprios impulsos agressivos estimulados pelo jogo. Tanto que nos jogos e momentos mais críticos dos torneios uma ação coordenada, envolvendo a imprensa, os dirigentes esportivos e a autoridade policial, procurava criar um efeito compensatório, dissuadindo os aficcionados, pela propaganda ou pela intimidação, de darem livre vazão aos seus ânimos.[115] Inibidos assim de exteriorizarem as excitações que lhes despertavam essa dança guerreira codificada como representação lúdica, os fiéis do novo culto incorporavam as disposições hostis, dando-lhes uma vazão sincopada na forma de uma coreografia fascinante, simultaneamente corporal e subepidérmica, que combinava inflexões súbitas de extremo sofrimento e de prazer extremo. O corpo de cada aficcionado se tornava assim o foco da ação e o teatro no qual repercutiam em profundidade as vicissitudes do combate simbólico absorvido como espetáculo. O efeito de sintonia de ápices de intensidade física e emocional ressonado pela multidão amplificava enormemente as cargas emocionais, ratificando o caráter confirmatório do ritual e gratificando os dispêndios autoinfligidos de agressividade, com o ganho de uma força extracorpórea centenas de milhares de vezes multiplicada.

Quem oferece uma descrição cristalina desse novo circuito físico e simbólico é, mais uma vez, o genial cronista P. Com sua moderníssima técnica de forçar o efeito de estranhamento inerente às condições da metropolização, ele analisa o fenômeno com um desprendimento raro, podendo assim captar a peculiaridade extravagante de um comportamento que, para aqueles que já o haviam assimilado, era apenas uma feição banal do lazer urbano.

Tem aspectos muito curiosos o nosso futebol. Ninguém que não esteja habituado às partidas desse esporte pode jamais imaginar o que é por exemplo um "torcimento". É a coisa mais curiosa e mais divertida desse mundo. Preso de emoção intensa a um lance qualquer do jogo que torna iminente um gol, o torcedor alheia-se inteiramente de tudo, e é apenas nervos tensos. Nesses rápidos instantes, vale a pena de se ver e apreciar um grupo de torcedores. Com os olhos fixos na bola e nos jogadores que a impelem, o torcedor vai realmente se torcendo, se torcendo, e quando, por fim, é marcado o gol, vem uma explosão formidável de entusiasmo e quase delírio, gritos, sapateado, chapéus ao ar, o diabo. Naturalmente, tratando-se de dois partidos em luta, é claro que devem haver "torcedores" de ambos os lados. E é interessante notar que eles acreditam seriamente que o seu "torcimento" influi na sorte do seu partido, tal como um fluido magnético que se estabelecesse de cada torcedor para os jogadores, c os incitasse, e os tornasse, invencíveis... Se não és amigo do futebol, e nunca assististe a um match sensacional — leitor indiferente a essas coisas grandiosas — vai ao primeiro que se ferir. Avizinha-te dos grupos de maior entusiasmo. E fica a olhar, não só para o campo do jogo, mas para a assistência. Garanto que te divertirás bastante só com os esgares, rictus, crispações, contorções, toda a variedade infinita de manifestações nervosas que constituem um "torcimento"...[116]

Destaquem-se nessa descrição impagável as referências ao "torcedor que se alheia inteiramente de tudo" e à crença séria sobre o "fluido magnético que se estabelece de cada torcedor para os jogadores". Considerando o episódio que suscitou a redação desse texto, essas duas menções ganham um realce todo especial. P. escreveu essa crônica quando de uma das partidas das finais do Campeonato Sul-Americano de Futebol, do Brasil contra os uruguaios então campeões, em que os redatores d'*O Estado* tomaram uma decisão inusitada. Aproveitando-se das comunicações telefônicas confiáveis estabelecidas entre São Paulo e Rio de Janeiro, a redação do jornal manteve um enviado à Capital Federal, que assistia ao jogo e o narrava ao mesmo tempo pelo telefone para seus colegas paulistas. Esses então resolveram criar um sistema de placares informativos expostos na fachada do prédio, trocados a cada informação nova significativa que recebiam: um ataque perigoso, um escanteio, uma defesa arrojada, um impedimento, um pênalti, um gol. O resultado desse experimento tecnológico e emocional foi uma calamidade urbana. Como a redação d'*O Estado* ficava no ponto mais estratégico do Triângulo central da cidade, a Praça Antônio Prado, houve um colapso completo da circulação e das atividades. São Paulo parou e a multidão acorreu em massa para se esmagar voluntariamente num mar humano em efervescência contínua, dos altos da colina central até o Vale do Anhangabaú.

Por vezes — continua P. — o clamor da ovação era formidável como raríssimas vezes se tem visto nesta praça, que é o coração da cidade. Ah! Era bem o coração da cidade que palpitava ali, naquela multidão ansiosa pelo desfecho da partida esportiva. [...] Eu queria que visses leitor céptico [...] com que infinito e transbordante entusiasmo o povo recebeu a notícia final [...].

A imagem do coração com suas conotações de ritmo, energia, emoção, unidade e centro é uma escolha que revela bem as intenções do texto, mas parece contradizer o antes mencionado "alheamento completo de tudo". Porque, nesse caso, o que se passa é o inverso, tudo se torna completamente alheio ao torcedor. No início do texto, P. se refere ao torcedor circunscrito ao interior do estádio e alheio à cidade; no final ele percebe a cidade toda transformada numa gigantesca praça de esportes, em que nada mais conta senão as emoções de um único espetáculo esportivo fundamental e invisível, transcorrendo a cerca de 400 km longe dali. As duas imagens entretanto são complementares: a alienação em relação à cidade e a alienação no coração da cidade são formas compensatórias da alienação gerada pela própria cidade, que se revolvem numa forma especial de cidadania fundada na emoção. Esse é o fluido magnético em que se acredita seriamente e que cria uma realidade extramaterial, suprarreal, energética, mais homogênea e vibrante que o cotidiano desconexo, opaco e soez. O inesperado concurso entre a mais moderna tecnologia e a forma mais arcaica de simbolização da força coletiva deu ensejo a um prodigioso efeito de eliminação das distâncias no tempo e no espaço e da suspensão do cotidiano, instituindo uma visibilidade abstrata da ação. A energia eletromagnética e a energia agônica se fundem no ritual esportivo, para esconjurar o caos urbano e reencontrar a ordem e a glória na consagração do herói moderno. "O esporte — diz um cronista — é bem a expressão civilizada e moderna da bravura."[117]

O herói, por definição, é uma criatura que se eleva por suas próprias forças a essa dignidade, mediante um gesto audacioso de conquista. Ele só pode ser concebido, portanto, como um ser em estado de movimentação indômita. Suas virtudes únicas de mobilidade são a fonte mesmo do seu poder e a razão da sua veneração pelos homens. Ele não pode nunca estar estático ou em repouso como os deuses entronados. Seu espaço é o da aventura, sua obra é a luta: contra o meio, contra seus oponentes, contra seus próprios limites. Essa imagem forte, aureolada de prestígio e amplamente difundida, oferece um elegante apoio às fórmulas discursivas, desde a retórica até a imprensa popular, posta na contingência de se comunicar com grupos sociais compostos das mais diversas origens, tradições e níveis de informação. O esporte moderno vai se servir da imagem do herói no mesmo momento, do mesmo modo e pela mesma razão que as fórmulas discursivas modernas. No ímpeto da emergência da megalópole, os articuladores das suas mil vozes olham para seus grandes espaços de sombra em busca das raízes que não existem. Nas sombras igualmente não há nada, mas é delas que se retiram os mitos.

Na entrega dos prêmios da II Prova Clássica Estadinho, corrida de fundo ao redor da cidade, em 1919, o encarregado do discurso na ampla cerimônia pública foi o dr. Américo Neto, um dos redatores responsáveis pela edição noturna d'*O Estado*. Sua oração constrói com maestrias de rapidez essa ponte simbólica que congrega materiais culturais heteróclitos de larga circulação, a fim de ligar um passado improvável com um presente inconsistente, propiciando um eixo de solidez ao torvelinho de expectativas difusas.

O pedestrianismo moderno, praticado através de campos, estradas e ruas, é e sempre será o pedestrianismo do homem primitivo. [...] Mudar de lugar! Locomover-se na frase erudita. E que outra ação mais básica, mais fundamental dentre as manifestações físicas da vida do que passarmos de um para outro canto do mundo. Por isso, o pedestrianismo é com justa razão chamado pai de todos os esportes. Já diziam os romanos *in pede robur*. Antes deles os gregos tiveram a glorificação máxima do pedestrianismo no caso daquele soldado que, ferido, correu de Maratona até Atenas — 40 km — para ali dizer o resultado da batalha que entre gregos e persas ia decidir os destinos de sua pátria. [...] Cristo na sua simbólica e ampla e profunda palavra, falou ao paralítico: "Levanta-te e caminha". E o paralítico caminhou como antes dele tem caminhado a humanidade toda, sempre em busca das coisas melhores. O progresso, ele mesmo é, como vedes, um antigo pedestriano. Ele já marchou e agora corre.

Assim, por meio de alusões encadeadas, vão desfilando o Paleolítico, a Antiguidade clássica, o cristianismo, o evolucionismo positivista do século XIX, até chegar à idade das máquinas do novo século. É essa sucessão linear que, por si só, estabelece a legitimidade do que no presente se manifesta como a resultante da aceleração ascendente, ao lhe conferir a sacralidade do acordo íntimo com as origens. Dessa associação verbal nasce o herói, sempre uma força em movimentação das origens em direção às conquistas do futuro. Ele agora chega a São Paulo:

Cheguemos porém à realidade do momento. Vindo ao Brasil, vindo a São Paulo, vemos que os bandeirantes, nossos gloriosos ascendentes, não eram mais que intrépidos pedestrianos, que se largavam através da hostil selva brasileira, lutando contra o gentio, contra o solo que pisavam, contra as plantas e os animais e contra a fome e contra a sede. Se os que venciam voltavam carregados de riquezas e de triunfos, ficando na ânsia eterna de uma nova arremetida, os que perdiam, uns caíam em um canto, mato adentro, sem outro sustento que a água do céu acompanhada da que seus olhos vertiam.

Assim os paulistas conquistaram para a civilização o interior do Brasil, onde hoje floresce essa esplêndida Pauliceia. E foram descendentes desses bandeirantes antigos, ou filhos de outros bandeirantes transatlânticos dos nossos tempos que conseguiram fechar a capital de São Paulo no estreito limite de uma hora e minutos de corrida.[118]

A Prova Estadinho foi originalmente instituída "no intuito de prestar mais um serviço à causa da reconstituição física da nossa raça".[119] Ela fazia parte, portanto, do amplo movimento político que, sobretudo após a Grande Guerra, se atribuía à missão da "regeneração nacional". Mas o fato é que ela acabou encontrando uma tal ressonância junto ao público de São Paulo, que adquiriu sentidos muito peculiares no contexto em que conviviam os "descendentes dos bandeirantes antigos", com os "filhos de outros bandeirantes transatlânticos" dos novos tempos. A prova se recobria de simbolismos que lhe foram deliberadamente atribuídos, mas foi agregando diversos outros, em função de suas condições de recepção e adaptação ao meio social da cidade. Por exemplo, ela foi instituída oficialmente no dia 1º de maio de 1918, com todos os seus óbvios significados, para ser disputada no dia 14 de julho, data nacional da França, dia de comemoração da Revolução Francesa e dia da celebração da vitória aliada na Grande Guerra. As associações mais evidentes nessa escolha de datas são, de novo, as de uma visão linear da história, cujos vetores de progressão seriam o trabalho, a liberdade e a liderança da cultura dos países europeus ocidentais. Mas o grande apelo popular da prova acabou sendo o seu itinerário pelas ruas da cidade.

Na sua primeira versão, a prova apresentava um padrão de verticalidade, com a largada no Parque Antártica, nas várzeas do Tietê, e os atletas correndo na direção ascendente do espigão central da Avenida Paulista, até a chegada no Belvedere do Parque Trianon. Unindo a várzea alagadiça com o ponto mais alto e nobre da cidade, o simbolismo da conquista ficava transparente. Mas no ano seguinte, fosse pelo acentuado da subida contínua, que esgotava os corredores ainda muito inexperientes, fosse para facilitar a organização da prova ou fosse pelo próprio atrativo do novo projeto, o fato é que o itinerário mudou. Em vez de um itinerário linear contínuo, os organizadores reformularam a competição segundo o modelo de um circuito fechado, que partia do Trianon da Avenida Paulista, descia para as duas colinas centrais unidas pelo Viaduto do Chá, e retornava para a chegada de volta ao Parque Trianon. Nessa versão, estabelecida já em 1919, ao invés da conquista individual, o que ficava realçado era a relação entre a fisionomia espacial da urbe e o empenho coletivo da conquista. A nova versão trazia um forte apelo da identidade, reforçado pela orientação endógena da disputa. Numa cidade que manifestava a obsessão por uma geometria regular, fechada, sempre circunscrevendo a si mesma — o Triângulo central, o Quadrilátero das Avenidas, o Anel Perimetral, os Três Rios etc. —, o projeto da corrida urbana circular reiterava um imaginário introvertido e autocentrado.[120]

São Paulo mais uma vez era transformada numa gigantesca praça de esportes e sua população em plateia. O sucesso da nova competição tomou de surpresa os seus próprios organizadores que, considerando a inexistência de qualquer tradição de corridas pedestres de padrão atlético na cidade, só planejavam dar um incipiente impulso à modalidade. Mas, para seu aturdimento, ela causou uma inesperada reação em cadeia em múltiplas direções, com vários municípios do interior do estado e clubes da capital introduzindo seus próprios circuitos de corrida, conforme o modelo da Prova Estadinho.[121] Já para a segunda prova, o clima era de otimismo incontido:

Aqui, na capital, o pedestrianismo vai progredindo assombrosamente. [...] Presentemente é a disputa da Prova Estadinho que está atraindo todas as atenções e que tem vindo despertando energias insuspeitadas. [...] Pois é assim. Vamos num progredir vertiginoso.[122]

Essa segunda prova contaria com o apoio oficial do prefeito Washington Luís e até com o concurso da Associação dos Escoteiros.[123] Nesse mesmo ano a APSA organizaria a sua primeira competição pedestre, a Marcha da Milha, disputada na Avenida Paulista.[124] No ano seguinte seria a vez da Sociedade Sportiva Paulista pôr em disputa a sua taça dos 12 quilômetros, também a partir do Parque Trianon.[125] Logo a seguir era o principal jornal da colônia italiana, *La Fanfulla*, que organizava a sua própria "prova clássica" de corrida circular pela cidade. Ainda mais espetacular, em 1924, os clubes da chamada Floresta, a área de matas contíguas à Ponte Grande às margens do rio — o Espéria, o Tietê, o Estrela e a Associação Atlética —, decidiram criar a sensacional Travessia de São Paulo a Nado. Não era bem uma travessia da cidade, mas era sem dúvida uma festa. Os jovens atletas, em trajes sumários de banho, partiam mergulhando de um pavilhão de canoas conjugadas que se prolongava por toda a extensão do rio na altura da Vila Maria. Dali disputavam a nado um percurso de cerca de 7500 metros em direção ao leste, passando inclusive sob a Ponte Grande. O público se espalhava pelas margens e pontes aos gritos e em excitação eufórica, sendo muitos os que corriam pelas várzeas acompanhando por terra o pelotão frontal dos nadadores. O maior charme do espetáculo era inevitavelmente representado pelas moças nadadoras, sensuais, elegantes e efetivas. A campeoníssima Maria Lenk se tornou assim o primeiro grande ídolo feminino do esporte paulista e seria a primeira nadadora da América do Sul a participar de uma olimpíada, a de Los Angeles, em 1932.[126]

Essa sequência de empreendimentos culminou num auge de verdadeiro furor, causado pela instituição da I Maratona Paulista, em agosto de 1921, por iniciativa da APSA e do Palestra Itália. A chegada estava programada para ser no estádio do Palestra, no Parque Antártica, e a descrição do jornalista conseguiu reproduzir toda a intensa emoção desse momento crítico.

> Nunca assistimos em São Paulo a um espetáculo tão impressionante e soberbo como o do estádio do Palestra Itália, momentos antes da chegada do vencedor. Mais de 5 mil pessoas aguardavam a notícia da sua aproximação, numa ansiedade que era um imenso e augusto silêncio [...]... Cronometristas seguiam pacientemente o lento deslocar dos ponteiros do grande relógio da Marinha. De súbito, ouviu-se o tiro de aviso. Ninguém mais pôde, então, conter-se, muito embora se soubesse que demoraria ainda alguns minutos a chegada. Na curva da Avenida Água Branca surge afinal o cortejo triunfal de automóveis e motocicletas, com bicicletas à frente. No meio deles, minúsculo, quase que impossível de distinguir, um ponto que se movia. Era o vencedor, Roberto Costa, do Brasil Esporte Club. Quando ele entrou no estádio do Palestra Itália, pela larga passagem dos veículos, recebeu a coroa de louros, sendo acompanhado em sua volta ao redor da pista pelos srs. [...], diretores do seu clube e por partidários entusiásticos.

É nesse instante, em que tudo parecia terminado, que acontece porém o inesperado, o gesto crucial, a reação eletrizante. O vencedor arranca os louros da vitória das mãos dos dirigentes e os oferece a quem julga de direito, se precipitando sobre a multidão perplexa.

> Viram-no das arquibancadas e das gerais num grande silêncio que se fez, enquanto ele largava os que o amparavam e num surto de energia — admirável em que acabara de vencer tão grande percurso — deixou para trás os que o acompanhavam, transpondo, cor-

rendo, o arco do triunfo erguido em frente à arquibancada. Foi então um indescritível delírio. Todos deixavam os seus lugares para vê-lo de perto, todos o vitoriavam longamente, dando-lhe vivas e palmas, todos queriam abraçá-lo. E não tardou que fosse carregado em triunfo, a exemplo daqueles heróis antigos, seguindo-o o seu dedicado irmão, o grande pedestriano Bertholdo Costa, com a coroa da vitória. [...] O entusiasmo do público e o franco e decidido interesse que ele revelou pela competição mostram que os nossos esportistas souberam compreender bem o extraordinário valor e a excepcional importância da prova. [...] O vencedor teve uma verdadeira apoteose, havendo pessoas tão comovidas, pela grandiosidade da recepção a ele feita, que se não puderam conter e choravam.[127]

A energia selvagem e o arco do triunfo, os cronometristas e o silêncio augusto, o arroubo impulsivo e a coroa da vitória, o entusiasmo delirante e as palmas, os veículos motorizados e o herói antigo, a apoteose e as lágrimas; nesse espetáculo de intensidade emocional extrema, o estado de comoção autêntico das pessoas se ajusta com o artificialismo premeditado do cenário, com uma rigorosa mecânica de precisão e com fórmulas convencionais de rituais muito conhecidos e bastante ensaiados. O arranjo contingente entre a energia, a mecânica, a surpresa, a espontaneidade e as convenções é tão mais efetivo na exacerbação que provoca, quanto mais cada um desses elementos é arrastado para os limites máximos da sua consumação. Esse é o teatro dionisíaco do esporte moderno. Nele não há lugar para a contrição, o sacerdócio eloquente ou a meditação contemplativa. Suas expressões são a vertigem, o choque e o transe coletivo, sob o ritmo acelerado, alucinante, dos gritos e ruídos compassados.

Porém, nessa sua versão moderna, ao contrário da suposta liturgia antiga, ele não subsume o transe à totalidade cósmica, mas a um alinhamento parcial, a uma comunidade em especial, ao conjunto de valores e modelos que os vitoriosos acenam com suas flâmulas, cores, dísticos e atitudes. Os conflitos sociais, as aspirações e aflições encontram sua expressão dentro desse teatro; ele os exalta e ritualiza. Sobretudo ele os sintoniza com automatismos ulteriores, num limiar estreito, em que as energias do corpo se extenuam conforme os níveis de exigência de desempenho que se demandam das máquinas. Esse teatro extravasa pelos meandros da cidade. A cidade vai se tornando esse teatro. A metropolização tem sua sede nessa dimensão invisível, em que se interceptam a energia espontânea liberada e o movimento mecânico prescrito.

DO ÁGUIA DE HAIA AO ÁGUIA DOS ARES

O advento da era das máquinas não coibia, pelo que informavam os cronistas diários, o eriçamento dos instintos; pelo contrário, o automatismo parecia exigir a retração dos liames da consciência. A experiência social da metropolização se funda na supremacia da tecnologia moderna, mas seu efeito de aceleração de fluxos traz consigo o contraponto paradoxal da desmobilização de formas de consciência herdadas de um mundo milenarmente sedentário. No novo mundo da velocidade, da vertigem e da máquina, os latejamentos dos corpos, os reflexos dos nervos e músculos, são mais compatíveis com os novos ritmos em ação, que demandam por isso reajustes mais restritos dos entraves relutantes da razão. Onde essa pulsação dos instintos fosse pronunciada, portanto, ela seria valorizada; onde ela se impusesse, seria estimulada; onde não houvesse, seria implantada. A máquina, afinal, alimentava mais desejo pelo corpo humano do que podia presumir a ingenuidade da consciência.[128]

Com o final da Guerra, retornam as corridas automobilísticas, para o deleite dos seus apreciadores no mundo todo, já que os Grandes Prêmios eram passo a passo acompanhados e amplamente divulgados pelas agências internacionais. À parte serem vitais para as campanhas promocionais de vendas de automóveis e acessórios, elas estimulavam a concorrência entre técnicos, engenheiros e comunidades nacionais identificadas com as marcas produzidas em seus países de origem. Dentre todas, as 500 Milhas de Indianápolis, corridas no grande circuito oval da cidade norte-americana, gozavam de um especial favoritismo junto ao público paulista. A prova volta a ser disputada a partir de 1919 e os pilotos mais destacados são em geral egressos do Exército aliado, onde haviam servido como pilotos de avião, alguns correndo de uniforme militar, outros levando seus aeroplanos a fim de realizar acrobacias aéreas arriscadas antes da grande corrida.[129] A excitação especial dos automóveis e aviões, aliás, além da vertigem da velocidade, era inseparável, nesse período ainda experimental, do flerte com a morte, assim na guerra como na paz.

Em São Paulo, o automobilismo era um culto. A elite da cidade se orgulhava, se não de ter introduzido o automóvel no subcontinente, o que era mais difícil de provar, ao menos de ter organizado a primeira competição automobilística da América do Sul. O clube mais reservado e importante da cidade, marco referencial da área nobre do centro e ponto de encontro da elite que decidia os destinos da República, era o Automóvel Club.[130] Desde o início, dados os seus custos de compra, importação e manutenção, o automóvel era identificado como o último grau da ostentação. Pouco viável no seu uso, em vista do estado deplorável da maior parte das ruas suburbanas e estradas, num contexto em que o transporte era maciçamente baseado nos trens, bondes, carroças, charretes, cavalos e mulas, ele sempre foi encarado como um "brinquedo de ricos". Depois da Guerra e com sua incorporação ao serviço de táxis urbanos, os automóveis vão ter o seu boom ao longo da década de 1920, bloqueando com seu volume os estreitos espaços de circulação da área central e transformando a cidade num autêntico inferno.[131]

Dada sua forma de introdução súbita e peculiar na cidade, duplamente aureolado pelo prestígio da mais moderna tecnologia europeia e do mais vistoso objeto do consumo conspícuo, o automóvel passou a ser usado de forma a acentuar a sua mística e se impor como uma moldura mecânica sofisticada do poder, mesmo na mão de choferes e empregados de companhias. O equipamento, indiferente à sua utilidade ou a quem o dirigia, sucumbira ao símbolo. Desde cedo os mais jovens passaram a dispensar os choferes para porem à prova o desempenho máximo dos veículos. Em qualquer circunstância, em qualquer lugar, o tempo todo, o imperativo era a máxima aceleração e o uso incessante da buzina.[132] Os atropelamentos são diários e múltiplos, especialmente envolvendo anciãos e crianças.[133] Como o crescimento da cidade era um fenômeno recente, os carros eram um fato novo, o grosso da população não tinha qualquer representação na Câmara Municipal ou outros órgãos políticos e os motoristas ou eram ou estavam a serviço dos ricos e poderosos, não havia qualquer regulamentação do trânsito e os atropelamentos, mesmo com mortes, ficavam impunes, exceto por uma pequena multa.[134] O que aumentava ainda mais o prestígio dos automóveis e a ousadia sem limites dos motoristas, mantendo a população pedestre acuada sob um clima de terror.[135]

O automóvel herdou assim o estigma proveniente do recente passado escravista, que associava necessariamente as posições de poder com o exercício da brutalidade. E provavelmente teve um papel decisivo em manter e difundir o mais amplamente possível essa associação funesta, de modo que, com o avolumar-se das formas de transporte urbano, o padrão de utilização de todas elas, inclusive bicicletas, motocicletas, bondes e carroças, passou a ser aquele prestigiosamente afirmado pelos automóveis.[136] Salvo os clamores quase que diários pela imprensa, sobretudo nas seções de cartas dos leitores, nenhuma reação defensiva da população era assumida pelas autoridades.[137] Às vezes eram os próprios motoristas que se acidentavam ou feriam uns aos outros, mas era parte do jogo. Não deixou, aliás, de soar como uma nota elegante, quando o comendador Ermelino Matarazzo faleceu num acidente durante um raide automobilístico nos Alpes, próximo à fronteira entre a Itália e a Suíça.[138] Mas afora essas eventualidades, o que prevalecia era uma atitude que ia do divertimento irresponsável ao sadismo deliberado da "caça ao pedestre". Eis um tipo de carta corriqueira na imprensa:

> No dia 31 de dezembro, às vinte horas, pouco menos, achava-me na Praça da República e dirigia-me para a Rua Sete de Abril. Quase ao entrar nesta, percebi que em minha direção se encaminhava um automóvel, com bastante velocidade, todo descoberto, conduzindo diversas senhoras. Tratei de desviar-me, mas em vão, pois por todos os lados para que me encaminhava, era perseguido pelo automóvel e, por um requinte de perversidade, o *chauffeur* não diminuía a marcha da máquina. Vi-me por isso forçado a correr até galgar o passeio da praça, escapando de ser colhido pelo automóvel por verdadeiro milagre. Quantos desastres desses não se dão nesta cidade a todo momento e que são atribuídos ao acaso, quando muitos se dão de caso pensado, por perversidade dos *chauffeurs*.

O exemplo desse cavalheiro, vítima e testemunha anônima depondo em nome da classe dos transeuntes, nos esclarece que situações aflitivas como essas se tornam a própria textura do cotidiano para aqueles que circulam pela cidade, o que os forçava a desenvolver, em contrapartida, uma agilidade mecânica correspondente à ameaça que os sobressaltava, como recurso compensatório e medida de defesa, quando já não de sobrevivência.[139]

A partir do momento em que a prefeitura asfaltou a Avenida Paulista, criando a primeira via de piso uniforme e contínuo, visto que o restante das ruas da cidade eram calçadas com macadame, madeira, pedrisco ou eram simples terra batida, ela foi instantaneamente recebida pelos proprietários de carro como a dádiva ansiada de uma pista de corridas. Era rara a semana em que não fossem disputadas provas desportivas ali, principalmente corridas de carro, mas também de motocicleta, bicicleta e até corridas pedestres, como vimos.[140] Os corsos em que rapazes e moças pretendiam flertar na avenida eram feitos a uma velocidade permanente de 50 milhas por hora, para escândalo do cronista P., que insistia em aludir ao estilo elegante e sóbrio de utilização dos automóveis que ele testemunhara em Londres e Paris.[141] Mas é claro que os motoristas não se limitavam à avenida. No seu império sobre as ruas da cidade, tanto era possível assistir a corridas ali, quanto competições de aceleração e buzina no Triângulo central, ou shows de saltos acrobáticos de carros promovidos por revendedores automobilísticos na Avenida Brasil.[142]

O Estado mantinha uma campanha consistente, por meio de editoriais, crônicas e artigos, repudiando a atitude dos motoristas e denunciando o descaso ominoso das autoridades em relação à população pedestre. Acompanhemos um dos seus incansáveis editoriais.

> Vão se repetindo ultimamente, com frequência apavorante, os desastres de automóveis, funestos muitos deles, e ocasionados quase que sempre pelo abuso de velocidade, praticado pelos *chauffeurs*. [...] Os condutores de automóveis em São Paulo, ao que parece, são a única classe de gente que escapa completamente à

ação repressiva das leis e regulamentos que norteiam o viver geral [...]... Ninguém jamais teve notícia de processos em que algum *chauffeur* contraventor haja sido condenado a quaisquer das penalidades estipuladas para os delitos que cometem. Sabe-se, e é isso que há de mais grave, que quase sempre o atropelamento por automóvel [...] se resolve com o simples pagamento de uma certa multa, que monta a uma desprezível quantia e que o próprio delinquente, ou seus patrões, se apressam a satisfazer, como se pagassem apenas um imposto sobre o direito de atropelar e massacrar pelo seu caminho [...].

Não se pode conceber que em São Paulo tenham os condutores de automóvel a liberdade que ostentam de transformar as ruas da cidade em pista indisputável para as desabaladas correrias a que despejada e impunemente se entregam quando quer que tais exercícios lhes deem na gana. É inacreditável, a quem nunca residiu em São Paulo, o ponto a que chegam os *chauffeurs* na vertigem de velocidade a que se entregam nos trechos mais populosos da cidade. E, à noite, quem tiver ocasião de transitar pela Avenida Paulista, pela Angélica e outras longas vias públicas mais fartamente iluminadas, verá atemorizado, passarem furiosamente inúmeros automóveis que, rugindo estrepitosamente pelos motores desimpedidos, voam sobre o asfalto ou sobre o calçamento em doidas e fantásticas arremetidas, levando a morte e o desmantelo às pessoas ou veículos que acaso tentem transpor aquelas avenidas [...].

Aos condutores de automóvel tudo é permitido. [...] Parece existir alguma falha em nosso mecanismo administrativo-policial, por via do qual escapam assim à sua ação, os membros daquela classe, que todos agem a seu talante, sem dar satisfações à coletividade e, o que é pior, sem encontrar quem lhas peça. Ou então, existe algum poder, oculto e considerável, que protege aquela casta privilegiada, furtando-a às contingências normais que o viver social impõe às demais categorias de indivíduos.[143]

A citação é longa, mas é precisa. A discriminação legal entre motorizados e pedestres, além de tácita, existia de fato. No regulamento geral divulgado entre a população pelo diretor-geral da Segurança Pública, estabelecendo as normas a serem obedecidas pelos participantes do Carnaval de rua de 1920, o parágrafo terceiro advertia: "A polícia tomará enérgicas medidas a fim de evitar que indivíduos deseducados dirijam chalaças às pessoas que transitarem de automóvel pela cidade. Os que não obstante forem encontrados nessa prática serão presos e processados".[144] Obviamente não havia qualquer instrução à polícia para que impedisse os ocupantes de automóveis de dirigirem chalaças aos pedestres, ou muito menos para obstar que se lançassem carros contra as multidões de carnavalescos espalhados pelas ruas naquela festa popular. O que faz pensar sobre a segurança de qual público zelava o sr. diretor-geral.

A nova grande sensação, porém, que se impôs por excelência pelos anos 1920 afora, foram os aviões. O primeiro culto oficial, com pompa e circunstância, à abertura da era da aviação em São Paulo ocorreu com a chegada à cidade dos capitães Lafay e Verdier, membros da missão francesa de aviação junto ao Exército brasileiro no Rio, em fins de abril de 1919.[145] Logo ao chegarem, os oficiais franceses tiram as primeiras fotografias aéreas da cidade, pouco depois publicadas, para gáudio da população que, ademais de gozar da perspectiva deslumbrante da vista em "voo de pássaro", podia pela primeira vez ter uma imagem compacta e unitária da enorme extensão que assumira a área urbana.[146] Pouco antes de regressarem ao Rio, os capitães da missão francesa lançaram aquela que seria a última moda dentre os potentados paulistas: "o batismo do ar". Os primeiros contemplados foram o prefeito Washington Luís e o dr. Antônio Prado Jr., presidente do recentemente criado Aero-Club de São Paulo. Ambos posam antes do voo com os oficiais franceses e os aviões ao fundo, para a foto histórica que seria reproduzida em grande destaque nos jornais e revistas. Washington Luís, o prefeito-esportista, aparece vestido a rigor para a ocasião: as luvas, o capote, os óculos e a touca de aviador que foram celebrizados pelos pilotos da Primeira Guerra. Ao deixarem a cidade, os militares franceses jogam do alto dos céus "um belo buquê de flores, tendo entrelaçadas fitas com as cores francesas e brasileiras, com os seguintes dizeres: 'Ao povo de São Paulo, saudação dos aviadores franceses'".[147] Deixaram como lastro uma comoção.

O que dava especial realce a essa visita era que ela se enquadrava num contexto internacional de quebra quase cotidiana dos mais diversos recordes de aviação, seguindo o impulso extraordinário que a Grande Guerra dera à "terceira arma".[148] Recordes de velocidade, recordes de distância, recordes de altura, recordes de peso, de leveza, de mergulho livre. A aviação era o assunto momentoso da imprensa, tanto pelas novas conquistas, como pelo extenso rol de mortes trágicas que elas custavam.[149] Ela deixava de ser vista como um assunto estritamente militar e estratégico e passava a ser encarada como um esporte, como o mais excitante de todos os esportes. De forma que, quando nos meses finais daquele ano o capitão-aviador norte-americano Orton Hoover estabelece com seu avião Oriole um serviço de voos diários pelos céus da cidade, ele transforma repentinamente o remoto Campo de Marte no foco da mais refinada peregrinação que São Paulo já vira.[150]

Carros vão, lotados de jovens, fazer fila para receber seu imperativo batismo do ar. Mas o fato é que Hoover dava o seu espetáculo à parte, visível por todos os recantos, fazendo, em seu aparelho, malabarismos mirabolantes que tiravam o fôlego da população convertida em plateia daquele exótico circo aéreo cotidiano. Ele se torna a atração e o assunto da cidade. A Casa Lotérica anuncia em promoção que ele vai descer na Praça Antônio Prado, na sua loja, e a Casa Fuchs o retrata de papai-noel, jogando dos céus brinquedos para a população.[151] As impressões que o jovem herói de guerra norte-americano desperta são arrebatadoras: "Todos os dias o público tem visto os célebres e arriscadíssimos voos de Hoover nesta capital, assistindo aos mais belos espetáculos que se têm visto no Brasil".[152] O próprio *O Estado* encomenda uma exibição didática de Hoover, para ser assistida do alto da Avenida Paulista e ser acompanhada por um roteiro especialmente publicado na edição do mesmo dia, explicando ao público uma por uma as técnicas exibidas, seus nomes, graus de dificuldade e risco. Em breve o público já discutia com a maior naturalidade sobre a graça e precisão do "looping the loop", o "stall", o "vrille", a "volta de Immelman" etc.[153]

O herói não para, o entusiasmo do público não esmorece. Em meados de dezembro, *O Estado* reporta, "o simpático aviador completou até ontem de manhã 102 voos sobre a nossa capital [...]. Hoover não tem escolhido tempo para voar, voa de dia ou de noite, com ou sem vento, com chuva ou nevoeiro". E completa, anunciando que já grassava a febre do novo brinquedo entre os mais abastados e mais afoitos:

> Tão grande tem sido o entusiasmo despertado, que muitas pessoas de destaque da nossa sociedade resolveram adquirir aeroplanos e já se agita a ideia da formação de uma escola de aviação civil nesta capital, o que viria a preencher uma grande lacuna na aviação brasileira, atualmente apenas acessível às nossas classes armadas. A criação dessa escola viria satisfazer uma das mais caras aspirações da nossa mocidade esportiva...[154]

Enquanto esse sonho coletivo não se materializava, novas iniciativas individuais vinham se somar às do jovem oficial norte-americano, estampando a aventura, o prodígio técnico, a perícia humana e o sangue-frio, no quadro azul do céu de São Paulo, mantendo hipnotizada a população, com os pescoços uniformemente erguidos. Quando Washington Luís assumiu o cargo de governador, não poderia deixar passar a oportunidade e, no contexto do mais complexo festival urbano de investidura política, ele incluiu nada menos que uma esquadrilha de aviões, voando em diversas formações e simulando situações de combate. Dentre as proezas envolvidas nas diversas manobras, a esquadrilha programou um voo rasante conjunto, que a 25 metros da superfície atravessou a cidade numa onda de pânico.[155] Washington Luís provou que era um mestre sem igual na arte de fixar impressões na imaginação dos habitantes.

Mas o clímax na febre aeronáutica ficaria por conta de um jovem paulista que se tornou uma lenda viva do seu tempo: Edu Chaves. Filho de um ex-presidente de província na época do Império, o dr. Elias Antônio Pacheco Chaves, que por isso em várias oportunidades exercera o governo de São Paulo, Edu Chaves oferece o retrato clássico dos prodígios que a extrema concentração de renda, típica da lavoura cafeeira, era capaz de propiciar. Com estudos elementares na França e Inglaterra e passagem pela Escola Politécnica de São Paulo, Edu era uma criatura sobretudo cosmopolita, enraizada nos grandes fluxos internacionais de rendas, ideias, atitudes e tendências, como vários dos outros personagens decisivos do cenário paulista nesse período. Aos vinte e poucos anos ele deixou a ilustre escola de engenheiros paulista para se dedicar integralmente à sua paixão aeronáutica na França, onde ela chegara ao apogeu. Mal obteve o seu "brevet" naquele país em 1911, ele começou a acumular prêmios e recordes aeronáuticos europeus, tendo sido um dos pioneiros no desenvolvimento das técnicas de voos noturnos. De retorno a São Paulo, trouxe de navio o seu Bleriot de 80 hp e com ele fez o primeiro raide São Paulo-Rio, batendo simultaneamente os recordes sul-americanos de velocidade e distância, em julho de 1914, antes ainda da deflagração da Grande Guerra.

Quando o conflito irrompeu, Edu Chaves correu a se alistar na Força Aérea vinculada à Legião Estrangeira, para lutar por aquela que também era a sua pátria. Atuando como aviador militar do Exército aliado, ele ampliou seu aprendizado e experiência com o enorme salto tecnológico forçado pela Guerra, em conjunção com o mecânico Robert Thiry, que já havia colaborado com alguns dos maiores ases aeronáuticos da época, como Roland Garros, Vedrines e Andermars. Some-se ao quadro desse misto de engenheiro, esportista e herói militar, tudo no mais alto padrão internacional, o fato ainda de que ele era campeão em várias modalidades automobilísticas e um atleta exímio em levantamento de peso. Alto, magro, espadaúdo, sempre com seu indefectível uniforme de legionário aviador, Edu encarnava tudo quanto o novo século prometia.[156]

Em 1920, de volta a São Paulo, Edu Chaves deliberou que venceria o maior desafio sul-americano, o raide unindo as duas maiores cidades do subcontinente. Rio de Janeiro e Buenos Aires. Para obter os recursos necessários, ele começou, tal como Hoover, a fazer voos demonstrativos e batismos do ar pelos céus da cidade. Era uma corrida contra o tempo, porque uma equipe de aeronautas argentinos se preparava para vencer o mesmo percurso e anunciava sua partida iminente. Vários aviadores amadores brasileiros, argentinos e internacionais já haviam tentado a proeza antes: alguns falharam, muitos morreram. Com o advento das condições climáticas ideais no final do ano, os aviadores argentinos saem aos ares primeiro. Os jornalistas brasileiros estremecem em calafrios e pressionam Edu. O piloto paulista se lança atabalhoadamente em direção ao Rio, vindo a sofrer um acidente em Guapira: Edu sofre contusões generalizadas e deve se manter de cama; seu avião fica irremediavelmente avariado. É o fim. Não! Os argentinos também sofrem um acidente e vêm de navio ao Rio. Breve os portenhos se põem a reparar seus equipamentos c anunciam que logo retomarão o raide, agora no sentido Rio-Buenos Aires. Volta o pânico aos jornais. Edu sai da cama e clama por um novo avião. Correm listas de doações no Aero-Club, no Automóvel Club, nos clubes de futebol, na Câmara Municipal, no Congresso Estadual, pelos bares, padarias, pelos empresários da indústria e do comércio, pelas ruas e vizinhanças. Não havia tempo. Washington Luís entra em cena e cede um avião da Força Pública ao herói-aviador. A 29 de dezembro de 1920, Edu Chaves pousa suavemente em Buenos Aires, num Curtis Oriole pintado com a bandeira paulista.[157]

Às 15 horas do dia seguinte, *O Estado* obtém a confirmação e estampa publicamente a proeza numa enorme placa, na fachada do seu edifício na Praça Antônio Prado. A notícia se espalha e, num instante, em vários pontos diferentes da cidade, simultaneamente, se formam magotes de populares que se põem a correr pelas ruas aclamando o feito de Edu. Breve é toda a cidade que se paralisa e conflui compactamente para a Praça Antônio Prado. "Em poucos minutos — reportaria um jornalista d'*O Estado* que observava do alto do prédio — o centro da cidade aparece embandeirado, como por encanto, e assistimos a uma das mais vibrantes manifestações populares que já se têm feito em São Paulo."[158] Mais tocante ainda foi a forma como o cronista P. tomou conhecimento do fato. Ele se dirigia à redação quando, "na Praça da Sé, um menino italiano chegou-se a outro e, todo alvoroçado, gritou-lhe: — *Edu é arrivato, alle tredice ore!*". Quando tentava se aproximar do prédio do jornal, o cronista já caminhava sob gritos ensurdecedores: — *ale goak! ale goak! hurrah! hurrah!*[159]

Esse momento apoteótico ficaria impresso na memória de muitos habitantes da cidade e as façanhas aeronáuticas continuariam eclipsando os fluxos urbanos por muito tempo, nas mais variadas direções. Como, por exemplo, quando a célebre aviadora francesa Adrianne Bolland, pioneira na travessia dos Andes, que corria o mundo fazendo demonstrações beneficentes em favor dos mutilados de guerra do seu país, resolveu organizar um festival aéreo "all-stars" em São Paulo. Além dela mesma, estariam presentes os oficiais aviadores das missões francesas, do Exército Nacional e da Força Pública paulista, mais Edu Chaves e Hoover. Washington Luís ofereceu serviços especiais de transporte para a população até o Campo de Guapira, convocou todo o secretariado e os oficiais militares de plantão. Após as exibições aéreas e a evasão do público, o detalhe inovador: um chá dançante regado a champanhe, servido à elite local em meio aos aviões, dentro dos hangares especialmente decorados para a solene ocasião. Amor, vinho e aeroplanos.[160]

Outra ocasião memorável foi a visita a São Paulo da "missão fascista de aviação", a convite de alguns simpatizantes dentre os líderes da colônia italiana. Os moços chegaram no rigor das suas camisas negras e causaram furor atravessando a cidade na peculiar marcha acelerada. Sua exibição se concentrou sobre os bairros operários, onde era mais densa a presença italiana, constando de apavorantes simulações de bombardeio aéreo em escala. O clímax foi quando, de um avião a 3 mil metros de altura, pela primeira vez em São Paulo, para a aflição do público, um dos rapazes se atirou de paraquedas. A aterrissagem se deu próximo à Ponte Grande, onde a multidão se apinhava, num pântano da várzea junto ao Clube Espéria. Vários remadores se puseram em seus barcos para resgatar o herói que, embora todo coberto de lama, foi carregado em triunfo nos braços da massa dos espectadores, em meio à qual, apropriadamente no caso, seus sequazes cantavam hinos de guerra e bravura.[161]

A aviação, como se vê, enquanto esporte, sempre oscilou entre os interesses militares e as ganâncias da política. Seu limiar de autonomia, dados sobretudo os custos e a alta tecnologia envolvidos, era muito limitado. A rigor, aliás, nesse período, era muito difícil distinguir onde ficavam as fronteiras entre o treinamento precipuamente militar e uma atividade exclusivamente esportiva. A associação dessas duas disposições, no contexto ainda fresco e atuante da Grande Guerra, era quase que imediata. De fato, um movimento subjacente, anterior e em grande parte insuflador da "mania" esportiva foi o dos "tiros de guerra". Eles surgiram quando, na conjuntura da eclosão da Guerra, militares e intelectuais brasileiros desencadearam a campanha pela introdução do "sorteio militar", com vistas a formar uma força de reserva para atuar em caso de emergência bélica.[162] Tamanho foi o entusiasmo despertado por essa campanha, raiz do nacionalismo militante, principalmente entre a juventude acadêmica, que dela derivou a criação dos tiros de guerra. Eles eram associações ligadas ao Exército, encabeçadas por treinadores militares oficiais, mas que, ao contrário do sorteio, eram de adesão espontânea, mais seletivos portanto quanto à clientela e agrupados conforme especializações profissionais ou acadêmicas.[163] Um dos mais destacados poetas modernistas, Mário de Andrade, apesar de suas manifestas paixões pacifistas, condensadas num livro escrito durante o conflito, e embora sem nutrir grandes simpatias pelas atividades atléticas, alistou-se e atuou como militante do tiro de guerra, de cuja experiência resultou um novo livro.[164]

Assim como se faziam exercícios militares nos próprios pátios internos da Faculdade de Direito do Largo de São Francisco, no âmago da cidade, também era comum os clubes e organizações esportivas manterem seus "cursos especiais militares" e tiros de guerra, oferecidos aos seus associados com manobras na própria sede, além de excursões e acampamentos, com "marchas de segurança" e "exercícios de ordem aberta" nos campos de Santo Amaro.[165] As próprias manobras e contramarchas oficiais do Exército, bem como suas novas técnicas de treinamento e seus equipamentos mais modernos, passam a ser abundantemente divulgados, com o apoio de farto material fotográfico ilustrativo, pelas revistas mundanas, que mantêm oficiais dentre os seus colaboradores e seções permanentes de assuntos militares. Tal como no esporte, ressaltam esses cronistas uniformizados, o efeito fundamental do treinamento militar é a incorporação de um sentido íntimo, impulsivo, de disciplina e coordenação, que se torna uma segunda natureza dos indivíduos nele envolvidos e permanece para sempre.[166] Vestir uniformes, aliás, ou roupas com cortes, cores ou acessórios militares, se torna um dos cumes da moda, tanto para adultos quanto para crianças.[167] Para essas, além do mais, o escotismo se constituíra nesse período a mais prodigiosa fonte de motivação estritamente infantojuvenil. Articulando os componentes da natureza selvagem, primitiva, com a educação disciplinadora e coordenadora, mais a plena disposição atlética, o movimento internacional do escotismo era a própria matriz do "novo homem".[168]

Mas ao enfatizar esses modelos sociais de disciplina, que adquirem progressivamente o gabarito de tendências organizadoras dentro da sociedade, não se pode deixar de avaliar, em paralelo, o efeito paradoxal da difusão generalizada, descontrolada e não raro preocupante dos recursos artificiais de potencialização das capacidades energéticas, buscados sem cessar pelos homens e mulheres submetidos à pressão das novas demandas de atividade e desempenho. Nesse campo em particular, o caso de São Paulo, muito a propósito, é emblemático, provavelmente acima de qualquer outro no mundo. Afinal, a estupenda riqueza que a cidade concentrava e que a tornava um dos mais dinâmicos polos de urbanização do período procedia exatamente do virtual monopólio que ela exercia sobre o mercado internacional dessa nova substância estimulante do mundo industrial: o café.[169] A infusão estimulante mais tradicional era o chá, o qual ficou muito mais associado ao desjejum e ao relaxamento pós-atividade, segundo cerimônias morosas, típicas de um mundo pré-industrial e de menor densidade urbana. Já o café é desde cedo associado ao ritmo do trabalho, à vida moderna e à cidade. Não por acaso, o grande cliente do café paulista, de longe, eram os Estados Unidos.[170] A associação de São Paulo com o café e toda a sua gama de conotações logo assumiu uma amplitude simbólica poderosa.[171]

O fato de que havia uma ânsia de estimulantes fortes no ar das cidades era tão palpável que, à parte os paulistas, um grande número de empresários por todo o mundo buscava satisfazê-la, obtendo massas consideráveis de lucros em contrapartida. O maior símbolo norte-americano desse processo, naturalmente, era a coca-cola. No Brasil, os Laboratórios Bayer conduziam a mais sistemática, compacta, moderna e artisticamente criativa campanha publicitária nos jornais e revistas até então, promovendo os prodígios da aspirina com chamadas garrafais que não deixavam lugar à dúvida: "ENERGIA", "POTÊNCIA", "EFICIÊNCIA"![172] Outros empresários, esses brasileiros ou nacionalizados, descobriram as virtudes estimulantes do guaraná e passaram a aclamá-las em prosa e verso, ilustradas com as caricaturas do genial artista ítalo-brasileiro Voltolino.[173] Os estimulantes se tornam tão indispensáveis para dotar as pessoas de disposição imediata, rapidez de reflexos e agudez de concentração, que cada vez mais cada qual define uma engenharia própria de autocontrole das suas energias, acelerando ou refreando várias vezes ao longo do dia seu equipamento psicomotor com o uso de substâncias artificiais. O café conquista as famílias, dos mais jovens aos mais idosos, sem maiores receios morais. Já a grande difusão dos cigarros não se fazia sem resistências e tentativas de restrição às condições e locais em que o hábito de fumar fosse tolerado. Mas quando, para a surpresa das gerações mais velhas, as moças passam a identificar o cigarro como um componente inseparável da imagem da mulher moderna, a sensação entre aqueles que se consideravam mais responsáveis reflete o desespero diante de uma situação alarmante fora do controle. "Tudo é possível. Só não é possível que a humanidade tome juízo."[174]

O pior, contudo, ainda estava por vir. "O mal do século é o álcool", declarara n'*O Estado* o dr. Domingos Jaguaribe, autor do clássico *O veneno moderno*, pondo seus conhecimentos e recursos a serviço da recém-fundada Liga Contra o Álcool. Ele denuncia o modo como "preparado o veneno à sombra das leis protetoras, grandes fortunas se vão fazendo, grandes fábricas de cerveja, com capital estrangeiro e geridas por pessoal técnico, têm gozado favores escandalosos [...]". Sua proposta era pela imposição no Brasil da Lei Seca, a exemplo da que fora criada nos Estados Unidos ou das restrições às bebidas alcoólicas então em vigor na Inglaterra e na União Soviética.[175] Proposta semelhante é defendida pela Liga Nacionalista, em banquete organizado por um grupo de alunos da Faculdade de Direito, que declaravam "o primeiro grito de guerra dos estudantes contra o álcool" e propunham como objetivo "a abolição completa da cachaça e da cerveja no Brasil".[176] Não era difícil perceber entretanto um acento elitista e discricionário nessas campanhas, indicado pela maneira saliente como as referências às bebidas importadas eram escamoteadas. "[A campanha contra o álcool] deve ser encorajada, principalmente quando dirigida às bebidas baratas — a aguardente em primeiro lugar. Há sem dúvida outras bebidas mais nocivas pela matéria-prima ou pelos ingredientes que contêm; mas nenhuma é tão prejudicial, pela barateza que a põe ao alcance de toda gente."[177] Era menos a embriaguez em si que incomodava, pois, que a embriaguez do "outro".

O pós-guerra reservava ainda outras surpresas, porém, na sua caixa de Pandora mecanizada. Resenhas da imprensa internacional davam conta dos "progressos alarmantes" do tráfico de cocaína na França em particular e na Europa em geral, cogitando sobre a sua possível influência nas produções bizarras da arte moderna.[178] Em meados de novembro de 1922, em transcrição da prestigiosa *Revue de France,* os especialistas drs. Courtis Suffi e René Giroux iam mais longe e declaravam estarrecidos: "Há alguns anos nós assistimos no mundo inteiro a extensão de uma intoxicação singularmente terrível: a 'cocainomania'".[179] A nova expressão corria sôfrega atrás dos fatos em disparada porque, já em 1920, as colunas policiais anunciavam "apreensões verdadeiramente alarmantes" do tóxico em São Paulo.[180] E não parou aí: em fins de 1921, numa campanha da polícia contra a difusão dos "vícios elegantes", foram descobertos "vários antros" na cidade, em que os clientes eram servidos "com ópio, cocaína, morfina etc., ora de mistura com bebidas, ora com cigarros".[181] Quando não eram as "casas de ópio", as drogas circulavam através de redes de farmacêuticos e "comerciantes desumanos".[182] Situação degringolante que pôs na liça os paladinos da Ordem dos Bons Templários, criada "para combater as pragas sociais do alcoolismo, da morfina, do ópio e da cocaína".[183]

Outra fonte artificial de excitação, muito mais acessível e amplamente difundida, reunia recursos de tal vulto, que lhe permitia uma conivência dúbia com a vigilância policial. No jornal, o assunto era tratado em tom acrimonioso.

> Não há por aí quem ignore as proporções que assumiu a jogatina nesses últimos tempos, espalhada por toda a cidade, em instalações aparatosas, debaixo de pomposas denominações de "clubs", constituídos única e exclusivamente para a exploração de um vício que se vai alastrando a todas as camadas sociais.[184]

Ao par dos "clubs", pululavam as mais populares "casas de tavolagem, onde entra quem quer e se furta às claras". Como resultado dessa disseminação convergente, "a jogatina que por aí campeia desenfreadamente está produzindo seus efeitos da maneira mais horrível".[185] Afora as casas de jogo, também em torno dos jogos de futebol e sobretudo no frontão da pelota basca do Bexiga, as apostas rolavam soltas em quaisquer valores, dos menores aos maiores.[186] Há resistências, a Liga Nacionalista, a prefeitura, a Secretaria de Segurança e a Associação dos Empresários do Comércio se empenham em campanhas públicas contra o jogo. Em carta aberta ao governo do estado, o presidente da Liga Nacionalista declararia: "São Paulo deve ser a capital do trabalho, da indústria e do comércio, São Paulo não pode continuar a dar o exemplo de permitir esses antros do vício, que vicejam pela cidade. Não devemos consentir que os paulistas sejam industriais do jogo, comerciantes da roleta, propagandistas do bacará".[187]

Mas uma vez mais, a própria emergência repentina e fenomenal de São Paulo corroborava a fermentação de disposições dissipadoras de precipitação, avidez e risco. Era esse, afinal de contas, o caráter constitutivo mesmo da economia cafeeira na Primeira República: especulação em escala planetária; manipulação de recursos internacionais vultosos em capitais, estoques e massas humanas; controle altista artificial dos preços mundiais do café em colaboração com algumas das mais influentes casas bancárias europeias; especulação cambial interna pelo controle direto dos circuitos de decisão políticos e econômicos.[188] *O Estado* era preclaro e implacável em denunciar a inconsistência comprometedora e funesta da economia paulista. "A volumosa produção paulista não é propriamente objeto de comércio regular, mas de desenfreada jogatina, tão boa como a do bacará ou da roleta. São visíveis os graves inconvenientes de semelhante anomalia, contra a qual urge providenciar." O artigo concluía confrontando os termos da propaganda oficial com as condições da crua realidade: "Até quando será jogada em vez de negociada, a produção desta terra 'sadia e dadivosa', onde o trabalho honesto do homem 'bom e forte' é explorado pelo aventureiro sagaz e sem escrúpulos?".[189] Em sucessivos editoriais, o porto exportador de Santos era estigmatizado como "a Montecarlo do café", estendendo-se ao longo do "tapete verde vasto que é a Rua 15 de Novembro", onde ficava a Bolsa do Café.[190]

Segundo um cronista, o próprio caráter cíclico e contingente da atividade agrícola, comportando as incertezas do clima, das safras e dos preços, tendia a afetar o temperamento e a conduta das pessoas numa cidade tão drasticamente dependente da sorte de um único produto.

> Uma das características da nossa vida há muito que é essa, bem pouco recomendável, da dissipação. [...] A vitalidade dessa terra, onde a riqueza se improvisa numa estação para noutra desaparecer, surgindo nos frios de junho, na opulência dos terreiros requadrados a rodo, e como que evaporando-se aos rigores de dezembro, deve ser, afinal, a grande responsável por esse feitio nosso.[191]

Apesar do mal-estar e das denúncias, prevalecia dentre os grupos dirigentes uma expectativa cúpida de que essa falácia sombria poderia se arrastar indefinidamente, ao custo do envolvimento do grosso da população do país, submetida ao confisco compulsório da "socialização das perdas" pela manipulação cambial altista em favor dos cafeicultores. Até o dia em que esse castelo de areia ruiu ao primeiro impacto da crise de 29. O jogo, nessas condições, era tido como virtude e como fato da vida, desde que praticado com obstinada convicção e ilimitada ambição; fosse no mercado internacional, no doméstico, no urbano, na política, na roleta ou no esporte. Martim Francisco, escrevendo na austera *Revista do Brasil*, assentaria pretensas raízes históricas ao fenômeno, repassando suas observações com um sarcasmo mordente.

> Hereditariamente o paulista recebeu do espanhol o vício do jogo. Amoldou-o porém, a uma feição inverossímil: publicamente, sinceramente, o jogador paulista se julga superior a quem não joga. Em São

Paulo o não jogador, especialmente se político, é tido e havido por desequilibrado. Circunstância ainda mais extravagante: no exercício de funções administrativas, o desfalque, quando dado por um jogador, só não tem atenuante quando inocentado. Dispensa punição.[192]

Curiosamente, as referências à escalada da prostituição vêm associadas à jogatina e, em regra, a primeira se mantém proporcional ao vulto da segunda e mesmo ao seu forte teor cosmopolita.[193] Afora o que, atração sexual, jogo e risco são os componentes excitantes do flerte. Acrescidos, no caso da São Paulo dos anos 1920, da sedução das máquinas e seus correlatos. Homem-máquina, máquina personalizada, mulher-energia, energia erotizada, máquina e energia transformando os ritmos e condições de vida e os seres humanos se metamorfoseando por automatismos sobrepostos, ativando seus impulsos, nervos e músculos, até romper o cerceamento de valores e preceitos que restringiam as condutas e temperavam as aspirações, liberando uma crisálida moderna, com gestos ágeis, roupas leves de corte militar, cigarro no canto da boca e o desejo irrefreável de se fundir numa força colossal, uma massa devastadora que em avalanche sepulte o velho mundo e redesenhe um novo à sua imagem. Se essa crisálida mulher-homem-máquina tem uma vontade, ela a expressa dançando, se tem um sonho, ela o encontrou no cinema; sua casa fica no espaço público da cidade. Ela vincula, pela primeira vez, os ritmos mais primitivos com as mais amplas conjugações coletivas, e a força da mais sofisticada tecnologia que jamais houve. O futuro lhe pertence, mas não por herança, pois ela não conhece seus pais, e sim por agressão, conquista e determinação cega. Como se ela intuísse que só o movimento permanente pudesse mantê-la viva e inteiriça, composta que é de fragmentos desconexos, heteróclitos e divergentes, aderidos ao empuxo do seu deslocamento. Sua única lei, portanto, é o movimento.

2. Os maquinismos de uma cenografia móvel

São Paulo é um palco de bailados russos.
Sarabandam a tísica, a ambição, as invejas, os crimes
E também as apoteoses da ilusão...
Mas o Nijinski sou eu!
E vem a Morte, minha Karsavina!
Quá, quá, quá! Vamos dançar o fox-trot da desesperança
A rir, a rir dos nossos desiguais!

Mário de Andrade, "Paisagem nº 2"

DANÇAS NO ESCURO E A CÉU ABERTO

Quase toda festa hoje é de dança: vai pela cidade uma verdadeira dançomania, e as nossas filhas dançam a todas as horas, durante o dia e noite, com grande espanto nosso, que outrora só dançávamos das dez horas da noite em diante. Ainda se essas danças fossem como as do nosso tempo, sérias e distintas, vá que se tolerassem. Mas não! As danças modernas, de nomes arrevesados, são tudo quanto há de menos distinto e descambam para uma licenciosidade que é seriamente alarmante. [...] Não só as danças são indecorosas, como os rapazes requintam em torná-las indecentes, a ponto de levantarem protesto das venerandas progenitoras presentes. Precisamos reagir contra isso e com a maior urgência.[1]

Essa é uma dentre as muitas cartas nos mesmos termos, assinada por "um pai de família" e publicada pel'*O Estado* no dia do aniversário da cidade, em 25 de janeiro de 1920. Ela se refere a um fenômeno novo e, para amargura do signatário, irreversível: a democratização do acesso à música, a proliferação dos bailes e ambientes de dança pagos como parte polpuda da emergente indústria do lazer e a proliferação epidêmica dos ritmos frenéticos. Assim como pululavam os clubes desportivos e de futebol, assim também deram de vicejar os "music halls", os "salões de dança", as "sociedades dançantes" e as próprias lojas finas da cidade, para atrair a clientela feminina, tiveram que transformar o seu tradicional "chá das cinco" em um, a partir de então superlotado, "chá dançante" "em que tomar uma chávena é pretexto e dançar maxixe a razão".[2] O tipo de música que se dançava nesses lugares era variado na classificação, mas uniforme no acento rítmico, como nos informa um cronista que repudiava "a licenciosidade e a feiura alarmantes das chamadas danças modernas, ou americanas, norte e sul-americanas — o maxixe, o tango, o *fox-trotter* [sic], o *one* e *two steps* etc.".[3] Esqueceu alguns ritmos em notável voga, como o *cake-walk*, o ragtime e o jazz, mas captou bem o espírito da coisa. Mais incisivo foi o dr. Cláudio de Sousa, em palestra na recém-criada Universidade Feminina, sobre o tema "Maria e as mulheres bíblicas", em que lastimava o refluxo do espírito religioso, dissolvido pela nova fé que ressuda das "modernas jerusaléns do tango e do maxixe".[4]

Não foram só os salões, clubes e bailes pagos que vieram mudar a cena. Por trás deles estava a universalização da indústria fonográfica, com o grande destaque das distribuidoras americanas. O ano de 1919 assinalou justamente a transição tecnológica no mercado do obtuso gramofone para a moderna vitrola: mais versátil, mais potente e sobretudo mais acessível. "A mais importante revelação da época!!!", anuncia com três exclamações de acento rítmico o comercial da Victor Talking Machine Co., e acrescenta: "Todos podem e devem possuir uma vitrola [...]. Aceitamos seu gramofone de qualquer marca como parte do pagamento".[5] Apesar da técnica moderna e agressiva de promoção, o fato é que nem todos podiam adquirir uma vitrola. Mas aos grupos, em sociedade, em clubes, o acesso era natural e a rentabilidade estupenda. Por isso, se o gramofone estivera associado com as audições privadas, no lar, em família, de música erudita ou óperas, a vitrola se oferecia para audições públicas de jovens excitados com o frenesi de bandas estridentes, que é aliás o que passa a predominar no mercado de discos, como informa a propaganda da Casa Murano.[6] Noutro comercial da mesma casa, a mensagem era mais apelativa: "Dance muito!! [...] e divirta-se que a vida é curta".[7]

Sempre foi muito curta, mas nunca tanto como agora, quando há tantas coisas excitantes para se fazer. Não errava, nem no espírito e nem no fato, o cronista que, numa invectiva de azedume, descrevia as danças modernas como "uma grosseira ginástica de posições grotescas e de contatos quase brutais", ou, noutra investida um mês depois, como "umas danças mais sapateadas que dançadas".[8] Com efeito, experiência física intensa, a corporiedade da representação rítmica era a suprema sensação buscada, com todas as suas conotações eróticas primárias, acima de qualquer consciência coreográfica nobilitante, reforçadora da ética cavalheiresca tradicional. Nenhuma surpresa, portanto, que aparecesse uma seção sobre dança na nova revista *Sports*.[9] Nenhuma surpresa, igualmente, que essas danças despertassem a fúria daqueles observadores que nelas viam a dissolução das barreiras e tabus sociais, consumidos em favor da comunhão dos dançarinos em estados de ânimo excitados, propiciadores das mais elevadas exaltações dos sentidos. Atingido esse ponto, as convenções que regulamentavam os comportamentos e os contatos na sociedade simplesmente se desvaneciam. Por pouco tempo, é certo, com limites claros de ação e num ambiente fechado. Mas o fato relevante é que os bailes se tornavam rituais de consagração dessa disposição dissolutória e reforçadores daqueles estados de exaltação psíquico-sensual. Daí os críticos os compararem com cerimônias "selvagens" e os definirem como manifestações contrárias aos padrões da civilização historicamente herdada. Descontado o preconceito intrínseco e sua função infamatória, a crítica se dá conta da ameaça concretíssima que esses novos festivais representam para os códigos, os anátemas e as hierarquias da sociedade existente. Acompanhe-se uma dessas digressões, das mais lúcidas:

Com a evolução da dança, evoluíram também os bailes. De aristocrática, fina e delicada, se fez (ela) plebeíssima, sensual e bruta. O que até pouco se via na sociedade, só se vê hoje às avessas: ao passo que outrora as classes sociais mais baixas imitavam as mais altas, macaqueando-lhes pitorescamente as atitudes, são estas, hoje, que descem e procuram os mais reles modelos. Assim, no maxixe e no tango, eleitos pelo bom gosto e pelo bom-tom. Que são eles? O produto genuíno da senzala. Por mais "estilizados" e sutilizados que sejam, sempre serão reminiscências do bárbaro saracotear da multidão escrava, de outros tempos, que da escravidão como que se libertava no insólito e irreverente do gesto, quando, em horas parcas, se via senhora dos próprios corpos, se não para a vida livre, ao menos para a livre folgança. Em que pese os nossos elegantíssimos dançadores de tango, isso que hoje se crismou à inglesa, depois de batizado à argentina, não tem mais nobres origens. Subiu da extinta senzala das fazendas e estâncias para o salão dos palacetes de todo o mundo. Na mudança, naturalmente, não iria só. Carregaria consigo muito do imponderável que faz a vida social, seja ela rudimentar ou seja cultíssima. Na ascensão do tango, ascenderam, também, sem que por isso ninguém desse, hábitos nunca permitidos na sociedade.[10]

Esse mesmo cronista anônimo tão arguto, numa outra oportunidade, reiteraria esse tema num panorama mais abrangente.

[...] crescem os anos, cresce a decadência. O progresso, porventura observado, vai custando caro demais, pois, menos não custa que esse descalabro. [...] É a grande revolução moderna feita aos pedaços. [...] Essa vida moderna que nos leva a todos a toda parte, todos os dias (e todas as noites!), leva-nos também a novos hábitos e a novo espírito. A sociedade que diz com ela é a sociedade de todo o mundo e a família — ai dela — não é a de toda a gente? [...] Atualmente só o "tea-tango" de um lado e a mesa redonda, do outro, ao retinir das fichas.[11]

É curioso comparar como o cronista P., num outro artigo, concorda com o teor desse comentário, mas o fundamenta em dois outros elementos não mencionados nesse texto. Escreve P. na sua coluna:

Um dos capítulos mais interessantes da vida da cidade é, sem dúvida alguma, o cinematógrafo. Valeria a pena estudar a sua influência nos nossos costumes e nas nossas ideias. [...] Se fosse possível indicar, pelos traços de um diagrama, tudo quanto veio influindo sobre os rapazes e as moças de hoje — o futebol e o cinematógrafo é que teriam provavelmente os pontos mais culminantes da curva.[12]

A indústria cinematográfica, em prosperidade galopante, sobretudo os estúdios norte-americanos, beneficiários exclusivos dos transtornos que a Guerra impusera aos concorrentes europeus, supera os teatros e adquire um papel proeminente como forma popular de lazer nas grandes cidades.[13] Os norte-americanos, com suas técnicas propagandísticas e amplos sistemas de distribuição, conseguiam colocar, em 1920, mais de 70 milhões de metros de filme no mercado sul-americano, um terço do total de sua produção.[14] Os filmes naturalmente eram só uma parte da indústria, de expressiva monta igualmente, constando de um manancial caudaloso de revistas, informações, mexericos, fotografias, pôsteres, suvenires, discos, fã-clubes e turnês artísticas.[15] Esse predomínio do cinema americano, mais rigorosamente codificado e submetido a convenções artísticas e narrativas tradicionais, em detrimento do cinema europeu, dado a experimentalismos formais e ousadias de entrecho, certamente amorteceu o impacto revolucionário da nova linguagem artística dentre o público paulista.[16] Mas em compensação, criou instantaneamente uma legião de entusiastas ardorosos, que encontravam no dinamismo técnico e temático da forma cinematográfica a arte compatível por excelência com os estímulos voláteis da cidade. E se tornavam sua clientela voluntariamente cativa e feliz.

Tal é a obsessão cinematográfica. Não falta por cá quem viva para o cinema, banalizado e materializado, assim, como o arroz-doce e a marmelada. Não escasseiam também os que, não contentes com isso, vivem para além das telas e das fitas... Cúmulo da abstração, armam-se em lindas cabecinhas cinematógrafos ideais em que se projetam — projeções de projeções — reminiscências de filmes e vidas inteiras de atores e atrizes, medíocres e nulos na generalidade. E nesses cinemas de cinemas, onde há sempre a meia-luz das cisma e a lâmpada misteriosa de uma ideia central, rompem dramas e paixões rebentam, como no outro cinema. Há quem, prosseguindo nesse ardor, traga ao peito medalhões com heroicas efígies norte-americanas... E — ó more das santas bisavozinhas que se foram, morrendo no seu quarto, ao pé do sagrado nicho de Nossa Senhora das Dores! — existe mais quem hoje traga à cabeceira, em lugar do antigo Santo Antônio, o descabelado retrato do George Walsh...[17]

O cronista nos traz uma vez mais a recorrente imagem da retração das emoções religiosas tradicionais, substituídas por um novo culto que demanda igualmente uma devoção integral. É mesmo notável como o jornalista equaciona esses elementos: fé, ardor e transcendência, celebrados num templo umbroso, entre imagens, ídolos e raios de luz tremulantes. Uma vez mais, a mais revolucionária tecnologia se cruza e se ajusta circunstanciadamente com os legados simbólicos mais arcaicos — o que pode ser visível para um observador que surpreenda as duas correntes paradoxais no limiar da sua intersecção, como para esse nosso cronista, mas não o será mais para as gerações que os recebem já fundidos e os assimilam como um dado constitutivo, permanente e banal da realidade cotidiana, tal como o arroz-doce ou a marmelada. Não é que a tecnologia evocasse conteúdos arcaicos ou que esses conteúdos submetessem o novo aparato tecnológico. O que se passava era que as condições inéditas da metropolização provocavam a combinação de condições de vida concretas e materiais culturais contingentes, de modo a adaptar seres deslocados e realidade convulsa em patamares de sintonia e estabilidade, ainda que provisórios, nos quais mulheres e homens ficassem livres do dilema novecentista de aprovar ou de reprovar o mundo da máquina, se ajustando física e psicologicamente a ela, ao invés de guardar a distância da desconfiança. Nesse sentido é o legado cultural do racionalismo individualista, mais do que o das culturas rurais ou tradicionais, a barreira sobretudo tenaz contra esse ajustamento. Qualquer alternativa a ele, que era afinal de contas o padrão cultural dominante, desde que comportasse os desígnios da entrega, do instintivo e do coletivo, era bem-vinda, fosse arcaica ou moderna: mas obteria um óbvio reforço e a dupla chance do sucesso, se conjugasse os dois. Esse processo complexo raramente comportava iniciativas deliberadas.

E, muito por acaso, se eram notáveis as convergências da tecnologia do cinema com estratos culturais imemoriais, nem por isso era menos evidente o grau dissolvente da sua modernidade. O filme do cineasta paulista Alberto Cavalcanti, *Rien que les heures*, rodado em Paris, é um extraordinário exemplo desse poder de dissolução, no que se refere à linguagem cinematográfica.[18] Mas até em termos de temas e de alcance de público, esse efeito corrosivo é patente. Leia-se por exemplo esse trecho da carta de outro pai de família, o sr. F. J., sobre o inferno em que o cinema transformou sua vida.

> Venho solicitar de novo a vossa benevolência [a carta anterior fora contra "as danças modernas, próprias de certos antros onde a moral nunca tem guarida, ou de certas tribos africanas"] a fim de, por meio dessas valorosas colunas, pedir atenção para o audacioso abuso das empresas cinematográficas que, numa desenvoltura de fazer estremecer os próprios "frades de pedra", importam de preferência, as fitas as mais obscenas das fábricas europeias, parecendo que as encomendam de propósito, com o fito altamente perverso de contribuírem para a mais rápida corrupção dos nossos costumes, até bem pouco tão singelos e invejáveis... Será admissível, sr. redator, que nos transformem assim em depósito do lodo acumulado nas grandes capitais europeias, onde a corrupção toca o auge, segundo se vê das reclamações constantes da imprensa

limpa daquelas mesmas capitais? [...] Vai um chefe de família ao cinema com suas filhas, atraído pela fama de um "capo lavoro" ou de uma "renomada" produção, acreditando proporcionar-lhes uma diversão inocente e instrutiva — e logo, corridos os primeiros metros da película, vê-se constrangido a sair correndo com suas filhas, num misto de indignação e vexame, tal a imoralidade do enredo e das cenas exibidas...[19]

O curioso é que o sr. F. J. quer ir ao cinema, só não aceita que ele seja o que é. O sr. F. J. acredita ver intenções perversas, onde o que há é uma indústria que contempla demandas urgentes de massas urbanizadas. Ele certamente preferiria as facilidades, o deslumbramento e os preços do cinema, com os conteúdos do teatro tradicional. Mas, como nos lembrou o cronista, essa "é a grande revolução moderna feita aos pedaços". O mesmo cronista aliás que, vituperando a cidade como uma "catapulta de interesses imediatos", lastimava a "eterna convivência de estranhos que resume a sociedade paulistana".[20] O cinema, assim como os bondes e os estádios, alinha multidões de estranhos enfileirados ombro a ombro num arranjo tão fortuito e normativo como a linha de montagem. Os bondes, contudo, lhes dão mobilidade, os estádios estímulos, os cinemas fantasias e as linhas de montagem subsistência. Assim, o ser anônimo só se preenche de sentidos quando se articula com os seus equivalentes. Essa, como observou o nosso cronista, "é a sociedade de todo mundo e a família — ai dela — não é a de toda a gente?". Outro articulista, O. F., extraiu dessas tendências gerais a seguinte conclusão: "Tudo quanto é grande no mundo tende a desaparecer naturalmente ou pela violência; o pequeno quer um lugar".[21] Só não desdobrou a conclusão para salientar que a forma de os pequenos se imporem seria pela coligação, coordenação e concentração de energias, em íntima orquestração com as novas tecnologias, de forma que qualquer que fosse a resultante, seria ainda maior em proporção do que quer que houvera antes.

Outras áreas, aparentemente menos adstritas aos fenômenos massivos desencadeados pela metropolização, se revelam não obstante também sensíveis a eles. A indústria editorial paulista, por exemplo, assiste a um boom inesperado a partir do início dos anos 1920. Em parte desencadeado pela crise de importações e a calamitosa carestia do pós-guerra,[22] o fato é que esse surto adquire uma dinâmica própria e se torna num crescendo autossustentado. Ele envolve não só livros, mas também revistas e folhetos de todo tipo, sendo que o próprio *O Estado* se beneficia dele, consolidando sua posição de jornal de maior tiragem do país, compondo um corpo de articulistas e redatores que envolve intelectuais dos mais brilhantes do país, além, dado excepcional, de algumas das maiores celebridades da imprensa europeia, como colaboradores permanentes.[23] Quanto aos livros, com uma tiragem anual em torno de 1 milhão de volumes, uma multiplicação entre duas e três vezes do número de casas editoras e livrarias em 1921, com relação ao número existente até o fim da Guerra, São Paulo passa a atrair escritores dos quatro cantos do país, querendo ter suas obras publicadas com a rapidez e qualidade que a indústria editorial paulista oferecia. A própria imprensa carioca, tão ciosa das suas prerrogativas de sede política e cultural do país, passa a se referir a São Paulo como "a capital do livro no Brasil, como Leipzig é na Alemanha" e a denominar a nova geração de jovens intelectuais, que começa a vicejar na cidade abastecendo o mercado editorial, de "o fenômeno paulista".[24]

No campo das artes plásticas, o fenômeno não é menos surpreendente. Novos espaços de exposição surgem, outros são improvisados em hotéis, livrarias, casas comerciais e até cinemas junto à área do Triângulo central da cidade. Os artistas vêm de turnês internacionais, do Rio de Janeiro, de estados do Norte e do

Sul, além de, é claro, suscitada pelas novas possibilidades, uma geração emergente de pintores e escultores locais. A atmosfera dentre os apreciadores era de pleno entusiasmo:

> A respeito de muitas coisas podemos duvidar se o nosso progresso tem sido real ou apenas aparente. [...] Mas, verdade seja dita!, sob outros aspectos, o nosso progresso é evidente. Por exemplo, o gosto pelas artes. Não há muitos anos, as exposições só de longe em longe se realizavam e, muito a medo, cercadas de mil cautelas. [...] De mais de uma guardamos a dolorosa visão: uma sala vazia e silenciosa, com muitos quadros pelas paredes, e, a um canto, martirizado por invisíveis algozes, pálido, nervoso, olhando para o alto como São Sebastião convertido em paliteiro de flechas, o artista... Hoje, tudo mudado. As exposições sucedem-se, quase sem interrupção em largos períodos do ano, e todas têm público, e todas têm um público fino, inteligente, distinto, composto de amadores que voltam muitas vezes, e namoram as boas coisas, e discutem e denotam preferências e repulsas, e — o que é mais sério — compram.[25]

Em outra oportunidade, era o cronista P. quem exultava: "A cidade anda repleta de exposições de pintura [...] sempre repletas de visitantes e, o que mais espanta — de compradores também...".[26] O espanto em grande parte ia por conta de a demanda, a essa altura, se revelar muito acima da oferta e os preços das telas alcançarem um valor especulativo que, segundo P., destoava em alguns casos dos seus autênticos méritos artísticos. Esse sintoma de excesso da procura, entretanto, era por demais significativo e indicava a emergência de um novo público urbano, abonado de dinheiro novo e que buscava apressadamente sinais de distinção que os destacassem tanto do vulgo como daqueles que, tendo os recursos, tinham escasso interesse e pouca informação artística.

Era essa nova clientela atenta que dava a impressão ao crítico de artes d'*O Estado*, já em 1919, que "São Paulo educa o seu gosto artístico, aprendendo a 'ver'".[27] Essa gente nova sabia o que queria ver, mas não tinha a menor ideia de com o que o objeto do seu desejo pareceria. Os artistas e críticos são postos em xeque para darem forma a essa ansiedade visível, mas sem contorno.

Os críticos reagem com uma campanha ruidosa para forçar as autoridades a dotarem a cidade de uma infraestrutura de arte capaz de permitir uma rotatividade mais intensa e ampla de artistas, obras e tendências, além de garantir a referência básica de substanciosos acervos permanentes.[28] O clamor por um museu de artes, uma galeria de artes do município, por escolas públicas de artes adquire uma intensidade que se assemelha à das campanhas por um estádio monumental poliesportivo. A "educação artística" passa a ser vista como um imperativo equivalente à "educação física".[29] Um dos aspectos mais hilariantes dessa campanha irascível era o empenho cruel com que os críticos de arte fustigavam a única coleção pública de arte existente até então em São Paulo, dádiva casual e desabonada de uma elite dirigente tão indiferente aos destinos da arte quanto aos da própria população. Nesse momento sensível, o látego batia como em carne viva e a arte adquiria uma irradiante coloração política.

> Talvez o próprio governo não tenha uma ideia exata do deplorável estado de abandono em que recebeu das administrações anteriores o nosso aparelhamento de cultura e talvez a sua atenção frequentemente solicitada por muitos assuntos de relevância ao mesmo tempo — não se tenha ainda dirigido para vários pontos que vamos ferir. [...] Prova-o a Pinacoteca do Estado. Confessemos desde logo que esse arremedo de museu de arte — único que possuímos — nos deve fazer corar de vergonha até a raiz dos cabelos. Bem fez o governo em o esconder num último andar de um

prédio particular em obras. Ele constitui por si só uma alarmante manifestação de incultura. Está instalado em quatro acanhadas salinhas de triste aspecto, onde tudo se encontra e de tudo apenas um pouco: quadros, fotografias, cópias a gesso e até a maquete de um edifício público, a reclamar velinhas acesas por dentro e papel de seda nas janelas... [...] A um canto do corredor chama a atenção uma cópia em tamanho natural do *David* de Miguel Ângelo. Essa estátua merece bem umas linhas. Há tempos a polícia de costumes escandalizou-se com a atrevida nudez desse gesso e — pasmem todos! — teve a sublime inspiração de colocar-lhe à cintura uma tanga verde-amarela... Uma tanga verde-amarela, nem mais nem menos. Pasmem e riam à vontade, mas atentem que não é pilhéria. Trata-se de um fato rigorosamente autêntico e devidamente teste-munhado por muita gente. Não sabemos se o Instituto Histórico registrou nos seus arquivos...[30]

Fosse pelo pavor do ridículo ou por convicção, o fato é que, ele de novo, Washington Luís, o presidente-esportista, se revelou também um campeão das artes, não só comparecendo e arras-tando todo o seu secretariado às exposições de arte mais impor-tantes, como ainda adquirindo obras tanto em caráter privado, como para formar um acervo do município, além de patrocinar artistas e oferecer prêmios de viagens e estudos.[31] Por ocasião das celebrações do centenário da Independência do Brasil, ele enco-mendaria uma infinidade de esculturas e monumentos a artistas nacionais e estrangeiros, compondo a mais sistemática campanha de embelezamento urbano desde o período de atuação do pre-feito Antônio Prado. As obras são aprovadas segundo regras de concurso público e críticos de comissões julgadoras especializadas, ficando os modelos dos candidatos expostos à visitação pública por um amplo período antes das decisões. O que, nas condições de um concurso, estimulava vasta visitação e interesse geral, os jornais organizando enquetes, o público se dividindo em partidos rivais; faziam-se apostas, visitantes acorriam do interior, o movimento era frenético. No caso da exposição das maquetes do Monumento à Independência, o governo teve que encerrar a exposição devido aos riscos ameaçadores da superlotação do Palácio das Indústrias. São Paulo encontrava sua vocação de polo cultural.

> São Paulo vai ratificando mais ou menos bem, o título que lhe conferiu Sarah Bernhardt, de "capital artística". Na verdade, já faz tempo que a nossa população, no meio da turbamulta de suas comunicações, dispensa sempre algumas horas para o prazer estético, visitando as exposições que se multiplicam. Nunca, como agora, houve tantas exposições abertas e tão frequentadas. Nas ruas, nos salões, nos cafés, ouve-se a cada passo: "Já foi à exposição de pintura de F.? Um talento! Colorido, sentimento, naturalidade, vida... Vá vê-la". [...] E assim, a toda hora, a todo minuto, há uma pessoa a dizer a sua admiração pela "nossa" cultura artística, maravilhosa, estereotipada em obras de valor. [...] Exposições de maquetes na Pinacoteca e no Palácio das Indústrias, de pintura e escultura, concertos, conferências, livros — tudo demonstra que São Paulo ama a arte, que São Paulo é, de fato, uma capital artística...[32]

Em meio a essa atmosfera eufórica, várias entidades ou segmentos da população concorrem entre si para deixarem a sua marca ou o seu símbolo coletivo de distinção, fixando a sua própria perspectiva como um marco de referência que viesse a se tornar um traço indelével de qualquer possível identidade da cidade. Assim, num mesmo momento, a colônia portuguesa ergue o seu Monumento à Raça, em homenagem aos aviadores portugueses que fizeram a primeira travessia aérea pelo Atlântico, no voo Lisboa-Rio de Janeiro. A colônia italiana oferece à cidade a sua homenagem, na forma do Monumento a Verdi. O governo paulista, na pessoa de Washington Luís, patrocina a edificação do impávido Monumento à Independência. Os estudantes da Faculdade de Direito, com a colaboração da Liga Nacionalista e do jornal *O Estado de S. Paulo*, erguem o Monumento a Olavo Bilac. O escultor modernista Victor Brecheret projeta essa peça arquitetônico-escultórica chave, que é um autêntico manifesto urbano do ideário modernista, o Monumento às Bandeiras. E por aí afora. Surpreso com essa súbita multiplicação de templos cívicos a céu aberto, um editorialista d'*O Estado* se sairia com uma observação atilada: "Tem grassado ultimamente, com intensidade curiosa, a febre estatuária".[33]

Esses discursos visuais ostensivos, fixados na magnificência suntuosa do mármore, granito, bronze ou concreto, eram porém apenas parte da nova visibilidade com que a cidade solicitava seus habitantes. Eles funcionavam como um cenário simbólico-político a estimular, salientar e confirmar disposições emocionais, regularizadas na interação dos habitantes com o espaço público. A outra parte, a cena propriamente, pela qual ações contínuas se compunham numa narrativa, que tanto era a história da cidade quanto a cidade na história, era desencadeada pelos festivais modernos, nos quais a população como um todo era, ao mesmo tempo, um dos personagens e o público. Tais rituais modernos guardavam relação com seus antecessores arcaicos, na medida em que seu propósito era despertar o entusiasmo, gerar a euforia e a comunhão do transe, pelo qual todos se transportavam e identificavam com uma realidade, ideia ou símbolo transcendente. Mas diferiam deles, no sentido de que essa transcendência não se dirigia para uma dimensão atemporal ou para o momento fundador das origens. Sua orientação era antes a de traduzir o presente como sinal profético do futuro. Em suma: produzir o transe do futuro permanente. Mais uma vez temos aqui a conjugação do momento tecnológico presente com mecanismos arcaicos de simbolização.

Aliás, não é casual que nessa conjuntura se tenham desenvolvido técnicas sofisticadas de gestão dos níveis inconscientes das comunidades humanas, como a psicologia industrial e a psicologia social.[34] Desligados os homens dos seus nichos comunitários e culturais, na aglomeração das fábricas ou das metrópoles e sob a aceleração tecnológica, seria pelos seus reflexos, mais do que por suas convenções grupais desvanecidas, que eles seriam solicitados a se integrarem na nova realidade. Que importava o nome e a região de origem de uma pessoa inserida no diagrama de uma operação em economia de escala, ou de um plano de fluxo viário urbano? Mas conhecer suas reações sob condições coletivas impessoais de produção ou de transporte era decisivo para o equacionamento de soluções tecnológicas. Como se pode supor, esse esforço de gestão deliberada das reações inconscientes de grandes coletividades iria encontrar sua tradução política na exacerbação emocional dos rituais urbanos modernos. Esse encontro do presente com o remoto transparece nítido nas intenções do discurso do presidente do Centro Acadêmico da Faculdade de Direito, por ocasião do lançamento da pedra fundamental do Monumento a Olavo Bilac. Note-se a alusão, atualíssima, a Gustave Le Bon, um dos fundadores da "psicologia das massas" e herói em grande evidência na escola onde se formava a elite dirigente paulista.

> Todos os fatos históricos como por exemplo a criação do cristianismo, do budismo, do islamismo, a Reforma, a Revolução e, em nossos dias, a ameaçadora invasão do socialismo intransigente, todos esses fatos são frutos diretos de fortes impressões produzidas no espírito das multidões. Por essas estranhas razões da psicologia dos povos é que todos os grandes homens de Estado, não excluindo os déspotas absolutos, consideram a imaginação popular a base do poder governamental. [...] Mas como impressionar o espírito dos povos? Não foi com trabalhada retórica que Antônio

conseguiu amotinar o povo contra os assassinos de César, mas lendo-lhe o testamento deste e mostrando-lhe o cadáver do valoroso romano. Tudo que abala a imaginação das multidões apresenta-se sob a forma de uma imagem empolgante e bem nítida, livre de qualquer interpretação errônea ou acessória, ou apenas acompanhado de alguns fatos maravilhosos ou misteriosos, tais como uma grande vitória, um grande milagre, um grande crime, uma grande esperança. Cem pequenos crimes ou cem pequenos desastres não impressionarão nada a imaginação das multidões, enquanto que um grande crime ou desastre impressioná-la-ão profundamente, ainda que os seus resultados sejam menos sensíveis e dolorosos que os dos cem pequenos desastres reunidos. É o que observa Gustave Le Bon. Não são os fatos em si que ferem a imaginação coletiva, mas sim o modo pelo qual se lhes apresentam. Os monumentos e as comemorações são, sem dúvida, os meios mais proveitosos, práticos e seguros, para gravar no espírito do povo as proezas de um herói, a grandeza de um nome ou a importância e o significado de um acontecimento.[35]

A renúncia da palavra, assinalada nesse texto, transfere a ênfase para a ação e coloca o conteúdo emocional das dimensões inconscientes das coletividades no centro da prática política, considerando a cidade como o palco onde o seu drama é representado por elas e para elas. Washington Luís, por exemplo, já parecia atuar com pleno conhecimento dessas novas condições quando, por ocasião dos preparativos para os festivais de celebração do centenário da Independência do Brasil, declarou sobre seus planos: "Com a terminação de algumas obras de embelezamento já iniciadas, e com os retoques necessários [...] São Paulo — que já é incontestavelmente uma bonita cidade — estará em condições de oferecer um belo cenário ao que se fizer aqui".[36] Aliás, como já vimos, ele mesmo era um mestre em causar impressões na imaginação dos habitantes da cidade, fosse nos seus deslocamentos solenes, em landau, cercado por colunas de lanceiros em cavalos engalanados, fosse na sua espetacular cerimônia de posse, ocupando praticamente todo o espaço urbano com desfiles, bandas, fanfarras, cavalaria, escolares e desportistas, além de manter o céu em permanente tumulto, com as manobras aéreas de uma esquadrilha militar. Incidentalmente, sua posse foi marcada para o dia 1º de maio de 1920 e conseguiu até o efeito inacreditável de esvaziar as manifestações operárias.

> A cidade apresentava anteontem encantador aspecto. O feriado [...] foi todo tomado pelo espetáculo da posse presidencial. Nem as manifestações operárias, que não se realizaram, lhe disputavam as atenções. As ruas centrais, constantemente cheias, palpitavam em torno às cerimônias oficiais da investidura do novo governo. O perpassar das carruagens, o desfilar da tropa, as evoluções dos batalhões infantis constituíam atrativo bastante para a curiosidade pública. O povo, de ordinário indiferente, abalou-se de casa para a rua, da rua para as praças, movendo-se pr'aqui, pr'ali, movimentando-se...[37]

Outros festivais, menos cerimoniosos e oficiais, se realizavam continuamente, mantendo a população, ou diferentes segmentos dela, em constante movimento. Ora eram os festivais poliesportivos no Parque Antártica, ora os desfiles militares na Avenida Tiradentes ou na Avenida Paulista, ora inaugurações de monumentos, ora concentrações maciças para acompanhar jogos da seleção paulista ou brasileira pelos placares d'*O Estado* em ponto de "verdadeira loucura". Às vezes eram eventos mais longos, como a Exposição Industrial, patrocinada por Washington Luís, constando ainda de um parque de diversões, um cinema gratuito ao ar livre e — o maior sucesso — uma grande roleta, "sorteando objetos de apreciável valor a preços relativamente insignificantes".[38] Claro que a oposição política não poderia ficar indiferente a esses avanços do governo sobre o solo úbere do imaginário profundo da população da cidade, descendo ainda mais fundo nessas regiões insondáveis, por conta da sua condição mais agressiva e levando os apelos emocionais às suas mais drásticas consequências. Foi o que ficou demonstrado, por exemplo, pela celebração extraoficial da bandeira, criada pela Liga Nacionalista e constando de uma marcha ritual noturna à luz de tochas, atrás de uma gigantesca bandeira brasileira conduzida por jovens estudantes, culminando no Monumento a Olavo Bilac, numa grande queima de fogos.[39]

Outro tipo de festival permanente era o da recepção aos heróis. Num instante, a cidade se paralisava, a população tomava as ruas, o herói ou heróis eram retirados da Estação da Luz ou, se fosse o caso, de dentro do carro em que tinham entrado, e carregados nos braços da multidão em triunfo até sua casa ou hotel, sob flores, papel picado, vivas, hurras, gritos, assobios, risos, soluços e lágrimas. Rui Barbosa, os campeões sul-americanos de futebol, Edu Chaves, os aviadores portugueses da travessia do Atlântico, os pilotos do raide Nova York-Rio, o conde d'Eu e o príncipe d. Pedro e quantos e quantos mais reeditavam a cerimônia, sempre em atmosfera emocional escaldante. A festa promovida pela oposição para a recepção de Rui Barbosa, autoproclamado candidato antioligárquico à presidência do país, em abril de 1919, parece ter fixado o padrão para esse tipo de idolatria emotiva. P., com seu estilo relampejante, nos dá o retrato vivo da apoteose passional:

> Chego da Estação da Luz onde fui assistir à chegada de Rui Barbosa. Nunca vi manifestação igual. Nunca em São Paulo, que me conste, afluiu à estação tamanha multidão para receber um político. E jamais atingiu aquele calor e teve aquela sinceridade o

entusiasmo do povo paulista, de ordinário glacial e indiferente. As vastas dependências da Inglesa e a avenida fronteira — tudo cheio de povo. Senhoras e cavalheiros, crianças e velhos [...] todos se apinhavam nas imediações, de pé nos automóveis, encarapitados nos toldos, agarrados às grades do jardim e, por toda a avenida fronteira à estação, se espraiando até longe... [...] ... e quando, pouco depois, Rui assomou à porta — não farei nunca ideia bastante do que foi então o entusiasmo popular. [...] Foi realmente um delírio popular. Subiam chapéus ao ar. Não havia uma só pessoa que não clamasse com o seu chapéu na mão. E todos os vivas e todas as palmas assim confundidas faziam um só clamor, largo e vasto, que não cessava, nem diminuía, antes crescia a cada instante, mais vibrante, mais entusiástico... Vem a mim um cavalheiro respeitável, todo afogueado e ofegante e me diz: "Uff! Como há povo lá dentro da estação! E que entusiasmo! Choravam, meu caro, até choravam as pessoas que lançavam flores sobre Rui Barbosa..." [...] Em verdade nunca me esquecerá esta manhã esplêndida, em que toda cidade — brasileiros e estrangeiros — assim glorificou Rui Barbosa...[40]

Manifestações desse novo tipo requeriam por si sós uma reorganização peculiar do espaço urbano, de tal forma que os elementos conjugados de ritual, espetáculo, cenário, multidões, desempenho, plateia e história se representassem como dimensões fundamentais e não contingentes da cidade, inscrevendo assim uma geografia cívica deliberada e proeminente sobre a fisionomia urbana. Uma vez mais essa demanda, embora muito recente, é sentida com tamanha intensidade, que, a exemplo do que ocorrera em paralelo com os apelos por um estádio monumental e um museu de arte, os publicistas também se põem a vociferar e a urgir pela criação da praça cívica da cidade. Como, no momento, a maior área livre do núcleo central estava justamente sendo reformada para a construção da catedral de São Paulo — planejada para ser a maior da América Latina e quiçá de todo o continente americano —, a determinação é unânime: transformar o Largo da Sé na praça cívica da cidade, fazendo convergir assim os símbolos da fé, da pujança e da alma coletiva.[41]

O rumo que as coisas iam tomando suscitava esforços no sentido de organizar os estados de exacerbação emocional catalisados pelo surto de metropolização, com o intuito de ao mesmo tempo lhes dar a máxima expressão e uma orientação peremptória. É significativa, por exemplo, a escolha de metáforas com que a mais prestigiosa autoridade científica da cidade, o dr. Pereira Barreto, descreveu a reação dos habitantes quando *O Estado* expôs o painel confirmando o sucesso do raide de Edu Chaves: "A emoção do povo rompeu todos os diques e, num extravasamento incoercível de maré violenta, com o fragor e o ímpeto de uma tromba marítima que estourava, precipitou-se sobre a cidade rumorosa e vibrante, numa vasta inundação de alegria...".[42] A exaltação emocional coletiva é descrita aí pelo cientista como uma fonte natural de energia inexorável. Noutra passagem ele sintetizaria o tema nessa equação lapidar: "A beleza dos atos, como a dos versos, mede-se pela soma da emoção que provocam". A partir de uma estética tradicional, a poética, ele deriva uma estética nova, a da ação, de consequências políticas, embora igualmente assentada sobre as emoções.[43] No contexto dessa mesma celebração, um estudante da Faculdade de Direito enuncia, em meio ao clímax de delírio na praça pública, que o país que até então fora inspirado pelo gênio da palavra, Rui Barbosa, o Águia de Haia, dali por diante seria guiado também pela figura do herói dos nervos e músculos de aço, Edu Chaves, o Águia dos Ares.[44] Quando se celebraram as exéquias de Rui Barbosa, em 1923, pouco mais de um ano depois, numa cerimônia de enorme tensão emocional, ficou claro que a partir de então haveria uma única águia trilhando os céus.[45]

Outro sinal revelador dos novos tempos que se manifestou nesse início de 1921, ao lado da consagração de Edu Chaves, foi a brusca e surpreendente metamorfose do Carnaval paulista. A festa, que se tornara a mais importante dentre as de data fixa no calendário da cidade, passou nesse ano por uma mudança profunda em sua natureza, identidade e propósito, que se tornaria definitiva daí por diante, pelo restante da década. Nos anos anteriores e particularmente após a grande intensificação que o caracterizaria a partir de 1919, o Carnaval se compunha de dois focos básicos: o Triângulo central e a Avenida Paulista. Havia outros núcleos secundários, como o do Brás e o do Cambuci, e de uma forma mais difusa ele se espraiava por todos os bairros mais populosos e urbanizados. Esse segundo grupo era mais popular, com menos lustro nas fantasias, iluminação e decorações das ruas e — fator decisivo — menos carros, sendo os que circulavam sobretudo de aluguel e em menor número que as carroças, os veículos todos sobrepujados pela grande multidão a pé. No Triângulo os desfiles dos clubes carnavalescos em carros alegóricos eram o centro da pândega, enquanto na avenida o povo era mantido nas calçadas para assistir, como plateia, às batalhas de serpentina, confete e lança-perfume, no corso de carros refinados que rolavam pelo asfalto em fila quádrupla.[46]

O que ocorreu com o Carnaval de 1921 foi que, aquilo que fora até então uma tendência subjacente, embora em contínua ascensão, tornou-se subitamente predominante. O estilo de festejar o Carnaval no Triângulo ou na avenida, por mais que pudesse se tornar animado, denotava uma moderação que era a imposta por uma indumentária solene, embora típica, por gestos regrados, embora expansivos, pela compostura aparatosa do décor arquitetônico e do luxo dos carros. Enfim, o Carnaval recebido pela tradição burguesa, que misturava personagens estereotipados da *commedia dell'arte* com mesuras, rapapés e salamaleques de um pretenso repertório de diversões cortesãs, podia ser entusiástico, podia comportar explosões de alegria e paroxismos de exaltação — mas trazia consigo um claro limite de forma, para além do qual todo excesso se tornava aparente e comprometedor. Era um Carnaval com receituário prescrito, posições marcadas e coreografia de gestos e movimentos prefigurados. Era uma herança de convenções à espera de serem revividas com maior ou menor intensidade, mas não um desafio para ultrapassar todas as convenções e se precipitar na vertigem da extravagância.

Ora, o Carnaval do Brás, fosse o de rua ou o do popular Teatro Colombo, no Largo da Concórdia, coração do bairro, era dominado pelo estilo festivo dos imigrantes italianos mais humildes, exibindo uma animação típica de festas campestres pagãs ou protocristãs. O transe eufórico na embriaguez do vinho, da música e da dança era o objetivo precípuo da celebração, oposto a quaisquer desvelos em confirmar posições, respeitar precedências e ostentar o domínio de complexos códigos de distinção. Não que esse Carnaval popular não mantivesse uma convivência de ajustes e conveniências para com as camadas de imigrantes prósperos do bairro, para com os visitantes, opulentos ou não, que acorriam ao Brás nessa época, ou para com as rígidas normas de conduta e disciplina impostas pelas autoridades policiais. Nem que essa raiz pagã já não estivesse neutralizada em seus excessos por múltiplos séculos de domínio católico e ordem civil. Mas nela palpitava clara e cintilante a chama da estranheza, o apelo candente das regras que se imagina não existirem porque não se lhes sabia reconhecer, a sedução do que era imaginado como a liberdade sem peias do primitivo, por quem ansiava descobrir a espontaneidade do corpo e da mente, que a cidade solicitava e o legado cultural coibia. Eis como o incidente foi registrado no noticiário d'*O Estado*:

Antes dos três dias consagrados ao culto de Momo, muito antes, já aquela parte da cidade [o Brás] vibrava de entusiasmo pelos folguedos a que, todos os domingos, se entregavam na Avenida Rangel Pestana. Depois, à medida que o tríduo foi chegando, esse interesse se tornou mais intenso, até que, nesses últimos dias — e terça-feira com especialidade — não se pode dizer o que se passava por lá. As batalhas de confete, de serpentinas, de lança-perfumes, os corsos, a iluminação, o movimento da grande artéria do bairro, o das confeitarias — tudo era delírio, uma loucura, tanto mais digno de nota, tanto é certo que fazia frisante contraste com a frieza que se notava no restante da cidade. O resultado disso foi que, ultimamente o Brás atraía a concorrência do Triângulo, da Avenida [Paulista] e de outros pontos onde nos anos anteriores era grande o movimento, tornando-se o centro de todos os festejos. Os corsos de carruagens, em que a princípio apareciam apenas uns ou outros veículos luxuosos dos bairros aristocráticos, passaram a ser então extraordinariamente animados, constituindo uma das coisas mais interessantes do Carnaval. Ao lado de simples carros de praça e até de carroças enfeitadas com arcos de bambus e iluminadas bizarramente com lanternas venezianas, tal como se estivessem em plena festa popular de Piedigrotta, conduzindo famílias das mais distintas da sociedade paulista, deslizavam suavemente custosos automóveis de luxo.[47]

O Brás adquiria assim uma visibilidade emocional repentina, que transformou a periferia em centro e o centro em periferia. As famílias distintas, deixando suas mansões e automóveis para se meterem na carroça rústica e buscarem a alegria no meio dos camponeses, operários, artesãos e ambulantes imigrados, era bem um índice de um novo tempo e de um rearranjo das ordens de símbolos. Não que o fato tenha mudado em qualquer mínimo sentido a sorte do Brás ou dos seus habitantes. Ele ocorreu com efeito no contexto de uma série de reportagens em tom indignado e agressivo d'*O Estado* sobre o Brás, denominada "Um bairro desprezado", denunciando o descaso escabroso das autoridades para com os bairros populares. Quaisquer que fossem, pois, os esforços ou condições propícias para convergências de representações e alinhamentos de atitudes, eles em nada atenuavam as vicissitudes das discriminações espaciais e sociais no interior da cidade. Essas fontes permanentes de ressentimento e de aflição, entretanto, paradoxalmente, tendiam a alimentar aquelas convergências. Era das fermentações desse mal-estar social que as tecnologias metropolitanas e os novos padrões de conduta e simbolização iriam retirar as energias extras que intensificavam o desempenho de umas e aliciavam acólitos para os outros. A cidade destilava por compressão a toxina amarga que estimulava a sua própria aceleração precipitada.

EXPOSIÇÃO UNIVERSAL BIZARRA

São Paulo se compôs de um modo inverossímil, a partir da soma de circunstâncias imponderáveis que foram confluindo numa sequência contínua de impossibilidades. A grande surpresa foi que São Paulo viesse a existir, não que ela fosse virtualmente inviável. A aldeia jesuítica original, da qual ela derivaria, foi criteriosamente calculada para ocupar um nicho defensivo inexpugnável, pelo seu isolamento, sua posição inóspita e acesso precário. Plantado no alto da Serra do Mar, defronte ao único acesso fluvial às florestas virgens dos sertões interiores das posses ocidentais dos reis cristianíssimos de Portugal, dominadas por indígenas bravios, o pequeno aldeamento jesuíta guardava uma posição da mais dramática importância na estratégia da conquista e alimentava a vocação de uma missão sobre-humana. A localização da aldeia só pode ser compreendida em conjunção com esse delírio místico. Ela ficava na cabeceira de uma colina íngreme, fendida a oeste pela garganta estreita e escarpada do riacho Anhangabaú, a leste pelo pântano lodoso do rio Tamanduateí, e tinha à sua frente, longe, para o norte, a visão majestática das várzeas alagadiças das caudais do Tietê, fluindo em serpenteio cintilante para o coração profundo das selvas. Em suma: segurança e acesso, ao custo de lama, suor e moléstias, um preço pequeno para a fé inflexível, diante do colosso da visão.

Mas o que era bom para uma base catequética avançada provaria ser o próprio inferno para um assentamento urbano. As febres e as pestilências, os desníveis acidentados, as chuvas, as enchentes, os charcos, as dificuldades de obter materiais duráveis de edificação e sobretudo a escassez drástica de recursos de sobrevivência levariam os parcos colonos e aventureiros, suas miríades de descendentes mestiços e os índios convertidos, que haviam se acercado da missão jesuítica, a uma vida incerta e precária, entre uma pequena lavoura predatória itinerante, a garimpagem erradia ou o simples tráfico da violência, atacando reduções e acampamentos nos sertões, escravizando indígenas para comércio ou aceitando contratos para destruir quilombos de escravos negros evadidos. Qualquer dessas atividades mantinha pelo menos os homens em permanente itinerância, ficando a povoação semideserta em períodos que não fossem de festas, assinalada por uma predominante presença feminina. A descoberta do ouro nas Gerais e depois a fixação da Corte portuguesa no Rio de Janeiro, se acrescentaram uma dimensão de entreposto à cidade, dando origem a algumas das suas primeiras fortunas, não alteraram de fato seus traços básicos. O que viria mudar radicalmente os destinos da comunidade seriam o advento e a expansão da lavoura cafeeira.[48]

Mais uma vez uma circunstância aleatória — nesse caso, a repentina valorização de uma toxina estimulante no curso da aceleração industrial. Quando a cultura do café, iniciada em bases exportadoras no Rio de Janeiro nos princípios do século XIX, encontrasse sua base ecológica ideal nas terras paulistas, primeiro no Vale do Paraíba e depois, por volta de 1870, decisivamente nos vastos sertões do oeste, as condições do mercado internacional reformulariam o papel estratégico de São Paulo em novos termos. Os engenheiros, financistas e negociantes estrangeiros, basicamente ingleses, que de comum acordo com os fazendeiros paulistas projetaram a infraestrutura ferroviária indispensável para a exportação maciça da nova mercadoria, compreenderam logo as vantagens operacionais de fazer toda a produção convergir para um centro articulador — técnico, financeiro e mercantil —, a cidade de São Paulo, e um único porto exportador, Santos. Desse modo, cerca de 70% do volume do mercado mundial de café seria manipulável de uma única posição, possibilitando manobras especulativas fabulosas. Outras cidades com maior potencial urbano nesse período, como Itu ou Campinas, além de regiões prósperas que tentaram estabelecer um circuito próprio de produção e exportação por meio de conexões ferroviárias com seus portos naturais, como São Sebastião e Ubatuba, para o Vale do Paraíba, e Laguna, para o sudoeste da província, foram politicamente sabotadas e relegadas.[49] Se os jesuítas haviam vislumbrado São Paulo como uma ponta de lança que avançava adentro e abria para a conquista as selvas continentais, o feixe de interesses coligados na cafeicultura projetou a cidade como um nó constritor, vinculando os vastos sertões interiores às coordenadas distantes do mercado internacional. Não foi só o vetor dos fluxos de itinerância que mudou de direção, mas sobretudo a magnitude da visão que mudou de perspectiva.

Tamanha concentração de poder decisório e de riqueza, fixada num único ponto, não só totalmente despreparado, mas em muitos sentidos de fato impróprio para um vasto assentamento humano, tornaria a cidade que assim emergia no epicentro de uma entropia sempre crescente. Desde que a nova sistemática da economia cafeeira entrou em ação, São Paulo passou a crescer numa escala espetacular e, de núcleo periférico com população flutuante, passou a polo econômico mais dinâmico do país e a centro político onde eram decididos os destinos da República.[50] De acordo com o primeiro censo, realizado em 1872, quando a cidade já estava sob o efeito do grande surto cafeeiro em terras paulistas, sua população era de 19 347 pessoas. Número que se elevou a 64 934 habitantes no censo seguinte, de 1890. No início do século xx, a cidade já contava com 270 mil moradores, segundo o levantamento de 1908. Cifra essa que dobrou em 1920, atingindo 579 mil pessoas e praticamente tornou a dobrar em 1934, para alcançar o pico de 1 milhão e 120 mil habitantes.[51] O que equivale a dizer que no período de 62 anos, de 1872 a 1934, São Paulo configurou uma prodigiosa taxa de crescimento populacional da ordem de 5689%, ou, posto de outra forma, cresceu numa escala de 6,77 % ao ano. Esses números pareciam justificar plenamente o refrão ufanista de que "São Paulo é a cidade que mais cresce no mundo". Atraídos por essa fabulosa acumulação de recursos, de oportunidades na indústria e no comércio ou vislumbrando a possibilidade de enriquecimento, multidões de famílias e indivíduos acorreram a São Paulo, vindos de todas as partes do Brasil, dos países platinos e dos quatro cantos do mundo.[52] Vieram como puderam, com ou sem haveres, com ou sem conhecimentos especializados, atraídos pelo eldorado do café, a cidade do "ouro vermelho".[53] Ao chegar não encontrariam sequer uma cidade; teriam que improvisar suas habitações e suas vidas, enfrentando um volume inexorável de contrariedades.

Exceto a área central e os bairros mais distintos projetados em direção às colinas, o restante da urbe, nos dizeres de um popular, apresentava "o aspecto de aldeia de garimpeiros do faroeste americano".[54] Não era certamente casual que essa imagem do mais completo improviso e assentamento tumultuário viesse através de evocações do cinema contemporâneo, referidas à "corrida do ouro" da Califórnia. Havia, porém, agravantes locais, que nem o cinema e nem a cena americana poderiam ilustrar. A área total da cidade era submetida a uma tal prática especulativa, sem qualquer regulamentação, que, além de tolher a ação administrativa da autoridade pública — via de regra, aliás, conivente com ela —, tornava desconexos entre si os vários bairros e setores do município, ao mesmo tempo que centralizava o comércio e os serviços, criando dificuldades extremas de transportes e saturação dos fluxos, já por si agravados pela topografia acidentada, pelos rios, alagados e pelos trilhos ferroviários. Os serviços públicos fundamentais de transporte, energia e telefones eram monopolizados por uma única companhia, que dispunha dessas concessões como uma poderosa arma especulativa a mais, apontada contra a população. Essa mesma população não possuía representação política nem na Câmara Municipal, nem no Congresso Estadual e nem no Congresso Federal, já que poucos eram eleitores e as eleições, de qualquer modo, eram uma mera formalidade, exercida não obstante sob a pressão das armas e da violência direta, para confirmar candidatos escolhidos de antemão pela estreita máquina política do partido único, o Partido Republicano Paulista.[55] Afora isso tudo, a população estava submetida sem recursos a uma força policial extremamente brutal, discricionária, arbitrária, acima das leis e impune, constituída basicamente de "secretas", rondando em trajes civis, armados e com poderes ilimitados.

Mas, surpreendentemente, descontado esse fundo dantesco, a cidade tinha seus encantos. Ainda nos anos 1920, vivendo o primeiro grande pico da sua metropolização, a paisagem urbana mantinha algumas relações básicas com o quadro natural, dando ao conjunto uma atmosfera de fugaz alumbramento. Os próprios desníveis acentuados do relevo, o cerco das águas, as variações súbitas e excruciantes do clima contribuíam para proporcionar perspectivas panorâmicas e cenas de um espetáculo raro. O da fusão entre a silhueta arquitetônica da cidade, as matas nas planícies distantes, os recortes angulosos da Serra da Mantiqueira no horizonte esfumado, o anel prateado das águas dos rios e das várzeas, o ar enevoado pela garoa e evaporação constantes cortado de arco-íris, a combinação extravagante de árvores e flores tropicais e de clima temperado, o cheiro da terra molhada, os esparsos raios de sol penetrando os vãos da névoa e pondo em foco, por instantes, recantos inesperados das colinas ou do fundo dos vales. O quanto esse encanto pitoresco de São Paulo era irresistível ficava patente pela insistência com que os cronistas suspendiam as ponderações dos seus artigos para descrever, longamente, sensualmente, as delícias da paisagem urbana. Eis nosso cronista P., num desses momentos de êxtase visual, fixado quando ele, num final de tarde, observava do espigão da Avenida Paulista o vasto panorama das colinas centrais e do vale do Tietê até o horizonte distante:

> Que linda tarde! Veja que beleza isto. Repare no céu esmaecido, quase opala, numa cor de sonho, indefinível e intraduzível. As corcovas das serras, mais altas lá à esquerda, vão caindo, vão diminuindo, e a gente não vê aonde acabam. E que poeira luminosa e azulada sobre tudo, sobre o amontoado de casas da cidade, sobre os casebres de alguns bairros distantes... Como é belo![56]

A população em geral, as famílias e os jovens nubentes manifestavam a mesma fascinação pelo quadro natural em que se amoldava a cidade e, nos fins de semana, era intensa a procura de recreação, repouso e romance nos parques naturais da Cantareira, do Bosque da Saúde, nos campos de Santo Amaro, nos jardins do Museu do Ipiranga, no centro de lazer do Parque Antártica ou em excursões mais distantes, para Guarulhos ou Mogi das Cruzes. Os mais ricos, com seus carros, procuravam as praias do litoral, Santos e Guarujá, ou então as estâncias termais com seus cassinos, como Caxambu e Poços de Caldas.[57] Dentre os clubes, os mais agitados eram os que ficavam na Floresta, às margens do Tietê, próximo à Ponte Grande. Ali, multidões de jovens, desde as primeiras horas da manhã, se exercitavam na natação, nos saltos ornamentais e nos barcos a remo, com os quais, cortando a cerração densa, cruzavam a zona populosa dos bairros do leste onde se exibiam, em plena Ponte Grande, mergulhando e nadando em trajes sumários, para o escândalo e a fúria das famílias que ali passeavam e, talvez, a atenção das moças.[58]

Os jardins da Estação da Luz e da Praça da República exibiam uma tal variedade de plantas, flores e árvores, dos quatro continentes, de ecologia tropical e temperada, tão intimamente entremeadas e harmoniosamente combinadas, que o prof. dr. A. Usteri, com o patrocínio ilustre do prefeito Washington Luís e da *Revista do Brasil*, teve a genial ideia e lançou com enorme sucesso o *Guia botânico do Jardim da Luz e da Praça da República*, com prefácio de — ninguém menos — Monteiro Lobato, que apresentava a obra como destinada a "tornar esses parques suscetíveis de serem lidos".[59] A propósito, essa paixão pelas plantas, árvores e flores era generalizada e notória em São Paulo, marcando a cena urbana de forma peculiar.

> Ainda há dias viam-se [...] — comenta P. na primavera de 1921 — festões de glicínias. [...] Agora são as roseiras que desabrocham e em quantidade tal que a gente se espanta de tantas roseiras que há pela cidade. [...] Há evidentemente em muitas famílias, mesmo nas classes mais modestas, grande amor às flores e não são poucos os jardins que revelam bom gosto e principalmente apuro de cultura. [...] A nossa cidade já é apontada como a capital brasileira de mais belos jardins.[60]

A própria prefeitura mantinha uma política sistemática de plantio de árvores das mais variadas espécies, a ponto de um visitante comentar: "Não creio que haja duas avenidas vizinhas plantadas com as mesmas árvores. Plátanos do Canadá, carvalhos da Europa, lilás do Japão, sucedem-se às plantas mais notáveis do país".[61] O cronista P. reverenciaria o fato ao indicar que "há na cidade não poucos exemplos do respeito quase religioso que a prefeitura vota às árvores [...]".[62]

Um outro tipo de paisagem, não obstante, vinha desafiando, numa decidida germinação subjacente, essa empatia da cidade e dos seus habitantes com o meio natural. Mais do que uma penetração insidiosa, essa paisagem inovativa e perfunctória se ia impondo com arrogância, quase com a mesma intolerância afoita com que os automóveis arrebatavam o espaço público. Feita no seu íntimo de impressões fragmentárias, de sensações fortes mas vagas, de símbolos irresolutos, inconsonantes com aspirações de anuência comunitária, dispersivos na orientação, vários no alcance, essa paisagem amalgamaria seus elementos numa presença inconsútil através dos novos padrões arquitetônicos, da figuração urbanística e das hierarquias dos circuitos de exibição que iam sendo imprimidos à cidade em diferentes direções e por diferentes agentes. Essa paisagem aparece em plena vitalidade e com toda sua heroica fluência artificial, nesse quadro de um fim de tarde de domingo no Teatro Municipal e arredores, perspicuamente retratado pelo crítico de artes d'*O Estado*.

> O concerto sinfônico [pela Orquestra Sinfônica Italiana, sob regência do maestro Gino Marinuzzi] foi seguramente o mais notável que já se realizou em São Paulo, não só pelo seu programa, como pela sua execução. [...] A execução da sinfonia *Heroica*, de Beethoven, dirigida pelo ilustre musicista foi verdadeiramente maravilhosa de firmeza e de equilíbrio. [...] O mesmo honesto cuidado, a mesma fina sensibilidade, a mesma proficiência revelada nos mínimos detalhes, acusou a execução dos dois bizarros

noturnos de Debussy, do grandioso "Adagio" de Nardini, da pitoresca, interessante e tão característica *Fontana di Roma*, de Respighi, e daquelas páginas imortais do "Prelúdio" e "Morte de Isolda", de Wagner. [...] Depois dessas horas de intensa sensação estética, os bailados dirigidos por um artista superior como a sra. Ana Pavlova. [...] E depois a saída do Municipal. Uma multidão que desce a imponente escadaria já iluminada pelas lâmpadas que começam a acender-se na indecisão do crepúsculo e se espalha pela praça, animando o Viaduto do Chá e a entrada do Triângulo, os automóveis que cruzam com dificuldade as imediações do teatro pondo nos vultos femininos reflexos irisados e opalescentes dos seus refletores, um rumor abafado de conversas e risos discretos, silhuetas que acentuam, como num cinematógrafo, a nobre distinção das suas linhas, todo um quadro movimentado e impressionante que só as grandes cidades civilizadas podem oferecer.[63]

A pasmosa concentração artística com que se inicia o texto — a Sinfônica Italiana, a *Heroica* de Beethoven, os noturnos de Debussy, o "Prelúdio" do *Tristão e Isolda* de Wagner e os Balés Russos de Ana Pavlova, dançando nada menos que *O pássaro de fogo* de Igor Stravinski: decididamente o melhor que os cabedais do café poderiam atrair para esse rincão distante da América do Sul — cria um fundo estético e moral com que se legitima o lampejo de uma cena urbana na parte conclusiva. É notável na descrição a naturalidade com que a ação do palco se estende para o espaço público, o mesmo uso cenográfico da eletricidade, criando campos de destaque visual, posições ofuscadas e sombras misteriosas; os faróis dos carros providenciando focos luminosos móveis, ressaltando personagens em evidências instantâneas, acelerando a mobilidade dos deslocamentos visuais, como num filme; os trajes pensados em função dos efeitos de movimento e luz; a ação agitada e nervosa de uma coreografia multicentrada, complexa e enérgica; tudo composto segundo um amplo roteiro que abarca todo o conjunto. Esse roteiro expõe as tramas prolixas que são encetadas pelo tema moderno das "grandes cidades civilizadas". Essa era sem dúvida uma identidade temática de empréstimo, na medida em que ela implicava concertar uma imagem pasteurizada do que fosse o padrão superior da vida urbana, a ser judiciosamente imitado e reiterado ad nauseam. Essa identidade impostada, sem um substrato concreto outro que as cintilações longínquas do Ocidente exótico, operava contudo como um signo de distinção indiferente aos seus supostos valores utilitários, exatamente como ocorrera com a adoção do automóvel como índice conspícuo da discriminação social.

A artificialidade repentina e sem raízes da riqueza cafeeira, gerando uma metrópole complexa da noite para o dia, lançou as imaginações num vazio, em cujo âmago aspectos fragmentados das organizações metropolitanas europeias e americanas atuavam como catalisadores de uma vontade de ser, diante da qual as condições locais seriam sentidas antes como embaraços do que como a base e o fim de um empreendimento coletivo.

O limiar entre o aprendizado que se poderia assimilar das soluções urbanísticas adotadas nos países europeus e nos Estados Unidos, com vistas tanto ao embelezamento da cidade quanto à melhoria das condições de vida da população, e a simples adoção de modelos sacralizados pelo prestígio discriminante das origens, era tão estreito quanto o que separa a visão da observação, a sensação da sensibilidade; sendo por outro lado tão amplo como a distância que mantém para sempre à parte o numinoso e o contingente. Como as condições climáticas e populacionais de São Paulo eram peculiares e indefinidas, quanto tênue era o seu passado, a aplicação sobre ela de quaisquer padrões suficientemente abstratos e discrepantes, por mais inconsistentes que fossem na composição das suas partes, garantiria o duplo efeito desejado da singularização distintiva no âmbito das percepções internas à cidade e da afiliação com diferentes moldes internacionais ilustres. No curso de desdobramentos esquizogenéticos desse tipo, que ponteavam pela área urbana, foi que P. surpreendeu e expôs o fenômeno num de seus momentos de clímax, permeando sua denúncia com um misto de perplexidade e desalento.

> Há coisa de um mês, denunciei dessas colunas ao sr. prefeito um atentado que se estava praticando contra a cidade: o corte das árvores e arbustos na Avenida Paulista. [...] Ora, domingo último, estando na avenida, lembrou-me tornar a ver a tal clareira. Entrei no parque mas não consegui o que pretendia: fechando a ponte de madeira que liga a mata da Avenida Paulista à da Alameda Santos, havia umas traves cruzadas que barravam o caminho. Era, pois, proibido passar-se além... Voltei, intrigado com a coisa: "Esta agora! Que diabo se estará fazendo do outro lado, que a gente não possa ver?". Mas saindo do parque e tomando uma das ruas que o ladeiam, tive, logo abaixo, uma desoladora surpresa: o que se fizera no centro do parque, também ali se estava fazendo e em muito maior escala, porque só ficavam de pé meia dúzia de árvores isoladas. E era tão grande a extensão danificada pelo machado e pela foice dos malfeitores da Prefeitura, que voltei indignado, como indignado também voltará quem se der ao trabalho de lá ir... Pois então era lá possível uma coisa assim? Para que se cortaram árvores e arbustos no lindíssimo bosque, único verdadeiramente rústico da cidade? Será para alindá-lo transformando-o num jardim inglês? Mas a Prefeitura esquece que é estragar o parque tudo quanto se fizer para aformoseá-lo dessa forma. [...] De quem terá sido essa ideia extravagante de se fazer uma "limpa" na mata, deixando o chão areadinho e as árvores despidas de cipós e parasitas? Por mim sou ainda levado a crer que o sr. prefeito não tem pleno conhecimento do atentado de lesa-natureza que se está perpetran-

do no Bosque da Avenida. Dê-se ao trabalho de lá ir, hoje ou amanhã, e estou certo que Sua Excelência ficará triste e indignado. Ou então Sua Excelência não tem alma sensível à beleza de uma mata brasileira — e que mata!, o mais lindo e encantador trecho de floresta que jamais uma grande cidade teve a fortuna de possuir e conservar.[64]

Lá se ia a última reminiscência da floresta tropical que fascinara e transtornara os jesuítas. Era bem emblemática, aliás, essa última porção remanescente da Mata Atlântica, assentada no topo da colina mais alta e mais visível da cidade, como uma guirlanda selvagem que lhe coroasse a fisionomia bizarra, evocando sua única herança tradicional, o seu destino conjugado com o da natureza exuberante espraiada aos seus pés. Era, pois, sintomático e revelador que a cidade perdesse a sua auréola no umbral da sua entrada para a modernidade. P. não disse tudo o que sabia nessa crônica-denúncia, mas suas insinuações eram um alerta tão seguro quanto o sopro de um apito, sobre o quanto os próprios leitores já estavam informados a respeito do que se passava ali, como e por quê. Aos poucos, como uma agulha mecânica impassível, ele iria fornecendo mais informações decisivas em artigos posteriores.[65] O projeto de desbastar o bosque tropical da Avenida Paulista, para transformá-lo num jardim gramado e bem-comportado, era do arquiteto inglês Barry Parker, empregado do gigantesco holding internacional City of São Paulo Improvements and Freehold Land Co., responsável pelo empreendimento imobiliário das cidades-jardins, adulteração comercial do modelo urbanístico original e revolucionário de Ebenezer Howard na Inglaterra.[66] Tanto porque a floresta tropical não harmonizava com o urbanismo britânico, quanto porque a mata virgem impedia a visão panorâmica para a promoção das vendas e incremento do valor especulativo do que a Companhia anunciava como o primeiro bairro moderno de São Paulo — iniciado com o loteamento da encosta do espigão da Paulista que dava para o vale do rio Pinheiros —, o Parque da Avenida foi entregue a Parker para redecoração, com financiamento vultoso dos cofres municipais, tendo sob seu comando empregados e equipamentos da própria prefeitura, para desmatar e civilizar aquele logradouro público.[67]

Enquanto o inglês Barry Parker metamorfoseava o Parque da Avenida, os franceses Bouvard e Cochet redesenhavam a orla da colina central da cidade, apagando os últimos traços originais ao redor do santuário onde os jesuítas haviam celebrado a sua fundação, transformando as vertentes do Anhangabaú e os pântanos do Tietê num panorama cenográfico dos mais elegantes, com toques finos de décor europeu ponteados de palmeiras e vastos tapetes gramados recortados de trilhas, passeios e canteiros. O lance final dessa reforma da paisagem foi estabelecido pelo arquiteto franco-argentino Victor Dubugras, ligado ao grupo de urbanistas encabeçados pela sumidade internacional, o arquiteto Bouvard.[68] Ele foi encarregado de desmatar, desarborizar, ajardinar e redecorar o Largo da Memória e seu tradicional obelisco, na embocadura do Vale do Anhangabaú. P. mais uma vez reagiu quase que à beira de um colapso nervoso na sua coluna diária.

Há mais de um século que se ergueu o Obelisco da Memória. É, como se vê, um monumento venerável, o mais antigo da cidade, e que só por isso já merecia uma consideração dos poderes municipais. São Paulo não tem outro monumento centenário. [...] os seus 104 anos já seriam bastante a resguardá-lo das violências e atentados. Era ao menos isso que toda gente supunha e desejava: que ninguém tocasse no monumento, nem no belo conjunto de árvores anciãs que cresceram e frondejaram em tomo dele... Santa simplicidade de todos nós! Houve quem entendesse um dia remoçar o velho jardim do monumento, e, decerto, a conselho de algum especialista europeu em parques, mandou abater várias árvores, desbastando e desnudando lamentavelmente uma boa parte do pequeno e velhíssimo parque. A sanha reformadora nem respeitou mesmo uma admirável figueira-mata-pau, que os mais opulentos parques do mundo decerto nos invejariam...[69]

Assim, com a Várzea do Carmo, transformada no Parque D. Pedro II, ligando-se ao Vale do Anhangabaú, tornado Parque do Anhangabaú, o qual por sua vez se articulava com o Vale do Piques, reformado no Parque do Obelisco, a colina central ficava circundada de uma ornamentação paisagística europeia, atravessada pelas impressionantes estruturas metálicas dos viadutos do Chá e de Santa Efigênia importadas direto da Alemanha, e cingida pela arquitetura neorrenascença do Teatro Municipal, êmulo fáustico do Ópera de Paris, a assinalar uma súbita reformulação do panorama refletindo mudança radical na identidade da capital. Nos limites desse complexo paisagístico figuravam, ao norte, a Estação da Luz, totalmente importada da Inglaterra até os últimos tijolos e os menores parafusos, segundo os modelos da Estação de Paddington e da torre do Big Ben. Ao sul ia se definindo o desenho gótico da catedral da Sé, talhada sob o figurino da matriz medieval de Colônia. A oeste, dominando a Praça da República, se destacava a imponente Escola Normal, de feitio eclético, recaindo sobre o neoclássico do Segundo Império francês. A leste, mais para o final da década, se ergueria no topo da colina histórica o colossal prédio do arquiteto italiano Giuseppe Martinelli, um bloco maciço de concreto armado, que com seus vinte andares se arrojava como "o mais alto da América do Sul".[70]

Esse quadro, ao mesmo tempo deslumbrante e desorientador, foi completado pelo entusiasmo "yankee" da Câmara Municipal, fazendo votar, contra qualquer bom senso, o projeto que impunha artificialmente a fantasia moderna da verticalização ao centro da cidade. Foi assim obstada a abertura de novas ruas, introduzindo-se ademais a imposição legal de que qualquer construção naquele perímetro devesse necessariamente comportar de três pavimentos para cima. O que agravaria desastrosamente o já drástico problema da centralização dos serviços e estrangulamento do tráfego. Incidente funesto que levou o então vereador Alcântara Machado, um dos responsáveis pela lei da verticalização, a lastimar tardiamente sua decisão: "Que importa que São Paulo não reproduza, nesse ponto, a fisionomia dos centros europeus?".[71] Embora reconhecesse o seu equívoco em urbanismo, o vereador tornou a errar, desta vez em geografia, confundindo, significativamente, o continente de origem dos venerados arranha-céus.

Equívocos à parte, o efeito cenográfico do conjunto atingiu uma notável eficácia espacial e plástica. O testemunho dos estrangeiros que vieram por essa época visitar a cidade fenomenal revelava um misto de estupefação e familiaridade. Já pouco antes da Guerra, o ex-presidente do Conselho francês, Georges Clemenceau, registraria em sua crônica de viagem: "A cidade de São Paulo é tão curiosamente francesa em certos aspectos que, ao longo de toda uma semana, eu não me recordo de ter tido a sensação de que eu estava no exterior".[72] Pouco mais tarde, nas suas notas, o escritor Paul Adam fixaria uma impressão diferente. Observando as fímbrias da cidade, os aclives do Bexiga escavados pelos cursos do Piques e do Saracura ou as amplas planícies do Tamanduateí, ele anotou: "Existe em São Paulo, nos altos e baixos das suas colinas, uma cidade luminosa, com telhados vermelhos sobrepostos, nas encostas amontoadas ao fundo. Pelas cores do mesmo sol e pelo traçado das ruas, nos vêm lembranças de Verona e de outras cidades italianas". Já no Triângulo, sua percepção foi outra. "O centro da cidade e suas ruas estreitas, que os bondes e automóveis atravancam, e suas pequenas casas, as lojas abertas, os claros armazéns, sugerem certos aspectos de Londres."[73] Anotação que coincidiria com a evocação poética de Mário de Andrade em 1921, "Minha Londres das neblinas frias".[74] Para Lévi-Strauss, que visitara a cidade em meados da década de 1930, São Paulo "era uma cidade selvagem, como são todas as cidades americanas. [...] São Paulo era, então, indômita".[75] A síntese dessas sensações discrepantes se faria nos versos memoráveis com que Blaise Cendrars saudaria sua chegada e primeiro contato com a cidade em 1924.

> *Me imagino na estação de Nice*
> *Ou desembarcando em Charing-Cross em Londres.*[76]

Essa polifonia arquitetônica e urbanística, que fazia de São Paulo uma cidade mirífica, meio exótica meio íntima, híbrida do convencional com o inusitado, do impostado com o imprevisto, fora antes o produto de múltiplas iniciativas incongruentes que de alguma ação orgânica ou sequer mediadora. Desde a abolição da escravatura em 1888, simultaneamente arruinando inúmeras fazendas em regiões de agricultura mais antiga e liberando vultosos capitais associados ao tráfico, criou-se um fluxo consistente de proprietários e trabalhadores procurando fixar residência na capital paulista.[77] As graves convulsões econômicas que marcaram o início do regime republicano, de par com a crise aguda de preços externos e internos do café de 1897 a 1911, forçaram no sentido da paralisação do plantio e diversificação dos investimentos.[78] O índice demográfico da cidade em 1908 atinge uma taxa de 415,8% de crescimento em relação a 1890, ou seja, equivalente a 23% ao ano, contra a média de 11% nos dezoito anos anteriores.[79] Desencadeiam-se assim as séries de "derrubadas", celebrizadas pelas crônicas, tanto dos antigos edifícios públicos, quanto das velhas edificações religiosas coloniais, feitas de materiais pouco duráveis e já em lastimáveis condições, quanto ainda dos antigos casarões e taperas rústicas.[80] Os últimos vestígios da arquitetura paulista dos períodos colonial e monárquico eram demolidos às pressas, para dar lugar a uma cidade de perfil nitidamente diverso. Os resultados do novo impulso edificatório poderiam ser previstos pela característica dos homens que o implementavam. A predominância dos italianos era maciça, compondo "três quartas partes dos pedreiros e quase a totalidade dos mestres de obra em atividade na cidade".[81] Os restantes seriam alemães, espanhóis e portugueses.

Um viajante português, visitando a cidade em fins da primeira década do século XX, descreveria do seguinte modo o seu aspecto arquitetônico geral:

> Havia desde a pureza de uma frontaria fria à normanda, dos arabescos sinuosos e ilógicos da arte-nova, até ao risonho *cottage* inglês, do pontiagudo dos chalés da neve aos alpendrados espanhóis, às cúpulas e minaretes orientais, às varandas cobertas do norte, às vilas graciosas da Itália, às galerias do Renascimento, ao exagero do Barroco ou do plateresco, ao rústico suíço, até à horrível simetria esburacada do estilo pombalino, pesado e bruto.[82]

Fernando Azevedo falaria em "época da cópia servil de estilos exóticos e modelos históricos". Monteiro Lobato satirizava o "Carnaval arquitetônico".[83] Alcântara Machado se divertia a valer:

> São Paulo [...] é uma batida arquitetônica. Tem todos os estilos possíveis e impossíveis. E todos eles brigando com o ambiente. Quer os edifícios públicos quer as casas particulares aberram do solo em que se levantam.

E o escritor aponta qual lhe parece ser o motivo principal dessa aberração.

A preocupação de governantes e governados é derrubar para fazer maior e mais bonito. O que é muito louvável sem dúvida. A questão porém é que esse bonito é sempre importado. Daí o desastre estético-urbano. Lembram-se de construir uma catedral. Está certo. Mas a quem encomendam o projeto? A um alemão. E o alemão já sabe surge com uma coisa em estilo gótico. E essa coisa é aceita e está sendo feita.

Para Alcântara Machado esse fenômeno urbano é apenas a ponta visível de uma matriz cultural mais profunda. "O mal é muito mais extenso do que se pode imaginar [...] e tem origem na obsessão racial do que é estrangeiro." E arremata o raciocínio com uma imagem coruscante: "A cidade tem assim um arzinho de exposição internacional".[84]

Acaso ou não, o fato é que a empresa de urbanismo comandada pelo arquiteto Bouvard, responsável pelo replanejamento urbanístico do centro de São Paulo, era especializada na prestação de serviços de arquitetura e urbanização para as grandes exposições internacionais que cativavam a imaginação das populações europeias no período da virada do século. Bouvard atuara nas monumentais feiras de Paris de 1878 e 1889 — esta celebrizada pela construção da Torre Eiffel —, bem como na alardeante Exposição Internacional de 1900. Fora de Paris, ele vendeu seus serviços para as exposições e feiras internacionais de Viena, em 1873, Londres, em 1874, Bruxelas, em 1876, e Amsterdã, em 1881, além de participar das feiras de Liège e Milão. Em 1879, ele trabalhou como administrador do Serviço de Arquitetura, Passeios e Jardins de Paris, usando desse prestígio e experiência para, mais tarde, já no novo século, oferecer seus préstimos para resolver a crise de metropolização acelerada de cidades como Buenos Aires, onde criou o plano das avenidas radiais, e São Paulo. Seu forte, contudo, era o planejamento dos efeitos cenográficos sobre multidões heteróclitas em agitação permanente.[85] Em São Paulo, ele ajustaria seus projetos urbanísticos à pressão dos especuladores imobiliários, no mesmo sentido em que Barry Parker enquadrou sua técnica entre as diretrizes da autoridade pública e as injunções do mercado.[86] Sua ação proeminente se completava com a daqueles múltiplos "arquitetos alemães e italianos, dentre os quais se encontram sábios dignos de louvores", segundo um ilustre visitante estrangeiro, "apesar de lhes faltar totalmente a inspiração local e embora [...] não se aproveite nenhum elemento decorativo útil, do magnífico ambiente natural e especialmente da magnífica vegetação".[87]

Foi Blaise Cendrars, uma vez mais, quem articulou em imagens, que são como projéteis de um cotidiano revolto, o amálgama disparatado de modelos, referências, fantasias, interesses, ansiedades e imponderabilidades que transpareciam malcozidos e aberrantes no aspecto dessemelhante da cidade.

> [...] *Nenhuma tradição aqui*
> ....
> *Só contam esse apetite furioso* [...]
> *essa especulação que faz construir dez casas por hora*
> *de todos os estilos ridículos grotescos belos grandes*
> *pequenos norte sul egípcio yankee cubista* [...].[88]

Esse caos de cupidez e angústia, acentuado pelos versos desiguais, desproporcionais, sem pontuação nem rima, reforça, contínua e cumulativamente pela falta de estabilidade e arejo da sua natureza desequilibrada, as próprias vibrações emocionais de que ele é composto. Uma das primeiras e poucas figuras que tentou desarmar esse moto-contínuo de problemas e aflições que se multiplicam foi a pessoa ilustre do conselheiro Antônio Prado, no seu longo período como prefeito de São Paulo, de 1899 a 1910.

Ex-monarquista, sem paixões republicanas, quando não desafeto mesmo de figuras dominantes da política paulista, sua administração tentou engendrar pela primeira vez a concepção da cidade como um todo orgânico, devendo produzir um efeito geral de incremento da qualidade de vida e se já não de desenvolvimento de uma consciência de cidadania, pelo menos esse seu requisito básico, a consciência de civilidade e urbanidade. Dotado de uma fortuna prodigiosa, procedente de suas fazendas de café, de hábitos e imaginação cosmopolitas, o conselheiro procurou dar à sua administração o alcance demiúrgico da obra de um herói civilizador.

Foi ele quem introduziu aquele "respeito quase religioso que a Prefeitura vota às árvores", de que falava P. em uma de suas crônicas, ao reformar completamente a arborização e o ajardinamento das praças da República e da Luz e desencadear a arborização em massa das ruas e demais praças da cidade, com espécies as mais variadas, tanto nacionais quanto estrangeiras.[89] Parte das suas intenções ficava clara pelo seu empenho paralelo em modernizar e organizar a Inspetoria Sanitária e os serviços básicos de higiene, dividindo para isso a área urbana em trinta distritos. Ele também desafogou o Triângulo, ampliando o Largo do Rosário, recrismado de Praça Antônio Prado, que se tornou o ponto de confluência e redistribuição de todo o tráfego de veículos e pedestres do centro. Em sua gestão foi concebida a ligação do Triângulo com o Pátio do Colégio, por meio de um viaduto a ser criado como extensão da Rua Boa Vista, e foi iniciada a reforma e alargamento da Praça da Sé, dando ensejo a que mais tarde fosse adotada a solução perimetral do trânsito do centro (Boa Vista, Antônio Prado, Libero Badaró, São Francisco, Benjamin Constant, Praça da Sé, Pátio do Colégio, Boa Vista). Ele concebeu um projeto de extrema elegância para a criação do complexo paisagístico Parque do Carmo-Parque Anhangabaú, cercando todo o centro de jardins, plano que seria depois adaptado e restringido, segundo as demandas dos especuladores imobiliários, pelo projeto Bouvard. Ele criaria ainda a Praça do Patriarca, na conexão entre as ruas São Bento e Direita, na embocadura do Viaduto do Chá, ergueria o Viaduto Santa Efigênia, com seus 250 m sustentados sobre três arcos, atravessando o extremo oposto do Vale do Anhangabaú, facilitando o acesso do Brás ao centro, e encomendaria o panorâmico jardim lenotriano do palácio do Museu do Ipiranga, logo tornado um dos passeios preferidos pela população de São Paulo.[90]

Sua atuação como reformador urbano, contudo, não poderia ser dissociada de sua atitude pedagógica de se expor, a sós ou com membros da sua família, nos mais variados espaços públicos, assinalando como se fossem modelos vivos, a maneira adequada de se fruir com elegância e civilidade ambientes, logradouros e serviços de uma grande cidade. Tais apresentações ou desfiles constituíam sempre um ritual de efeito mesmérico sobre a população, conforme nos relata um cronista, tão notáveis eram o prestígio, o poder pessoal e a força simbólica concentrados na figura do Conselheiro.[91] Sua respeitabilidade era tal que, dentro do país, só poderia ser comparada à de dois outros ex-monarquistas, o barão do Rio Branco e Rui Barbosa, servindo a retidão da sua pessoa sempre como um látego para quem quisesse fustigar o oportunismo, quando já não a venalidade dos líderes republicanos. Tanto que, quando irrompeu em São Paulo a Revolução de 1924, na iminência de se formar um governo provisório, não ocorreu, fosse aos militares insurgentes, fosse à liderança civil ou à população amotinada, outro nome para assumi-lo que não o do Conselheiro.[92]

Ele dispunha desse seu prestígio tanto para introduzir novos esportes na cidade, por exemplo mediante a criação do primeiro velódromo em terreno de sua propriedade, como para ilustrar o gosto e a atitude apropriados para a fruição da música executada por bandas e pequenas orquestras nos coretos das praças que ele reformara, ou para instruir sobre as delícias das *promenades* pelos parques, ao redor dos lagos, por entre a vegetação densa, jardins e sombras refrescantes.[93] Afinal, investir na criação de uma urbe moderna de padrão europeu implicaria também, como contrapartida, instigar a população a ocupá-la convenientemente e aprender a desfrutar de suas amenidades, cada um fazendo da cidade uma extensão significativa de sua vida. Como decorrência dessa sua atitude, o Conselheiro foi o responsável, ademais, pelo primeiro grande escândalo público contra a febre especulativa que tomara São Paulo de assalto, desde pelo menos o seu grande surto de crescimento a partir da última década do século XIX.

O mais danoso agente especulador, que comprometeu definitivamente o futuro da cidade, forçando seu desenvolvimento em bolsões desconexos, espaços discriminados, fluxos saturados e um pavoroso cemitério esparramado de postes e feixes de fios pendurados como varais por toda a área urbana, foi o monopólio do fornecimento de gás, eletricidade, transportes urbanos, telefones e mais tarde de água, obtido pela Light and Power, uma empresa de capital misto canadense-anglo-americano.[94] Esse monopólio simultâneo dos serviços mais essenciais dotara a empresa do poder de manipular o mercado de valorização do solo urbano, de forçar associações com particulares em manobras especulativas e eventualmente de corromper autoridades e instituições, como é fácil de se imaginar e em nenhum instante escapou à percepção da população ou da imprensa de linha mais crítica. O fato é que, quando da renovação do contrato monopolista da Light em 1909, o conselheiro Antônio Prado deu parecer contrário e, mesmo incitado por generoso suborno, "o prefeito despachou a estranha proposta declarando que nem a tomava em consideração".[95]

Essa decisão foi festejada como uma vitória pela população, oprimida pela especulação de terrenos e preços de aluguéis provocada pelas manobras da Light, além das tarifas extorsivas e péssimos serviços das companhias de eletricidade, gás, bondes e telefones.[96] Mas, um mês depois, a Comissão de Justiça da Câmara dos Vereadores reverteu a situação, dando parecer favorável e reconfirmando o monopólio. A resposta foi um motim popular de grandes proporções, com a ocupação do Triângulo, Praça Antônio Prado e boa parte da Avenida São João pelos estudantes e populares, forçando a ocupação militar dos escritórios da Light e do jornal a ela filiado, A Gazeta. Na sequência dos eventos, a população enfrentou os soldados a pedras, paus, frutas, legumes e bombas artesanais, sofrendo cargas violentas, espancamento brutal e prisões indiscriminadas. No calor da refrega, o refrão dos amotinados era "Abaixo a Light! Abaixo o monopólio! Viva Antônio Prado!".[97] O prefeito se tornara um símbolo contra a barbárie especulativa que renegava ao mesmo tempo a cidade e a cidadania.

Mas a vitória final foi da Light e da especulação. Se a crise de 1888-1911 já havia induzido à prática do desvio de capitais da economia cafeeira para a especulação com terrenos urbanos, como forma de compensar as oscilações do preço do café, a irrupção da Grande Guerra levaria essa praxe a novos patamares. Desde a crise da Abolição e o advento da República, se tornara uma prática corrente os donos de terrenos e chácaras na área urbana lotearem, arruarem ou venderem para esse fim suas propriedades. Assim foram se adensando bairros já existentes, se formando outros novos e aparecendo núcleos coloniais mais distantes — Santana, Glória, São Bernardo e São Caetano. Pelas várzeas, acompanhando as linhas de trens, se instalavam as indústrias e se formavam os bairros operários — Brás, Pari, Mooca, Ipiranga, Bom Retiro, Barra Funda, Água Branca. Pelas colinas adjacentes ao centro se expandiam os bairros de classe média, entremeados de bolsões mais antigos de casebres e gente humilde, enquanto, em torno do eixo Avenida São João, Avenida Angélica e Avenida Paulista, se localizavam os loteamentos mais abastados, formando bairros ponteados de grandes sobrados e mansões, como Campos Elísios, Higienópolis e Cerqueira César.[98]

A Light, naturalmente, era a peça decisiva no modo de expansão da cidade. Localizando as paradas finais de suas linhas em pontos extremos e de população rarefeita — Penha, Lapa, Santana, Ipiranga, Vila Mariana, Pinheiros —, ela gerou fluxos irradiados de valorização imobiliária que, seguindo as direções de seus trilhos, suscitavam a criação de loteamentos em áreas remotas. Essas áreas, ao obterem os serviços básicos de transporte, eletrificação e gás, fornecidos pela própria Light, geravam zonas intermediárias entre esses locais já dotados de infraestrutura e o centro da cidade, tornadas automaticamente supervalorizadas, o que elevava os preços dos terrenos e aluguéis em níveis exponenciais. O resultado dessa prática sistemática era o surgimento de bairros inteiros completamente desconectados entre si, uma heterogeneidade de arruamentos desencontrados, além da escassez drástica de praças, espaços públicos e amenidades. Essa anarquia especulativa era o oposto mesmo de qualquer ideia de planejamento ou princípio de urbanismo. Um cronista atento descreveria essa falta de organicidade de São Paulo por meio de uma metáfora sinistra mas preclara.

> Se quiser avaliar a cidade, verá no mapa uma imensa aranha cujas pernas peludas são as linhas de bonde da Light ("o polvo canadense") rodeadas de casas [...]. De permeio entre as pernas do "Canadian octopus", zonas verdes e vazias. São Paulo tinha em 1922 a extensão de Paris, com três milhões de habitantes nesse tempo, para uma população de 600 mil habitantes em São Paulo.[99]

No contexto da Grande Guerra, em virtude do colapso das linhas do comércio internacional, São Paulo assistiu a um grande surto de crescimento industrial, com vistas às necessidades de substituição de importações.[100] As decorrências imediatas dessa industrialização em larga escala se fizeram sentir no crescimento demográfico, na demanda por terrenos e habitações e numa carestia geral, que multiplicava descontroladamente os preços dos gêneros alimentícios, vestuário e aluguéis, em plena disparada inflacionária.[101] O governo tentava reagir impondo o tabelamento dos preços e criando as feiras livres, que, contudo, fracassaram fragorosamente diante da corrupção e da ineficácia da fiscalização, desmoralizando as autoridades e levando a população ao desespero. Essa reversão drástica da vida econômica da cidade propiciaria o surgimento de toda uma nova classe de argentários, beneficiários diretos das oportunidades especulativas excepcionais criadas por essa inesperada crise da Guerra. O fenômeno, aliás, não era só típico de São Paulo, mas tinha uma dimensão internacional e desenvolveria uma ampla linguagem comum que apontava por toda parte o vicejamento dos "milionários da Guerra", referidos aqui e no exterior como a "gente nova", os "novos ricos", como nesta notícia:

> A profunda perturbação econômica está se traduzindo numa grave crise "social". A Guerra determinou enormes aumentos das fortunas privadas, nascendo assim uma classe de novos ricos que amontoa fortunas excessivas, ao custo do sofrimento das outras classes sociais. É o "aproveitador" cuja figura vai se delineando na economia nacional de cada Estado. O *profiteer* na Inglaterra, o *profiteur* na França, o *profittista* da Itália. [...] Todas as antigas bases da vida econômica nacional e internacional se desconjuntaram.[102]

Neste quadro de escassez, especulação, inflação, derrocada da autoridade e aflição, acirram-se todos os tipos de tensão e conflitos que latejavam nos desvãos da cidade: sociais, étnicos, culturais, políticos e econômicos. Mercadorias, propriedades e capitais começam a trocar de mãos rapidamente. A intensificação das exigências de produção, em paralelo com a degradação do poder aquisitivo e das condições de vida, arrasta as tensões à beira da guerra civil, mais fortemente instigada a partir de 1917, pelo colapso dos impérios centro-europeus e as notícias das efervescências revolucionárias.[103] A estagnação e o colapso da Europa imperial, arruinada num cataclismo de autoconsumação irremissível, dissipara repentinamente aquele que fora o símbolo máximo da autoridade e da civilização por quatrocentos anos. Os próprios investidores europeus, em parte e quando podem, fogem com seus capitais para os mercados dos Estados Unidos, Canadá e até América Latina, ou para onde quer que estivesse "o pior ouro, o mais avarento que jamais houve, o dólar, esse ouro que está espezinhando [...] o mundo".[104]

Esses mesmos dólares mudavam de mãos muito depressa e desencadeariam, na febre da sua caça, uma internacionalização muito mais estreita dos fluxos econômicos após a Guerra. Foi nessas condições que os responsáveis pelo projeto utópico das cidades-jardins na Inglaterra, Raymond Unwin e Barry Parker, defrontados com a perspectiva da falência econômica, decidiram transformar sua experiência numa empresa de prestação de serviços para projetos internacionais de especulação imobiliária.[105] São contatados, então, por um especialista belga em manipulação de matérias-primas tropicais, que desde o começo do século concentrara suas atividades nas madeiras nobres do sul do Brasil. Já por volta de 1911, Edouard Fontaine Lavelaye vislumbrara o potencial extraordinário da especulação com terrenos nesta cidade em processo de crescimento vertiginoso. Segundo relato de um técnico da prefeitura, consultado por Lavelaye, "capitalista e banqueiro", "permanecendo algumas semanas nesta capital, aquele engenheiro francês (como ele teria se apresentado) teve ocasião de examinar detidamente as condições de vida da cidade, convencendo-se de que seu desenvolvimento seria extraordinário".[106]

A tiracolo, para que se tenha uma ideia da amplitude de suas intenções, Lavelaye traria como assistente e consultor ninguém menos que o arquiteto Bouvard, o qual, ato contínuo, entrou para o serviço da prefeitura, estudando, avaliando e intercedendo nos planos de reforma urbana da cidade.[107]

De volta à Europa, Lavelaye contatou os irmãos Boulton na Inglaterra e, reunindo ao seu redor uma série de outros investidores franceses, belgas, ingleses e russos, todos com alguma espécie de experiência em negócios coloniais, constituiu a City of São Paulo Improvements, com sede em Londres e escritórios em Paris e São Paulo. Mediante contatos com agentes paulistas, a Cia. City adquiriu 12 380 098 m^2 de terrenos na cidade, emitindo debêntures no valor de 2 milhões de libras, garantidas pela hipoteca dos próprios terrenos junto à Imperial and Foreign Corporation, fundada pela mesma City para esse específico fim. Na direção da City em São Paulo notabilizavam-se personagens dos mais eminentes da política paulista, além de membros do alto escalão da Light and Power. Ampliando suas compras de terrenos, por volta de 1912 a Cia. City controlava cerca de 37% de toda a área urbana de São Paulo. Graças aos seus laços com a Light e com figuras-chave da política local, a City pôde usufruir do acesso, em condições privilegiadas, a serviços básicos de infraestrutura e valorização estética dos seus loteamentos, podendo contar com serviços subsidiados, financiados e priorizados da prefeitura, além de isenções de impostos por períodos prolongados, às expensas dos cofres públicos e de áreas mais populosas e carentes da cidade, urgentemente necessitadas de serviços básicos.[108] Como resultado, ela pôde oferecer loteamentos de alto gabarito urbanístico e arquitetônico em condições excepcionais de venda facilitada, tirando o máximo proveito do surto de enriquecimento do pós-guerra.

Como quer que seja, essas eram as condições da época, o fato é que Barry Parker realizou um trabalho excepcional, mantendo alguns dos princípios básicos da concepção técnica das cidades-jardins, muito embora abrindo mão, ironicamente, da filosofia essencial do movimento — derivado da orientação essencialmente socialista do Arts and Crafts Movement, de John Ruskin e William Morris — e que era a de oferecer uma alternativa de alta qualidade de vida para a população trabalhadora, ao lhe permitir escapar das constrições da especulação imobiliária.[109] Seu traçado para o Jardim América, "o primeiro bairro moderno de São Paulo", "o bairro modelo", apresenta uma movimentação versátil e envolvente no plano de conjunto, graciosa na disposição das praças e amenidades, compondo um desenho intrincado e surpreendente nos arruamentos, que fugia da rotina quadriculada restritiva predominante até então na cidade, instaurando um novo padrão de equilíbrio entre funcionalidade, bem-estar, espacialidade e fluência. Apesar de lhe "faltar totalmente a inspiração local", na expressão do cronista-viajante Ernesto Bertarelli, dada a sua condição de modelo importado e adaptado, o bairro do Jardim América, com sua dinâmica inovadora e ótima resolução urbanística, transformou e deu conotações técnicas inusitadas às noções que se tinha de desenvolvimento urbano.[110] Já a arquitetura introduzida pela Cia. City em alguns lotes a título de modelos de residências era bem menos expressiva, na sua vaga inspiração nos bangalôs típicos dos administradores ingleses em terras coloniais. Se não era, porém, grande arquitetura, era pelo menos bastante sugestiva do que se passava pela mente dos planejadores do "bairro moderno".

ALERTA GERAL NO "FRONT INTERNO"

O panorama urbano de São Paulo era muito mais composto de problemas que se multiplicavam descontroladamente do que de soluções originais. A ação pública, tíbia por si só dados os seus limites orçamentários e a ineficácia da sua estrutura administrativa, se paralisava ou mesmo cedia diante da intransigência de grandes potentados ou de manobras especulativas organizadas. Era aliás de se esperar que um estado controlado politicamente por um núcleo diminuto de cerca de trezentos fazendeiros, que por sua vez controlavam todo o conjunto da vida republicana do país, vivendo uma permanente crise de falta de mão de obra nas suas fazendas, visse com maus olhos o crescimento e o enorme poder de atração populacional da cidade de São Paulo.[111] A vitrine urbana e moderna, para efeito da imagem do Brasil no exterior, fora criada com a remodelação urbana do Rio de Janeiro, por volta de 1904, sob a direção do engenheiro Pereira Passos e as ordens do presidente da República, o paulista Rodrigues Alves.[112] À parte iniciativas isoladas e insólitas, como as do conselheiro Antônio Prado, a cidade de São Paulo e sua população pareciam ser encaradas mais como um emaranhado de problemas reais e potenciais, como uma grande área alternativa para démarches especulativas ou como um palco aparatado para o lazer incidental no concerto desse prelúdio republicano. Era como se houvesse algo deliberado na desídia pela qual a cidade, sem uma identidade definida, era entregue às vicissitudes do seu crescimento convulsivo, sem significativas considerações quanto à sua condição futura.

A amargura destilada dessa impressão de descaso é que fazia de gente como o cronista P. um crítico acerbo e obstinado da autoridade pública na cidade. Sua coluna canalizava para a redação do jornal uma afluência tão copiosa de cartas, que ele reclamava sequer poder ler, quanto mais responder.[113] O próprio *O Estado*, nos seus editoriais, assumia, em regra, um tom de acrimoniosa denúncia da incúria com que eram relegados problemas capitais da cidade e da população. Outro jornal, a *Folha da Noite*, criado em 1921, e sua posterior edição matutina, a *Folha da Manhã*, de 1925, faziam da denúncia sistemática da inércia ou negligência dos órgãos públicos municipais o seu principal traço de identidade, usando para isso a arma ferina das charges do caricaturista Belmonte. E dentre os múltiplos problemas, um se destacava pela sua especial gravidade.

> Não há hoje problema que mais preocupe a população da cidade — vocifera *O Estado* em editorial — [...] Mais que a carestia de gêneros, a de habitações atribula a totalidade do povo. [...] A cidade é uma só pensão. Não há por aí casa, que não sendo palacete, não dispense um, dois e três quartos para pensionistas, com que até bem pouco tempo ninguém contava. E por que preço! Leiam-se os anúncios de cômodos e pensões: — são aluguéis de prédios inteiros por um quarto apenas.[114]

Além do crescimento acelerado da cidade, que por si só gerava uma demanda sempre crescente e insaciável por habitações, o problema era dramaticamente agravado pela ação de agentes que açambarcavam todas as disponibilidades do mercado imobiliário e "a existência de grandes áreas conservadas baldias para a especulação", conforme sucessivas denúncias de P., de leitores e dos editoriais d'*O Estado*.[115] O jornal, aliás, vai mais além na sua campanha implacável e, baseado no exemplo das iniciativas das municipalidades de Buenos Aires e de Paris no pós-guerra, propõe um plano arrojado e completo para que as autoridades respondessem à grave emergência.

> O caso é muito sério para que tenha solução natural. [...] Aos nossos governos caberia adotar providências que acabariam por normalizar as coisas. À guisa de sugestões, eis algumas: franquias aos estabelecimentos comerciais e industriais que construam para seus

empregados e operários; impostos que forcem a construção nos grandes claros que, mesmo em pontos centrais da cidade, interrompem o conjunto das edificações; construção de casas para empregados municipais, estaduais e federais, em condições de absoluta segurança para os cofres públicos; instalação de olarias municipais que regulassem o consumo, regulando também o preço. Planos magníficos, que organizassem economicamente essa série de medidas, de modo a transformar tantos ônus aparentes em vantagens reais para os cofres públicos, não faltaria quem, inteligentemente, os formulasse. A abstenção geral, diante de tão grave problema, ninguém pode prever em que dará um dia.[116]

Não era só uma questão do que daria, mas do que já estava se dando. Se uma parte dessa realidade eram as pensões e cômodos, a outra, mais tétrica, eram os cortiços e os "porões habitados".[117] P., a partir de suas itinerâncias pela cidade, nos traçou um retrato tocante desses pardieiros coletivos.

Oh! Os cortiços! Já viu o leitor um cortiço, ou pelo menos já calculou o que seja isso? Um corredor ao ar livre, para onde dão dez ou quinze portas de cada lado. A cada porta corresponde uma habitação: nada mais que um cômodo, por muito favor dois, onde se aboletam, sabe Deus como, pais e filhos. A cozinha é apenas o fogareiro que se vê à porta... Foi nos cortiços que a epidemia de 1918 mais fez vítimas, sobretudo nos primeiros dias, quando ainda não havia hospitais em número suficiente. Ora, depois da gripe, era de se esperar que as nossas autoridades não perdessem de vista os cortiços, e, ou tratassem de acabar com eles ou exigissem de seus proprietários uma higiene rigorosa, rigorosamente fiscalizada. Entretanto nada ou quase nada foi feito nesse sentido e os cortiços continuaram a aumentar de número, pomposamente denominados de "vilas", e dando rendimentos fabulosos aos proprietários.

P. desfecha o artigo com uma nota lancinante, tentando chocar a indiferença das autoridades.

> São Paulo, que tem um código sanitário severíssimo, em que se encontram disposições até sobre os chiqueiros das fazendas, exigindo que eles tenham "o piso impermeabilizado", e que exige para as casas dos colonos um espaço mínimo de dez metros entre uma e outra — não pode tolerar esses cortiços [...].[118]

Num sentido mais amplo havia bairros inteiros que iam sofrendo esse processo crescente de encortiçamento, abandono e descaso, como o Bexiga, o Cambuci e o Brás. Mas o Brás era certamente um caso à parte no conjunto da cidade. A seu respeito *O Estado* deflagraria uma das mais provocativas séries de artigos, sob o título geral de "Um bairro desprezado", que desencadeou uma chuva de protestos, achincalhes e ameaças na Câmara Municipal, com os vereadores se declarando insultados ao extremo e tentando denegrir e intimidar o jornal. A série é diária a partir de janeiro de 1921, e as matérias são ilustradas com fotos dos pontos críticos e áreas mais estagnadas do bairro. Ela se abria com a seguinte constatação.

> Bairro pobre, cuja população é na sua maioria constituída de gente simples, que mora em casas modestas, quando não habita cortiços insalubres e que se estiola nas fábricas e oficinas, o Brás foi sempre desprezado. Não lhe vale possuir centenas de casas comerciais de grande importância e um sem-número de fábricas de todos os produtos, como não lhe vale entrar anualmente para os cofres públicos com milhares de contos de réis; ninguém se interessa por ele.[119]

Noutra oportunidade, em matéria da edição da noite, o tom fora ainda mais contundente.

Pode-se dizer que São Paulo e o Brás são duas cidades perfeitamente distintas. A topografia do município, acidentada e irregular, interpondo-lhes o vale do Tamanduateí e a colina do Carmo, sobre cujo planalto se estende a parte nobre da cidade — digamos assim — imprimiu a esta um cunho de privilégio, de todo em todo imerecido e injusto. Dir-se-ia que, além, para lá dos vestígios das antigas fortificações do aglomerado de Anchieta, vegeta uma população imerecedora das atenções dos nossos governantes, para a qual olhamos com o desprezo de senhores feudais a servos e vilões. Sejamos justos. [...] Ali vivem os que nos conquistaram a hegemonia industrial no país e na América do Sul. No entanto, penetremos naquele bairro e veremos a injustiça com que é tratado. Afastemo-nos das artérias principais e depararemos com o descalabro das suas ruas, esburacadas e lamacentas, intransitáveis nos dias chuvosos, inabitáveis, pela nuvem de poeira que as envolve, quando faz sol. E a iluminação? Dessa nem é bom falar. E por que tudo isso? Porque na Câmara Municipal não há um único vereador que se condoa da sorte dos seus habitantes, que vele pelos seus interesses e pela melhoria de suas condições. [...] De fato, cabe esse direito a quem concorre com uma grande parte dos impostos municipais.[120]

P., o repórter andarilho, sempre desafiando as autoridades municipais a fazerem como ele, se embrenhar de bonde e a pé pelos desvãos mais obscuros e recônditos da cidade, era um apaixonado do Brás e de sua gente. Saiamos nesse passeio com ele, quando o amor se manifestou à primeira vista.

Domingo à tarde, não tendo o que fazer, em vez de tomar um automóvel e ir para a Avenida rodar elegantemente, no corso, achei melhor tomar um bonde e ir passear no Brás. Fui à toa, sem destino e sem pressa, somente para espairecer um pouco e fugir à pasmaceira do Triângulo. [...] Bem que o fiz! O Brás é um bairro interessantíssimo, sem dúvida o mais interessante e curioso da cidade. Separado do centro pelo deserto da Várzea do Carmo, parece outra cidade, com outra gente e outra vida, como se já vivesse por si e a si mesmo se bastasse. [...] E como há gente por aqui! Para além da Várzea do Carmo o que vai nesta tarde de domingo é um torpor de cidade em repouso, as ruas desertas, as casas fechadas, raros automóveis de luxo a passeio. Aqui, ao contrário, é o povo a formigar pelas ruas, a enchê-las e animá-las de borborinho e alegria, dando a impressão de estar toda a gente fora das casas. E crianças, sobretudo crianças em número incalculável, num vai e vem de grupos barulhentos e álacres, em torno de algum mascarado... Como tudo isso é novo! Como tudo isso é diverso do que se vê lá por cima, nos bairros plutocratas da Avenida, Higienópolis, Campos Elísios, ou nos bairros burgueses — Vila Buarque, Santa Efigênia, Santa Cecília, Liberdade... [...] Que aspectos inéditos oferece esse Brás! E não haver um artista que explore esse precioso manancial de impressões, como em Paris se exploram Montmartre e o Bairro Latino!...[121]

P. distinguia, com muita sensibilidade, as porções da cidade que, sob um padrão de urbanização arrebicado e sôfrego, haviam minado a inclinação natural à solidariedade das gentes convizinhas, substituída por impulsos causticantes de emulação, e aquelas áreas que, ou por serem mais antigas ou por implicarem condições mais aflitivas de sobrevivência, apresentavam um forte espírito comunitário e um esforço constante de ritualização dos laços afetivos das pessoas entre si e com seu ambiente. Ele tinha o gosto de visitar e assistir, discreto, à parte, só e reservado, como era típico de seu estilo jornalístico, as festividades, quermesses e celebrações nos centros e nas paróquias dos "bairros abandonados", para descrevê-las com detalhes delicados em sua coluna no dia seguinte.[122] Mas sobretudo ele sabia o valor decisivo que tinham, para a preservação, difusão e entrelaçamento desses sentimentos comunitários através da cidade, os modernos equipamentos de lazer, recreação, repouso e cultura, representados pelas praças, parques, jardins, coretos, pavilhões e retretas. Suas invectivas contra a administração municipal, ele faz sempre questão de frisar, decorriam da sua possibilidade de comparar, graças a visitas que fizera, as condições urbanas inóspitas de São Paulo com a qualidade de vida que constatara nas grandes capitais europeias e mesmo em Buenos Aires e no Rio de Janeiro. Nesse sentido ele possuía um espírito semelhante ao do conselheiro Antônio Prado, sem sua fortuna, poder e cargo. Tornemos a acompanhá-lo, agora numa visita ao Bexiga.

> O Bexiga [...] é, como o Brás e o Bom Retiro, dos bairros mais populosos da cidade. Por aquelas ruas modestas vive uma grande população, humilde sim, mas ativa e laboriosa, e tão merecedora da simpatia e dos zelos dos poderes municipais como qualquer outra. Ora, quem se der ao trabalho de percorrer esse bairro, ficará impressionado com a maneira de vida dos que o habitam. Há por ali, nas vias principais, muitas casas grandes, mas são raras as que já se não transformaram em cortiços. E se a gente se embrenhar pelas ruas menos movimentadas, há de ver casebres dando abrigo a duas e três famílias, cada uma das quais morando num só quarto ou quando muito em dois, numa promiscuidade deplorável. Tudo isto não está a demonstrar que os vereadores deveriam fazer alguma coisa por melhorar, na medida do possível, a vida dos moradores do Bexiga? Vivendo mal-acomodada, a população tem, naturalmente, necessidade de ar livre. E é por isso que, a certas horas do dia, sobretudo à tarde, as ruas formigam de crianças, e à frente das casas se formam grupos de famílias que vêm respirar para a rua. Um vereador inteligente e observador que por ali passasse notaria logo o fato, e haveria de querer verificar se o bairro não tem um jardim público, onde toda aquela gente pudesse espai-

recer e tonificar os pulmões no bom ar oxigenado. E ficaria espantado de saber que nem um só jardim — nem o mais pequenino jardim público possui o Bexiga! É de crer que essa grande falta não tenha outra causa senão o esquecimento dos vereadores. [...] É preciso que se faça ali um bom jardim, onde de quando em quando, aos domingos, vá tocar uma banda de música — ao menos para que se não diga que os vereadores só cuidam dos bairros em que habitam os ricos, o que é positivamente uma injustiça...[123]

A ironia de P. era procedente, já que a localização, distribuição e proporção das áreas públicas ajardinadas era muito irregular, discricionária e deficiente. Para se ter uma ideia, basta verificar que em 1920, enquanto a cidade de Londres oferecia à população uma área na proporção de 1031 pessoas por hectare de parques e jardins, Paris mantinha uma média de 1354 habitantes por hectare ajardinado, Buenos Aires obtinha o equivalente a 1200 pessoas por hectare e São Paulo, numa clamorosa distância, apresentava o montante de 12 mil habitantes por hectare.[124] Área essa que, ademais, ao invés de crescer, tendia à constante retração, já que nem os espaços públicos escapavam ao jogo especulativo, como ficaria demonstrado pela ocupação privada de parte do Parque D. Pedro II, por ocasião da sua remodelação, ou pelo caso dos bosques da Saúde e do Jabaquara, conforme nos relatou P.

Quem deveria ver isso são os que tem a seu encargo a administração do município. Deveriam ver para avaliar quanto são necessários para uma cidade industrial como São Paulo, que já deve contar para mais de 100 mil operários, os grandes bosques em que a população pobre se retempere e divirta. Entretanto, ninguém pensa nessas coisas, e os vereadores mais inteligentes, quando se lhes fala de parques e jardins, dão de ombros com a mais desdenhosa superioridade. O Bosque da Saúde já foi vendido para se retalhar em lotes, o Jabaquara continua ignorado pela Câmara, que nem sabe o que representam, numa cidade, 1,5 milhão de metros quadrados cobertos de bosques lindíssimos.[125]

Aliás, curiosamente, a Câmara, que havia vendido o Bosque da Saúde em 1919 por 400 contos, votaria uma lei em 1921 readquirindo para a municipalidade o bosque, só que agora se dispondo a pagar por ele 2200 contos de réis, ou seja, endossando uma valorização astronômica de 5500% em apenas dois anos. O escândalo da negociata foi de tal vulto que o prefeito vetou in limine a nova lei.[126] Outras atitudes discriminantes de natureza diferente, mas que aparecem denunciadas por populares irritados na seção de queixas, se referiam, por exemplo, ao fato de que o popular Jardim da Luz tinha seu acesso fechado às dezoito horas, enquanto o parque da Avenida Paulista, mais reservado, permaneceria aberto e todo iluminado até as 23 horas.[127] Ou então reclamações contra o fluxo forçado de lazer que a Light impunha nos fins de semana, ao concentrar abundantemente os bondes em alguma linha selecionada por razões escusas e retirar os veículos que davam acesso a outras áreas de lazer e amenidades.[128] De qualquer forma, ao longo d'*O Estado*, fosse na seção de cartas, nas crônicas, na coluna de P. ou nos editoriais, vão desfilando os dramas dos "bairros desprezados". Assim, fluem as informações sobre a "situação calamitosa do Cambuci", o estrangulamento do tráfego na Ponte Grande, a intransitabilidade das ruas de Santana, a falta de água na Mooca e no Belém, o "completo abandono da Lapa", os matagais na Liberdade, os pauis infectos da Penha, as péssimas condições das ruas e logradouros da Vila Mariana, a ausência de quaisquer serviços públicos básicos na Vila Prudente, cujos habitantes, entretanto, "são tão obrigados a pagar taxas sanitárias quanto os negociantes da Rua 15 de Novembro ou os moradores da Avenida Paulista".[129]

Claro que nenhum desses problemas podia se comparar à tragédia das enchentes periódicas e infalíveis. Nessas épocas, *O Estado*, em geral parcimonioso na dosagem das notícias, dedicava páginas e páginas ao relato das dimensões da calamidade, à denúncia da indiferença oficial e à urgência de se prestar socorro aos flagelados. As matérias vinham fartamente ilustradas de fotos pungentes das casas submersas, multidões de desabrigados ou populares que, enfrentando os maiores sacrifícios, lutavam para atravessar imensas extensões de água, a fim de levar uma pequena ração de alimentos aos animais ilhados nos topos dos morros ou encarapitados nos telhados de construções submergidas. Mas o aspecto sobremodo ominoso por trás das inundações apontava para a responsabilidade decisiva que sobre elas tinham os interesses acumpliciados da Light, das autoridades locais e federais. Para garantir a máxima produtividade do seu complexo hidrelétrico em Cubatão, a Light precisava assumir o controle total do regime das águas da bacia do Alto Tietê até o Pinheiros. Com esse fim, a companhia energética obteve o monopólio das águas do Tietê junto ao governo federal e logrou, em 1927, das autoridades locais, a concessão para alargar, retificar, aprofundar e inverter o curso do rio Pinheiros. Controlando assim o fluxo do Tietê através das barragens de Traição e Pedreira, a companhia captaria suas águas para alimentar o curso invertido do Pinheiros, que as despejaria nas represas e barragens do sistema hidrelétrico da Serra do Mar, mantidas por isso repletas no seu nível máximo. O interesse da população da cidade de São Paulo seria, ao contrário, que se mantivesse um limite de segurança nesses reservatórios, capaz de absorver quaisquer possíveis cheias, assegurando assim os habitantes contra os previsíveis cataclismos. No entanto, o que ocorreu foi o oposto. Alegando a necessidade de tratar as águas colhidas do Tietê, a Light construiu a estrutura de Retiro, na junção com o rio Pinheiros, a qual consistia na realidade em um conjunto de comportas que isolava o sistema do Pinheiros das inundações do Tietê. Desse modo, sem a possibilidade do alívio das cheias pelas várzeas alagáveis do Pinheiros, São Paulo ficava à mercê de um dilúvio permanente, precariamente contido às próprias portas da cidade. A catastrófica enchente de 1929, com seu pavoroso cortejo de desgraças e prejuízos, demonstrou todo o alcance patético dessa trama entre a ganância, a irresponsabilidade e a indiferença criminosa.[130]

Pior do que essas cenas talvez fosse apenas a funesta mortalidade causada pela prática sistemática e virtualmente impune da falsificação e adulteração de gêneros alimentícios. Em virtude das condições conjugadas da economia de guerra, das dificuldades de importação, da carestia e inflação disparadas, tornavam-se práticas difundidas no comércio a falsificação de rótulos e embalagens estrangeiros, a criação de sucedâneos brasileiros espúrios dos gêneros de difícil ou impossível importação e a adulteração de alimentos pelo acréscimo de substâncias estranhas, quando não tóxicas ou venenosas. *O Estado* mais uma vez estampava a indignação em termos excruciantes.

> Durante a semana finda faleceram em São Paulo, vitimados por afecções do aparelho digestivo, cinquenta pessoas, número quatro ou cinco vezes mais elevado que o coeficiente das mais mortíferas entidades mórbidas das nossas estatísticas demográfico-sanitárias. No correr do primeiro trimestre de 1918, segundo o boletim estatístico que temos presente, morreram pela mesma causa 696 indivíduos, que correspondem, em igual período do ano anterior, a 633 óbitos, cifras que guardam, em relação a outras rubricas, a mesma proporção extraordinária. A que atribuir essa verdadeira mortandade, cujo aspecto não é menos que de uma catástrofe continuada? Se nas ruas desta capital se ferissem batalhas todos os dias, com grande dispêndio de munição e material bélico, ao cabo

não seriam tantos os mortos. [...] Campanha sistemática, surda, sutil nos é movida pelos falsificadores de gêneros, sem que lhes tome conta de tão inqualificável abuso, crime que é o mais grave de quantos podem assolar uma sociedade [...].[131]

Situação apavorante que era ainda fatidicamente agravada pela poluição crescente e contaminação dos reservatórios de água periféricos à cidade, fosse pela incúria da fiscalização, pela expansão da ocupação urbana ao redor dos mananciais, por dejetos industriais, ou, no geral, por tudo isso ao mesmo tempo. Novamente, como no caso dos alimentos, eram as camadas mais pobres as primeiras e principais vítimas. Era prática sistemática da Repartição de Águas e Esgotos compensar as carências, sobretudo do manancial do Cabuçu, que servia a área de maior densidade demográfica do Brás, Mooca, Cambuci e Belenzinho, com água bombeada direto do rio Tietê, tomada à altura em que os riachos Tatuapé e Aricanduva desaguavam nele. Ocorre que ao longo desses dois ribeirões havia conglomerados de habitações e inúmeras fábricas, todas sem esgotos e despejando seus dejetos direto nos dois cursos de água, ademais do Instituto Disciplinar de Menores em idênticas condições e do imenso Depósito de Lixo da 4ª Parada, constantemente lavado pelas chuvas para dentro dos regatos. Em relatório do dr. Bruno Rangel Pestana, do Instituto Bacteriológico, publicado na íntegra por *O Estado*, sobre a difusão endêmica e os surtos epidêmicos de alta mortalidade da febre tifoide em São Paulo, ele concluía apontando o absurdo criminoso de se oferecer à população água captada direto do leito do Tietê.

Pois bem, foi com essa água que a Repartição de Águas abasteceu uma parte da cidade! E tendo as análises demonstrado nelas a presença do bacilo de Eberth, determinando grande número de vítimas, demonstrou assim experimentalmente a Repartição de Águas, ser a água um grande transmissor do bacilo da febre tifoide. Não são necessários profundos conhecimentos de higiene, mas apenas critério e bom senso para ver que essa água não devia ser entregue ao consumo da população de uma cidade! Mas, apesar de protesto dos competentes e da ação enérgica do dr. Guilherme Álvaro, então diretor do Serviço Sanitário, foi ela dada à população.[132]

Dessa devastação causada pelo envenenamento e contaminação, as vítimas maiores eram, como se poderia prever, as crianças. Além dos alimentos adulterados e da água insalubre, elas estavam sujeitas aos rigores da subalimentação, carência de agasalhos adequados e escassez dramática de serviços médicos e hospitalares públicos, atingindo a assistência particular custos que nenhum operário poderia suprir. Significava isso a muitos pais terem de contemplar inertes suas crianças definharem e morrerem. Ainda uma vez P. se saía como paladino dos desamparados, gritando na metrópole como o profeta clamava no deserto.

Não há quem ignore quanto é grande, nesta capital, a mortalidade das crianças. Ainda ontem *O Estado de S. Paulo* publicava o boletim demográfico-sanitário da capital, por onde se via que em 205 óbitos ocorridos na semana finda a 27 de fevereiro, nada menos de 84 — mais de um terço — eram de menores de dois anos. Acrescentem-se as mortes de crianças além dessa idade e ter-se-á que a metade, seguramente, dos óbitos verificada na cidade é de crianças. Pode-se atribuir uma pequena porcentagem desse impressionante obituário ao nosso clima, cujas variações bruscas sujeitam os frágeis organismos a provas perigosas, trazendo-os em bronquites frequentes, que podem resultar e resultam, não poucas vezes, em pneumonias mortais. Mas, quem atentar um pouco para o boletim semanal do obituário, notará que as afecções mortais mais frequentes são as do aparelho digestivo, e não é preciso que o boletim no-lo diga para sabermos que o contingente maior de mortes por essas enfermidades é fornecido pelas crianças. Como quer que seja, morrem aqui crianças em número excessivo, principalmente de moléstias do aparelho digestivo, isto é, em consequência de má alimentação. Morrem, em geral, por falta de recursos dos pais para o tratamento, que é sempre longo e delicado [...].[133]

Essa situação de descaso e indiferença das autoridades pela cidade e a população era entretanto ambígua. Pelo menos desde 1910, o quadro geral do país, e de São Paulo e sua capital em particular, apresentava uma curiosa mudança. No âmbito da cidade, esse ano marca a designação de Washington Luís para seu primeiro grande posto de relevo, como secretário da Justiça e da Ordem Pública de São Paulo. Mais significativamente, essa data assinala a primeira derrota política abaladora sofrida pela oligarquia paulista, desde que houvera assumido o controle das instituições republicanas ao superar as agitações militares do período 1889-98. Seu candidato presidencial, o baiano Rui Barbosa, foi derrotado por uma aliança de estados ressentidos da hegemonia paulista, encabeçados pelo Rio Grande do Sul, cujo candidato era o general Hermes da Fonseca. Os sentimentos de desilusão e de descontrole entre os dirigentes paulistas foram profundos, trazendo de volta consigo os temores das agitações militares, distúrbios jacobinos e pronunciamentos, que comprometeriam irremediavelmente a delicada credibilidade internacional, tão decisiva para manter a imagem civilizada da "República dos Conselheiros", quanto para garantir os fluxos de capitais, técnicas e braços europeus, imprescindíveis para a estabilidade da economia cafeeira. O castelo de cartas ameaçava desabar. Políticos e militares radicais por toda parte no país começavam a conspirar abertamente, considerando a invasão e ocupação do estado de São Paulo. Foi esse o contexto que fertilizou o campo propiciando o vicejamento pleno do que se poderia chamar o "nativismo paulista".[134]

Em dois movimentos simultâneos e simétricos, o general Hermes da Fonseca contratou uma missão militar alemã, composta de militares com formação técnico-científica, para instruir e modernizar o Exército federal e, pelo outro lado, Washington Luís fazia o mesmo com uma missão militar francesa, contratada para fins idênticos só que com vistas ao aperfeiçoamento bélico da milícia paulista, a Força Pública do Estado de São Paulo. Washington Luís criaria ademais o primeiro colégio militar para oficiais, também da Força Pública, e procedeu à reorganização da polícia da cidade, a Polícia Civil, encarregada da manutenção da lei e da ordem na capital. Mais ainda, incrementou os métodos policiais de investigação e identificação segundo técnicas atualizadas, reformou o sistema penitenciário e criou o Instituto Disciplinar, voltado para a repressão e o controle da vadiagem e delinquência juvenil. Mas isso não é tudo.

Quando Washington Luís foi elevado ao cargo de prefeito da capital, em 1914, além de seus esforços para regularizar as finanças e os serviços municipais, de proceder ao levantamento do patrimônio e dos terrenos da prefeitura, ele foi mais além e metodizou o sistema educacional público, reorganizando também o Museu Paulista, tomando o cuidado de dividi-lo em dois departamentos: um, dedicado à história do Brasil em geral e outro, o principal destaque, totalmente consagrado à história de São Paulo. Levando adiante ainda essa política, ele patrocinou a publicação de antigos manuscritos relacionados à história local e também dispôs sobre a publicação dos Atos da Câmara Municipal de São Paulo. Peça emblemática seminal na instilação dessa nova consciência, ele instituiu a criação do escudo da cidade. Composto pelo concurso do pintor tradicionalista Wasth Rodrigues e do futuro poeta modernista Guilherme de Almeida, o brasão heráldico era coroado por uma fortaleza de três torres, a qual cingia um escudo cercado de ramas de café, sob cuja base flamulava um listão alusivo. No escudo figuravam uma braçadeira de prata empunhando uma alabarda em riste e o listão abaixo anunciava a divisa tonitruante: "Non Ducor Duco".[135] Um símbolo de cristalina clareza, para o caso de alguém ainda ter dúvidas.

Com a aproximação do primeiro centenário da Independência do Brasil, a ser celebrado em 1922, foi organizado um concurso público para se erigir um monumento comemorativo, centralizando e articulando o conjunto arquitetônico-urbanístico do palácio do Ipiranga, com seu vasto jardim lenotriano e a perspectiva da Avenida D. Pedro se estendendo até os pés da colina central da cidade. Haveria de ser um monumento em pedra e bronze, destinado a impressionar, a atrair o público para o museu e a exprimir, em termos inequívocos, que a Independência foi estabelecida em São Paulo e conduzida por um político paulista, José Bonifácio de Andrada e Silva. Dentro desse clima de entusiasmo localista foi forjada a figura mítica do bandeirante, tema aliás do primeiro livro de Washington Luís, ele próprio, além do mais, um historiador.[136] Nessa nova versão, o bandeirante era apresentado como o lídimo representante das mais puras raízes sociais brasileiras, conquistador de todo o vasto sertão interior do país, pai fundador da raça e da civilização brasileiras, em franca oposição aos "emboabas", pessoas estranhas à terra, traficantes desenraizados e elementos provenientes de terras estrangeiras, que permaneceram ligados à costa litorânea, com os olhos voltados para o Atlântico.[137]

Acrescentando uma dimensão cultural para legitimar seus anseios de assumir o controle econômico, político ou, em último caso, militar, dos destinos da República, os dirigentes paulistas não visavam apenas o inimigo externo, representado pelos estados "dissidentes". A presença maciça de contingentes imigrantes em São Paulo se constituía por si só, com sua turbulência ameaçadora, num primeiro "front interno". De um lado havia a ascensão irrefreável de membros das colônias estrangeiras, envolvidos principalmente com indústrias e comércio de gêneros básicos, cuja solidez, confiabilidade e tendência ao predomínio eram monitoradas pelo consulado inglês na cidade, aconselhando as autoridades e súditos da coroa britânica a orientarem para esses elementos seus capitais, sociedades e interesses.[138] Do outro lado havia a massa dos proletários, eternamente inconformados com as extensas jornadas de trabalho, a insuficiência dos salários e a precariedade de suas condições de vida, excitados por pregações radicais, em estado de guerra ingente. Era sob esse clima que se formulava a chamada "Reação Nacionalista" em São Paulo, e um de seus líderes, o dr. Sampaio Dória, em discurso de campanha, alertava: "Os brasileiros estão ameaçados de passar, por imprudência, de senhores da terra a colonos dos estrangeiros, que vencem".[139] Um outro publicista, Bruno Ferraz do Amaral, clamando quanto à demora de uma reação, se perguntava alarmado: "De fato, quando frutificar o nacionalismo, que restará brasileiro em São Paulo? Capitais, estrangeiros; indústria dita nacional, estrangeira; colonos, estrangeiros; fazendeiros, estrangeiros; proprietários, estrangeiros... ".[140]

As circunstâncias da Guerra, tanto interferindo na negociação do café, quanto favorecendo a especulação e açambarcamento de gêneros e produtos industriais, bloquearam igualmente o fluxo imigratório da mão de obra, favorecendo os movimentos de organização dos trabalhadores, as grandes manifestações e as greves gerais de enorme impacto que marcaram o período de 1917-20. Premidos por essas vicissitudes, a cena social e o equilíbrio entre os grupos se alteravam rapidamente na cidade. A prática do estímulo à imigração maciça era um mecanismo de estabilização das tensões e achatamento dos salários, dominada desde muito cedo pelos dirigentes e cafeicultores paulistas. Na tentativa de defender seus interesses e fazer valer seus direitos, líderes operários, representantes comunitários e autoridades do consulado italiano procuravam deter ou restringir ao máximo a vinda de seus conterrâneos ao Brasil.[141] Diante das drásticas condições locais, muitos imigrantes viam espontaneamente na evasão uma das poucas alternativas eficazes de protesto que ainda lhes restavam. Dos mais de 1 milhão de imigrantes introduzidos no estado de São Paulo no curto período de 1884 a 1914, cerca de metade deixaria o país em busca de outro e melhor destino.[142] De forma que, quando em meio à aguda dificuldade de obtenção de trabalhadores estrangeiros, em inícios de 1922, *La Fanfulla* se posicionou contra a imigração, comparando o tratamento dado aos imigrantes àquele antes reservado aos escravos negros, a reação foi explosiva. Fundou-se no mesmo instante a Liga Defensiva Brasileira, encabeçada por uma lista com os nomes dos duzentos maiores fazendeiros de São Paulo, com uma ameaça aberta "aos indesejáveis e ao jornal italiano *Fanfulla*, que tomarão severas medidas [...] se o mesmo continuar as repelentes infâmias de pasquineiro ignóbil contra nós e nossa terra...".[143]

Essa atmosfera geral assinalada por toques marciais, intimidação dos adversários e orgulho localista era tão evidente e impositiva, não escapando aos observadores britânicos, que souberam utilizá-la em seu proveito. Primeiro, intermediando, entre as autoridades italianas e o governo do estado de São Paulo, a introdução de colonos imigrantes em condições excepcionalmente rendosas, dadas as dificuldades envolvidas e os pequenos contingentes das transações.[144] Depois, avaliando e sabendo sensibilizar o novo orgulho nativista dos líderes paulistas. Assim, quando, por ocasião das comemorações do centenário da Independência, uma frota da Marinha de Guerra britânica aportou em Santos, convidando o governador Washington Luís e sua comitiva para ser homenageado pelo almirante Cowan em pessoa, no navio capitânia, o superencouraçado *Hood*, o cônsul inglês em São Paulo tomou o cuidado de substituir todas as bandeiras brasileiras por bandeiras paulistas. "Um pequeno cumprimento, que foi entretanto muito apreciado", comentou ele em carta-relatório ao ministro do Exterior britânico, o marquês Curzon.[145]

Aliás, nessa mesma carta, se referindo aos espetaculares desfiles militares com mais de 7 mil integrantes, que Washington Luís orquestrara para celebrar o centenário na Avenida Tiradentes e na Avenida Paulista, o cônsul Arthur Abbot comentava com maldisfarçada malícia: "Era por demais evidente porém, que as forças do estado de São Paulo, que haviam sido treinadas pelo marechal francês Nérel, causavam muito melhor impressão do que as tropas federais...". O que não escapou à observação do funcionário inglês, certamente não escaparia também aos olhos da população da cidade, a quem todo aquele imponente festival se destinava a impressionar e a se tornar inesquecível.

O pretexto da comemoração do centenário, ademais, justificava investimentos e esforços concentrados para ultimar as reformas urbanas em curso, sobretudo nas áreas centrais. Em razão desses projetos, as autoridades não faziam segredo da sua intenção de desapropriar e excluir dessas áreas os núcleos de populações cujo estado extremo de miséria as forçara a se aglutinar em casebres às margens da Várzea do Carmo e da Baixada do Piques. Eram núcleos com forte presença de negros, resultantes originalmente de grupos de escravos evadidos das lavouras e aquilombados naquelas zonas até então insalubres, abandonadas e sem valor. O projeto só dispunha sobre a evacuação dessas populações, equiparadas em linguagem discricionária agressiva aos estigmas dos insetos, da sujeira, da doença e do crime, sem fazer qualquer menção à sua realocação ou seu destino. Eis, por exemplo, os termos do arrazoado de Washington Luís sobre a urbanização da Várzea do Carmo:

[O novo parque] não pode ser adiado porque o que hoje ainda se vê, na adiantada capital do estado, a separar brutalmente do centro comercial da cidade os seus populosos bairros industriais, é uma vasta superfície chagosa, malcicatrizada em alguns pontos, e, ainda escalavrada, feia e suja, repugnante e perigosa, em quase toda a sua extensão. Nessa vasta superfície acidentada, de mais de 25 alqueires de terra, após a época das chuvas, ficam estagnadas águas em decomposição que alimentam viveiros assombrosos de mosquitos, que levam o incômodo e a moléstia aos moradores confinantes; no tempo das secas formam-se as trombas de poeira que sujam e envenenam a cidade; a espaços, o mato cresce a esconder imundices que o sustentam, não obstante o zelo da Limpeza Pública, tudo isso com grave dano para a saúde dos munícipes. É aí que, protegida pelas depressões do terreno, pelas voltas e banquetas do Tamanduateí, pelas arcadas das pontes, pela vegetação das moitas, pela ausência de iluminação se reúne e dorme e se encachoa, à noite, a vasa da cidade, numa promiscuidade nojosa, composta de negros vagabundos, de negras edemaciadas pela embriaguez habitual, de uma mestiçagem viciosa, de restos inomináveis e vencidos de todas as nacionalidades, em todas as idades, todos perigosos. É aí que se cometem atentados que a decência manda calar; é para aí que se atraem jovens estouvados e velhos concupiscentes para matar e roubar, como nos dão notícia os canais judiciários, com grave dano para a moral e para a segurança individual, não obstante a solicitude e a vigilância de nossa polícia. Era aí que, quando a polícia fazia o expurgo da cidade, encontrava a mais farta colheita. Tudo isso pode desaparecer e tendo sido já muito melhorado com a canalização e aterrados feitos, sendo substituído por um parque seguro, saudável e belo, como é o do projeto Cochet. Denunciado o mal e indicado o remédio, não há lugar para hesitações porque a isso se opõem a beleza, o asseio, a higiene, a moral, a segurança, enfim, a civilização e o espírito de iniciativa de São Paulo.[146]

Esse processo de exclusão social das populações mais miseráveis de áreas próximas ao centro tendia a atingir, sobretudo, as comunidades de negros dramaticamente marginalizados pelas condições em que se deu a abolição da escravatura. Alvos preferenciais da ação policial, pela mesma razão, os efeitos dessa repressão sistemática se fizeram sentir na própria proporção demográfica da presença dos negros no conjunto da população da cidade.[147] Não era certamente casual que, dentre os requisitos necessários para o ingresso na força policial, os mais rigorosos dissessem respeito à estatura, compleição física e cor da pele.[148] Só nesta perspectiva se pode compreender todo o alcance patético das denúncias d'*O Estado* ao procedimento regular da polícia que "parecia uma guerra de morte travada contra os pobres homens de cor".[149]

Nesse curso de afirmação exemplar da autoridade na gestão da cidade, tanto para fins internos quanto externos, não é, pois, nenhuma surpresa que a questão social tenha também sido enquadrada como "uma questão de polícia", na célebre expressão atribuída a Washington Luís.[150] A conjuntura da Guerra contribuiu para intensificar e levar ao paroxismo o confronto entre operários, empresários e autoridade pública. A escalada sufocante do custo de vida, convergindo com a ampliação dos investimentos industriais e a interrupção do fluxo imigratório, reforçou a capacidade de organização, reivindicação e negociação dos operários, levando empresários e autoridades a recorrerem mais aberta e completamente à violência policial como recurso fundamental de contenção. A equação explosiva que assim se armou irrompeu num conflito urbano da mais extrema gravidade em julho de 1917, quando a polícia matou um operário grevista ao reprimir uma manifestação de têxteis por melhores salários. A passagem do cortejo fúnebre pela cidade arrebatou as multidões operárias, desencadeando uma greve geral, com a adesão de mais de 45 mil trabalhadores que, premidos pela polícia, se amotinaram e assumiram o controle do espaço público por vários dias.[151]

Em 1919, a mesma situação ainda prevalece e retoma o seu teor explosivo. Só que desta vez as autoridades já haviam aprendido a lição. A 1º de maio, uma enorme multidão de mais de 10 mil pessoas se concentra na Praça da Sé. Ali ouvem e saúdam os seus líderes, em especial Edgard Leuenroth, diretor do jornal *A Plebe*, e votam uma moção, proclamando "sua firme decisão de, por todos os meios ao seu alcance, impedir a realização de novas guerras, sob qualquer pretexto, ou a intervenção nos países onde já começou a operar a transformação da sociedade no sentido comunista; e resolvem, ao mesmo tempo, constituir o Partido Comunista Brasileiro...". Em seguida, erguendo suas flâmulas, estandartes e "um enorme dístico do Partido Comunista Brasileiro", decidem marchar em passeata pelas ruas do Triângulo central, precedidos por uma comissão de moças de blusas vermelhas, e cantando a plena voz a *Internacional*. Após o que, a multidão se dispersou pacificamente. No dia seguinte, porém, a polícia entra em campo e a cidade mais uma vez se torna o palco de uma batalha cerrada e desigual. Pelotões de polícia perseguem grupos de operários pelo Brás, os quais, acuados ao final da Rua Belém, recebem os soldados com uma chuva de pedras. As escaramuças terminam em pancadaria generalizada e prisões em massa. No Largo da Concórdia, centro do Brás, onde se desenrolava um comício previamente autorizado e assegurado pela polícia, ao qual por isso acorreram mulheres e crianças em grande quantidade, surge repentinamente uma brigada policial a cavalo, que carrega sobre a multidão espancando aleatoriamente os participantes, por entre as patas dos cavalos, com cassetetes e com sabres embainhados. Mais detenções arbitrárias e em massa são feitas. Nenhum socorro médico é oferecido às vítimas. O tráfego de bondes é assegurado com quatro milicianos dentro de cada veículo, portando carabinas carregadas apontadas para os transeuntes nas ruas.[152]

Pelos dias seguintes as detenções indiscriminadas prosseguem, associações operárias são saqueadas e fechadas e se multiplicam as batidas policiais pelas ruas, bares e estabelecimentos comerciais do Brás. A polícia usa a técnica de ir trocando continuamente de cárcere os operários aprisionados, de forma que seus familiares ou as associações não os pudessem localizar, sendo eles assim mantidos sob as mais drásticas condições de encarceramento e violência, incomunicáveis, por várias semanas. Alguns são exilados na surdina para outras cidades, sempre sob custódia policial. Outros são exilados para o exterior do país. O pretexto para essa tempestade repressiva seria uma suposta conspiração para deflagrar nova greve geral na cidade. O que foi prontamente desmentido em documento publicado pela Federação Operária, "organização máxima do proletariado de São Paulo".

> Tais boatos só podem ter como origem o desejo da polícia em procurar a todo transe um pretexto para a reedição dos velhos processos de repressão e perseguição às associações operárias, cujo surto inigualável nestes últimos meses sobremodo alarmou a polícia paulista [...] realizando desse modo os seus torvos desígnios de aniquilamento do movimento operário ainda em formação.[153]

A brutalidade da repressão da polícia paulista causou indignação e furor no operariado do Rio de Janeiro, que denunciou o abuso pelos jornais, enviou comissões de observadores à capital paulista, relatou as arbitrariedades à CGT da França e organizou um comício de protesto que derivou numa grande passeata pelo centro da cidade, aos gritos de morras ao governo de São Paulo.[154]

Afora esses momentos de confronto direto, o próprio cotidiano dos operários era marcado por uma violência repressiva latente e estrutural no mercado de trabalho paulista. Fosse pela excessiva oferta de mão de obra na maior parte do tempo, fosse pelas rivalidades étnicas convenientemente exploradas, fosse ainda pela alta rotatividade dos empregados mantida como política das fábricas, os operários se encontravam sempre num quadro adverso. Acima de tudo, a disciplina nas fábricas e as longas jornadas de trabalho, marcadas pela vigilância implacável, pelas multas, humilhações, proibições, punições, demissões sumárias e, no caso das crianças, por espancamentos e castigos físicos, fazia os jornais operários e comunitários falarem em regimes de "galés" e de "escravidão".[155] Vozes isoladas, como a do engenheiro e empresário Roberto Simonsen, propondo uma nova "organização científica do trabalho", capaz de estimular os operários a uma atitude cooperativa e colucrativa com as empresas, procurando tornar sócios no mesmo negócio os que até então se viam como inimigos mortais, caíram em ouvidos moucos por incompreensão ou por derrisão.[156] O fato predominante era que a violência se impunha como elemento articulador do quadro político geral da Primeira República.[157]

Nessas condições, a vida nas ruas também não ficava muito distante desse clima repressivo do interior das fábricas. É sintomático que apesar da opinião geral de que "São Paulo é uma cidade policiada e bem policiada", a imprensa não cansava de vociferar contra os "roubos e mais roubos", "mais crimes e mais roubos", "os crimes que pululam", "o péssimo policiamento" e suspirava nostálgica se perguntando "quando voltaremos ao sossego de outros tempos?".[158] A razão desse aparente contrassenso é que a ação policial era mais efetiva em difundir um sentimento geral de intimidação aos habitantes da cidade, que eficaz na repressão técnica e específica dos crimes e contravenções. Era notório, por exemplo, que a autoridade pública paulista tinha, "a soldo seu, um exército de secretas que faria inveja ao mais bem organizado corpo de espionagem de um país em guerra".[159] À paisana ou de uniforme, esses policiais tinham liberdade plena para deter, extorquir, espancar e encarcerar indefinidamente quaisquer pessoas, sem explicações, sem motivos e sem ter que responder pelos seus atos, conforme abundantes denúncias d'O Estado em cartas, reportagens de páginas inteiras e editoriais inflamados.[160] As cenas de espancamentos selvagens de cidadãos detidos sem culpa formada, por grupos de policiais em plena rua e à luz do dia, que causavam comoção nos passantes e revolta na imprensa, segundo O Estado, eram "coisas de todos os dias".[161]

O clima de tensão social e a consequente reação repressiva se intensificaram sobretudo depois das descobertas de arsenais de bombas caseiras, elaboradas por militantes anarquistas, em cubículos alugados por operários no Brás e no Belém, na Rua João Boemer (7/11/1919), na Rua Itapiraçaba (28/3/1920) e na Rua José Kauer (14/11/1921), onde uma criança ficou mutilada por uma detonação acidental, quando brincava com uma bomba que havia encontrado no cortiço em que morava.[162] Esses fatos forneceram à polícia a imagem de que ela necessitava para desencadear uma ação repressiva sistemática, culminando em exílio sumário dos "indesejáveis": a mão anarquista, armada com as "máquinas infernais", ameaçando mandar a cidade pelos ares.[163] Alguns empresários, aliás, aproveitaram essa onda de suspeição generalizada e, enfrentando insolvência em seus negócios, lançaram mão de incêndios criminosos em suas instalações, para fraudar as companhias de seguro, deixando recair as suspeitas sobre o terrível inimigo invisível. O que só contribuía para acentuar o ambiente de tensão. Incêndios de grandes proporções vieram assim, fosse por fraude ou pelas péssimas condições de estocagem, a compor o cotidiano urbano, atraindo vastas multidões e acrescentando ao cenário da cidade, em lances casuais e imprevistos, embora de algum modo supostos, espetáculos sinistros em que a luta frenética dos bombeiros contra um inferno de proporções monumentais ritualizava em crepúsculos artificiais a fatalidade, a insegurança, a impotência e a volatilidade da própria solidez.[164]

Muito mais institucionais, consistentes e menos imprevistos que os incêndios eram as "geladeiras". Esse era o nome pelo qual eram popularmente conhecidos os postos policiais da cidade, com grande destaque para os do Cambuci, da Liberdade, da Sete de Abril e — celebridade suprema — o da Vila Mariana. Eles eram alternativamente chamados também de "postos da morte". O sentido e o uso da expressão eram literais. Esses postos policiais se compunham de cubículos carcerários deliberadamente privados de luz, insolação, arejamento e quaisquer formas mínimas de conforto, de modo que, sob as condições habituais de frio e umidade em São Paulo, acabavam se tornando focos extremos de resfriamento e insalubridade. Para lá eram enviadas as vítimas das batidas policiais, sem qualquer processo formalizado ou comunicação da prisão à Justiça, ficando os presos incomunicáveis definhando nos cárceres, sendo comum que adoecessem e chegassem aos estertores, quando eram então rapidamente transportados para consumarem sua crise final na Santa Casa de Misericórdia.[165] Atente-se para o tom de desamparo e angústia dessa carta dos detentos do posto da Vila Mariana, enviada para a redação e publicada n'*O Estado*:

> Sr. redator — Nós, presos e encarcerados no posto policial da Vila Mariana, vimos trazer ao vosso conhecimento, a fim de que o torneis público, o que se passa nesse departamento de polícia, de cujos agentes secretos somos vítimas indefesas. Detidos inopinadamente, sem que se nos explique que delito cometemos, fomos

passados pelo Gabinete de Identificação, após o que trazidos para este posto, em cujas prisões permanecemos, sem saber até quando, completamente privados do mínimo conforto que, nos países civilizados, não se rejeitam aos mais temíveis celerados. Estamos recolhidos às dezenas em prisões que não comportam nem a metade desse número e o nosso leito é o chão duro, de cimento, não sendo também fornecida alimentação senão de péssima qualidade e uma única vez ao dia. Há em nossa companhia mendigos e outros indivíduos presos sem culpa formada, que aqui jazem há vários meses em quase completa nudez e cruciados de reumatismos e outros males adquiridos na horrorosa situação em que se viram atirados. [...] Julgamos, porém, que seria útil uma visita a esses lugares, antes de qualquer publicação a respeito, a fim de que, alarmados por ela, não venham os responsáveis pela nossa fortuna a remover-nos deste para outros postos igualmente — da morte — como é chamado este pelos próprios soldados e demais funcionários que nele trabalham.[166]

O repórter d'*O Estado* tentou ter acesso aos presos, mas não obteve permissão do delegado local e passou incontinenti a receber intimidações. Semanas depois, ele conseguiu obter mais detalhes sobre as condições dos presos, localizando e entrevistando os familiares de um deles, C. Fiorini, que, gravemente enfermo, fora autorizado a se comunicar com a família. Eis um trecho do relato do repórter:

Uma vez lá [no posto da Vila Mariana], mandaram-no para uma sala pequenina, em comum com presos de todas as espécies: desde gatunos conhecidos, até os pobres-diabos, como ele, que a polícia de vez em quando apanha pelas ruas por acaso, na ânsia de descobrir criminosos, na fúria de afastar os elementos perniciosos do seio da gente honesta. No cárcere da Vila Mariana em que Fiorini ficou encarcerado desde que para lá foi definitivamente, os presos dormem sobre cimento. Nem uma tábua por leito, nem um trapo por cobertor. Faça frio ou calor, é sempre assim. Falta luz, falta ar, falta tudo. Em cada grupo de presos há um, a quem a autoridade concede o título de "juiz" e, tal como na Cadeia Pública, comete o encargo de vigiar os outros. Os juízes exorbitam sempre das suas funções e, quando um dos seus companheiros de infortúnio pratica uma ação que lhes parece condenável, castigam-no pelas próprias mãos, com um cinturão de couro, que possuem para isso. Nestes últimos dias, em consequência dos maus-tratos que recebera, Fiorini se achava em tal estado, que já não podia andar.[167]

Havia, entretanto, situações ainda piores. Por vezes, dentre as vítimas que a polícia arrepanhava pelas ruas, alguns eram destacados, sobretudo os mais fortes ou aqueles que porventura despertassem o instinto de vingança dos policiais, e eram literalmente vendidos a agentes encarregados de recrutar mão de obra de qualquer tipo para os pesadíssimos esforços de fixação dos prolongamentos da Estrada de Ferro Mogiana, em pleno sertão interior de São Paulo. *O Estado* foi o primeiro a denunciar o escândalo do "trabalho escravo". *O Parafuso* lhe fez eco longamente e publicou o seguinte e esclarecedor relato sobre a ominosa brutalidade:

Há a serviço da empresa José Giorgi, mais de mil infelizes. A maioria são escravos fornecidos pela polícia. Outros são ingênuos que se deixaram seduzir pelas promessas dos agentes da empresa. [...] Lá, abrigam-se em barracões de madeira. Por leito, uma tábua! Os que vão de livre vontade ainda levam um cobertor. Os escravos vendidos pela polícia, esses passam o rigor do inverno dormindo seminus, quase ao relento, sem o mínimo agasalho. Destas reses humanas, todos seguem de São Paulo exclusivamente com a roupa do corpo. Ao fim de uma semana, trabalhando em serviço de cabouqueiro, estão imundos a feder. Se trabalham de machado ou foice, em plena mata, os seus andrajos em breve esfarrapam, esgarçados por espinhos e pontas de pau. A empresa não lhes fornece roupa. Então é que os infelizes parecem mesmo felás egípcios ou negros do Brasil anterior ao Treze de Maio: obtêm um saco de aniagem e com ele fazem uma tanga, que os recobre da cintura ao meio da coxa. E é assim, com o torso nu exposto à chuva, às ardências do sol e às ferroadas das mutucas e dos borrachudos, que eles abrem através do sertão a estrada do progresso. Pobres mártires da civilização! A empresa não oferece alimentação. Todos são obrigados a fornecer-se dos seus armazéns-sanguessugas e entregar os gêneros a um cozinheiro, pago pelo sr. Giorgi e que faz o almoço. Quanto ao jantar, arranje-se quem quiser, como puder. E que preços os do armazém da empresa! [...] Os pagamentos são feitos a cada três meses. Enquanto não chega esse dia, os escravos obtêm vales para aquisição dos gêneros, pelos preços de que demos a amostra. Se precisam de dinheiro, obtêm-no a juros de 100%, isto é, têm que entregar 10$000 [10 mil-réis] em vales para receber 5$000 [5 mil-réis] em moeda! [...] Por que não fogem? Porque há o *capanga*. A sua função é obrigar os escravos a trabalhar para que possam indenizar as despesas de viagem à empresa. Se a vítima se recusa, os meios coercitivos vão desde as ameaças até a surra a chicote e a exibição de facas e garruchas. Se se evade, partem-lhe no encalço os *cães de fila* da empresa, armados de cordas de embira para a prisão e de carabina para o caso de resistência. O serviço é brutal. Seminus e esfomeados, os escravos têm que abrir picadas, roçar o mato, construir aterros e abrir cortes às vezes na rocha viva. E sabem qual é o horário dessa tarefa extenuante? Das três e meia da manhã até o escurecer. [...] Dezesseis horas de trabalho! Apenas o dobro do que reclama o operariado mundial [...].[168]

Ao lado dessas grandes tragédias coletivas, ocorriam obviamente inúmeros outros dramas menores, em escala individual ou familiar, que desapareciam em meio às vicissitudes do dia a dia ou por entre a massa de informações da imprensa. Algumas, na sua somatória permanente, se adensavam ao ponto de surgirem quantificadas nas tabelas estatísticas, suscitando assim a atenção da imprensa. Era esse, por exemplo, o meio pelo qual se vinha a clamar contra o "crescimento inquietante de infanticídios" ou a exigir medidas contra a "escalada dos suicídios", ou a denunciar que os leprosos e os tuberculosos "morrem à míngua jogados na sarjeta" enquanto os "loucos" são "recolhidos ao xadrez" e que "dentro em pouco São Paulo será a cidade de mais mendigos no universo", sobretudo as "crianças de cinco a oito anos".[169] Mas havia ainda assim aquelas catástrofes obscuras, que não obtinham sequer a notoriedade anônima e fria das estatísticas, servindo quando muito para preencher um canto de página de jornal, em dia de pouca notícia, mais como curiosidade bizarra que a novidade que não era. O poeta e redator d'*O Estado* Amadeu Amaral captou e nos transmitiu um desses misérrimos incidentes de pé de página, conseguindo resgatar toda sua magnitude e sua visibilidade de signo de uma sociedade e de um tempo, em que as atenções haviam transitado da substância humana para as palpitações coletivamente excitadas dos sentidos.

Deu-se, há dias, nesta cidade, um fato horrível, de um horrível profundo e inenarrável, como um pesadelo obsessor. Entretanto passou quase desapercebido! [...] O caso do outro dia é de uma simplicidade atroz.

Em São Paulo há leis que proíbem o trabalho das crianças nas fábricas; mas as fábricas revogam as leis e aproveitam os trabalhos das crianças.

São essas uns operários ideais: fracos, mas espertos, tímidos, respeitosos; governam-se facilmente; ganham pouco. Venha, pois, quanto mais se puder arranjar desta lenha tenra e preciosa, que arde bem e custa barato! Encham-se as oficinas de rapazelhos na primeira flor, delgados e pálidos estes, corados e joviais aqueles, uns buliçosos e brincalhões como borboletas, outros silenciosos e diligentes como formiguinhas ajuizadas; labutem monotonamente em cantos escuros de galpão, a dobrar impressos, verguem e suem ao peso de cargas, manobrem mecanicamente, a cochilar, ao pé de um aparelho estúpido, tostem-se ao calor de uma caldeira ou ao bafo de um forno, absorvam gases, ácidos, sais e poeiras nocivas, bezuntem-se de graxas e tintas, encurvem-se, repuxem-se, torçam--se e esfalfem-se na repetição indefinida de posições forçadas e de movimentos excessivos, percam a cor e a alegria, tomem ares pávidos de cãezinhos maltratados, ou ares opacos de homens sem mais inocência nem mais doçura, chatos e rudes... Oh! Que importa tudo isso, desde que as máquinas funcionem e a fábrica renda!

Quebra-se às vezes um braço, às voltas de uma polia? Rebentam-se todos os dedos da mão sob o choque de uma barra de ferro ou ao golpe de uma alavanca? Parte-se uma cabeça no soalho, ao peso de uma ruma de coisas, por efeito de um tropeção infeliz? Tudo isso é nada. [...]

Vai daí, há dias, um pequeno de doze anos, cansado, ao fim do trabalho, adormeceu num canto da fábrica, e lá ficou esquecido. [...]

Mas na fábrica havia um guarda terrível. Esse guarda dispunha, para o seu serviço, de cinco ou seis cães policiais, fortes e bravos, afeitos a farejar carne humana, e com dentes magníficos nuns maxilares de aço.

Ora, o guarda, quando a noite era fechada, saiu, como de costume, a percorrer a fábrica, levando os seus belos cães por diante. Os molossos correm, afuroam, farejam e, de repente, dão com o pequeno adormecido. Estacam, ladram e raivam [...] e acabam por investir com o menino que, naturalmente já acordado, se recolhia transido de pavor, defendendo-se com os braços, e mordem furiosos, e retalham roupas e carnes, e arrancam talvez pedaços frementes e sangrentos do corpinho estrebuchante...

Acode afinal o guarda, contém os cães, e socorre a criança. Mas, antes houvesse deixado que morresse logo! Ela só morreu muitas horas mais tarde, após inúteis e atrozes cuidados que só puderam prolongar-lhe a angústia e o sofrimento. [...]

Pobre criança! O teu sacrifício ainda seria bom, se tivesse a virtude de levar um rebate bastante forte às consciências empedernidas e às almas egoístas e cruéis, e daí resultasse acabar-se com a ignominiosa, a infame exploração do trabalho infantil em terras de São Paulo.

A tua agonia espantosa ainda poderia ser abençoada, se fosse o sinal da redenção para esse imenso rebanho, composto de milhares de meninos-forçados como tu, que desabrocham frouxamente para a vida, numa atmosfera escura e pestosa de malvadez, de insensibilidade e de hipocrisia.

A tua morte seria quase bela no seu horror, se tivesse o poder de lançar uma sincera, religiosa rajada de piedade, de arrependimento e de ternura através dessa sociedade estéril e chata, fútil e feroz, que esmaga e devora impassível os renovos e as flores da própria vitalidade.

Mas, pobre criança! A tua tragédia parece que nem sequer foi percebida...

É certo que os jornais a noticiaram — rapidamente, como cumpria em caso tão breve, tão simples e tão "desagradável". Mas a história não abriu o mínimo sulco na consciência da população. [...]

Mas por que essa indiferença? É simples. A população andava atenta a outros objetos, mais sérios do que a morte de uma criança, fosse embora num desastre horripilante e culposo.

Havia as exibições futuristas: a arte e a literatura são fontes de alta emoção [...] — e a Vida, ao que parece, não comove, nem interessa.

Havia o Carnaval que chegava: o tempo era escasso para os preparativos da suntuosa e reles bacanal — único verdadeiro divertimento possível para uma sociedade que vive aos balanços entre a crueldade torva e o sensualismo esbagachado. [...]

E havia a campanha política — outra modalidade do profundo e coeso carnavalismo indígena, feita como as demais de espetaculosidades, de rumores de vaias, de intrigas, de imposturas, de "fantasias", e que, como as demais, depois de dar a impressão de um oceano de fúria, acaba tristemente, ao raiar de uma quarta-feira de cinzas, como um préstito desmantelado e roto sob a chuva...

Por isso, ó pobre criança! a tua tragédia enternecedora e medonha apareceu, nos jornais, aos olhos indiferentes da multidão, como o relato resfriado de alguma atrocidade oriental, colhido em livros de argila com inscrições cuneiformes, dos tempos de Assurbanípal ou de Senaqueribe. [...]

O assalto da ferocidade humana transfundida nos cães deu-te a amostra mais intensa e perfeita desta civilização canina, que organizou o crime, e para a qual o amor e a doçura são vergonha; mas, em seguida, lançou-te para o outro mundo, onde continuarás o teu sono tranquilo, e talvez — quem sabe? — o teu sonho![170]

Esse sonho, qualquer que ele tenha sido, o sonho da criança-operário, o sonho do poeta, o sonho do jornalista, não importa, essa penumbra impalpável, imaterial, fugidia, seria talvez a realidade mais tangível dos anos 1920 e por certo seria o objeto mais obstinadamente perseguido. O poeta-jornalista provavelmente se enganava ao considerar que o afã do gozo público e do espetáculo ritual era coisa diversa e oposta, roubando-lhe o sentido, da tragédia do operário-menino. O apelo dessas cerimônias massivas de dispêndios desejantes era tão forte, tão arrebatador, tão compulsivo, talvez justamente porque elas exorcismavam um estado intolerável de consciência aflita, esfacelada, desolada, erodida pela crueza de um cotidiano que, ele sim, teve roubado o seu sentido, substituído por automatismos inexoráveis. O jornalista-poeta se perguntava sobre o fundamento ético dissolvido por esses novos mecanismos, que agora movem o mundo e os homens. A criança-operário sonhava e talvez sonhasse com o Carnaval.

3. O vento das trincheiras é quente

No dia 31 do mês de agosto de 1914
Eu parti de Deauville um pouco antes da meia-noite
No carrinho de Rouveyre

Junto com seu chofer nós éramos três

Nós demos adeus a toda uma época
Gigantes furiosos se erguiam por sobre a Europa
As águias deixavam seus ares aguardando pelo sol
Os peixes vorazes subiam dos abismos
Os povos acorriam para se conhecer a fundo
Os mortos estremeciam de medo nas suas moradas sombrias
..
E quando depois de ter passado à tarde
Por Fontainebleau
Nós chegamos a Paris
No momento em que se afixavam os cartazes da mobilização
Nós compreendemos meu camarada e eu

Que o carrinho nos havia conduzido a uma época Nova
E se bem que sendo já ambos os dois homens maduros
Nós no entanto acabávamos de nascer.

Apollinaire, "La petite auto"

SEDIÇÕES DE SONÂMBULOS REGRESSIVOS

Em fins de fevereiro de 1903, em algum ponto remoto das Ilhas Marquesas, no Pacífico Sul, onde se exilara voluntariamente, Gauguin teve um sonho. Não é sem interesse lembrar que esse sonho tenha ocorrido cerca de dois meses antes da morte do pintor, repentina e inesperada. Na publicação póstuma das cartas e anotações pessoais de Gauguin, sob o nome de *Oviri, escritos de um selvagem*, o relato desse sonho, intitulado pelo editor de "O Império da Morte", fecha o volume com seu estranho tom premonitório.[1]

[...] nessa noite sonhei que estava morto e, coisa curiosa, era nesse exato momento que eu me sentia vivendo feliz.

[...] Eu fui levado a pensar, ou melhor, a sonhar, nesse momento em que tudo estava absorvido, adormecido, anulado, no sono da primeira era, em germes. Princípios invisíveis, indeterminados, inobserváveis pois, todos, pela inércia primeira de sua virtualidade, sem um ato perceptível ou perceptivo, sem realidade ativa ou passiva, sem coesão por isso mesmo, que não ofereciam evidentemente senão um caráter, o da natureza inteira sem vida, sem expressão, dispersa, reduzida a nada, engolfada na imensidão do espaço que, sem forma alguma e como que vazia e penetrada pela noite e o silêncio em todas as suas profundezas, deveria ser como um abismo sem nome. Era o caos, o nada primordial, não do Ser, mas da Vida, que depois seria chamado o Império da Morte, quando a vida que aí fora produzida, para aí retornasse.

[...] E no meu sonho um anjo de asas brancas vem a mim sorrindo. Atrás dele vem um velho segurando na mão uma ampulheta:

— Inútil me perguntar, me diz ele, eu conheço o teu pensamento. [...] Peça ao velho para que mais tarde te conduza ao infinito e tu verás o que Deus quer fazer de ti e tu descobrirás que hoje tu és extraordinariamente incompleto. Que seria da obra do Criador se ela fosse feita num único dia? Deus não repousa jamais.

O velho desapareceu e, acordado, levantando meus olhos para o céu, eu percebi o anjo de asas brancas que subia em direção às estrelas. Sua longa cabeleira loira deixava no firmamento como que um rasto de luz.[2]

Foi esse de fato um sonho? Ou foi antes um devaneio da vigília, ou ainda um autêntico delírio alucinatório? Gauguin viu mesmo um anjo dourado desaparecendo no espaço sideral, ou teria dormido mal ao relento, padecendo de pesadelos e acordado quando passava um cometa? Qualquer que seja o caso, o sonho é sem dúvida mais relevante que as circunstâncias que o engendraram. Alguma espécie de visão como essa ocuparia as camadas mais profundas e insondáveis das melhores mentes de todo esse contexto turbulento de transição entre os séculos XIX e XX. Cientistas que mergulhariam no âmago da matéria ou sondariam os confins do universo ou as origens da vida. Artistas que buscariam as bases estruturais da percepção e das formas de representação. Filósofos que imergiriam nos ardis recônditos da linguagem. Políticos e intelectuais que investigariam as raízes da ordem social e da justiça. Médicos e psicólogos que perscrutariam os segredos penumbrosos do inconsciente. Industriais, militares, desportistas e ativistas que decomporiam a ação, para chegar ao gesto puro. Sempre a mesma obsessão: uma regressão crucial à mais remota fonte da origem, a descoberta do substrato mais íntimo e mais básico, depois o salto brusco para a fundação de uma nova ordem e um novo mundo.

O núcleo dessa obsessão e sua palavra de ordem se condensavam na máxima de Gauguin: "Sondar o centro misterioso do universo".[3] Não é casual que quando da iminência da morte de um dos últimos e mais marcantes membros dessa geração de fundadores de novas realidades, Paul Klee, em 1940, ele tenha redigido o seu próprio epitáfio, ecoando o testamento polinésio de Gauguin nas alturas rochosas e geladas dos Alpes suíços.

> *Eu não posso ser cingido no aqui e agora*
> *Pois eu tanto vivo com os mortos*
> *Como com aqueles ainda não nascidos*
> *De algum modo mais próximo do centro da criação que o habitual*
> *Porém longe ainda de suficientemente perto.*[4]

"Deus não repousa jamais." Essa intuição do subconsciente de Gauguin é uma variante em muitos aspectos mais intrigante que a categórica declaração "Deus está morto", pronunciada por Nietzsche, exatos vinte anos antes. Não há então um plano predeterminado para os arranjos do existente, nem um curso definido para a ação. Há um todo, mas ele é aberto, há o homem mas ele é para sempre incompleto, há o tempo mas ele não comanda as mudanças, antes caminha no sentido inverso delas. O sentido da criação, constrangedoramente, palpita com maior vigor no caos da origem do que em qualquer suposta e inverossímil ordem evolutiva ou final dos elementos. As dimensões oníricas profundas da mente, que compartilham da força desse impulso primordial, são por isso guias mais legítimos que as superfícies encrostadas da consciência, esterilizadas pelo longo empenho histórico da imposição de padrões de ordem e estabilidade. Resgatar a origem é retornar ao caos, retornar ao caos é recuperar a vida, recuperar a vida é reinvestir de dignidade a ação, esvaziada que fora desde que se tornou a repetição contínua de rituais cotidianos ocos de sentido e secos de emoção.

Reinventar o cosmos e a vida era um modo de representar simbolicamente o problema de uma sociedade passando por um fluxo volatizador de mudanças, mas submetida a uma ossatura institucional e intelectual rígida ou pouco flexível. Era um problema peculiar à Europa do norte em especial e ao conjunto de transformações radicais que passam a se operar em sua base econômica a partir de cerca de 1870. Esse fenômeno é genericamente denominado Revolução Científico-Tecnológica ou, mais simplesmente, Segunda Revolução Industrial. Ele se refere à substituição das pequenas unidades fabris, baseadas no trinômio carvão, ferro e vapor, típicos da Revolução Industrial desencadeada na Inglaterra por volta de 1780. Essas pequenas unidades foram então suplantadas pelos grandes complexos industriais ligados à produção de aços especiais, produtos químicos e motores de explosão e baseados nas novas e revolucionárias modalidades de energia, o petróleo e a eletricidade.

Nesses novos complexos industriais não é só o volume da produção que se altera drasticamente, pressionando pela expansão e abertura de novos mercados, mas também a sofisticação científica dos processos de produção e a necessidade de concentrações maciças de capital para os investimentos de base. Suas formas ótimas de organização interna compreendem sistemas altamente racionalizados de economia de escala e economia de extensão. Externamente eles tendem a arranjos monopolísticos e oligopolísticos de alcance internacional, para garantir o controle dos mercados, a maximização dos lucros e a eliminação da concorrência. No plano social, eles promovem uma multiplicação, concentração e especialização sem precedentes dos contingentes de operários industriais e suscitam a formação das grandes megalópoles do mundo moderno. Nesse contexto de expansão, concentração e intensificação de potenciais econômicos, sociais e políticos, fica claro o limite representado tanto pelo liberalismo econômico livre-concorrencial, de corte manchesteriano, como por um liberalismo político conduzido por agentes individuais independentes.[5] É sintomático, pois, que naquele mesmo momento em que Gauguin tinha a sua perturbadora visão do Império da Morte, um outro pensador francês, realizando um dos primeiros balanços das consequências implicadas nas profundas transformações em curso, publicava um livro em Paris, intitulado *Introdução à economia moderna*. O nome desse pensador era Georges Sorel e, na conclusão de suas reflexões, o caminho que ele apontava para a solução da grave crise de colapso do arcabouço liberal era — sinal dos novos tempos — a instauração do "culto da violência".[6]

Pode-se tentar compreender então, nesse quadro ampliado, não só o extenso eixo que liga a Polinésia, os Alpes suíços e Paris, mas toda a rede entranhada que estreita como nunca os vínculos entre os polos econômicos da Europa do norte, os Estados Unidos e o Japão, tanto com os trópicos e as vastidões equatoriais relutantes, quanto com os extremos sinérgicos do Ocidente e do Oriente, num mundo em que o espaço e as distâncias vão se tornando cada vez mais irrisórios, diluídos pelo advento encadeado do motor de explosão, da eletricidade, do telégrafo, do rádio, do avião, da fotografia, do cinema e da imprensa de massa. Sorel, em seu livro, se referia à questão social e a vislumbrava sob a perspectiva do sindicalismo revolucionário. Mas o fato é que o "culto da violência" ia se tornando uma fórmula imperativa para desenlaçar os vários entraves que se opunham ao pleno desenvolvimento dos novos potenciais deflagrados, em todos os níveis, pela situação criada com a revolução técnico-científico-econômica. O contexto como um todo, abrangendo uma escala mundial, pela primeira vez articulado como uma unidade orgânica, pulsando sincronicamente conforme ao rigor do tempo de Greenwich (estabelecido em 1884), se torna, literalmente, explosivo como uma bomba-relógio.[7]

Um político inglês diagnosticou a situação em 1887 em termos inequívocos: "A presente posição do mundo europeu é tal que a pura força ocupa um lugar maior do que jamais ocupou nos tempos modernos desde a queda de Napoleão".[8] Não era preciso esperar pela Grande Guerra para que essa observação fosse confirmada. A guerra já era de fato uma realidade fora do continente europeu, com as potências conquistando e redistribuindo entre si as várias regiões do globo que ainda não se achavam sob sua administração indireta ("indirect rule") ou sob regime de protetorados. "Entre 1876 e 1915, cerca de um quarto da superfície do globo foi distribuída ou redistribuída como colônias entre uma meia dúzia de Estados. A Inglaterra aumentou seus territórios em cerca de 4 milhões de milhas quadradas, a França em cerca de 3,5 milhões, a Alemanha adquiriu mais de 1 milhão, a Bélgica e a Itália pouco menos de 1 milhão cada. Os Estados Unidos adquiriram cerca de 100 mil, sobretudo tomados à Espanha, o Japão obteve algo equivalente às expensas da China, Rússia e Coreia."[9] Afora as conquistas, os europeus exercitaram sua força militar contra populações nativas revoltadas em inúmeras "rebeliões coloniais" por toda parte, provocadas pela intensificação das pressões econômicas e a consequente dissolução de seus modos de vida tradicionais. Nas áreas sob controle indireto, as potências europeias influíam mediante apoio financeiro e logístico às forças locais mais consoantes com os seus interesses, como no caso ilustrativo da Guerra do Paraguai. Não seria demais recordar, aliás, o papel decisivo que essa guerra teve na desestabilização do regime monárquico e posterior proclamação da República no Brasil, abrindo assim as portas a uma autêntica enxurrada de investimentos ingleses.[10]

No âmbito interno, as potências europeias, o Japão e os Estados Unidos viviam um outro tipo de guerra, representado pela ascensão dos grandes complexos industriais oligopolísticos e monopolísticos e seus efeitos dissolventes sobre as estruturas e instituições desses países. Dada a extraordinária eficácia da sua racionalidade organizativa, a sua capacidade de mobilizar e manipular vastos recursos financeiros e econômicos e o seu alcance mundial, essas corporações conduzem a uma reformulação do quadro institucional. Segundo um eminente historiador econômico inglês, "sob o controle desses poderosos gigantes industriais, que foram descritos como os verdadeiros provedores do caminho para o planejamento, os grandes negócios ['big business'] se tornaram um 'sistema organizado de poder'".[11] Tal tendência à transição da livre-concorrência para os mercados cartelizados e a economia planificada seria decisivamente acentuada pela Grande Guerra, como decorrência das políticas obsidionais que identificavam poderio militar com capacidade econômica no mundo científico-tecnológico.[12]

Essa equação entre a capacidade de produzir e movimentar e a eficácia em vencer guerras fora provada pela primeira vez na espetacular vitória alemã sobre os franceses em 1870. A Guerra Franco-Prussiana revelou todo o potencial da chamada "revolução moltkeana": a introdução do alistamento militar obrigatório, a rápida mobilização dos grandes contingentes de conscritos através da nova rede ferroviária e a instantânea reconversão do aparato produtivo nacional em função do apoio ao esforço de guerra.[13] A lição foi rapidamente aprendida e adotada por toda a Europa. A contínua produção industrial maciça de armamentos, a partir de então, os exercícios, treinamentos e manobras militares constantes é que levaram o período de 1870 a 1914 a ser chamado de "paz armada".[14] O equivalente psicológico dessa preparação sistemática para a guerra era o nacionalismo exaltado, difundido em especial pelos novos órgãos de educação pública leiga e movimentos de juventude de toda ordem.[15]

O rearranjo interno das potências econômicas, a transformação estrutural do mercado capitalista e a intensificação simultânea das práticas simétricas do protecionismo e do imperialismo iriam introduzir uma nova dinâmica nas relações internacionais, instituindo um mercado de escala global que, paradoxalmente, acentuava, ao invés de atenuar, as condições desiguais de troca entre as nações desenvolvidas e aquelas adstritas a estruturas produtivas tradicionais ou arcaicas. Se as metrópoles econômicas se beneficiaram de um boom de prosperidade de 1900 a 1914, que lhes permitiu fundar as instituições sociais compatíveis com a democracia liberal de massas, escapando assim à iminência da guerra civil, como o analisou o colonialista Cecil Rhodes, isso se deveu em grande parte aos proventos de capitais e produtos oriundos de suas relações com as partes do mundo mantidas sob regimes oligocráticos e sociedades brutalmente discricionárias.[16] Assim, enquanto a prosperidade econômica criava a oportunidade para o estabelecimento da democracia de massas nas economias centrais, nos territórios que lhe eram adjacentes ou remotos ela viria a agravar, ainda mais, formas seculares de opressão. O historiador Eric Hobsbawm estabeleceu um painel claro e vivo desse novo panorama econômico global.

> O fato de maior relevo do século XIX foi a criação de uma economia global unificada, progressivamente atingindo os mais remotos recantos do mundo, uma rede cada vez mais densa de transações econômicas, comunicações e movimentos de mercadorias, capitais e pessoas, ligando os países desenvolvidos uns aos outros e com o mundo subdesenvolvido. [...] Essa rede sempre mais estreita de circuitos de transporte trouxe mesmo os mais atrasados e anteriormente marginais para dentro da economia mundial, e criou um

novo interesse dentre os velhos centros de riqueza e desenvolvimento nessas áreas remotas. De fato, agora que elas eram acessíveis, muitas dessas regiões pareciam à primeira vista serem simples extensões potenciais do mundo desenvolvido, que estavam sendo ocupadas e desenvolvidas por homens e mulheres de origens europeias, extirpando ou empurrando os habitantes nativos, gerando cidades e, no devido momento, civilizações industriais: os Estados Unidos a oeste do Mississípi, Canadá, Austrália, Nova Zelândia, África do Sul, Argélia e o cone sul da América Latina. [...]

Aquelas civilizações agora necessitavam do exótico. O desenvolvimento tecnológico dependia nesse momento de matérias-primas que, por razões de clima ou acasos da geologia, deveriam ser encontradas, exclusiva ou profusamente, em áreas remotas. [...] Afora as demandas das novas tecnologias, o crescimento do consumo em massa nos países metropolitanos produziu um mercado de gêneros alimentícios em rápida expansão. No seu volume maior, ele era dominado pelos gêneros básicos das zonas temperadas, grãos e carne, agora produzidos a custos baixos e em vastas quantidades em várias zonas de ocupação europeia — nas Américas do Norte e do Sul, Rússia e Australásia. Mas ele transformou também o mercado para produtos longa e caracteristicamente denominados "produtos coloniais", vendidos nos armazéns do mundo desenvolvido: açúcar, chá, café, cacau e seus derivados. [...]

O interesse econômico [dos "territórios dominados"] se baseava numa combinação de recursos naturais e uma força de trabalho que, constituída de "nativos", custava pouco e podia ser mantida barata. Entretanto, as oligarquias de latifundiários e negociantes — locais, vindos da Europa ou ambos — e, onde eles os tivessem, seus governos, se beneficiaram da amplitude do período de expansão secular de exportações dos produtos dominantes das suas regiões. [...] Assim, embora a Primeira Guerra tenha desorganizado alguns dos seus mercados, os produtores dependentes estavam muito longe dela. Do seu ponto de vista, a era dos impérios, que começou em fins do século XIX, durou até a Grande Crise de 1929-33. De qualquer modo, ao longo desse período eles iriam se tornando cada vez mais vulneráveis, já que suas fortunas eram, de um modo sempre crescente, uma função do preço do café (que por volta de 1914 já perfazia 58% do valor das exportações do Brasil e 53% da Colômbia), da borracha e alumínio, do cacau, carne ou lã. Mas até a queda vertical dos preços dos produtos primários, durante a crise de 1929, essa vulnerabilidade não parecia ter uma significação de longo termo, comparada à expansão aparentemente ilimitada das exportações e créditos. Pelo contrário, como vimos, antes de 1914 os termos do comércio pareciam estar, de qualquer modo, correndo em favor dos produtores primários.[17]

Nas economias dominantes, o afluxo dos produtos exóticos, basicamente estimulantes ou energéticos (chá, café, açúcar, cacau, tabaco), combinava a caráter com o modo de vida implantado pelas novas tecnologias, elas próprias constituindo aportes recentes e extravagantes. A principal afinidade entre os aparatos tecnológicos e os produtos coloniais consistia no seu efeito de aceleração. Aceleração da produção, aceleração dos transportes, aceleração dos movimentos físicos, aceleração da diversão e do prazer. Nesse sentido, uma outra importação exótica, calorosamente recebida, são as danças de forte base rítmica: ciganas, eslavas, hispânicas, mas, sobretudo após a Guerra, principalmente negras. A rigor, e significativamente, a dança se torna a arte do momento em praticamente todos os níveis sociais.[18] Não deve surpreender, portanto, e é bem ilustrativo desse estado de espírito, o modo como o poeta cubista Max Jacob define sua existência nesse verso singelo: "Minha vida é um tango".[19] Mas nada supera a força lírica com que o também poeta Paul Valéry glorifica a dança, nesse momento, como o próprio epítome ritual da dissolução, da volatilidade, fixando pelo movimento o nexo primitivo entre o nada e o nascimento da vida. Ei-lo personificado em Sócrates, comentando sua reação diante do desempenho de uma dançarina grega, no diálogo *A alma e a dança*.

Não parece [...] da criatura que lá vibra e se agita adoravelmente aos nossos olhares, que se divide, se recolhe, se levanta e se abaixa, se abre e se fecha tão prontamente e parece pertencer a constelações diversas das nossas, que tenha o ar de viver, e com toda graça, num elemento semelhante ao fogo, numa sutilíssima essência de música e movimento, da qual aspira uma energia inexaurível, ao mesmo tempo em que participa com todo o seu ser da pura e imediata violência da beleza extrema? [...] E a chama não é também a forma inefável e feroz de uma destruição nobilíssima? [...] A bela dança, oh! meus amigos, não é essa libertação do nosso corpo inteiro, possuído do gênio da mentira e da música — ela também uma mentira —, e ébrio de negar a verdade irrelevante? Vejam aquele corpo que se lança num rompante, como a chama que sucede à chama, vejam como pisa e atropela tudo quanto é real, como com alegre ira destrói o próprio lugar em que se encontra e como se embriaga dos excessos de suas metamorfoses. E como luta contra o intelecto? Não o veem a querer rivalizar no aspecto e na rapidez com a alma? Estranhamente é ciumento da liberdade e da ubiquidade que crê possuída pelo intelecto. [...]

E o corpo, no estado em que se encontra, vejam que não pode mais se conter na extensão. Onde meter-se, para onde se mudar? [...] Sendo coisa, explode em eventos, se arrebata. E como o pensamento excitado atinge a qualquer substância, vibra pelo tempo e pelos instantes, supera qualquer diferença, e como na nossa mente se formam em simetria as hipóteses, se ordenam e se enumeram os possíveis, aquele corpo se exercita em qualquer parte sua e se combina consigo mesmo e se dá forma após forma, se evadindo inacessivelmente de si mesmo. Ei-lo agora no estado semelhante à chama, no centro das transposições mais ativas. Não se pode mais falar de movimento: os gestos já não se distinguem dos membros.

Aquela que era uma mulher, foi devorada por inúmeras figuras. Os lances de energia do seu corpo me propõem um pensamento extremo. Como nós solicitamos à nossa alma inúmeras coisas para as quais ela não nasceu, e exigimos que nos ilumine e prognostique e revele o futuro, esconjurando-a por fim a descobrir o Deus, da mesma forma esse corpo quer unir-se a uma inteireza possuída de si mesmo e a um ponto de glória sobrenatural; mas cabe a ele como à nossa alma, para a qual o Deus, a sabedoria, o abismo que lhe demandam não são e não podem ser senão instantes, lampejos, fragmentos de um tempo estranho, lances desesperados para fora da própria forma. [...]

Eu mesmo me sinto invadido de energias extraordinárias; eu as sinto irradiarem de mim, que ignorava conter tais virtualidades. Num mundo sonoro, retumbante e ritmado, a intensa festa do corpo diante da nossa alma oferece alegria e luz; qualquer coisa é solene, qualquer coisa é simples, tudo é vivo e forte, tudo é possível de um outro modo, tudo pode recomeçar indefinidamente. Nada resiste à batida alternada dos fortes e dos fracos. Bate! [...] Um corpo com a sua simples energia, num ato, é forte o suficiente para alterar mais profundamente a natureza das coisas, do que o intelecto com seus sonhos e especulações jamais alcançará.[20]

Essas ênfases no movimento, na ação física, na força, no instinto primário, na dissipação, enaltecidos nessa sublime exaltação de Valéry, revelavam com um apuro palpitante os estados de disposição num mundo que se dissolvia. Foi mais a consumação de uma longa e angustiada expectativa, do que uma inesperada surpresa, o terremoto com que Vaslav Nijinski dividiu a história das artes cênicas entre antes e depois da sua convulsiva performance na estreia da *Sagração da primavera*, com a música tonitruante de Igor Stravinski, no Ópera de Paris em 1913. Todo esse período é marcado por uma sucessão desses deuses dançantes, preconizados por Nietzsche e sua célebre divisa, "nunca acredite num deus que não saiba dançar". O momento de passagem do século foi protagonizado pela norte-americana obcecada pela Grécia antiga, Isadora Duncan. Dos anos 1910 aos anos 1920, imperou soberano sobre o mundo o russo Nijinski, até que a loucura forçou sua sucessão pela sua genial irmã, Bronislava Nijinska. Nos anos 1920, a coroa passaria para a norte-americana Josephine Baker, cuja formação artística provinha das raízes mais profundas da cultura negra no seu país.[21]

Por trás dessa vertigem coletiva da ação e da velocidade, engendrando-a, estimulando-a, sem permitir a reflexão sobre suas consequências nas mentes e na cultura, as inovações tecnológicas invadiam o cotidiano num surto inédito, multiplicando-se mais rapidamente do que as pessoas pudessem se adaptar a elas e corroendo os últimos resquícios de um mundo estável e um curso de vida que as novas gerações pudessem modelar pelas antigas. As novas formas de energia ampliavam o tempo sem parar, na proporção inversa em que encurtavam os espaços. A matéria passava a obedecer cegamente a essas fontes invisíveis de energia e tudo parecia instável, a se mover, até as estruturas de aço maciço da Torre Eiffel subindo aos céus, ou as seculares muralhas de Viena desaparecendo da noite para o dia, para dar lugar a novas avenidas cheias de veículos velozes e palácios modernos erguidos num piscar de olhos. É muito sugestivo, nesse sentido, o depoimento de Raymond Loewy.

> Aos quatorze anos, em Paris, onde eu havia nascido, eu já tinha visto o nascimento do telefone, do aeroplano, do automóvel, da eletricidade doméstica, do fonógrafo, do cinema, do rádio, dos

elevadores, dos refrigeradores, dos raios X, da radioatividade e, não menos importante, da moderna anestesia.[22]

Pode parecer impressionante, mas o fato é que Loewy foi muito discreto na sua avaliação. Ele, por exemplo, deixou de mencionar as linhas de montagem, os transatlânticos, as motocicletas, as instalações de gás doméstico, os modernos fogões e sistemas de aquecimento, a máquina de costura, o aspirador de pó, as máquinas de lavar, as instalações sanitárias e válvulas hídricas modernas, o concreto armado, os alimentos enlatados, os refrigerantes gaseificados, os sorvetes industrializados, as aspirinas, as lâmpadas elétricas, as máquinas de escrever e de calcular, o ditafone, a caixa registradora e — essas revoluções dos sentidos — o parque de diversões eletrificadas, a roda-gigante e a montanha-russa.[23] A lista é ainda muito modesta, mas pode servir como referência. Num intervalo menor que o de uma geração, o mundo se transformara completamente. A voracidade de mercados de consumo dos grandes complexos industriais os forçava a orientarem a sua produção para as grandes massas urbanas, o que também era inédito. O automóvel, aparecido como uma extravagância no final do século XIX, tornou-se produto de luxo no começo do século e recebeu suas primeiras versões populares no contexto da Guerra, tornando-se imediatamente uma necessidade. O problema geral das imaginações era menos o de conceber o novo mundo do que livrar-se do antigo. A Guerra se encarregaria disso em grande parte. Seu rescaldo, porém, seria o culto da ação coletiva e da violência, que ela decantara em estado puro em suas várias manifestações.

As modernas formas de comunicação de massas, a fotografia, o cinema e os cartazes reiteravam essa ênfase tecnológica sobre a ação e a velocidade, ressaltando ademais o papel privilegiado concedido nessa nova ordem cultural à imagem, à luz e à visualidade. É sabido o quanto essas três formas de comunicação incidem, mobilizam e demandam relações com as camadas mais profundas do subconsciente e como possuem o poder de causar impressões de grande magnitude em função do uso de prodigiosos efeitos de luz e do chamado realismo mecânico, a mágica verossimilhança obtida pelas técnicas fotográficas.[24] Sem considerarmos esse poder irresistível da fotografia, do cinema e do cartaz, não se poderia compreender a amplitude, rapidez e persistência, apesar do morticínio atroz, das vastas mobilizações demandadas pelo esforço de guerra, assentes sobre os três fatores-chave — a grande indústria, a rede de comunicações e a propaganda —, resultando no que foi chamado pela primeira vez de "guerra total", por envolver simultaneamente o front e o cotidiano das populações civis num único e grande movimento, elétrica e mecanicamente coordenado.[25] As fotografias, cartões-postais e filmes preencheriam igualmente a nostalgia, as carências afetivas e saudades dos que foram e daqueles que ficaram, dando origem ao controle político das imagens em função dos estados de ânimo desejáveis. No caso dos filmes, essas práticas justificariam plenamente o cognome atribuído ao sistema vigiado e codificado de produção dos filmes de Hollywood, como a "fábrica de sonhos".[26] Todos esses processos atingiriam seus ápices de perfeição, porém, no contexto turbulento do período do pós-guerra.

A Grande Guerra, portanto, ao contrário do que se poderia pensar, foi em grande parte ansiada e bem-vinda, o que ajuda a esclarecer o grande número de intelectuais e artistas, sem falar das milhares e milhares de pessoas anônimas que, apesar de sua intransigente índole humanitária, se alistaram voluntariamente para participar dela. Desejada e apresentada pela propaganda como "a última das guerras", como a solução radical para os conflitos, os desequilíbrios e o mal-estar prevalecentes, como o momento redentor final de sacrifício para a construção de um novo mundo, mais livre e mais justo, ela, por grotesco que pareça hoje, foi deflagrada mobilizando esperanças. Mas esse momento inicial pouco durou e, quanto mais ela se delongava e mais pavorosa e insensata se tornava a carnificina, os sentimentos iniciais iam se metamorfoseando no seu oposto, o desespero, o horror, o ódio visceral à ordem existente e um misto de cólera reprimida e impotência. Sem entender as expectativas iniciais que ela gerou e as cumplicidades que angariou, não se pode avaliar a extensão e a profundidade do lastro de ressentimento que ela deixou.[27]

Por outro lado, um novo mundo pôde desabrochar com a Guerra. Não com certeza o mundo mais perfeito que se ansiava, mas sem dúvida algo de muito novo. Foi no contexto da Guerra, por exemplo, que as novas técnicas de racionalização industrial e gerenciamento científico se consolidaram e obtiveram sua consagração definitiva dando pleno curso aos mercados de massa. Foi ela também que assentou em bases definitivas o planejamento econômico, definindo novas práticas intervencionistas, um novo estilo de liderança e toda uma nova concepção da ação estatal. Depois dela foram progressivamente democratizados o automóvel, as passagens transatlânticas e as remessas de avião. Mas foram também reforçados como nunca os prestígios carismáticos, as correntes irracionais, as submissões voluntárias aos apelos emocionais, sobretudo os de mais forte invocação instintual. Desespero, massificação, instinto e caos formavam uma combinação sui generis, embora também, para dizer o mínimo, deveras preocupante. Se o mundo de antes da Guerra comportava uma convulsão latente, a transpirar soturnamente em incidentes diários que carregavam presságios sombrios, após o armistício a convulsão era aberta, ampla e de consequências imprevisíveis. Nas palavras de F. L. Carsten, no seu *A ascensão do fascismo*:

Em comparação com o mundo depois de 1918 — um mundo dilacerado por conflitos sangrentos, ódios políticos, guerras civis, convulsões revolucionárias e contrarrevolucionárias — o mundo dos anos antes de 1914 era um paraíso de paz. [...] Foi a Guerra em si que desenraizou as massas, que organizou e sancionou a violência numa escala maior do que qualquer dos líderes nacionalistas ou antissemitas jamais houvera sonhado. [...] A partir da Guerra seguiu-se a revolução e a guerra civil, manifesta ou encoberta. Em vastas partes da Europa a velha ordem entrou em colapso e a Era da Violência começou.[28]

Foi de cerca de 25 milhões o número de mortos de 1914 a 1923, devido à Guerra e acontecimentos correlatos. Para se ter uma ideia do que esse número representava, basta lembrar que a última guerra de grandes proporções, a Franco-Prussiana, deixara um saldo de 174 mil mortes. A mudança de escala era traumática e ninguém, nem mesmo os oficiais familiarizados com os modernos equipamentos bélicos, estava preparado para essa magnitude de perdas humanas. Grande parte desse descalabro se deveu exatamente ao descompasso entre o predomínio de uma mentalidade presa a uma concepção de guerra pré-tecnológica e a realidade completamente nova, introduzida pelas armas modernas no campo de batalha. A tradicional associação entre aristocracia e cavalaria, que fazia desta a arma de elite e a peça decisiva da definição dos combates, já havia ruído há tempos com a introdução das metralhadoras. Diante das linhas de metralhadoras, a ideia convencional de lançar a infantaria como arma de choque para enfraquecer e desorganizar o adversário, preparando o terreno para o golpe final da cavalaria, tornou-se, mais que obsoleta, homicida. Avançar a pé contra a parede de fogo das metralhadoras significava apenas ser dizimado, sem causar qualquer dano ao inimigo. Ambas as partes levaram quatro anos ao longo do Maine e dispuseram da vida de 10 milhões de jovens para aprender isso. Só as soluções tecnológicas — aviões, fotografia e filmagens aéreas, bombardeios aéreos, tanques e artilharia pesada com fogo de precisão —, aplicadas sobretudo pelos americanos e canadenses, é que mudaram o panorama e o desfecho do conflito.[29]

Mas como se sabe, pior ainda que a tragédia da Guerra foi o trauma do Armistício, conduzido sobre considerações de interesse, ódios e ressentimentos que, em vez de acabar de vez com todas as guerras e criar o novo mundo, montou uma situação explosiva constituída de humilhações, cobiças, frustrações e o mais difundido desejo de vingança. Se a Guerra se provara de um absurdo atroz, a paz consagrara o primado da irracionalidade instituída. Somada à inflação e à especulação desenfreada, ela concorreu para secretar o mito da "geração perdida" ou da "juventude traída", insuflando seu empenho para a construção do "novo homem", da "nova ordem" ou do "espírito novo", o resgate, enfim, da brasa viva e flamejante, a última e a primeira energia pura, de sob as cinzas estéreis da destruição europeia.[30] No imediato pós-guerra, essa sensação de um chamado místico, que percorria os céus da Europa anunciando um novo tempo, já era muito clara. A divisão do mundo entre os corrompidos, associados ao passado, e os puros, voltados para o futuro, também. A concisão, acidez e franqueza do epitáfio que Rudyard Kipling propõe para a juventude imolada reflete bem essa nova disposição.

If any question why we died,
Tell them, because our fathers lied.[31]

Mais circunstanciado e pressentindo uma mudança terrível em vias de se consumar é o poema "A torre de crânios", do inglês Isaac Rosenberg, ele próprio uma vítima dos últimos momentos da Guerra, quando escreveu esse testamento seu e de sua geração. As imagens são crepitantes e o clima poético que o texto constrói faz pairar uma ameaça permanente ao longo dos versos, a qual se concretiza nas sementes finais, que ele lança em chamas por sobre a "terra da morte". O poema, pois, não é sobre a morte, mas sobre como ela na sua profusão fertilizou o campo onde irão vicejar as criaturas do fogo.

Essas camadas de crânios empilhados,
Camadas de horror trêmulo — horror integral!
Ai de mim! Por minhas mãos finas elas tocam meus olhos.

Em toda parte, em toda parte há um nascimento promissor,
E aqui na terra da morte há um nascimento promissor.
Seu próprio grito é menos mortal
Que a alma prodigiosa no seu corpo.
....

Tu, cujas atividades obscuras desencantaram
Os dias dos dias que giram, suspendendo-os
Para arremessá-los longe das vistas, dos dias que giram,
Que se foram embora e nos deixaram aqui,
Forjaste escombros para sempre perdidos.

Quando o ente maduro descura do sangue jovem;
Ele conhece bem dentro das paredes das suas costelas frágeis
O universo gigantesco, o interminável
Panorama — sínodos, mitos e credos,
Ele sabe que seu pó é fogo e semente.

Do lado dos perdedores da Guerra, alemães, austríacos e seus respectivos impérios que lhes foram tomados ou redivididos, a situação não era diferente. O mesmo clima de angústia, desorientação, inflação, especulação e irracionalismo prevalecia. Stefan Zweig nos proporcionou, em sua autobiografia intelectual, um retrato tormentoso do momento.

Que época bárbara, anárquica e inverossímil foi a dos anos em que com a perda do valor do dinheiro, todos os outros valores na Áustria e na Alemanha decaíram. Foi uma época de êxtase entusiástico e fraudes ousadas, foi um misto de sofreguidão e de fanatismo. Tudo o que era extravagante e inverificável teve então a sua época áurea: teosofia, ocultismo, espiritismo, sonambulismo, antroposofia, quiromancia, grafologia, doutrinas hindus de iogues e misticismo paracélsico. Tudo o que prometia excitações máximas, superiores às até então conhecidas, toda espécie de veneno inebriante, morfina, cocaína e heroína tiveram grande saída; nas peças teatrais o incesto e o parricídio, na política o comunismo e o fascismo constituíam a temática extrema e a única desejada; toda espécie de normalidade e moderação, ao contrário, era absolutamente condenada. [...] Como toda revolução espiritual, ela no primeiro entusiasmo, avançando orgiasticamente, purificara a atmosfera do que era sufocante e tradicional, descarregara as tensões de muitos anos, e, a despeito de tudo, seus experimentos ousados resultaram estímulos valiosos. Por muito que estranhássemos os exageros dessa época, não nos sentíamos no direito de censurá-la e de orgulhosamente repeli-la, pois de fato essa mocidade procurava, ainda que com demasiado ardor, com demasiada sofreguidão, corrigir o que a nossa geração por cautela e isolamento deixara de fazer. No íntimo o seu sentimento, o de que a época de após-guerra teria que ser diferente da anterior à Guerra, era justo. Não havíamos também nós antes da Guerra e depois dela querido uma nova época e um mundo melhor?

[...] Sob a superfície aparentemente calma a nossa Europa estava cheia de correntes perigosas. [...] Todo indivíduo que apenas sabia ler e escrever negociava, especulava, ganhava e tinha o sentimento de que todos enganavam e eram enganados por uma mão oculta, que muito premeditadamente encenava esse caos [...]. Creio que conheço bastante a fundo a História; ao que eu saiba porém, ela nunca produziu uma época de semelhante loucura em proporções tão gigantescas. Todos os valores, e não só os materiais, estavam alterados [...]. Quem viveu na Alemanha nesses meses, nesses anos apocalípticos, com repugnância e indignação, sentiu que devia dar-se uma terrível reação. Os mesmos que haviam impelido o povo para esse caos, de lado sorriam e esperavam, de relógio na mão, a sua hora [...].[33]

Esse quadro, como se vê, pessimista ao extremo, não excluía, contudo, o sonho. Aquele mesmo sonho longínquo do Império da Morte polinésio de Gauguin, que sempre se mantivera latente, que fora a matriz mesmo das esperanças da grande mobilização, retornava agora em tons mais reais e ainda mais escaldantes. Transfigurado, ele palpita evidente, ainda que em nova versão, no célebre "The Second Coming", de W. B. Yeats, infundindo verve à atribulação apocalíptica do poeta irlandês.[34] A rigor, ele agora não era mais sonho, mas se metamorfoseara na vigília fremente, o sonho acordado de quem não repousa, insone tanto pela apreensão das ameaças, quanto pela expectativa intensa do momento decisivo da ação que irá transmutar o caos destruidor e dissolvente na harmonia fecunda. Precisamente na primavera de 1917, quando o caldeirão diabólico em que se transformara o teatro de operações fratricidas da Europa parecia ter atingido o máximo da ebulição e se vaporizava em gás, fogo e sangue, D. H. Lawrence escreveu o livro de poemas cujo nome é a interjeição *Look! We have come through!* O poema central do livro, "A Song of a Man who has come through", trazia a imagem visionária do novo espírito daqueles que sobreviveriam ao Armagedon tecnológico. Era um poema sobre como a fragmentação enfraquece e oprime; como a fraqueza e a impotência se transformam na força pela renúncia da consciência; como a força se concentra então para o impacto destrutivo; como a destruição redime a opressão, recompõe a totalidade e resgata o sonho.

> *Não eu, não eu, mas o vento que por mim sopra*
> *Um vento leve sopra a nova direção do Tempo.*
> *Se apenas eu o deixar me levar, me carregar, se ele me carregar!*
> *Se apenas eu sou sensível, sutil, oh, delicado, uma graça alada!*
> *Se apenas, mais adorável de tudo, eu me entrego e sou tomado*
> *Pelo leve, leve vento que estabelece o seu curso pelo caos do mundo*
> *Como um fino, um exótico cinzel, uma cunha cortante encravada;*
> *Se apenas eu sou aguçado e rijo como o gume penetrante de uma cunha*
> *Enterrada por golpes invisíveis,*
> *A rocha quebrará e chegaremos ao prodígio: encontraremos as*
> Hespérides.
> *Ah, para o assombro que ferve na minha alma,*
> *Eu seria uma boa fonte, uma mina d'água inesgotável,*
> *Não encobriria nenhum sussurro, não turvaria nenhuma expressão.*
> *O que são essas batidas?*
> *O que são essas batidas na porta em plena noite?*
> *É alguém que quer nos causar mal.*
> *Não, não, são três anjos estranhos.*
> *Deixe-os entrar, deixe-os entrar.*[35]

Essa visão é um tanto diferente do sonho de Gauguin. Ela não nasce do sono, mas, ao contrário, do desespero. Ela não regride ao caos, mas parte dele. Ela não é figurada, mas concreta e histórica. O tempo não é um ancião de ampulheta na mão, mas o ápice da crise moderna. Arrastado pelo vento da mudança, transformado na cunha lancinante martelada por golpes impessoais, rompendo a rocha, o poeta-ativista liberta o mirífico, reencontra o desejo, recose a unidade e a eternidade, recria a epifania. Não se trata mais, porém, de dormir, sonhar e seguir o anjo de luz em direção à profundidade estrelada do céu. A instância agora é a de aguardar, em vigília atenta, a batida na porta das Hespérides em meio ao escuro temerário da noite. A ação agora é no solo concreto, é uma miragem nas trevas, é uma conspiração de visionários, é um assalto de sonâmbulos às muralhas da fortaleza da morte.

As figuras centrais do poema são, sem dúvida, as Hespérides. Segundo a lenda grega, elas são três divindades que vivem num jardim encantado, para além das portas do mundo, aos pés de onde Atlas sustenta sobre si o globo terrestre, guardadas por um dragão e encarregadas de zelar pela macieira que produz as maçãs de ouro. Quando o poeta fala de romper a rocha para chegar às maravilhas e encontrar as Hespérides, se refere à proeza de Hércules que, invadindo o jardim, matou o dragão e se apossou das maçãs, símbolos da espiritualidade e da eternidade. O que a lenda enfatiza, portanto, e a poesia também, é o gesto de ousadia, violência e força física de Hércules, o herói muscular invencível. O poema ademais associa esse herói a uma força histórica inexorável, o vento benigno que "sopra a nova direção do Tempo". O texto comporta, pois, inúmeras referências a situações "primitivas", estranhas e exóticas ao presente contexto da civilização europeia. Há o retorno a um tempo mítico das origens, mas também ao tempo fundador da cultura grega e, através da simbologia da árvore e da maçã, que eram centrais nas cerimônias pagãs celtas, à própria raiz histórica da Grã-Bretanha (Avalon significa exatamente macieira), passando também, é claro, pela Árvore do Conhecimento do Velho Testamento.[36] A ênfase simbólica no retorno às origens, ao tempo paradisíaco da fundação, à recuperação da pureza pela regressão deliberada e violenta, é reiterada de sobejo em múltiplas dimensões, particularmente unindo o mítico e o histórico, por meio do elo social da força conquistadora e instituinte.

A situação do pós-guerra foi descrita assim por um crítico inglês: "Os anos que se seguiram ao Armistício constituíram um período de esteticismo, durante o qual se chegou a sustentar, em muitos grupos, que a missão da arte havia recebido na época presente uma extensão sem paralelo, e que o artista podia proporcionar um substituto à experiência religiosa".[37] Mas essa nova experiência religiosa, ou espírito novo, como era mais frequentemente chamado, nada mais tinha que ver com a religião ou órgãos institucionais preexistentes e associados à corrupção geral, irremediável da civilização europeia. Tratava-se antes de criar um novo culto, uma nova fé, centrada nos impulsos puros da comunhão social e da ação. Era na emoção viva das gentes e na expressão física do seu desejo de resgatar a integridade do mundo que se encontravam as matrizes da nova crença, cuja doutrina era o desencanto geral, cujo ritual era a exacerbação das emoções coletivas, cuja esperança era a expectativa alerta da consumação histórica da epifania. Robert Graves, diretamente das trincheiras, exprimiu essa nova aspiração com implacável força épica.

Na Igreja de Pedro não há fé nem verdade,
Nem há justiça seja no palácio ou na corte.
Que nós continuemos vigilantes no baluarte
Não diz respeito a sacerdote nenhum. Um dragão de seda esgazeado.
Enchido pelo vento, nos basta como Deus.
Nós, não o Centro Financeiro, somos a alma do Império:
Uma árvore podre vive apenas na sua casca.[38]

No outro extremo da Europa, a voz vulcânica de Maiakóvski alardeava a mesma ânsia corroendo o arcabouço místico do Império russo. No seu caso, além do mais, ele ressaltava o papel de arauto que cabia ao poeta, prenunciando os novos tempos e preparando o coração dos homens para a hora de agir. As novas vocações do poeta eram a profecia, o projeto e a propaganda. Em plena Guerra, ele publicou seu célebre poema "Uma nuvem de calças", significativamente subintitulado "O décimo terceiro apóstolo". Era um urro ao mesmo tempo de revolta e de ameaça, com espantosa pontaria histórica.

> Eu,
> zombado pelas tribos de hoje,
> como grande e escabrosa anedota,
> vejo ali, onde ninguém vê,
> ali onde a vista se corta,
> vejo a marchar por cima do cume do tempo,
> à cabeça de hordas famintas,
> o ano dezesseis coroado pelos espinhos da Revolução.
> Eu sou para vós o profeta.[39]

O poeta-profeta errou apenas por um ano. É igualmente muito revelador o desfecho do poema, concluído numa sequência de modernos slogans de manifestação pública, com não menor ressonância poética porém. "Abaixo com seu amor!/ Abaixo com sua arte!/ Abaixo com sua sociedade!/ Abaixo com sua religião!"[40] Esse múltiplo desinvestimento afetivo, imaginário, comunitário e religioso retratava uma reorientação da carga instintual dos aflitos para uma nova síntese simbólica, de recente constituição histórica, mas inevitavelmente agregada a formas míticas arcaicas, de onde hauriam sua legitimidade e fascínio. Essa reorientação simbólica se tornou possível, em primeiro lugar, pela disjunção entre a base religiosa de um mundo longamente estável e a irrupção desestabilizadora das novas tecnologias, assentadas sobre a aceleração, a fragmentação e a concentração isoladora das grandes cidades. A Guerra foi quando muito o catalisador de uma situação em curso irreversível, acentuando in extremis o seu caráter contingente, esvaziado de ossatura ética e intrinsecamente absurdo, como simbolizado nas obras emblemáticas de Franz Kafka, *A metamorfose*, *A torre de Babel*, *A muralha da China*, *O processo*, *A colônia penal*, *O artista da fome*...

O impulso de sair dessa nova ordem social, à procura de fontes de vitalidade que restaurassem o encantamento perdido do mundo e da vida, já havia começado desde meados do século xix com os esforços de demonstração das teorias evolucionistas que originaram métodos e estilos de pesquisas históricos, etnológicos e antropológicos. É a partir de 1870, porém, que essas primeiras iniciativas adquirem a sua sistemática institucional, com a fundação dos museus históricos, arqueológicos e antropológicos, difundindo a curiosidade por essas especulações dentre o grande público das metrópoles. Nesse período é que foram fundados os núcleos dos museus de Berlim, Londres, Roma, Paris, Dresden e Leipzig.[41]

Ao mesmo tempo, nesses nexos celebratórios da ciência aplicada, da grande indústria e dos impérios mundiais, as chamadas Exposições Universais, criou-se o hábito de instalar pavilhões paralelos, dedicados a culturas nativas extraeuropeias, ditas então "primitivas". Junto a pavilhões que exibiam artefatos de todos os tipos, reunidos sem maiores critérios e sem distinguir as diferentes culturas, organizavam-se espetáculos de danças, música, teatro e jogos. O sucesso popular desses pavilhões "primitivos" foi tamanho, que eles foram sendo progressivamente ampliados a cada ano e difundiriam um enorme interesse por artefatos "coloniais", dando origem a um lucrativo comércio generalizado dessas peças por toda a Europa.[42] O que era interesse científico de caráter histórico tornou-se uma curiosidade de natureza geográfica, para se transformar por fim em símbolos culturais sobre os quais se projetavam os desejos.

Ninguém mais talvez que Victor Segalen, médico ligado à Marinha e à administração colonial francesas no Oriente, sinólogo por apreço e poeta por vocação, soube avaliar a revolução psicológica e cultural representada pela redução das distâncias e a intensificação dos contatos entre o Velho Continente e as culturas extraeuropeias. "Eu tenho 35 anos, apenas a metade da minha vida, e já conheci o Polo desconhecido e descoberto, assisti à abertura do Panamá e o Taiti ser alcançado até o centro... [...] E creio pois que o gosto por degustar as menores diferenças só faz crescer."[43] Segalen planejou longamente um estudo filosófico sobre o apelo irresistível de tudo o que é sentido como uma diferença intraduzível, por pertencer a um quadro de linguagens, referências, valores e símbolos fundamentalmente desconhecido e de remota possibilidade de superação. O título do livro seria *O exotismo, uma estética do diverso*. Segalen passou grande parte da vida tomando notas para a elaboração desse estudo, mas morreu antes de poder terminá-lo. Ao longo da vida, porém, escreveu vários artigos na imprensa com base em suas notas. Amigo pessoal e admirador entusiástico de Gauguin, escreveu também a primeira biografia do mestre após sua morte. Ele definia gente desse novo tipo, como Gauguin ou ele mesmo, como "exotas". Para um autêntico exota, a fonte revigorante da vitalidade no mundo está nos trópicos, conforme ele o afirmou, em carta de setembro de 1911, a Henry Manceron, amigo e oficial da Marinha de Guerra francesa.

Retornemos aos trópicos, [...] eu lhe disse ter sido feliz nos trópicos. É violentamente verdadeiro. Durante dois anos na Polinésia, eu mal pude dormir de alegria. Eu costumava despertar chorando de embriaguez pelo dia que iniciava. Só os deuses do prazer sabem o quanto o despertar é anunciador do dia e revelador da felicidade contínua que se estende pelo dia. Eu sentia a alegria correr nos meus músculos. Eu pensava com gozo; eu descobri Nietzsche; eu escrevia minha obra, eu estava livre, convalescente, fresco e sensualmente muito bem-disposto. Eu tinha desprendimentos, dilaceramentos, grandes redescobertas fundamentais. Toda a ilha vinha a mim como uma mulher. E eu precisamente recebia, da mulher, lá embaixo, os dons que os países completos não oferecem. Além da clássica esposa maori, cuja pele é doce e fresca, os cabelos lisos, a boca musculosa, eu conheci as carícias e os contatos, e liberdades que não demandavam nada além da voz, dos olhos, da boca e das palavras lindas das crianças. [...] Eu sei também que dentro de cinco anos, dez anos, quando eu lá retornar para viver e escrever o meu *Mestre do gozo*, eu lá encontrarei sob novas espécies — outros momentos iguais. Ou então eu não serei digno de sentir e de viver.[44]

Segalen não era, pois, como o típico colonizador de outras eras, que se assentava nos trópicos para aí iniciar uma nova vida, se ajustar, constituir família e deixar uma descendência já aclimatada às condições de existência locais. Graças às viagens rápidas, ele podia manter contatos periódicos e retornar sempre, física ou mentalmente, para a Europa, podendo viver assim o melhor dos dois mundos, sendo sempre uma fonte de atração por incorporar em si uma dupla natureza exótica, como efeito de sua condição transiente. O exota é assim um ser aureolado por existir numa dimensão que está sempre além da dos homens com quem ele convive. O cultor da diferença encarna ele próprio o princípio e a sedução hipnótica do inefável. Os homens se estiolam na reprodução massiva da identidade, o exota arde sob a energia do sol perpétuo do mundo do Outro.

Aqui, as Coisas Primeiras sob as quais não há Nada. Do Exotismo. Sua justificação pessoal. Seu poder universal: se eu coloco o exotismo no centro da minha visão de mundo, se eu me entrego a procurá-lo, a exaltá-lo, a fabricá-lo quando eu não o encontro; a indicá-lo àqueles que dele são dignos e o expiam — àqueles que dele são dignos e não o supõem —, não é jamais como o único recurso da estética, mas como a Lei Fundamental da Intensidade da *Sensação*, da exaltação do Sentir; portanto de viver. É pela Diferença, é no Diverso que se exalta a existência.[45]

Esse desejo de mergulhar em universos irredutíveis ia entretanto muito além da história, da geografia e da etnologia. Ele avançava sobre todas as categorias tidas como absolutas e fundamentais, assim estabelecidas fosse por Newton ou por Kant. Ele avançava sobre a matéria, o tempo, o espaço, a vida, a mente e a ação. O físico austríaco Ludwig Boltzmann lutou, nos fins do século xix, contra o preconceito positivista de que não se poderia estudar o que não pudesse ser sensorialmente percebido e experimentado sob o controle direto dos sentidos, fundando o estudo das partículas elementares com base na matemática das probabilidades, estabelecendo assim o fundamento da mecânica estatística. A oposição à sua insubordinação heterodoxa foi tamanha e o lançou num tal isolamento, que Boltzmann deu cabo à própria vida em setembro de 1906. Foi, porém, com base no instrumental matemático e conceitual desenvolvido por ele que, desde 1900, o alemão Max Planck, investigando a irradiação espectral dos chamados "campos negros", estabeleceu as bases da mecânica quântica, inaugurando para o século que iniciava a revolução da nova imaginação científica e da física atômica.[46]

Em 1905, Albert Einstein divulgaria dois artigos — num aprofundando as conclusões de Planck, noutro apresentando a sua Teoria Especial da Relatividade — redefinindo completamente as noções de tempo e espaço e introduzindo um novo e revolucionário conceito de campo de forças, que ultrapassava os limites das geometrias euclidiana e cartesiana, demandando as geometrias especiais n-dimensionais de Riemann, e estabelecia a noção de quarta dimensão de explosivas repercussões culturais.[47] Se Planck revelara o universo insuspeitado de um microcosmo re calcitrante e inacessível, Einstein desdobraria suas investigações numa pasmosa reinterpretação da complexidade macrocósmica.

O ano da revolução quântica, 1900, significativamente foi o mesmo a partir do qual três diferentes cientistas "redescobririam" as experiências solitárias do monge Mendel, chegando ao núcleo elementar da vida, o gene, dando assim origem à nova e polêmica ciência da genética. O botânico holandês Hugo de Vries elaboraria a teoria da mutação, refinando a compreensão sobre o processo evolutivo das espécies a partir de condições primitivas aleatórias.[48] Em Genebra, desde 1907, estudando os fundamentos básicos da linguagem, o filólogo Ferdinand de Saussure criaria duas novas ciências, a linguística e a semiologia. Acompanhando o fluxo das revoluções científicas do período, Saussure descobriria nas raízes da linguagem um outro universo do imponderável. Considerando as palavras de uma língua como símbolo, ele chegaria a conclusões desconcertantes como "a identidade de um símbolo não pode nunca ser fixada desde o momento em que ele é símbolo, isto é, derramado na massa social que lhe fixa a cada instante o valor".[49]

Em neurologia, a corrente das mudanças se avolumou a partir da massa de feridos da Guerra Franco-Prussiana, que proporcionou abundantes oportunidades para o estudo dos danos causados ao cérebro, sobretudo ao córtex, e o tipo de reação que eles provocavam no funcionamento dos sistemas psíquico e neuromotor dos pacientes. Essas investigações alimentaram a chamada polêmica da localização cerebral, que procurava mapear no córtex as regiões responsáveis por cada uma das funções básicas do corpo e da mente. Foi como reação a essa corrente associacionista que se desenvolveram os trabalhos revolucionários de cientistas não mais dispostos a conceber o aparelho psíquico como um maquinismo composto de peças discretas e separadas, operando por acoplamento e conjunção.

Em primeiro lugar foi o britânico John Hughling Jackson que concebeu o aparelho psíquico como um nexo dinâmico e indissociável, desenvolvido evolutivamente ao longo da história da espécie, como uma pirâmide de complexidade crescente de funções. As camadas de desenvolvimento mais recente, como o córtex, não só comportavam novas funções especializadas, como deveriam também inibir várias das funções primárias. Dessa linhagem é que o neurologista austríaco Sigmund Freud derivaria seus conceitos de comportamento compulsivo e repressão libidinal, pilares do desenvolvimento da nova ciência da psicanálise.[50] Dela igualmente o naturalista e poeta sul-africano Eugene Marais, que viveu dois anos vagando, caçando, se alimentando, dormindo e se relacionando socialmente com grupos de macacos babuínos em plena selva, derivou seu conceito seminal de memória filética, fundando a ciência da etologia.[51] Nos seus termos não se trata mais de refletir como o homem descende do macaco mas como ele é, de fato, apenas um tipo de macaco sem pelo e diferente.

Esse roubo da aura de sacralidade e dignidade superior, que fora construído ao redor da figura humana pela religião ou pela filosofia, era o sinal mais evidente da dissolução de um padrão de ordenação social que até então retirara dessas duas fontes a sua identidade e justificação. As grandes cidades; a alfabetização, educação, lazer, comunicação social e conscrição de massas; os complexos industriais, as linhas de montagem e o consumo padronizado corroeram as bases tradicionais da comunhão espiritual transcendente ou metafísica. A nova doutrina do dia, a psicologia social de Gustave Le Bon, explicava que "a substituição da atividade consciente dos indivíduos, pela ação inconsciente das multidões, é uma das principais características da presente era".[52] Conclusão semelhante à que havia formulado James Russell Lowell, ao inferir que os novos recursos de comunicação social, massivos, sincronizados e lacunares, "ao criarem uma opinião pública simultânea, também a tornam sujeita aos delírios de grandeza, pânicos e impulsos gregários, que em outras condições transformam homens razoáveis numa malta".[53]

Foi nesse contexto que Nietzsche, acreditando que "aquilo que está caindo, é aquilo mesmo que se deve empurrar", reformulou a filosofia para concebê-la como uma disciplina experimental, denominada por ele mesmo "perspectivismo" e que consistia em demolir qualquer concepção estável ou fechada e manter a mente sempre desprendida, em movimento, "olhando ora por essa janela, ora por aquela". Para ele, "o desejo de construir sistemas é uma falta de integridade".[54] Um posterior discípulo seu, Martin Heidegger, levou esses pressupostos adiante ao formular seu diagnóstico do novo século. "O mundo está escurecendo. Os episódios essenciais desse obscurecimento são: a revoada dos deuses, a destruição da terra, a preeminência dos medíocres e... a distorção do espírito".[55] Ele também avaliava como os sistemas fechados constituíam as lápides que sobressaíam no santuário dos pensamentos embalsamados. "Não há como determinar de uma vez por todas qual é a tarefa da filosofia e o que se deve esperar dela. Cada estágio e cada começo do seu desenvolvimento contém em si a sua própria lei. Tudo que pode ser dito é o que a filosofia não pode ser e não pode conseguir".[56] No limite de todas as questões, segundo essa nova linhagem de filósofos, se encontra sempre o espelho falacioso da linguagem, fonte da "distorção do espírito". Para Wittgenstein, "toda filosofia é uma crítica da linguagem" e "os limites da minha linguagem são os limites do meu mundo". Não há, portanto, nem transparência nem qualquer conexão necessária ou constringente entre a linguagem e o mundo. O mundo é a esfera da ação, não da palavra. No seu *Diário de guerra* ele anotou no front italiano, em 2 de setembro de 1916:

Que me importa a história? Meu mundo é o primeiro e o último! Quero informar acerca do mundo em que *eu* me hei encontrado. O que outros me disseram no mundo sobre o mundo é uma parte sumamente pequena e subsidiária da minha própria experiência do mundo. Tenho *eu* que ajuizar o mundo, que medir as coisas.

O eu filosófico não é o ser humano, não é o corpo humano ou a alma humana com as propriedades psicológicas, mas o sujeito metafísico, o limite (não uma parte) do mundo. Porém o corpo humano, *meu* corpo sobretudo é uma parte do mundo entre outras partes do mundo, entre animais, plantas, pedras etc.

Quem assim pensar, não irá conferir a seu corpo ou ao corpo humano um lugar privilegiado no mundo.

Considerará homens e animais, com toda simplicidade, como coisas similares e inter-relacionadas.[57]

Por maiores que fossem as ambiguidades inerentes a essa revolução da imaginação cultural e científica, pode-se assinalar algumas constantes que são dominantes nas suas várias expressões. Na sua ênfase relativista, que não raro recua até o solipsismo, a realidade aparece, entretanto, como uma concepção holista não dividida em fragmentos, partículas e funções discretas que se articulariam por conjunção como na visão positivista, mas apreendida como uma complexidade densamente entramada, em que cada entidade considerada só pode ser compreendida nos seus inextricáveis nexos com todas as outras. A linguagem, o investigador, seus métodos, instrumentos e intenções são parte intrínseca de qualquer problema que venha a ser estudado. Não há, pois, nada assim como fatos objetivos, mas antes eventos circunscritos num espaço e tempo específicos, espessos de suas condicionantes tópicas e irreversíveis. O espaço não é mais um vazio linear e homogêneo, mas um campo de forças em tensões interativas e arranjos contingentes. O tempo é uma função correlata ao movimento intrínseco da consumação dos eventos no espaço. Para a nova imaginação cultural e científica não existe, portanto, nada estável, isolado, permanente ou absoluto. A nova metáfora que opera a representação do universo agora é "a dança cósmica".[58]

Durou pouco, porém, esse idílio da imaginação com a complexidade imponderável. A magnitude da catástrofe representada pela guerra tecnológica deixou como rescaldo um profundo sentimento de suspeita e ojeriza por tudo o que evocasse ciência analítica fria, corrosão das certezas, dissolução de sistemas e abolição dos absolutos. A atitude mental mais típica do pós-guerra "sugeria o abandono da permissividade cultural e do ceticismo e um retorno a formulações mais militantes da crença".[59] As ciências naturais e a física eram de longe as mais visadas pelo rancor público, o que forçou dramáticas mudanças de posição.[60] Ansiava-se agora por uma "nova objetividade", que restaurasse um determinismo inexorável, não mais analítico e técnico como o do positivismo, mas capaz de construir sistemas finalistas comportando afinidades entre os valores da ética social e a ordem da natureza, legitimando assim as "lideranças esclarecidas" e justificando o primado do corpo, da vida e da ação. Max Weber diagnosticou esse novo impulso em seu ensaio *A ciência como vocação*, de 1919.

> E o que ocorre hoje em dia? A ciência como o caminho para a natureza soaria para a juventude assim como uma blasfêmia. Hoje em dia a juventude proclama o oposto: redimir-se do intelectualismo da ciência, para assim voltar à sua própria natureza e por fim à natureza em geral.

Ao que Ernst Troeltsch acrescentaria, no seu *A revolução na ciência*, de 1921:

Um amplo suspiro de alívio, quase audível, segue ao cada vez mais forte estabelecimento desse sistema. [...] Se agora agrupamos tudo isso, a libertação em relação ao causalismo positivista e o determinismo, a superação do formalismo neokantiano [...], a orientação para a experiência imediata de tendências culturais compreensíveis porém não analisáveis [...], um novo platonismo fenomenológico que mediante visões contempla e justifica normas e essências, então têm-se na mão todos os elementos da revolução *wissenschaftlichen* [...]. É um neorromantismo como aquele dos tempos do *Sturm und Drang*.[61]

Ernst Mach, o arqui-inimigo de Ludwig Boltzmann, retoma a condição de herói do dia e seu estilo de pensamento ressurgia cintilando até em convicções de epígonos da nova ciência, como Hedwig Born e Albert Einstein.[62] Nesse mesmo sentido se orientariam as indisposições de Einstein para com a quântica recalcitrante de Heisenberg e, principalmente, para com as exacerbações de Niels Bohr, com suas formulações insondáveis do tipo "estamos suspensos na linguagem". Contra essas turbulências teóricas, o pai da relatividade proferiria seu categórico desfecho: "Deus não joga dados".[63] Nessa senda de redefinições seguiriam também as demais ciências. Se a genética ia resvalando para a área pantanosa da eugenia e se tornando um dos vértices da fúria nacionalista, assim também o inconsciente de Freud prevaleceria sobre a memória filética de Jackson/Marais, vindo a se transformar na fonte de uma nova "pureza primitiva" no contexto do surrealismo.[64] Dentro dessa nova atitude espiritual, que o historiador Peter Gay crismou apropriadamente de "fome de totalidade", não soariam estranhas declarações como a do secretário de Estado da recém-criada República Alemã reclamando que "todo nosso sistema educativo está demasiado orientado para o intelecto. Devemos aprender de novo a reverenciar o irracional".[65]

Mas o campeão por excelência, incontestável, do novo estilo de pensamento era Oswald Spengler. Seu livro *A decadência do Ocidente*, publicado em 1918, e que nos cinco anos seguintes teria trinta reimpressões só na Alemanha, sendo ademais traduzido para todas as línguas dominantes europeias, tornou-se um clássico e best-seller em escala mundial.[66] O ponto nodal da "decadência" da civilização europeia, segundo ele, era exatamente o longo predomínio do espírito científico, analítico e crítico, esgarçando e corroendo os liames vitais da comunhão social e da energia espiritual. Essa situação, entretanto, atingiria os seus estertores finais com a Guerra e estava em vias de se extinguir. O livro tanto declarava esse colapso quanto profetizava a chegada de uma nova era, em que os vínculos seriam reatados na onda cósmica da "segunda religiosidade". Acompanhemos sua pregação.

Pois bem, a história das culturas superiores demonstra que a "ciência" é um espetáculo transitório, que pertence somente ao outono e ao inverno dos seus ciclos vitais, e que [...] bastam uns poucos séculos para que se esgotem completamente suas possibilidades. A ciência clássica se extinguiu entre as batalhas de Canas (216 a.C.) e de Actium (31 a.C.), deixando o lugar para a imagem cósmica da "segunda religiosidade". É possível predizer, portanto, o final do pensamento físico do Ocidente.

Ainda nos resta delinear o ocaso da ciência ocidental. Da nossa perspectiva atual é claramente visível a trajetória decadente [...]. Eis aqui o que eu predigo: neste século, na era do alexandrinismo científico-crítico, a resignação superará o desejo de vitória da ciência. A ciência europeia está avançando para a autodestruição através do refinamento do intelecto [...]. Porém o caminho do ceticismo conduz à "segunda religiosidade" [...]. Ninguém acredita ainda no esgotamento do espírito, mesmo apesar de que já o sintamos agudamente em todos os nossos membros. Porém duzentos anos de civilização e de orgias científicas acabam por fartar. Não é o indivíduo, mas a alma da cultura que se farta [...].

Alcançada sua meta, a trama imensa e cada vez mais absurda e cediça, tecida pela ciência da natureza, se rompe em pedaços [...]. Porém debaixo dela reaparece o primário e mais profundo, o mito, o devir imediato, a vida mesma [...]. Da alma gótica surgiu o espírito cidadão, alter ego da ciência natural irreligiosa, ensombrecendo o sentimento original do universo. Porém hoje, no ocaso da época científica, no estágio do ceticismo vitorioso, as nuvens se dissipam e a paisagem matutina tranquila reaparece com perfeita claridade [...], cansada depois do seu esforço, a ciência ocidental volta ao seu lar espiritual.[67]

Não é provavelmente sem significação que essa nova mentalidade do pós-guerra, com sua ênfase sobre a totalidade, a história e o renascimento espiritual, tenha ocorrido em sintonia com a transformação coletiva da percepção temporal, por conta da plena difusão de um tempo tecnológico sincrônico. Na Alemanha, a abolição das cinco diferentes zonas horárias e a adoção de um padrão horário único foi uma das características mais marcantes da "revolução moltkeana", com vistas à coordenação da mobilização militar, e teve peso decisivo na vitória sobre a França em 1870. Adotada e difundida logo depois pelos demais países, a homogeneização das escalas horárias segundo um padrão universal único tornou-se indispensável para compreender a Grande Guerra como um gigantesco balé bélico-tecnológico, com várias centenas de milhares de homens, animais e equipamentos se movendo em perfeita sincronia e simultaneidade, ao longo de centenas de milhares de quilômetros, em diferentes continentes. Curiosamente, o relógio de pulso, antes tido como pífio adereço feminino, depois da Guerra, quando foi parte indispensável do equipamento militar, se tornou um aparato inseparável do homem moderno.[68]

No início dos anos 1920, o engenheiro ferroviário W. H. Shortt e o relojoeiro F. Hope-Johns criaram o primeiro relógio de alta precisão.[69] Houve, porém, outros desenvolvimentos em paralelo que contribuíram para agudizar a consciência temporal e suscitar uma associação simbólica inextricável entre tempo e ação. O que assinalou o nascimento dos esportes modernos foi exatamente o fato de se ajustarem as brincadeiras e jogos tradicionais, de caráter estritamente lúdico e não finalista, aos limites, demandas e estímulos da marcha contra o cronômetro. Daí nasceu o conceito de *record* e a noção abstrata da "produtividade". Nenhuma surpresa, pois, que tenha sido um atleta americano aficcionado, Frederick Winstow Taylor, alpinista desde os onze anos e depois adepto dos esportes de bola e tenista que, tendo projetado equipamentos com esse fim e concebido métodos de concentração do desempenho energético, acabou também desenvolvendo a teoria do Gerenciamento Científico do Trabalho e as linhas de montagem, que se imporiam efetivamente após a Grande Guerra.[70] Imporiam-se, aliás, com tamanha força e abrangência que, numa outra versão similar, fizeram ecoar por regimes tão diferentes como o dos Estados Unidos, da Alemanha nacionalista e da União Soviética o slogan máximo da nova ordem: "Do it the Ford way because it is the best way".[71]

A única entidade mais onipresente que o esporte e do que Ford era o jazz. O fim da Guerra trouxe o colapso dos fabricantes de pianos e a invasão ruidosa dos gramofones, vitrolas e discos.[72] O consagrado maestro Pietro Mascagni, amargurado com o novo cenário, previu que o jazz mataria a ópera. Eric Satie e George Antheil, o autor do célebre *Ballet mécanique*, o saudaram com incontido entusiasmo, tendo Satie exclamado na première dessa peça: "Que precisão! Que precisão!".[73] A expressão era bem oportuna, pois essa percepção da complexa sincopagem rítmica da nova música era confirmada pelo grande *band leuder* Paul

Whiteman, que a caracterizava como "a música popular da era da máquina".[74] O escritor Scott Fitzgerald, que batizaria os anos 1920 como "A era do jazz", forneceu o quadro mais completo no qual se deu a ascensão do ritmo negro americano, da abjeção criminal para o frisson das novas gerações por todo o mundo. "A palavra jazz no seu progresso para a respeitabilidade primeiro significou sexo, depois dança, depois música. Ela está associada a um estado de estimulação nervosa, não diferente daquele das grandes cidades por trás das linhas da guerra."[75] Não foi o jazz propriamente que se tornou uma nova religião, antes foram as novas religiões que encontraram no jazz a sua mais apropriada litania.

AS SENHORITAS DE AVINHÃO E A ARTE EM PARADA

O evento artístico mais profuso de significados em todo o período heroico da concepção da arte moderna foi a produção do balé multiartístico *Parade*. Ele foi um nítido divisor de águas entre os procedimentos estéticos diametralmente diversos dos dois períodos distintos, pré e pós-Grande Guerra. Envolvendo e concentrando elementos distintivos das duas fases, ele, ademais, interagiria impetuosamente com o público, forçando a filtragem e a fulminação das tendências culturais dominantes anteriores à conflagração, para estabelecer a partir daí o primado de uma nova conjugação de valores e a atmosfera espiritual típica dos tempos turvados pela consciência da ruína de um mundo deixado à deriva. *Parade* não adquiriu sentidos notáveis, portanto, apenas por conta da sua prolixa composição artística. Foi a característica absolutamente peculiar do momento e local em que ele se apresentou ao público que lhe conferiu uma dimensão explosiva. Se de algum modo se pode dizer que o século xx histórico

Figuras órficas em estado de êxtase se tornam uma constante nas revistas ilustradas das grandes metrópoles. Aqui, a capa da *Ilustração Brasileira* de outubro de 1920.

A bailarina, o arlequim, os músicos boêmios, o circo popular dão o tom de excitação, primitivismo e fantasia, no pano de boca de Picasso para o balé *Parade*, de 1917.

O cinema americano e o templo escuro do cinematógrafo revolucionam os costumes, atingindo em especial a imagem e a atitude femininas. Música e dança se tornam as linguagens básicas dos anos 1920, enfatizando o impacto físico do corpo, a simplicidade das formas elementares e o transporte emocional.

Os novos ícones são de carne, têm nome exótico, endereço para correspondência e cartazes por toda a cidade: Rodolpho Valentino.

Quanto mais profundas as conotações de "primitivo", "exótico" e "regressivo", maior o charme do ídolo: Josephine Baker, "rainha de Paris".

Os Balés Russos dão um toque "selvagem" à busca do êxtase primitivo: Danilova e Idzikowsky, em *Jack in the Box*, de Erik Satie.

Branco e negro, "civilizado" e "primitivo", urbano e tribal: mais do que a excitação do confronto, o desejo de passar para o "outro" lado, numa emblemática experiência de solarização por Man Ray.

O balé *A criação do mundo*: Fernand Léger cria uma expressão visual para as *Lendas negras* de Blaise Cendrars e o "jazz" de Darius Milhaud.

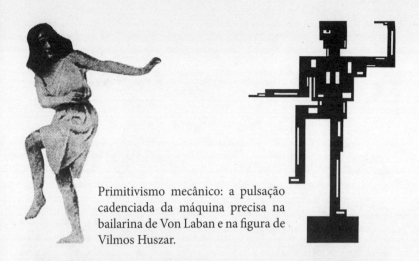

Primitivismo mecânico: a pulsação cadenciada da máquina precisa na bailarina de Von Laban e na figura de Vilmos Huszar.

O *Balé elétrico*, dançado por criaturas robotizadas, no interior de um dirigível em movimento: *Madam Satan*, de Cecil B. de Mille.

As máquinas enlouquecidas: no ar, na terra e nos mares, novos equipamentos invadem o cotidiano com impulsos de força, velocidade e prodígio mecânico.

Os homens se adaptam às máquinas, as quais forçam a readaptação dos homens pelo esporte e o condicionamento militar. As corridas de Le Mans são acompanhadas pelo mundo todo, assim como as Olimpíadas de Antuérpia, onde a delegação brasileira desfilou encabeçada por militares em uniforme. A nova agitação demandava estimulantes, com destaque para os Cafés do Brasil.

A verticalidade monumental se torna o principal signo da metropolização. O prédio Martinelli incorporou ao coração da capital paulista a visão místico-concreta do arranha-céu. O cartaz do filme *São Paulo, a sinfonia da metrópole* extrai dos ícones verticais o gênio atlético da pujança. Já o polonês Podsadeck tem uma visão trágica da *Cidade moderna*. Embaixo, panorama do Vale do Anhangabaú.

Esporte, piquenique e lazer: nos rios da cidade o prazer da paisagem, a beleza dos corpos e a festa das competições; rio Pinheiros, 1925.

A grande difusão do futebol por todos os quadrantes da cidade encontrou os seus lídimos representantes no Bexiga através da equipe dos Heróis do Brasil F. C.

O "Águia dos Ares", o "Bandeirante de Asas", Edu Chaves, figura máxima do Panteão atlético-heroico paulista. Acima, flagrantes da sua épica aterrissagem em Buenos Aires. Ao lado, a foto oficial de Edu, em traje de piloto militar.

Largada de uma bateria de motocicletas com sidecar na Avenida Paulista: São Paulo convertida em arena experimental de homens e máquinas.

Grande apoteose urbana para a inauguração do Monumento a Olavo Bilac: bandeiras, estandartes e saudações uníssonas ao poeta-ativista.

A comunidade italiana invade o Anhangabaú para celebrar em peso o marco da comunhão ítalo-paulista: o Monumento a Carlos Gomes, no outeiro do Teatro Municipal.

Os heróis brotam a cada dia, destacando-se da massa anônima para o êxtase da multidão e a foto na revista ilustrada: Miguel Centofanti e Antônio Ardany, vencedores da Maratona Ciclística de São Paulo.

Nos desfiles da Avenida Tiradentes ou nas manobras do Campo de Marte, as tropas da Força Pública paulista criam uma estética da mobilização coordenada.

O mestre de cerimônias da cidade, mago da pompa e circunstância dos grandes rituais cívicos de São Paulo, Sua Excelência Washington Luís.

O crescimento vertiginoso e a concentração da riqueza na cidade atraem migrantes de todas as partes do país e do mundo. Acima, família sendo registrada na Hospedaria dos Imigrantes.

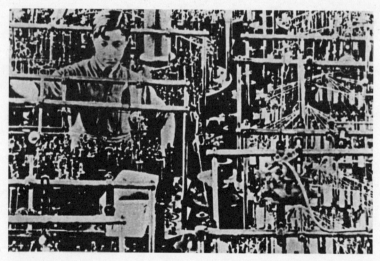

A exploração sistemática e irrestrita do trabalho infantil, um dos aspectos mais aflitivos do cotidiano paulista. Na foto, criança na indústria têxtil.

As enchentes catastróficas e deliberadas: outro aspecto sombrio da opressão social em São Paulo. Na foto, a grande inundação de 1929.

A Revolução de 1924: a invasão dos rebeldes tem como resultado o abandono, o cerco e o bombardeio contínuo e indiscriminado da cidade pelas autoridades federais.

São Paulo é "reconquistada" como praça inimiga pelas forças governistas, com prisões em massa e execuções sumárias de imigrantes que aderiram aos rebeldes em 1924.

Às primeiras notícias da Revolução de 1930, a população investe, saqueia e arrasa a delegacia policial do Cambuci, a "Bastilha" de São Paulo.

começou com a Grande Guerra, em termos estéticos, então, ele começou com *Parade*.

O balé fora idealizado por uma figura emergente, mas que em breve magnetizaria a vida artística de Paris: Jean Cocteau. Ele conseguiu em seguida o feito de obter a colaboração de Picasso, pela primeira vez, para esse tipo de evento. A obra foi aceita para montagem por Sergei Diaghliev, o diretor da Companhia dos Balés Russos, o mais tempestuoso núcleo de aglutinação das atitudes de inovação nas artes, acessível ao grande público dos teatros, em ação no cenário parisiense desde 1906. Sobre a chegada da trupe à capital cultural da Europa, Marcel Proust escreveu uma saudação que é também um precioso registro do significado histórico e do impacto causado pela companhia russa. "Essa encantadora invasão, contra cujas seduções só os mais estúpidos dos críticos protestaram, infectou Paris, como sabemos, com uma febre de curiosidade talvez menos inflamante, mas mais puramente artística e tão completamente intensa, quanto aquela suscitada pelo caso Dreyfus."[76] A música foi encomendada a Eric Satie, a coreografia a Massine, a regência da orquestra coube a Ernst Ansermet e o texto de apresentação do programa, a Guillaume Apollinaire. Mais do que uma seleção de talentos, pois, *Parade* promoveu a cooperação sinérgica de algumas das mentes mais criativas do século XX.

A história de como se desenvolveram o projeto e a montagem do balé tem um interesse muito especial. Ele foi originalmente concebido por Cocteau em 1913-4. Com a irrupção da Guerra, entretanto, a Companhia de Diaghliev teve que suspender suas atividades por algum tempo. Ao longo dos dois anos seguintes, Cocteau seria apresentado a Picasso por Edgard Varèse e a Satie pela deslumbrante patrona das artes, Misia Yodebska, patrocinadora entre outros de Renoir, Mallarmé, Alfred Jarry e Apollinaire. Movendo-se com desenvoltura, Cocteau conseguiu compor a sua equipe prodigiosa e, quando Diaghliev resolveu voltar à cena, ele já tinha o plano consumado e todos trabalhando nele. O empresário russo se encontrava então na Itália e por isso os ensaios e arranjos finais se dividiram, parte se dando em Paris e parte em Roma. A ida do grupo para a Itália foi particularmente fertilizadora. Diaghliev estava em contato com os futuristas italianos e promoveu a confraternização entre ambos os lados. Mas, se ele e algum tanto Cocteau estavam entusiasmados com os futuristas, os demais, especialmente Picasso, aprofundaram seu fascínio pela pintura metafísica de Giorgio de Chirico — amigo pessoal e já uma referência básica de Apollinaire por essa época — entregando-se a passeios noturnos com os bailarinos em Roma, Nápoles e Pompeia.[77] Na montagem do balé, Satie e Massine passaram a acatar as orientações de Picasso, relegando as instruções iniciais de Cocteau. A data da estreia foi marcada para o histórico dia 18 de maio de 1917, no Théâtre du Châtelet, em Paris.

O tema do balé comporta algo de cômico, impetuoso, delirante e misteriosamente aflitivo. Conforme o título, trata-se de uma parada, o desfile e apresentação a céu aberto dos artistas de um circo, vestindo seus trajes típicos e realizando seus truques, acrobacias e números, convidando assim o público a adentrar o pavilhão do espetáculo, para dar início à função. Mas, por mais que se esforcem em sinalizar ao público que é preciso entrar no circo, os espectadores, crendo que o espetáculo é aquilo mesmo que estão vendo, obstinam-se em permanecer onde estão, do lado de fora. Os artistas, os gerentes e os mestres de cerimônias se tornam então cada vez mais desesperados e apopléticos, transformando sua excitação em angústia e terror. O público, confuso, se dispersa e se retira, para constrangimento e frustração da trupe. Ninguém, assim, acaba entrando no circo, nem mesmo as criaturas emanadas dele; suas portas se mantêm fechadas até o fim e cai o pano. A totalidade da representação dura algo em torno de quinze minutos e não mais.

Parece simples e linear, mas está tão longe disso como um aforismo de uma manchete. De fato, a partir desse roteiro parco, a ação se desdobra em microunidades praticamente autônomas, esfacelando o suposto conteúdo narrativo em fragmentos descontínuos, deixados inconclusos e flutuantes pelas ilhas temáticas repetitivas, recorrentes e sem evolução da música de Satie. A coreografia se confunde com elementos de mímica, pantomima, malabarismos circenses, repertórios de cabarés franceses e jazz. Para criar a atmosfera sonora adequada, Cocteau e Satie acrescentaram à orquestra máquinas de escrever, sirenes, digitadores telegráficos, apitos de navio, tiros de pistola, dínamos elétricos e hélices de avião em movimento. Muito mais fora planejado, mas o espaço restrito do poço da orquestra no Châtelet não permitiu. O pano de boca pintado por Picasso já trazia um desconforto para o público que entrava no teatro e se acomodava. Sobre o veludo vermelho solene, ele representou, na sua nova linguagem sintética e plenamente figurativa, o repouso de uma trupe circense, toda de tipos exóticos, em atitude boêmia que cantarolando, bêbados e lascivos, são interrompidos por uma criança angelical, de saia godê e asas, cavalgando de pé um falso pégaso de asas postiças. Nos cenários e figurinos, Picasso aplicou as orientações de seu cubismo geométrico analítico. Sobre os três "mestres de cerimônias" ele construiu estruturas gigantescas de cerca de três metros de altura: um é francês e arrasta sobre si as árvores dos bulevares, outro americano e comporta um arranha-céu, e o terceiro é um cavalo selvagem escoiceante. Como resultado, assim como os ruídos incidentais abafavam a música, também os personagens gigantescos encobriam os bailarinos.

O balé se inicia com um "Coral" languidescente, ao qual se segue o "Prelúdio da cortina vermelha". Entra o primeiro "mestre", uma espécie de pregão, circulando e esbracejando convulsivamente para atrair o público, ao som de um único tema básico de forte acento rítmico. Sem qualquer aviso ou preparo, invade a cena então o "prestidigitador chinês", com seu traje em bombástico contraste de vermelho, preto e amarelo, mangas largas, com trança, fazendo seus truques em meio a reverências convulsivas. Massine em pessoa representava esse papel, conforme o roteiro lhe indicava: "Ele tira um ovo da trança, come o ovo, encontra o ovo outra vez na ponta das chinelas, cospe fogo, se queima, sai pisando nas fagulhas etc.". A orquestra repica os acordes numa vibração contínua. Introduz-se no palco, numa sequência imediata, o "mestre americano", com seu arranha-céu nas costas, aos tropeções "como um acidente organizado [...] com o rigor de uma fuga". Aparece nesse instante a "garota americana" e a orquestra ataca frenética o "Ragtime do navio", numa fúria sincopada de jazz e uma massa de ruído incidental. Segundo o roteiro: "Ela disputa uma corrida, dirige uma bicicleta, tremelica como os primeiros filmes, imita Charlie Chaplin, persegue um ladrão com um revólver, luta boxe, dança um ragtime, vai dormir, encalha com um navio, rola sobre a grama numa manhã de primavera, tira instantâneos fotográficos etc.". Entra o terceiro "mestre" escoiceando, a música cessa. Aparecem de súbito os dois "acrobatas" e a orquestra dispara uma valsa acelerada, marcada pelo acento forte de xilofones. Entram de volta por fim os "mestres", tentando obstinadamente chamar o público que vai se retirando, e a música recai numa linha melódica mínima, evocando a fuga e o tema do primeiro "mestre" em notas rarefeitas que vão se distanciando e calando imperceptivelmente. Os "mestres" desabam desconsolados, a garota americana se debulha em lágrimas, o "prestidigitador chinês" continua seus malabarismos sem se dar conta de nada. Cai o pano vermelho.[78]

A reação do público foi uma explosão confusa de palmas de um lado, cólera e músculos do outro. O ambiente do Châtelet se transformou na cena de um motim. Durante a apresentação já houvera vaias e assovios intermitentes, com punhos cerrados apontando em ameaça para os artistas. Ao final da peça, o rumor se transformou num estrondo, com parte do público se pondo de pé aos gritos de "Porcos!", "Boches imundos!". Não era a denúncia de uma heresia artística, os gritos exigiam justiça contra um crime político — um atentado contra as bases da cultura francesa, sendo corroída ali pelos mesmos germes da barbárie disseminados pelo inimigo alemão. O Châtelet se tornou naquele momento em "front interno", em foco de ação do inimigo infiltrado, sub-reptício e desmoralizador: "Boches imundos!", vociferavam os patriotas ofendidos, ensaiando o quebra-quebra e o espancamento sumário do elenco, dos músicos e dos autores da traição infame. Em meio ao tumulto, vindo do nada, como um deus ex machina, apareceu sobre o palco Guillaume Apollinaire. Recém-chegado do front, gravemente ferido em batalha, vestindo uniforme, cabeça coberta de bandagens, de muletas, a Cruz de Guerra ao peito. Num instante se fez um silêncio sepulcral. Com a autoridade de herói e mártir da pátria, o poeta evocou suas palavras da "Apresentação" do programa, se referindo ao balé como o marco do "novo espírito" nas artes, nada tendo de anárquico, debochado ou evasivo, representando ao contrário uma nova e mais profunda forma de realismo: o "surrealismo". Por fim, disse que a peça resgatava as mais autênticas raízes da raça latina e da civilização francesa, aludindo à "música extremamente clara, simples, expressiva, que é impossível não reconhecer como o ar puro e transparente da nossa França". O demônio estava esconjurado. O teatro se esvaziou em silêncio. No ano seguinte, Apollinaire morreria desse ferimento, agravado pela gripe espanhola.[79]

O fracasso do balé foi um sucesso. Ou melhor, seu sucesso comportou a exata dimensão do seu fracasso. Todos os elementos mais marcantes e mais ostensivamente aparentes do balé passariam a compor, daí por diante, o repertório de sinais que identificavam a "arte moderna", o "novo espírito", para o grande público e o grande consumo. Era a ascensão pública da "arte moderna" à aceitação e vigência sociais, ao preço da sua transformação numa exterioridade reconhecível. A grande virtude de *Parade*, sua capacidade de agregação instável de antinomias extremas, se transfundiu decantada pelas contingências históricas que cercaram sua apresentação, na consagração da incompreensão da arte e no consequente desenvolvimento da arte da incompreensão.[80] Os desdobramentos críticos e analíticos das atitudes de renovação artística desde fins do século XIX confluíam agora para uma senda mítica, em que as obras se tornavam indissociáveis da performance pública dos artistas, do escândalo e do prenúncio de uma nova verdade, mais essencial e pura do que tudo o que havia. *Parade* não foi obviamente a fonte desse fenômeno, que ponteava por toda parte na Europa e Estados Unidos desde os anos que antecederam a Guerra, mas foi seu maior catalisador. Isso em grande parte devido ao momento particularmente trágico com que coincidiu sua encenação.

Quando a companhia de Diaghliev subiu ao palco, completava-se o primeiro mês desde o início da ofensiva decisiva determinada pelo Exército francês para desalojar os alemães na "guerra de trincheiras", impondo-lhes a derrota final. A ofensiva começara em direção ao rio Aisne, a cerca de 250 km de Paris, e o avanço redundara no mais pavoroso desastre. Algo em torno de 120 mil soldados franceses morreram, a maioria nos primeiros minutos da investida. Em meio à ampla mobilização da guerra total, com as notícias e informações duramente censuradas, os boatos corriam ampliando em níveis apocalípticos os acontecimentos do front. Novos contingentes de jovens eram convocados em massa e às pressas. Circulavam igualmente notícias da Revolução de Fevereiro na Rússia e do iminente colapso da frente oriental. As deserções e insubordinações se multiplicavam e os exércitos aliados enfrentavam naquele momento "o mais sério motim num grande exército da história dos tempos modernos".[81] Dentre os volumosos contingentes dos novos convocados, algumas unidades, ao atravessarem as cidades em direção aos trens que os levariam ao front, se puseram a balir em uníssono, como carneiros a caminho do abatedouro. Foi nesse momento, em que a sobrevivência da França e do que se passara a denominar "cultura ocidental" periclitavam, que *Parade* entrou em cena.

A tolerância para com o exame descomprometido dos valores instituídos, para a crítica desestabilizadora dos fundamentos da cultura e para a suspensão dos sentidos num relativismo sem hierarquia nem direção definida desaparecera por completo. A arte, em meio ao cataclismo, só seria legítima se comportasse um elemento de salvação. Não bastavam novos fins, era preciso fundar um novo começo, que soubesse, porém, coincidir com as sementes impolutas fertilizadas pelo carisma. *Parade* reencontrara a cultura popular, o circo, a música simples e cristalina, o espírito da França. Reencontrara a civilização clássica francesa, a commedia dell'arte, o arlequim. Reencontrara a América pujante, a energia da vida moderna, a tecnologia, o cinema. Reencontrara a cultura negra, o jazz, o ritmo, a dança. Reencontrara Paris, o bulevar, a agitação das ruas, o cosmopolitismo. Reencontrara a festa, a alegria, a vertigem, a fusão, a transmigração para outro nível mais profundo de realidade, a surrealidade. *Parade* fundiu numa nova síntese, pela violência mesma dos seus recursos estéticos, todas as partes desintegradas do mundo em dissolução e dos novos tempos nascentes. Lançando mão de expedientes estéticos que ressaltavam a velocidade, a sincopagem precisa, a abolição da linearidade evolutiva, o espaço descontínuo, a simultaneidade, a fusão de símbolos e referências em novas constelações, desprendidos de seus contextos de origem, a violência da reformulação do imaginário baseada na ação em estado puro, *Parade* fixou um novo conceito de ordem na mobilidade.

A recepção crítica da peça fornece uma ideia de como essa filtragem se operou. Alguns críticos, ultrajados com a representação, se limitaram a injuriar os autores, em resposta desbocada a um dos quais, Satie e Cocteau foram criminalmente processados.[82] Felix Aprahamian, por outro lado, elogiou o balé, especialmente pelo que considerou seu espírito de "alegria sem complicações". Rollo Myers percebeu nele aquela mesma característica que mais apelava à sensibilidade de Apollinaire: "um tipo de qualidade alucinatória". Foi do crítico David Drew, porém, que partiu a análise mais percuciente, quando ele fala "da violência subjacente à música de Satie" e compara a atmosfera exalada por *Parade* ao "sentimento de vazio, desamparo e perdição que se encontra nas primeiras pinturas de Giorgio de Chirico".[83] Como se pode ver, compondo a percepção dos três críticos, a peça desprende o espectador dos seus referenciais, o mantém na angústia da desorientação, fazendo assim com que ele vá buscar o alívio da tensão extrema numa região ulterior de mágica, excitação e alegria primordial, criada pelas sugestões populares, exóticas, nacionais e modernas da obra.

Na visão de um dos grandes críticos atuais, Richard Shead, "em todos os sentidos *Parade* é de enorme importância histórica: na sua curta duração ela reúne o neoclassicismo, o jazz, a América, o music hall, o circo — todas as obsessões características dos anos 1920".[84] O historiador Roger Shattuck comenta mais longamente que, apesar de todas as contrariedades,

Parade cumpriu sua função. Mais do que qualquer outro evento nesse período, ela estabeleceu o tom para os anos do pós-guerra. [...] Ela comportava uma exploração sério-humorística dos elementos populares na arte, o voltar-se das atenções para o jazz e as músicas dos salões de dança, assim como para toda a parafernália da vida moderna, não num espírito de realismo, mas com um sentido de exaltação no absurdo. [...] Depois que Stravinski houvera introduzido seus mais primitivos ritmos africanos na *Sagração da primavera* (1913), Satie descobriu o elã contemporâneo do jazz e lhe deu em *Parade* o seu primeiro tratamento de concerto na música francesa. [...] *Parade* pertence tanto à tradição da música de dança francesa melódica e rítmica quanto à nova estética cubista. O que se destaca como eminentemente moderno a seu respeito — moderno no sentido de exprimir toda a atitude artística dos anos 1920, embora escrita em 1916-7 — é o seu uso dos temas populares e do jazz, seu elã festivo e as suas claras linhas de organização.[85]

O elemento de choque contido no balé era deliberado. Cocteau confessou que concebeu a peça no momento mesmo do tumulto provocado pela première da *Sagração da primavera*, em 29 de maio de 1913, e como uma resposta a ele. O balé se comporia assim como o terceiro numa cadeia de eventos-provocação, cujo marco de origem seria o tremendo escândalo da estreia do *Ubu roi*, de Alfred Jarry, em 1896.[86] A ideia do balé trazia, contudo, uma reflexão crítica aguda e uma inquietação intelectual da mais profunda relevância estética, muito para além de qualquer efeito alvoroçante. A questão que Cocteau se colocava era por que as pessoas resistiam a penetrar nos sentidos íntimos — estéticos e políticos — da nova arte? Como era possível demovê-las dessa atitude superficial, de só atentar para as características externas das obras, recuando ante seus procedimentos interiores de significação, com uma recusa preconcebida das novas formas? No limite, qual é a lógica do conformismo mental e como quebrá-la? A peça foi por isso composta com vistas a provocar reações.

A sequência das cenas, com a companhia se esforçando para atrair o público ao interior do circo, os espectadores se mantendo de fora, o desempenho da trupe se tornando mais frenético, o público aos poucos se dispersando e refluindo, o grupo circense despencando ao final em torno do "mágico chinês" que continua indiferente, a prestidigitação — parece ser uma mensagem pessimista sobre a incapacidade do público de penetrar na nova arte. Mas é exatamente o contrário. Cocteau e seus aliados estavam denunciando a ideia da separação tradicional entre forma e conteúdo, hábito mental arraigado do público europeu e que era justamente o que lhe impedia de compreender a nova arte. Não havia, de fato, lugar nenhum para se adentrar: todo o espetáculo estava contido ali mesmo, naquela parada incomum. A nova arte opera por simultaneidade, abolindo a lógica dualista, o silogismo pedagógico da representação. Tal como a ciência ou a filosofia, que por efeito das novas tecnologias aboliram as categorias absolutas e as distinções completas entre os elementos componentes dos fenômenos, também na arte não fazia mais sentido falar em tema e tratamento, forma e conteúdo, realidade, artista, obra e público: tudo isso era composto numa nova linguagem estética, em que a percepção crítica do observador é tão importante quanto é indispensável para completar a imaginação criativa do artista. Tal como na música de Satie, não há progressão para se atingir alguma resolução mais adiante. Tal como no cubismo de Picasso, não há um espaço para fora da tela a ser copiado: o estatuto das entidades do mundo concreto é relacional, organizado em arranjos arbitrários e provisórios.

Como disse Cocteau sobre a música de Satie: "Ela descobriu uma dimensão desconhecida, graças à qual se ouve simultaneamente a *parada* e o *espetáculo interior*".[87] Utilizando elementos da cultura popular, da nova cultura advinda com o lazer de massas, evocações das novas tecnologias, os mitos modernos da espontaneidade primitiva e da energia arrebatadora da América, que fundia ritmo e precisão, os criadores de *Parade* procuraram mobilizar a familiaridade do público com o novo cotidiano, a fim de predispô-lo a um rearranjo da sua percepção, abrindo-se para as potencialidades transformadoras inéditas do século que se iniciava. Foi uma ironia e uma consequência perversa daquele contexto particularmente tétrico da Guerra, que o balé tenha dado no seu oposto. De um lado a denúncia de qualquer transformação drástica da linguagem artística como evasão, irresponsabilidade e traição. De outro, a ideia de que a nova arte, embora *aparentemente incompreensível*, na verdade trazia a *chave do acesso a dimensões superiores* de cunho emocional, integratório e mágico. Não era o simples retorno à lógica dualista tradicional entre aparência e essência, forma e conteúdo que a peça comportaria, mas a nova atitude haurida do nascente lazer tecnológico, de se entregar aos fortes estímulos sensoriais da obra em busca de uma experiência suprema de completude, capaz de superar a consciência do estilhaçamento do mundo. O inverso, pois, das intenções originais dos artistas que criaram *Parade*. O que fora suposto operar como a desmistificação da lógica conformista da recepção estética criou ao invés um mito da arte moderna como a encruzilhada mirífica onde se fundem os extremos da sofisticação e do popular, do arcaico e do moderno, da tecnologia e do prazer, do instinto libertado e da ordem cósmica — um mundo turbilhonante enfim, onde todo possível comporta uma disposição passiva.

Se essa conjuntura assinala a morte da boemia, o sucesso peculiar de *Parade* desfechou o colapso do seu espírito, o fracasso do seu projeto estético e político.[88] Houve mais perdas na Guerra do que as que se contaram nos campos de batalha. *Parade* foi assim o último estertor de uma das linhagens criativas mais seminais da cultura europeia, desde o segundo terço do século XIX. Raiz primeiro do romantismo e depois do simbolismo, a boemia se constituía num mundo à parte no interior de Paris. Com seus próprios códigos de conduta, vestimenta, linguagem, áreas definidas, templos e rituais, sempre associados com graves intoxicações alcoólicas ou absínticas, com a noite, a frugalidade, a arrogância, o desprendimento, a doença e a morte precoce, a boemia era a capital dos espíritos independentes, dos intransigentes, dos debochados e dos rebeldes. Seus príncipes, sem estirpe e sem respeito, foram Murger, Baudelaire, Rimbaud e Jarry. Seus princípios, confundir arte e vida, estética e política, crítica e farsa, fantasia e revolução. Abrigavam-se em casebres baratos nos subúrbios paupérrimos — sobretudo Montmartre — e pontificavam nos bares e cabarés da Margem Esquerda. Em 1830, 1848 e 1870 se uniram às barricadas; em 1889 contavam dentre os principais agitadores contra a tentativa de golpe de Estado dos boulangistas e, em 1898, excitaram os ânimos dispostos a ir até à guerra civil na defesa do capitão Dreyfus. Mas as mudanças mais notáveis da boemia no período final do século XIX foram a sua maciça adesão ao ideário anarquista e sua acelerada cosmopolitização.

Alfred Jarry já era um lídimo representante desse novo espírito. O escândalo premeditado da estreia do seu *Ubu roi*, em 1896, fazia parte de uma estratégia de propaganda pela ação conforme os novos ideais. O que, no entanto, particularizava Jarry e tornou notavelmente decisiva sua preeminência na boemia da passagem do século era seu pessimismo crítico, irônico, pragmático e antirromântico. Isso o manteve à distância das evocações nostálgicas, utópicas ou pastorais latentes nas várias concepções anarquistas, evitando assim que suas convicções refluíssem para algum composto mítico ou emotivo de substrato romântico, religioso ou metafísico. Jarry possuía ademais uma apreciável informação filosófica e científica, que dotou seu inconformismo amargo de duas armas muito afiadas e indissociáveis: de um lado a ambiguidade e o absurdo, de outro uma lógica implacável e o cinismo mais cru. Exemplo cristalino do seu método de dissecação política e artística das instituições do seu tempo aparece no *Gestes et opinions du Docteur Faustroll, 'pataphysicien*, de 1898 (publicado em 1911), em que ele cria uma nova ciência.

'Patafísica é a ciência do reino para além da metafísica... Ela estudará as leis que governam exceções e explicará o universo suplementar a esse; ou, menos ambiciosamente, descreverá um universo que se pode ver — se deva ver talvez — ao invés daquele tradicional, pois as leis descobertas no universo tradicional são por si mesmas exceções correlatas, ainda que frequentes, ou de qualquer modo fatos incidentais que, reduzidos a exceções escassamente excepcionais, não possuem sequer a vantagem da singularidade.

Definição: "'Patafísica é a ciência das soluções imaginárias, que simbolicamente atribui as propriedades dos objetos descritos pela sua virtualidade, aos seus delineamentos".[89]

Não é pequena, como se pode notar, a familiaridade desse mundo com o de Lewis Carroll, o lógico, matemático e escritor inglês, em especial nas suas ilações críticas sobre a cumplicidade invisível da linguagem na consolidação das hierarquias vigentes. Como no diálogo entre Alice e o ovo peralvilho Humpty Dumpty, em que ele insiste poder dar os sentidos que quiser às palavras e, diante da surpresa indignada de Alice, conclui que o importante não é saber qual é o significado real das palavras — "a questão é saber quem comanda — e isso é tudo!".[90] Em vez de debater no universo das ideias, comprometendo-se assim com ele, Jarry desinveste a linguagem da sua suposta transparência anódina e autonomia absoluta, expondo o seu arcabouço de injunções veladas. Tal como a nova filosofia, Jarry altera os conteúdos por meio de um ataque insidioso à forma. Insidioso e fatal em todas as direções, é preciso acrescentar, já que uma vez posta sob suspeição, a linguagem em qualquer das suas variantes perde de vez o seu estatuto numinoso.

É interessante nesse sentido notar a diferença marcante que se estabelece entre essa crítica da forma em Jarry e a busca da forma em, por exemplo, Gauguin. Enquanto o pintor percorre o Pacífico Sul ou o mundo dos sonhos à procura da autenticidade do primitivo, para Jarry toda forma é um artifício, consciente ou não, deliberado ou herdado, restrito a particularidades de circunstância, de tempo e de interação social. Assim, em vez do exotismo de Gauguin, o comediante formula uma paródia sarcástica do imperialismo para recuperar a identidade elementar dos seres humanos, para além de projeções e cobiças. A esse respeito, uma história que ele gostava de contar era a de que acabara de ver um negro africano bebendo num bar e saindo sem pagar. Ante a inevitável pergunta do seu interlocutor se se tratava de alguma espécie de mendigo, vadio ou larápio, ele respondia que não: "Era apenas um explorador vindo da África para investigar a civilização europeia e que se viu, de repente, sem a moeda 'nativa' local".[91] Jarry inverteu, pois, a lógica do exotismo, repondo a sua própria cultura numa situação de suspensão de sentidos, que lançava num contexto de completa estranheza tudo quanto era consensual e familiar. Sua 'Patafísica criava assim uma atitude que se poderia denominar "endotismo".

Jarry fez da sua própria vida uma peça de arte, vivendo seus personagens no mundo real, numa mistura de Doutor Faustroll e Père Ubu, transformando a atmosfera ao seu redor num cenário, tal como em seus textos, bizarro e "horrifiquement beau".[92] Ele só andava de bicicleta e seu traje habitual era o de ciclista de competição. Morava numa cabana de tábuas em ruínas perto das comportas de Coudray, ao sul de Paris, que os passantes costumavam tomar por uma carroça abandonada e que ele chamava de o seu "calabouço medieval". O lugar inundava duas vezes por ano, obrigando-o a pendurar a bicicleta no telhado, para salvar a borracha dos pneus dos bandos de ratos. Falava num tom uniforme, sem distinguir as sílabas tônicas e pronunciando até as sílabas mudas. Para desacatar as leis que, após o assassinato do presidente Marie François Sadi Carnot em 1894, proibiam o porte oculto de armas ou a propaganda velada da violência, Jarry desfilava ostensivamente com uma carabina no ombro e duas pistolas enfiadas à frente do seu cinto. Ele era inseparável desses dois revólveres. Se algum transeunte lhe pedisse orientação sobre algum caminho, ele indicava a direção apontando para lá a pistola. Se, entretanto, algum fumante vinha lhe pedir fogo, com um atencioso "pois não" ele disparava no cigarro do incauto aterrorizado. Jarry morreu em 1907, aos 34 anos, na mais completa miséria, vítima do efeito combinado do álcool, do éter, da fome e do frio. André Gide, que o conheceu no final do século, escreveu que "depois dele os surrealistas não inventaram mais nada melhor e tiveram boas razões para reconhecê-lo como um precursor".[93]

Notavelmente, aquele que viria a ser o núcleo dos pintores e poetas cubistas — Picasso, André Salmon, Max Jacob, Apollinaire mais Cocteau, Artaud e Breton — que foram seus amigos, se consideravam seus discípulos e se declaravam inspirados no seu método de criar pela destruição.[94] O caso da relação entre Jarry e Picasso é de longe o mais interessante. Desde que se assentou na boemia de Paris, em 1904, vindo de Barcelona fugido do alistamento militar, Picasso estabeleceu uma relação sólida e intensa com Jarry. O ponto comum entre os dois era a disposição selvagem, destrutiva, que ambos concebiam como o âmago mesmo da criação artística, numa perspectiva de crítica dos valores vigentes e transformação social. O clímax dessa identificação entre os dois se deu quando Jarry, num gesto de excepcional sentido ritual, sacou um de seus inseparáveis revólveres e o ofereceu cerimoniosamente em público para Picasso. O supremo sentido simbólico do ato não escapou a ninguém e correu num instante por toda a boemia: era como a transmissão de um cetro. Um dos presentes ao evento, André Salmon, grande amigo de ambos, registrou assim as suas impressões do inusitado rito.

Ao fim do jantar, Alfred Jarry entregou seu revólver a Picasso, fazendo-lhe um presente dele... Naquele momento compreendeu-se:

1. que a tiara do parapsíquico Papa Jarry fora transposta para o seu revólver, a nova marca distintiva do papado;

2. que a outorga desse emblema fora o entronamento do novo parapsíquico Picasso;

3. que o revólver procurou o seu proprietário natural;

4. que o revólver era de fato o cometa prenunciador do século.[95]

Picasso, é claro, também entendeu perfeitamente o significado do gesto, trazendo o revólver sempre consigo e fazendo um uso frequente e distintivo do seu presente. Cada vez que alguém lhe perguntava "qual é a sua teoria estética?", ele sacava a pistola da cintura e disparava um tiro no ar em resposta.[96]

Posteriormente, num dos poucos momentos em que recorrera a palavras, Picasso definiria na seguinte fórmula o seu ato criativo: "Uma pintura costumava ser uma soma de adições. No meu caso, uma pintura é uma soma de destruições".[97] Era o eco de Jarry, mas era também o mote de Apollinaire: "Inovar violentamente!". Mas por trás desse impulso selvagem, que diferença com relação ao culto da violência de, por exemplo, Sorel. Não há aqui um apelo subconsciente nem uma abusão destinada a deflagrar a mobilização social massiva. É da maior importância ressaltar que Picasso foi um dos raros membros da boemia que se negou a participar, em qualquer nível, por mínimo que fosse, do esforço de guerra. Seu pacifismo e antimilitarismo eram categóricos e inflexíveis. Sua violência era incompatível com a disciplina, o conformismo, a hierarquização e os apelos emocionais galopantes, identificáveis nos modernos modelos de mobilização de massas. Nesse sentido, sua revolta social era drástica e paradoxalmente individual, seu anarquismo intransigente e antipassional. Sua dívida para com Jarry na construção dessa agressividade reflexiva

— decidida na revolta, crítica na ação e despicativa de qualquer lógica ou linguagem fixa — era decisiva. Picasso viera de Barcelona entusiasmado com o realismo de denúncia da miséria e desagregação social, que tinha ali um dos seus principais núcleos de difusão. Essa fora a linguagem dos seus primeiros anos em Paris, durante as chamadas fases azul e rosa, voltada para a representação dos párias dos arrabaldes a primeira e as personagens das artes populares mambembes a segunda.[98] Foram a boemia parisiense e Jarry que fundaram a revolução Picasso.

Essa revolução ocorreu em 1907 e se chamou *Les demoiselles d'Avignon*. Picasso a criou em sua casa-estúdio, chamada Bateau-Lavoir por sua semelhança com as embarcações-residências de madeira das lavadeiras do Sena. O Bateau-Lavoir era um foco da elite boêmia e anarquista, sendo alvo de vigilância e batidas policiais, com a grossa maioria dos seus frequentadores, inclusive Picasso, fichados na polícia.[99] Depois de um amplo período de ensaios e experiências, Picasso partiu para criar as "demoiselles", com o objetivo precípuo de compor uma obra de impacto. Enquanto ele desenvolvia o trabalho, Jarry, estirado aos pés da enorme tela, acompanhava a evolução das pinceladas.[100] As fontes de que Picasso hauriu para compor o quadro foram várias e díspares e a todas ele proviu uma reformulação e um contexto originais. A amplitude de alcance do seu empenho catalítico ia desde um acadêmico festejado, como Jean-Auguste Dominique Ingres, de quem ele absorveu a modelagem anticonvencional dos nus, até às ousadias cromáticas, o chapamento bidimensional das formas assinaladas pelo contorno desenhado e a decomposição do espaço em campos de cores justapostas sem profundidade ou perspectiva dos *fauves*, sobretudo Matisse. Cézanne, homenageado após sua morte com uma grande exposição retrospectiva em 1906, forneceu principalmente a geometrização elementar das formas, a volumetria do espaço, o adensamento, homogenia e autonomia plástica da composição.[101] A pantomima, o teatro popular, mas acima de tudo o cinema cômico-experimental de Méliès, a coqueluche da população suburbana de Montmartre, sugeriram a mobilidade do foco, a múltipla perspectiva, o desdobramento das imagens, a simultaneidade cronológica e a livre intercambialidade de todos os elementos da composição entre si e com elementos externos.[102] Foi o que propiciou a abertura para a introdução desses dois elementos heteróclitos que imploriram o gênero pintura tal como se conhecia até então: a arte ibérica arcaica e a arte negra africana.

A afinidade de Picasso com as esculturas ibéricas do período anterior ao domínio romano vinha desde suas ligações com o movimento autonomista da Catalunha, também sediado em Barcelona. Escavações recentes haviam descoberto esse material, que foi rapidamente incorporado como evidência de uma cultura catalã autônoma e antiga nos meios irredentistas, ao mesmo tempo que era exibido publicamente em Paris como curiosidade exótica. Picasso possuía algumas dessas estatuetas, compradas de um amigo, um traficante de arte belga, que dividia o aposento com Apollinaire, e que as roubava assiduamente à coleção do Museu do Louvre.[103] O pintor imprimiu fortes traços ibéricos transferidos dessas peças a três das cinco personagens do *Demoiselles*. Quanto à arte negra, que começava a ser exibida em exposições de curiosidades etnológicas em Paris, Picasso descobriu seu significado profundo por si mesmo, numa de suas habituais incursões ao bricabraque do Museu do Trocadero, conforme o relato eletrizante que ele fez a André Malraux.

Todo mundo sempre fala das influências que os Negros tiveram em mim. O que eu posso fazer? Nós todos amávamos fetiches. Van Gogh disse uma vez, "Arte Japonesa — nós a tínhamos todos em comum". Para nós isso se dava com os Negros. Suas formas não tiveram mais influência em mim do que tiveram sobre Matisse. Ou sobre Derain. Mas para eles as máscaras eram apenas como se fossem quaisquer outras peças de escultura. Quando Matisse me mostrou a sua primeira cabeça de um Negro, ele me falou sobre a arte egípcia.

Quando eu fui ao velho Trocadero, era repugnante. O Mercado de Pulgas. O cheiro. Eu estava completamente só. Eu queria ir embora. Mas eu não saí. Eu fiquei. Eu fiquei. Eu entendi que era muito importante: alguma coisa estava acontecendo comigo, certo?

As máscaras não eram simplesmente como quaisquer outras peças de escultura. De jeito nenhum. Elas eram coisas mágicas. Mas por que não o eram também as peças egípcias ou caldeias? Nós não havíamos entendido. Aquelas eram coisas primitivas, não mágicas. As peças Negras eram *intercesseurs*, mediadores; desde então eu sei a palavra em francês. Eles eram contra tudo — contra espíritos desconhecidos, ameaçadores. Eu sempre examinei os fetiches. Eu entendi, pois eu também sou contra tudo. Eu também acredito que tudo é desconhecido, que tudo é um inimigo! Tudo! Não os detalhes — mulheres, crianças, bebês, tabaco, jogar — mas o conjunto de todas as coisas! Eu entendi para o que os Negros usavam sua escultura. Por que esculpir daquele jeito e não de um outro modo qualquer? Afinal, eles não eram cubistas! Já que o cubismo nem existia. Eu percebia que alguns sujeitos tinham inventado os modelos e outros os tinham imitado, certo? Isso não é o que nós chamamos de tradição? Mas todos os fetiches eram usados para a mesma coisa. Eles eram armas. Para ajudar as pessoas a evitarem ficar sob a influência dos espíritos de novo, para ajudá-las a ficarem independentes. Espíritos, a emoção inconsciente — eles são todos a mesma coisa. Eu compreendi então por que sou um pintor. Completamente só naquele museu horrível, com máscaras, bonecas feitas pelos peles-vermelhas, manequins empoeirados. O *Demoiselles d'Avignon* deve ter vindo a mim naquele mesmo dia, mas de modo algum por causa das formas; porque ele foi a minha primeira pintura-exorcismo — sim, definitivamente![104]

Picasso, como se vê, está muito longe de procurar algo assim como a autenticidade do primitivo, a verdade das formas, a espontaneidade do inconsciente ou a pureza das origens. Como mediador, ele pretende purgar a imaginação dos fantasmas da emoção inconsciente. As esculturas ibéricas e as máscaras negras não são nem índices da verdadeira raiz nem exotismos que magnetizam as fantasias e mobilizam as projeções. Toda arte é uma falsificação, inclusive o cubismo, inclusive a arte moderna, inclusive a arte dita popular e primitiva. Segundo ele, "todos nós sabemos que a arte não é verdade. A arte é uma mentira que nos ensina a compreender a verdade. Pelo menos aquela verdade que nós, como homens, somos capazes de compreender".[105] A pintura de Picasso dá substância a uma sintaxe mental do relativismo, da ambiguidade, da dúvida, da argúcia. É um artifício para encravar a imaginação com a reflexão, de modo inseparável e profundo, de tal forma que elas se potencializem em reação mútua. É um exercício de lucidez exacerbada, mas sem nenhuma orientação embutida ou preestabelecida. "Quando eu encontro algo que exprimir, eu o consigo sem pensar no passado ou no futuro" — disse ele numa entrevista de 1923.[106] Em outro momento ele diria, "quando se chega nesse ponto, tudo que você tem é você mesmo. Você mesmo é um sol com mil raios na sua barriga. O resto é nada".[107] Por esse atrevimento de se equilibrar sobre o fio frágil do solipsismo, Picasso arrasta a lucidez ao limiar da vertigem, o que fez Salmon dizer dele que "os monstros da sua mente nos levam ao desespero".[108]

Os monstros, as estatuetas, as máscaras, as *Demoiselles* valem em Picasso não como uma referência exterior, simbólica ou alegórica: elas redimensionam a pintura como *ação*, não mais como contemplação. O quadro encerra um ato terapêutico, não mais um prodígio taumatúrgico. Não é a invenção de uma nova linguagem artística, mas o desvelamento do ilusionismo por meio do qual a arte inocula valores na sociedade. É nesses termos que se pode compreender a afirmação aparentemente paradoxal de Picasso: "O valor de uma obra reside precisamente no que ela não é".[109] O anseio pelo expurgo dos sentidos esclarece por que o pintor se inspirou no e celebrou o seu exorcismo profano — não mais um ritual religioso, mas um ato de amotinação cultural. Os monstros, as estatuetas, as máscaras, as *Demoiselles* descarregam um poder apotrópico sobre o observador. Em vez da narcose do sentido, o quadro instila o purgativo para a boa consciência. É a pintura a golpes de martelo. Picasso não destruiu a pintura, ele implodiu o sistema vigente de percepção dos produtos da cultura, expondo de roldão seu intrincado sistema de compromissos extra-artísticos. O que era representativo se tornou demonstrativo; o que era simbólico virou tópico; o que era transcendente, imanente; o que era passivo, ativo; o que era belo ficou feio. Comentou-se muito sobre as influências que teriam exercido no cubismo de Picasso e Braque as novas linguagens científicas, em especial as geometrias não euclidianas e as teorias sobre a Quarta Dimensão.[110] No seu caso, porém, a ciência só pode ser considerada sob o modelo da 'Patafísica ou do "endotismo", já que Picasso declarava querer fazer uma arte "de dentro para fora",[111] ou seja, como um atentado de desestabilização crítica da linguagem.

Até o próprio círculo íntimo de amigos boêmios de Picasso recuou horrorizado diante das *Demoiselles* e repudiou a obra. Como relata a historiadora Patricia Leighten,

Gertrude Stein ficou quieta; Leo Stein riu; Matisse, colérico, jurou vingança diante do que julgou ser uma zombaria do seu próprio modernismo. Derain disse a Kahnweiler que "um dia nós havemos de saber que Pablo se enforcou atrás dessa sua tela enorme" [...]. Até Apollinaire se afastou preocupado com que Picasso pudesse destruir as reputações que eles ambos haviam lutado tanto para estabelecer; ele murmurou apenas uma palavra: "revolução".

Mais tarde Kahnweiler recordaria esse momento:

O que eu gostaria de fazê-los compreender de uma vez por todas, é o incrível heroísmo de um homem como Picasso, cuja solidão moral era naquele tempo completamente horrorizante, pois nenhum de seus amigos pintores o seguiu. Todo mundo achou aquela pintura louca ou monstruosa.[112]

Braque, em breve cúmplice e colaborador inseparável de Picasso, teria ido mais longe ainda. Da primeira vez que pôs os olhos no painel exposto no Bateau-Lavoir, aturdido, ele exclamou: "É como se você bebesse gasolina enquanto comesse estopa em chamas".[113] O sentido do desabafo espontâneo de Braque é muito claro e deve ter soado como um louvor aos ouvidos de Picasso. A imagem que lhe veio imediatamente à cabeça foi a de um coquetel molotov — não atirado em público, como um atentado de rua, mas destinado a explodir no interior dos observadores do painel.[114]

Desde que pintou as *Demoiselles*, Picasso decidiu não expor nem negociar a tela. Ela permanecia no seu estúdio, a maior parte do tempo encoberta. Vê-la era um ritual que só poderia ser autorizado e oficiado pelo próprio artista, para aqueles que tivessem a humildade de visitá-lo no seu barracão. A mesma deliberação, aliás, ele e Braque assumiriam com relação a toda sua produção derivada da nova aventura estética inaugurada com as *Demoiselles*: eles não expunham nada nas galerias nem nas mostras, exposições e instituições oficiais. O grande público só veio a saber da nova linguagem artística, desde cedo denegrida pelos críticos hostis sob o epíteto infamante de cubismo, que os pintores incontinenti assumiram, através dos artigos e polêmicas entusiásticos de Apollinaire. Neles, o poeta anunciava obras que eram "monumentos a uma tarefa que até hoje ninguém antes tentou", uma visita ao "crepúsculo da realidade", "um renascimento universal", obras que "se tornam um novo universo com suas próprias leis", "a absoluta devoção à completa inovação".[115] O caminho único para o contato direto com as telas cubistas era através do amigo comum dos pintores, o alemão Daniel-Henry Kahnweiler, também libertário, que levava os interessados em ver ou comprar as obras aos estúdios de Picasso e Braque ou, eventualmente, expunha telas deles em sua própria casa, no centro, à Rua Vignon, 48.[116] Assim, a casa de Kahnweiler e sobretudo o Bateau-Lavoir se tornaram Medina e Meca das peregrinações obrigatórias das novas gerações artísticas por toda a Europa. Lá compareceram para prestar suas homenagens e aprender a nova linguagem, dentre outros, aqueles que se tornariam os futuristas italianos, os cubo-futuristas russos, os suprematistas flamengos, os abstracionistas alemães, os simultaneístas, os orfistas e os puristas de toda parte, além naturalmente de Diaghliev e os seminais Balés Russos. Nos estúdios, a atividade continuava incansável. Em 1912, Picasso e Braque introduziriam uma nova revolução dentro da revolução cubista, inventando as colagens, que teriam profunda repercussão mais tarde sobre o Dada e o Surrealismo. Em 1913, Apollinaire e Blaise Cendrars criam a poesia cubista, inaugurando a lírica moderna do século xx, ao lançarem ao mesmo tempo *Alcools* e *Les pâques de New York*, respectivamente.[117]

A Grande Guerra viria mudar por completo o curso dessa revolução cultural, como vimos no caso ilustrativo de *Parade*. Primeiro posta sob ameaça, depois transformada em moda e no catecismo da reviravolta mística desencadeada pela Guerra, a nova arte, a partir de então chamada moderna ou modernismo, pelo seu caráter de fusão de sentidos doutrinários, se impõe trazendo consigo uma nova mensagem. São os seus próprios criadores em grande parte quem, traumatizados pelo impacto do cataclismo, reformulam os seus sentidos. Apollinaire, ainda com os fragmentos de obus no crânio, na sua famosa conferência de 1918, "O Novo Espírito e os poetas", a coloca a serviço do nacionalismo, preconizando a arte moderna como a fonte de retomada do sonho napoleônico de um mundo centrado na civilização francesa. "O mundo tem os seus olhos fixos nessa luz, que sozinha ilumina a noite ao nosso redor. [...] A França, o repositório de todo o segredo da civilização."[118] Mas só no ano seguinte seria escrito o epitáfio da experiência iniciada com as *Demoiselles*, na conferência "Por que o 'Cubo' se desintegra?", pronunciada pelo herói e mutilado de guerra Blaise Cendrars.

[...] Pode-se já prever o dia, bem próximo agora, em que o termo "CUBISMO" terá cessado de ter mais do que um valor nominativo, indicando na história da pintura contemporânea as pesquisas de certos pintores entre 1907 e 1914. [...] A essa altura ele já durou por dez anos. A sua hora já parece ter passado. A geração "de volta do front" tem sua mente desperta por outros problemas, e suas pesquisas apontam numa nova direção. [...]

O cubismo estabeleceu o reino do simulacro; essa é a suprema heresia em arte. Nesse ponto nós tocamos na feitiçaria, e eu estou certo de que, examinando do ponto de vista do ocultismo, o cubismo revelará alguns segredos alarmantes e terríveis. Algumas pinturas cubistas fazem lembrar os rituais da magia negra; elas exalam um sortilégio estranho, malsão, incômodo; elas quase que literalmente lançam um feitiço. São espelhos mágicos, mesas de feiticeiros.

Eis por que a geração jovem, sendo saudável, muscular e cheia de vida, está se desviando do cubismo. A despeito dos seus aspectos mais sinistros, a despeito da pureza dos meios empregados, o cubismo não consegue despertar dúvidas nos jovens. Eles põem sua ênfase precisamente no ponto que foi deixado de lado pela experiência cubista: o estudo da profundidade. Os jovens têm um senso de realidade. Eles detestam o vácuo, eles detestam a destruição. Eles não racionalizam a vertigem. Eles se fixam firmes nos seus pés. Eles estão vivos. Eles querem construir; e só se pode construir na profundidade. A cor é o equilíbrio. A cor é o elemento sensual. Os sentidos são a realidade. Eis por que o mundo é colorido. Os sentidos constroem. Ali você tem a mente. As cores cantam. Ao negligenciar a cor, os pintores cubistas negligenciaram o princípio emotivo, o qual decreta que: para ser vida (viva em si mesma, super-real), toda obra deve incluir um elemento sensual, irracional, absurdo, lírico; o elemento vital que ergue a obra para fora do limbo.

Comparado com a pintura construtiva de amanhã, o cubismo teórico é como o Trocadero comparado com a Torre Eiffel: nenhum futuro, nenhum amanhã, nenhuma vitalidade possível. [...][119]

Se, pois, para Picasso o cubismo nascera em 1907 como pintura-exorcismo, para Cendrars, em 1919, ele padeceu num auto de fé, demonizado, amaldiçoado, renegado. Em vez da fragmentação, relatividade e contingencialidade do Trocadero, a verticalidade mecânica, monumental, coordenadora, mítica e útil da Torre Eiffel. Das cinzas do cubismo e da Guerra nasceriam o Espírito Novo, fusão da arte com o instinto, elevado à condição de guia supremo e transcendente; o Purismo/Primitivismo, fusão da arte com os sentidos, o êxtase e o exótico; e os ultrarrealismos, fusão da arte com a ação pura, com o automatismo sincopado e com a utilidade. De permeio, como a substância plástica das novas ligas, o neoclacissismo, o jazz e aquele sentido de reverência ao passado e a uma tradição nacional — introduzindo a "arte moderna" numa perspectiva histórica —, que Cocteau denominava "o retorno à ordem".[120] Blaise Cendrars, aliás, teria um papel catalisador nesse novo contexto cultural, assinalado pela morte da boemia, articulando em torno do estúdio do pintor

Lejeune, na Rua Huyghens, 6, em Montparnasse, o círculo dos pintores puristas, os literatos da revista *Esprit Nouveau* e os músicos agrupados sob o nome de Os Seis (Auric, Durey, Honegger, Poulenc, Tailleferre e Milhaud). Eric Satie, com sua ironia mordaz, preferia chamar o grupo de músicos de Os Novos Jovens, denominação que nesse espírito poderia ser estendida para toda essa comunidade artística. As peças centrais desse núcleo criativo eram Cendrars, Cocteau, Léger e Milhaud. Seus marcos artísticos: o balé *A criação do mundo* (1923), com música de Milhaud, de forte influência jazzística, baseado nas lendas cosmogônicas da *Antologia negra* de Blaise Cendrars e o filme *Balé mecânico* (1924) de Fernand Léger e Cendrars. O ponto de encontro da turma toda era o recém-criado jazz-cabaré O Boi no Telhado, na Rua Duphot, assim batizado a partir de um balé circense de Cocteau e Milhaud, inspirado no maxixe de Zé Boiadero, grande sucesso nos arrabaldes do Rio de Janeiro, quando o compositor lá esteve em 1918-9. A repercussão do novo tema da moda foi grande, tanto que, quando Blaise Cendrars esteve no Rio em 1924, outro compositor popular carioca, o Donga, lhe propôs que levasse a Milhaud sua nova criação, mais no espírito cosmopolita, *A vaca na Torre Eiffel*.[121]

SALVE O NOVO!

"Havia dez deles um ano atrás, há cinquenta esse ano." Foi como exprimiu o seu alarme contra uma tendência perniciosa, que se expandia vertiginosamente, fora de controle, um famoso crítico conservador e reputado comerciante atacadista de champanhes.[122] A tendência nefasta era o cubismo e o crítico se referia às primeiras exposições públicas em cerimônias institucionais daquela nova estética em Paris, inicialmente no Salão dos Independentes em junho de 1911 e, depois, no Salão de Outono, seis meses mais tarde. Se a primeira exposição causou escândalo, a segunda, muito maior, gerou um tumulto histórico. O pintor Albert Gleizes, presente nos dois eventos, deixou registrado em suas memórias o seguinte relato sobre o segundo deles:

> [...] Daquelas pinturas ergueu-se o vento da batalha. A tempestade irrompeu imediatamente. No dia da abertura, multidões se condensaram rapidamente naquela sala quadrada e formaram uma massa como a que se vira nos Independentes. As pessoas lutavam nas portas para conseguir entrar, elas discutiam e argumentavam em frente às pinturas; elas eram a favor ou contra, assumiam lados, diziam o que pensavam no máximo das suas vozes, interrompiam-se umas às outras, protestavam, perdiam a calma, se provocavam entre si; xingamentos descarados se seguiam a expressões de admiração geralmente destemperadas; era um tumulto de lamúrias, gritos, ataques de riso, protestos. Os artistas, pintores, escultores, músicos estavam lá; alguns dos escultores, poetas, críticos; e aquela terrível malta dos dias inaugurais em Paris, na qual filisteus, amantes genuínos da arte e marchands se trombavam uns aos outros, por entre o leiteiro e o porteiro, convidados pelos artistas seus clientes ou que viviam no mesmo quarteirão. Essa extraordinária inundação de gente era maior nesse que em outros anos, porque a imprensa havia anunciado que os "cubistas" fariam parte do evento. As pessoas se esmagavam para conseguir cópias das edições especiais dos jornais e das revistas. [...] A maioria dos jornais nos achincalhavam com uma violência incomum; os críticos haviam perdido qualquer senso de limite, os ataques choviam. Éramos acusados das piores intenções, de provocar o escândalo, de fazer troça do público, de tentarmos ficar ricos adulando os esnobes, éramos acusados de todos os pecados de Israel; a forca seria boa demais para nós. [...][123]

De fato, nem só a imprensa e o público estavam alarmados com a invasão dos "cubos". No próprio Parlamento, depois de votar uma lei que "concedia à comissão policial o direito de proibir qualquer peça teatral ou música de café-concerto que defendesse o crime de antipatriotismo", foi posta em discussão a reintrodução da censura, para escoimar as exposições oficiais de arte das tendências perigosas. Iniciados os debates, pediu a palavra o deputado Jules-Louis Breton, que se saiu com a seguinte arenga.

Por vários anos, sob o pretexto da renovação da arte, da modernização dos seus métodos, da criação de novas formas, certos exploradores da credulidade pública têm se entregado à mais insana competição de extravagâncias e excentricidades.

Eu absolutamente não sonho em lhes contestar esse direito infeliz, mas eu não posso admitir que a nossa administração das Belas Artes se renda a esses gracejos de muito mau gosto e entregue graciosamente nossos palácios nacionais para essas manifestações que arriscam comprometer o nosso maravilhoso patrimônio artístico. (*Muito bem! Muito bem! de diversas bancadas.*)

E isso muito especialmente já que são na maior parte estrangeiros que assim se introduzem dentre nós, nos nossos palácios nacionais, para lançar o descrédito, consciente ou inconscientemente, sobre a arte francesa...

Eu nem peço ao subsecretário de Estado [para as Belas Artes] que ele em pessoa exerça um controle direto absolutamente impossível de imaginar, sobre as obras exibidas.

Mas eu lhe peço simplesmente que requeira das sociedades concessionárias [do Salão de Outono] garantias obrigatórias, em especial concernentes ao estabelecimento do júri de admissão, e para preveni-las de que, se no futuro, o escândalo desse ano se repetir, nós teremos a óbvia obrigação de recusar-lhes a concessão do Grand Palais.

É com efeito, cavalheiros, absolutamente inadmissível que nossos palácios nacionais sirvam para demonstrações de um caráter tão plenamente antiartístico e antipatriótico. (*Aplausos*)[124]

Percebe-se, através de crescentes incidentes como esses, a infiltração progressiva no debate cultural daquela atmosfera de mobilização física e mental que o líder de extrema direita Léon Daudet denominava "espírito de pré-guerra", assentado sobre a militância nacionalista intolerante contra o inimigo, interno e externo, bárbaro, traiçoeiro e desmoralizante.[125] Curiosamente, nesse contexto, o cubismo que chega ao grande público não é o de Picasso e Braque, que continuariam suas experiências ousadas no interior do seu microcircuito boêmio, sem participar das exposições oficiais e sem aparições ou declarações públicas até o pós-guerra. Eles são, pois, os grandes ausentes das exposições de 1911. Os atuais cubistas eram artistas de diferentes orientações, muitos do círculo de Matisse, quase todos de Montparnasse, que foram se familiarizando com as inovações de Picasso e Braque, definindo a partir deles diferentes matizes de linguagens "cubistas" e unidos pela intenção em comum de encontrar uma dimensão transcendente, espiritual, a verdade revelada pela exploração da forma pura, a super-realidade. O grupo foi inicialmente articulado por Apollinaire, cada vez mais afastado de Picasso, desde o encarceramento traumatizante no caso do roubo da *Monalisa* e cada vez mais submerso na influência mística de Marie Laurencin, então sua mulher, e de Giorgio de Chirico. Apollinaire, associado ao casal Robert e Sonia Delaunay, organizaria a primeira mostra autônoma do grupo em 1912, na Galerie de la Boëtie, sob o significativo título de "A exposição da Seção de Ouro". Depois dos escândalos anteriores, essa mostra traria o sucesso e a consagração definitiva do cubismo na versão dos seus participantes.[126]

Essa corrente seria genericamente denominada "cubismo sintético", por oposição ao dos recalcitrantes Picasso e Braque, que seria "analítico". Mais internamente ela se dividiria em outras tendências, rebatizadas por Apollinaire. Por exemplo, ele mesmo, Frantisek Kupka, os Delaunay, Picabia, Léger, Marie Laurencin e os irmãos Jacques Villion, Marcel Duchamp e Raymond Duchamp-Villion definiriam a atitude orfista, a busca da forma pura, abstrata, cuja percepção só pode ser sensual, intuitiva e interna, como ocorre com a música. Os cubistas físicos ou construtivistas, como Gleizes, Metzinger, Juan Gris e Le Fauconnier (Le Corbusier), buscavam encontrar as leis por trás da harmonia fundamental das formas, as justas proporções, as regras últimas do perfeito equilíbrio entre a matéria, a luz, o espaço e a cor. Grosso modo, o primeiro grupo buscava explorar as dimensões ulteriores da "realidade interior"; o outro, os fundamentos últimos da realidade concreta, dos valores plásticos, do objeto. A diferença entre ambos é, aliás, apenas artificial, já que ambas as posições são permutáveis, constantemente imiscuídas e buscam legitimidade nas mesmas fontes, especulações sobre a quarta dimensão, a arte dita primitiva, a visão extática, o idealismo kantiano, a estética de Platão, em diferentes doses e em diferentes oportunidades.[127]

Não é casual nem sem relevância que em outras partes da Europa, nesse mesmo momento, outros artistas estivessem, por sua própria conta, trilhando esse mesmo caminho. O exemplo parisiense não apenas estimulava o interesse ardoroso por uma experiência artística de caráter profundo, revelador e inaugural; ele sobretudo legitimava um sentimento largamente difundido e que a Guerra exacerbaria ao extremo. Assim, entre 1911 e 1913, o passo final para uma linguagem visual puramente abstrata seria dado pelo tcheco Frantisek Kupka em Paris, pelo holandês Pieter Mondrian, por Kandinski e Franz Marc em Munique, pelo raionismo do russo Mikhail Larionov e pelo suprematismo do também russo Kasimir Malevitch. Desde 1912, os livros sobre o cubismo, a partir da seminal obra de Gleizes e Metzinger e o célebre *Os pintores cubistas* de Apollinaire, se multiplicavam em cadeia, e as revistas davam todo destaque às reproduções coloridas das obras. De forma que, já antes da Guerra, o cubismo da Seção de Ouro e o abstracionismo se tornaram as linguagens artísticas dominantes dentre as novas gerações por toda a Europa e os Estados Unidos. Eis como a situação foi descrita pelo crítico e historiador Edward Fry.

> Durante 1913 e 1914 tantos artistas se voltaram para o cubismo, que ele se tornou temporariamente a linguagem universal da pintura de avant-garde. Através de reproduções impressas e de trabalhos enviados para exposições na Inglaterra, Holanda, Alemanha, Rússia e Estados Unidos, o cubismo às vésperas da Primeira Guerra estava exercendo uma influência esmagadora sobre os pintores jovens por toda parte. Em Paris, muitos artistas de pouco talento se voltaram para a pintura de quadros cubistas, os quais apenas refletiam a mais rasteira compreensão do estilo. Outros, como Marcoussis (polonês), Roth (suíço) e mesmo o jovem Diego Rivera (mexicano), chegaram mais próximos da essência do cubismo.[128]

Esse sucesso fulminante do cubismo da Seção de Ouro, que o transformou instantaneamente de arte em estilo compulsório, em breve tendo sua versão industrial no art déco, marcando assim a referência visual de toda uma época histórica, indica acima de tudo sua potencialidade para responder a um amplo anseio coletivo. Anseio de resto multifário, por isso mesmo que orientado em função de linguagens tão inefáveis quanto as das artes. Por outro lado, se essas linguagens suspendiam a articulação clara e consciente dos sentidos, isso, ao contrário do que pudesse parecer, contava em seu favor e ajudava a entender o súbito incremento do interesse público em torno desse ressurgimento artístico por todas as grandes capitais do Ocidente. As galerias, exposições, teatros, espetáculos, concertos se multiplicam por toda parte e já começam a aparecer aqueles que se especializam em exclusivo no que passa a ser chamado, cada vez mais, de "arte moderna". Nota-se assim uma confluência entre o momento da ampla difusão dessas novas linguagens e a circunstância em que se estabelece a expressão daquilo que Kandinski denominou a manifestação "do espiritual na arte", Pieter Mondrian chamava de descoberta da "realidade cosmológica", Delaunay descrevia como a revelação da "Abstração Maior" e Kasimir Malevitch pregava como "o espírito da sensação não objetiva [...], a supremacia do sentimento puro".[129] Esse é o momento também em que a arte incorpora os signos das novas ciências estatísticas e estocásticas, os diagramas, os modelos gráficos fechados, as seções ilustrativas, o movimento paralisado e desdobrado, o objeto em isolamento absoluto, a alteração das escalas de grandeza, os supermicroscópios, os raios X e a penetração das dimensões invisíveis.[130] Em paralelo simétrico se observa o fastígio do espiritismo, da teosofia e das correntes esotéricas.[131]

O historiador e crítico Werner Haftmann descreveu esse impulso artístico muito apropriadamente como a busca do "outro mágico".[132] O "outro", nesse caso, significando qualquer dimensão ulterior inacessível à consciência ou aos sentidos no seu estado normal, seja no interior dos indivíduos, nas profundezas do mundo real ou na solidariedade dos sentimentos coletivos. A revelação de qualquer dessas dimensões trazia consigo em primeiro lugar uma implicação cognitiva e, em seguida, um imperativo ético: tratava-se de descobrir formas mais elevadas de experiência e, a partir delas, fundar um novo mundo — mais pleno e melhor. O jovem pintor Franz Marc, um dos notáveis protagonistas dessa redefinição decisiva do papel das artes, nos fornece uma imagem muito límpida da mentalidade emergente, nos seus *Aforismos,* de 1914:

A arte que vem vindo dará forma às nossas convicções científicas. Essa arte é a nossa religião, nosso centro de gravidade, nossa verdade. Ela será profunda o suficiente e substancial o suficiente para gerar a forma maior, a maior transformação que o mundo jamais viu. [...] A lei natural tem sido o veículo da arte. Hoje nós estamos substituindo essa lei pelo problema da religiosidade. A arte da nossa época irá sem dúvida mostrar profundas analogias com as artes de um passado longínquo, de tempos primordiais — mas sem as aproximações formalísticas que são atualmente tentadas por alguns anarquistas sem sentido nenhum.[133]

Esse percurso em busca da "forma maior", da "maior transformação que o mundo jamais viu", cumpriria uma etapa crucial na Itália, onde seria convertido na seiva cultural destinada a alimentar o empenho dos intelectuais voltados para a construção da "nova ordem".[134] As condições históricas da Itália — recentemente unificada (1870) e liberta do domínio estrangeiro; fortemente dividida econômica, política e regionalmente; com uma nova elite dirigente despreparada e desligada dos meios intelectuais — deram um papel preponderante à questão da construção de uma nova identidade nacional, vinculada a um projeto político mobilizador e integrador. Nas palavras do primeiro-ministro Massimo d'Azeglio, piemontês, "a Itália já tendo sido criada, o problema agora é criar os italianos".[135] Com esse desígnio, já a primeira geração de intelectuais se propôs como objetivo maior a promoção, por todos os meios, de uma reforma intelectual e moral, capaz de engendrar uma perspectiva nacional através da implantação de novos valores conducentes a uma "regeneração cultural". Numa correspondência entre dois dos protagonistas desse movimento, escrita de Papini para Prezzolini, em 1907, ele lhe ressaltava que à sua geração estava reservada "uma grande missão no mundo", a de "fazer a revolução" a partir da construção de um "partido dos intelectuais".[136] Essa forte fusão da cultura com a militância política engendraria um tipo peculiar de ativismo intelectual e artístico, que via nas linguagens simbólicas, altamente carregadas de conteúdos emotivos, os recursos ideais para a rápida mobilização e integração social. Daí seu estratégico e impulsivo apego aos novos meios tecnológicos de comunicação de massas: imprensa ilustrada, fotografia, cinema, cartazes, discos, publicidade e, em breve, o rádio.[137]

Um desses intelectuais, o milanês Filippo Tommaso Marinetti, homem de grossos cabedais, podia se dar o luxo de frequentar a boemia parisiense no começo do século. Tornou-se amigo e frequentador de gente como Jarry, Picasso, Apollinaire e, mais tarde, Blaise Cendrars. Pôde assim incluir nessa convivência outros intelectuais e artistas do seu círculo de influência, como os pintores Humberto Boccioni, Cario Carrà, Luigi Russolo (também músico), Gino Severini e Giacomo Balla.[138] O que fez de Marinetti um personagem decisivo, foi que pôde e soube fundir o ativismo intelectual italiano, os elementos da expressão artística da boemia parisiense, conceitos da filosofia de Bergson ("fluxo da consciência", "palavras em liberdade") e a política da ação pura e violência de Sorel. O resultado foi um composto altamente original e de efeito bombástico: o futurismo. Mestre da publicidade e capaz de pagar para ter seu texto publicado na primeira página de um jornal de ampla circulação, inclusive internacional, ele lança o seu movimento na capa do *Le Figaro* de Paris, de 28 de fevereiro de 1909, em francês rutilante, tom agressivo e conteúdo escandaloso. Desde então, aliás, ele transformou o manifesto numa forma própria e extremamente efetiva de arte-publicidade-ação, com larga carreira histórica por todo o mundo e cujas ressonâncias mais eminentes, na mesma Paris, seriam provavelmente o "Manifesto Canibal", do dadaísta francês Picabia em 1920, e o "Manifesto Surrealista", de André Breton em 1924.[139]

O Manifesto já trazia elucidada na sua própria escritura a estética do futurismo. Frases curtas, elípticas, peremptórias, fluxo vertiginoso, imagens cruas, paradoxos, hipérboles, sonoridade crepitante. Características que seriam acentuadas na sequência com a abolição da pontuação, a eliminação dos adjetivos, os substantivos isolados ricocheteando sentidos por justaposição intercorrente, uma chuva de verbos no infinitivo que, no italiano, adquirem um tom imperativo, sobretudo quando usados em formas negativas. Era a poesia-máquina, acionada num curso acelerado para exprimir a força impulsiva do instinto, sem a mediação disciplinadora e castrante da consciência culta. Marinetti a denominava "uma nova religião-moralidade da velocidade".[140]

> Poetas futuristas! Eu vos ensinei a odiar as bibliotecas e os museus, preparando-vos para odiar a inteligência, despertando em vós a divina intuição, dom característico das raças latinas. Mediante a intuição, venceremos a hostilidade aparentemente irredutível que separa a nossa carne humana do metal do motor. [...] Nós queremos dar, em literatura, a vida do motor, novo animal instintivo [...].[141]

Seria oportuno lembrar que ademais de mecenas e poeta, Marinetti era também um atleta e ginasta exemplar, além de ciclista, corredor de automóveis e exímio piloto de avião. O que tinha imediata e fundamental repercussão na sua estética.

> [...] nós queremos exaltar o movimento agressivo, a insônia febril, o passo ginástico, o salto perigoso, a bofetada e o soco. [...] Nós queremos glorificar a guerra — única higiene do mundo —, o militarismo, o patriotismo, o gesto destruidor dos anarquistas, as belas ideias que matam, e o menosprezo da mulher.[142]

Essa louvação do militarismo e do patriotismo se ajustava às maravilhas com a atmosfera já densamente carregada do "pré-guerra" europeu, e a Guerra, por sua vez, se ajustava aos desígnios da ampla mobilização social desejada pelos intelectuais italianos. Nenhuma surpresa, pois, que Marinetti organizasse o futurismo como um "partido de intelectuais", como uma "máquina de guerra" ou como uma unidade militar. É a partir dessa inspiração político-militar que o movimento se articularia como um grupo de assalto ("A poesia deve ser um assalto violento contra as forças desconhecidas"), literalmente, como uma "vanguarda". O conjunto dessa concepção envolveria: um líder carismático, uma hierarquia rigidamente centralizada, a convicção e dedicação integral dos militantes, um corpus de textos doutrinários, rituais coletivos de confirmação, propaganda, proselitismo, manifestações públicas, ação agressiva direta, que se concretizariam nas famosas performances e *serate futuriste*, normalmente concluídas em pancadaria.[143] A eficácia dessa máquina veloz de arte-propaganda-ação futurista foi tamanha, que ela breve se tornou um modelo imitado por toda parte, em especial quando os contextos da Guerra e do pós-guerra ressaltaram o caráter de epítome histórico que essa estrutura comportava, como uma metáfora e símbolo vivo das mais nítidas tendências vigentes. Depois da Guerra, essa estética da tábula rasa e da terra arrasada parecia soar como o próprio clarim anunciador de um novo tempo.[144] O mito de um novo nascimento, a promessa da eterna juventude pela abolição do tempo e espaço na velocidade ("o Tempo e o Espaço morreram ontem. Nós vivemos já do absoluto, já que nós criamos a eterna velocidade onipresente"), o sonho de superar todos os limites e redimir todas as faltas pela graça da fé no futuro não deveriam ser estranhos aos corações naquele cenário de extrema aflição. A simbiose do futurismo com o fascismo é conhecida e compreensível, já que Mussolini também bebeu nas fontes do ativismo intelectual italiano e na religião da violência de Sorel.[145] Igualmente interessante foi o discurso com que o ministro da Cultura da recém-criada União Soviética, camarada Lunatcharski, recebeu a delegação do PC italiano em 1921 — dentre a qual estava Antonio Gramsci, que relatou o caso — e, falando fluente na língua dos visitantes, vociferou: "Na Itália há um único intelectual revolucionário e é Filippo Tommaso Marinetti".[146]

O caso do Império russo, a propósito, é bastante esclarecedor sobre o modo como se processava a rápida divulgação das novas estéticas nas regiões periféricas da Europa. Em termos artísticos, o Império dos Tzares sempre foi mais estreitamente ligado com a Alemanha, em particular com as escolas de arte de Munique, para onde eram enviados os alunos mais promissores das academias russas. Daí o fato de os novos movimentos artísticos que se desenvolveram naquele importante polo cultural, em especial o *Blaue Reiter*, serem empreendimentos russo-germânicos na sua composição, com o grande destaque do pintor Vassili Kandinski. Mas o nexo decisivo para a radical reformulação da consciência cultural no interior do Império surgiu quando, a partir de 1906, Sergei Diaghliev instituiu as mostras de arte russa e os célebres balés no coração de Paris. A partir de então, nem a Rússia nem a França foram mais as mesmas. Pelo lado russo, Diaghliev levou para Paris, tanto para expor suas obras, como para desenhar figurinos e cenários para sua companhia de danças, as duas figuras-chave da criação da nova arte russa, o jovem casal, recém-saído da Academia de Artes de Moscou, Natália Sergeivna Gontcharova e seu marido Mikhail Fiodorovich Larianov. Gontcharova e Larianov já vinham fazendo experimentações com elementos da sintaxe pós-impressionista e *fauve*, aprendidos sobretudo nas aulas com o pintor Pavel Trubetskoi, na Academia de Moscou. Procuravam aplicar essas linguagens ao revivalismo "primitivista" da arte popular russa então em vigor, fortemente calcado no reestudo dos ícones medievais e nas gravuras dos folhetos populares, os "lubok", de ampla circulação entre os camponeses.[147]

Em contato com o cerne do núcleo cubista de Paris, todos amigos de Diaghliev, Gontcharova e Larianov assimilaram as novas ideias e, nas viagens com a Companhia pela Europa, descobriram o futurismo e estabeleceram uma espécie de ponte direta, fluindo as novas informações para os jovens artistas em Moscou e, por meio de exposições itinerantes, para outros rincões do Império. Aliás, em sua permanente campanha de propaganda, o próprio Marinetti teria ido à Rússia, logo após o Manifesto, entre fins de 1909 e 1910, divulgar, dizia ele, "a grande religião para a renovação do mundo através do futurismo".[148] Das suas pesquisas com a arte popular russa e de suas viagens, Gontcharova e Larianov derivariam o cubo-futurismo, de grande originalidade estilística, com as angulosidades da arte tradicional esgarçadas até a fratura, sob o escorço da grade laminar do espaço cubista, acrescidas as imagens ainda dos grafismos, luz e dinâmica futuristas. A arte do casal magnetizou toda a jovem intelectualidade inconformista, unindo artistas e poetas como os irmãos Burliuk, Maiakóvski, Kruchenikh, Khlebnikov, Elena Guro e, logo, mais esses dois pintores decisivos, Kasimir Malevitch e Vladimir Tatlin, com quem o grupo iria destilar sucessivas etapas de radicalização em direção às mais compactas linguagens não objetivas, o raionismo, o suprematismo, o construtivismo, este incorporando ainda epígonos como El Lissitzki, Liubov Popova e Alexander Rodtchenko. Seminal na passagem do cubo-futurismo para as outras linguagens foi a organização da exposição "Valete de Ouros", em 1911, introduzindo o cubismo da Seção de Ouro na Rússia, assinalando a tendência para artes mais abstratas e mais espirituais.[149]

O movimento na direção da abstração e da não objetividade na Rússia tendia paradoxalmente a ressaltar a ideia da utilidade social da arte, fosse no sentido simbólico e espiritual de instilar realidades e experiências mais elevadas (suprematismo), fosse no sentido concreto de replanejar as estruturas da sociedade e da vida cotidiana (construtivismo). Assim, transitando da cultura popular para a transcendência metafísica ou a utopia tecnológica, o que assistimos é uma dramatização dessa busca do "outro mágico", que adquire nas figurações não objetivas, reduzidas a cores e elementos mínimos, um apelo acentuado pela falta mesmo de referências e estranheza, que lhes atribui uma força evocativa exponencial. É notável também o efeito de atração que essas obras teriam sobre a intelectualidade e artistas de toda a Europa oriental, mais drasticamente afastados dos centros irradiadores primários e vivendo experiências históricas de mudanças vertiginosas, principalmente após a dissolução dos Impérios Centrais ao fim da Guerra.[150] Suas referências lhes chegam sobretudo através das revistas internacionais e, mais raramente, através das visitas a Viena, Munique ou Moscou. As mais persistentes são o cubismo da Seção de Ouro e suas variantes purismo e neoplasticismo; o abstracionismo de Munique; as correntes da arte russa. Os novos regimes políticos ultrarreacionários, como o que resultou da repressão à Revolução dos Crisântemos, na Hungria, em 1918, e a ausência de um público conhecedor ou de uma tradição local de patronato, mantinham as novas linguagens restritas a grupos muito reduzidos que, em regra, eram os mesmos empenhados na reforma política. Como resultado, em meio a um sincretismo peculiar de diferentes matrizes estéticas, prevalecem as pesquisas com material folclórico e teor nacionalista, símbolos instigadores do engajamento político-social, versados em linguagem formal agressiva, despojada e fortemente satírica. Os estilos deliberadamente apontados e ressaltados como alienígenas se tornam por si sós ícones do desejo de mudança e de atualização histórica com o novo século.[151] Em circunstâncias como essas o "estilo internacional" se transmutava no "outro mágico" em si mesmo.

No extremo oposto do continente, em Portugal, as ondas de irradiação das novas correntes seguiam um movimento similar. Um minúsculo núcleo de poetas e pintores, envolvidos a fundo com o revivalismo político do Império português longamente decadente ("a Renascença portuguesa" e o "Saudosismo"), engendrou *ex machina* a sua versão do futurismo e do cubismo da Seção de Ouro. O lance súbito, o efeito de impacto e o jargão adventício provocativo disparatadamente vinham fazer ebulir o debate tradicionalista. Nas palavras do crítico Henry Deluy:

> O caso de Portugal é extremo. O futurismo ali se parece com aquela jangada, superfície pequenina/vela alta, de que se lança mão para atravessar a torrente e que logo depois se abandona. Ele se instala, com muito pouco, lança intimações, hasteia uma bandeira (que ele conhece mal), publica alguns folhetos, sofre a censura. Depois desaparece.[152]

O grupo é mínimo, mas de prodigioso talento artístico. Em primeiro lugar e acima de tudo Fernando Pessoa e sua coorte de heterônimos — uma comunidade intelectual intrincada por si só, em permanente polêmica interna. Depois, Mário de Sá-Carneiro, poeta residente em Paris; José de Almada-Negreiros, poeta e pintor; Santa-Rita Pintor, artista plástico conforme o pseudônimo e amigo de Marinetti; Amadeu de Souza-Cardoso, também residente em Paris, amigo de Delaunay, coligado à Seção de Ouro, com quem exibiu no Salão de Outono, no *Armory Show*, em Nova York, e no *Der Sturm*, em Berlim. O grupo se lançou desafiadoramente na restritiva atmosfera cultural portuguesa, mediante um ruidoso evento em três partes do Teatro República de Lisboa, em abril de 1917. Desde 1915, porém, tinha seu órgão de propaganda, a revista que só teve dois números, *Orfeu*. Numa carta de Pessoa a Marinetti, de 1917, ele definiu a orientação do movimento português.

Como vós, eu condeno o simples racionalismo; portanto penso que devamos caminhar no seu sentido e ultrapassá-lo. Ora, para ultrapassá-lo e atingir assim o Infinito, nós temos primeiro que atravessá-lo. [...] Esse [caminho] não pode ser descoberto senão pelos sentidos, a tal ponto que a razão metafísica das coisas se descubra pelo pensamento puro, numa pureza inteiramente emocional. [...] Vós sois desse lado do pensamento (desse lado aqui); eu prefiro o seu outro lado, seu lado puro [...].[153]

A Inglaterra, por sua vez, na passagem do século, em termos culturais se encontrava, literalmente, insulada. O clima de intolerância às inovações controvertidas e o conservadorismo renitente podem ser medidos pelo brutal encarceramento de Oscar Wilde (1895), o repúdio generalizado às peças de Ibsen, a expulsão de D. H. Lawrence e sua mulher, em 1916, por sua atitude pacifista, a censura e proibição do *Ulisses*, de Joyce, o clamoroso processo contra *O amante de Lady Chatterley*, de Lawrence, que inclusive teve uma exposição de pinturas suas invadida e fechada pela polícia em 1929, fato que ele celebrou no poema "Innocent England". Nesse contexto, talvez fique mais fácil compreender a disposição resoluta de fazer alarde e causar escândalo do grupo que, em torno do poeta Ezra Pound e do pintor Windham Lewis, inaugurou o vorticismo no Reino Unido, por meio de muito tumulto e da revista *Blast*, lançada em julho de 1914. Novamente as matrizes no movimento procediam das experiências do futurismo e dos dialetos cubistas da Seção de Ouro. Windham Lewis descrevia o vorticismo como "um impulso mental emotivo [...] solto sobre um monte de blocos e linhas". Pound, no Manifesto Vórtex, exortava: "O vórtex é o ponto de máxima energia. Ele representa, em mecânica, a maior eficiência. [...] Toda concepção, toda emoção se apresenta à consciência vivida sob alguma forma primária".[154] À parte essa exaltação técnica do instinto, era sobre o símbolo do "novo" como pedra filosofal da realidade ulterior que ele descarregava todo seu ativismo poético, buscando no passado, na distância e no exótico a porta para o Outro absoluto. Acompanhe-se o seu mergulho ("The plunge", 1912).

> *Eu me banharia na estranheza:*
> *Esses confortos amontoados sobre mim, me sufocam!*
> *Eu queimo, eu ardo tanto pelo novo,*
> *Novos amigos, novos rostos,*
> *Lugares!*
> *Oh, estar fora disso,*
> *Isso que é tudo que eu quis*
> *   — Salve o novo*
> *E você,*
> *Amor, você o mais, o sobretudo desejado!*
> *Não detesto eu todos os muros, ruas, pedras,*
> *Todo lodo, cerração, toda neblina,*
> *Todos os tipos de tráfego?*
> *Você, eu queria que me submergisse como a água,*
> *Ah, mas muito longe daqui!*
> *Relva e vales descampados e montes,*
> *E sol,*
> *Ah, muito sol!*
> *Longe e só, dentre algum*
> *Povo estranho.*[155]

É curioso verificar-se como em Pessoa e Pound, por exemplo, o futurismo se torna uma chave mestra decisiva para redimensionar o passado. As técnicas poéticas e artísticas de recortar as imagens de qualquer contexto e deixá-las flutuar ao sabor das projeções mitificantes do subconsciente[156] se mostrariam eficazes em especial para construir novos planos de identidade ampliada, fosse em termos pessoais, fosse em âmbito coletivo. A difusão avassaladora do futurismo e do cubismo da Seção de Ouro, em ondas cada vez mais distantes dos seus epicentros europeus, revela mais do que tudo a amplitude da desestabilização social sob o impacto da nova ordem econômico-tecnológica e o anseio generalizado, de indivíduos e coletividades, por novas concepções de coligação orgânica num mundo em dispersão permanente. "O futurismo é a vaporização expelida de um vórtex sem nenhuma orientação por trás de si, DISPERSÃO", concluía Pound no seu manifesto.[157] O que era bastante descritivo do momento de dissipação historicamente vivido por tantas sociedades envolvidas subitamente na nova dinâmica turbilhonante das inovações tecnológicas. Mas, de fato, era desse estado de agônica dispersão, inédito, sem lastro cultural e mentalmente intolerável, que se desejava sair. Nesse sentido, a linguagem que fosse capaz de articular, pela primeira vez, o caráter do vórtice que se apossara do mundo, seria aquela recoberta de credibilidade para sugerir, igualmente, a tão ansiada orientação que estaria palpitando por trás dele. Era precisamente nesse ponto que as linguagens modernas internacionais se coligavam com a tradição das linhagens culturais locais, potencializando extraordinariamente as tendências em curso que, sobretudo pelo advento das novas gerações, se mostrassem capazes de operar essa soldagem de materiais diversos.

Os Estados Unidos, provavelmente o maior beneficiado pelas transformações econômicas em andamento, acima de tudo em função do contexto geral da guerra europeia, atravessavam também, como seria de se esperar, uma fase de intensa reformulação cultural. As enormes concentrações de riqueza e imigrantes de todos os tipos, de todas as partes, em especial nas metrópoles de Chicago e depois Nova York, demandavam urgentes medidas no sentido de prover as novas classes com equipamentos de lazer e cultura, capazes de lhes sugerir identidades coletivas à altura do seu orgulho e expectativas. O poeta e editor-chefe do *New York*

Post, William Cullen Bryant, formulou os termos do problema com muita propriedade: "É importante que nós enfrentemos as tentações do vício nessa grande capital, crescendo rápido demais, através de entretenimentos de um caráter inocente e edificante".[158] Na busca de modelos, a atração da Cidade Luz era hipnótica e sem rival. "Paris — escreveu Calvin Tompkins, o memorialista do Museu Metropolitano de Nova York — é uma cidade que tem tradicionalmente provocado aspirações culturais na alma mercantil".[159] Logo as galerias, exposições e museus oficiais começam a pulular, dando plena substância à exclamação civilizadora de Francis Henry Taylor, futuro diretor do Metropolitano: "Os museus de arte são as catedrais do século XX".[160] Nada mais natural, portanto, que nesses novos templos fosse celebrada a moderna arte francesa.

Para tanto, abundavam, particularmente em Nova York e Chicago, os recursos, os patronos e o talento. A iniciativa do evento decisivo, o *Armory Show*, partiu da recém-criada (dezembro, 1911) Associação dos Pintores e Escultores Americanos, com sede em Nova York. Ela nascera do grupo denominado "Os Oito", que procurava, com inspiração nas soluções plásticas do impressionismo, *fauves* e pós-impressionistas, desenvolver uma arte tipicamente urbana e americana. Eles planejaram uma grande exposição para 1913, a fim de mostrar suas últimas experiências e conquistas. Para acrescentar algum interesse à mostra — a ideia lhes ocorreu candidamente —, decidiram acrescentar toda uma seção dos últimos exemplares da arte parisiense. A consciência da existência de novas tendências e o conhecimento preciso dos nomes e referências era possível, porque havia na cidade uma pequena galeria (Little Gallery, 291 Fifth Avenue, mais conhecida como "291 Gallery"), dirigida pelo fotógrafo Alfred Stieglitz, que funcionava como uma ponte direta permanente com a arte francesa. De Stieglitz e seu círculo de colaboradores saíram as informações que, através das viagens de Walt Kuhn e Arthur B. Davies à Europa, resultariam no prodígio de transpor para a América, de uma vez só, toda a Seção de Ouro, mais os abstracionistas de Munique, além de obras dos próprios Picasso e Braque. A abertura do *Armory Show* assinalou uma descontinuidade na história cultural dos Estados Unidos. O crítico Russell Lynes comentou assim o impacto da exposição, cujo título era "O Novo Espírito":

> Aquela era uma refeição que os artistas europeus vinham preparando ao longo de décadas; já os americanos tentaram digerir toda ela de uma vez só e sem saber o que é que tinha se passado na cozinha. Isso valia tanto para os artistas quanto para o público que veio à exposição.[161]

O escândalo e a emoção foram enormes, tanto ali como em Chicago, para onde a exposição se dirigiu depois. Como resultado, a Galeria 291, que até então fora um discreto e isolado recanto de um pequenino grupo de abnegados "europeizantes", tornou-se o foco de convergência de toda a nova geração de intelectuais e artistas norte-americanos. A revista de artes, literatura e crítica editada por Stieglitz, *Camera Work*, se tornou o órgão por excelência da nova arte. Ter seu trabalho ou artigo publicado ali era a própria consagração, a confirmação de pertencer em vida à lenda moderna. Stieglitz estudara e se formara engenheiro na Alemanha e viajara pela Europa. Estava intimamente familiarizado não só com os artistas, como com os poetas cubistas e futuristas. *Camera Work* era publicada em inglês e francês, tendo colaboradores dos dois lados do Atlântico. Através da revista, da galeria e da influência de Stieglitz e seu grupo, a pintura americana incorporou as últimas tendências europeias e a poesia transitou da influência inglesa do imagismo para a franco-italiana do cubismo e futurismo. O início da Guerra trouxe objetores de consciência para Nova York, como Picabia, Gabrielle Buffet, sua mulher e Marcel Duchamp, que, em associação com o americano Man Ray, radicalizaram seus experimentos em direção ao Dada. O fato, porém, é que Stieglitz e seu grupo assimilaram a tendência metafísica predominante na Europa, publicando cada vez mais textos de Bergson e Kandinski. Com a entrada dos Estados Unidos na Guerra, o clima cultural se tornou intolerante e arredio a manifestações artísticas provocativas, dúbias ou sem compromisso explícito, como eram os experimentos dadaístas de Duchamp, Picabia ou Man Ray. Conforme o novo diapasão, Stieglitz e o grupo todo dirigiram seus esforços para a descoberta de uma "arte pura", "o inconsciente penetrando pela consciência, arrastado por uma necessidade que vem de além do seu próprio conhecimento, do seu próprio controle; tentando pulsar na luz, como a semente atravessando a terra — só ela terá raízes, só ela pode ser fértil".[162] Era a tentativa de fundar, pela arte, o espírito nacional. "A América tem ainda que ser descoberta." Duchamp, Picabia e Gabrielle retornaram à Europa ("La illusion a vite dissipée").[163] Stieglitz pregava agora a nova diretriz: "A América, sem aquele maldito gosto de França".[164]

Na América hispânica, as coisas andaram mais devagar, embora também não oscilassem tanto. Houve na região, da passagem do século até os anos 1930, um acentuado processo de crescimento urbano, sobretudo marcante nas cidades capitais, como Buenos Aires, Montevidéu, Santiago, Lima ou Cidade do México.[165] As transformações econômicas em escala global criaram igualmente novas e maiores demandas de matérias-primas, em grande parte acentuando mais do que alterando a tendência multissecular à concentração restritiva da riqueza na região. De qualquer modo, a complicação técnica da infraestrutura econômica em sua rede de nexos internacionais gerou novas camadas na sociedade, provocou movimentos de êxodo rural e, em algumas áreas, abriu-se a uma vasta imigração europeia. Em poucos anos, pois, os quadros sociais tradicionais tendiam a comportar enormes pressões, que cedo explodiriam no México (1910), ressurtindo por toda parte ao fim da Guerra europeia e ao longo dos anos 1920.[166] A ânsia de "novas ideias" era sentida com avidez tanto pelas camadas dominantes quanto pelos grupos sociais subalternos ou aqueles que aspiravam melhores oportunidades. O depoimento de um dos próceres da geração que adentra a cena em torno do início da década de 1920, Manuel Picón-Salas, fornece um quadro agudo do novo panorama.

> Quando cessaram os canhões de Verdun, começou uma guerra mais concludente de princípios, classes sociais e ordens estabelecidas. Grandes movimentos de multidões humanas: revolução russa, agitação islâmica, chinesa ou hindu. Na nossa própria América assistíamos à transformação do México. As instituições do século XIX que naufragavam no redemoinho do nosso tempo, o liberalismo dos nossos pais, a sagaz ciência política, os noventa anos de moderada burguesia. Tudo constituiu para nós um panorama de muitas frentes, exaltou nossa consciência impressionável e sentimos, porque éramos jovens e não estávamos amarrados a nada, a embriaguez e a responsabilidade do que vinha. Tivemos os primeiros conflitos de ideias.[167]

Em termos culturais, os alvos do ataque cerrado das novas gerações seriam o arielismo (idealismo de uma elite culta de "elevar a América Latina aos padrões superiores da civilização europeia"), o positivismo e o modernismo (nome que se atribui na cultura hispânica ao que na linhagem francesa seriam o simbolismo e o parnasianismo). No limitado âmbito cultural da América Latina, em que a extensão da exclusão social se traduzia em taxas massivas de analfabetismo, se observa uma inextricável imbricação entre elites culturais e elites políticas.[168] A ênfase no panorama da cultura internacional tendo se voltado crescentemente para o ativismo de cunho transformador acentuaria as condições típicas locais, dando origem a composições artísticas atravessadas de patentes intenções nacionalistas e nativistas, afirmando resolutamente uma "latino-americanidad", uma "mexicanidad", uma "argentinidad", o indianismo, a poesia negra, o afro-cubanismo e assim por diante.[169] Por mais que possa parecer paradoxal, portanto, não deve surpreender o fato, declarado sem pejo a maior parte das vezes, de que foi na Europa, ou no mínimo folheando revistas europeias, que muitos desses jovens artistas e intelectuais "redescobriram a América". A francofilia desabrida da elite latino-americana, muito atualizada desde o modernismo, o crescente surto do exotismo na Europa, o pendor pelas culturas negras dos orfistas e puristas e pelas culturas indígenas dos surrealistas convergiram todos para esse súbito furor de "resgate" nativista e "redescoberta" das raízes. As viagens e a figura do viajante se tornam, pois, centrais nesse processo de renovação formal e temática. Para se ter uma ideia, cumpririam esse papel, dentre os poetas, figuras decisivas como Jorge Luis Borges, Ricardo Güiraldes, César Vallejo, Vicente Huidobro, Miguel Angel Asturias, Rómulo Gallegos, Alejo Carpentier e o intelectual José Carlos Mariátegui, todos permanecendo por mais ou menos tempo em Paris.[170] O mesmo ocorreu com muitos dos pintores mais marcantes do período, como Diego Rivera, Siqueiros, Pettoruti, Amelia Peláez, Pedro Figari, Xul Solar, Joaquín Torres-García e Armando Reverón, por exemplo.[171]

Uma vez mais, a química da nova linguagem moderna, vanguardista como é sintomaticamente denominada na América hispânica, procederia em sua base do futurismo, da poesia cubista — sobretudo Apollinaire e Reverdy — e do cubismo da Seção de Ouro, recombinado diversamente com o construtivismo, o primitivismo e o surrealismo, conforme o caso. O chileno Huidobro com seu criacionismo, no limiar entre a tradição modernista e as novas linguagens, opera como catalisador. De seu encontro fortuito com o jovem Borges em Madri no pós-guerra, 1918, brotaria o ultraísmo dos poetas espanhóis — ainda mais virtualidade do que nova arte de fato. Borges o traria consigo para Buenos Aires e o reformularia sucessivamente, com os jovens poetas locais, no jornal mural *Prisma* (1921), depois na revista *Proa* (1922-3) e na *Martín Fierro* (1925). À falta de uma pauta estética cristalina e substantiva, ainda não elaborada, serviam como bandeiras a crispação da metáfora e, acima de tudo, a mística contemporânea do novo como recurso de acesso, por si só, a um estado de empatia superior com a mecânica complexa do mundo atual. "Nossa literatura deve renovar-se — dizia o primeiro manifesto argentino em 1919 —, deve conseguir ser *ultra*, como hoje pretendem consegui-lo nosso pensamento científico e político. Nosso lema será *ultra* e no nosso credo hão de caber todas as tendências sem distinção, contanto que expressem um anseio novo."[172] Essa atitude estava no âmago também do criacionismo de Huidobro que, inspirado nas experiências plásticas de Mallarmé com a poesia, outorgava ao poeta lírico o condão prístino de gerar mundos absolutamente novos, como um demiurgo renascido da Era das Máquinas. Eis como, numa entrevista ao *El Mercurio* de Santiago, 1919, ele definia a sua "poesia pura": "No meu modo de ver, o criacionismo é a poesia mesma: algo que não tem por finalidade nem narrar, nem descrever as coisas da vida, mas fazer uma totalidade lírica independente em absoluto".[173] Concepção essa que já aparecera versificada na sua "Arte poética", de 1916:

> Que o verso seja como uma chave
> que abra mil portas.
> Uma folha cai; algo passa voando;
> quanto olhem os olhos, criado seja,
> e a alma do ouvinte caia tremendo.

Por que cantais a rosa, oh Poetas!
façam-na florescer no poema;
só para nós
vivem todas as coisas sob o Sol.
O Poeta é um pequeno Deus.[174]

A inovação radical, autonomia e iniciativa de experimentação se difundiriam pelo continente, repercutindo quer nas arrojadas composições gráfico-espaciais de Hugo Mayo do Equador, no "simplismo" ainda mais implosivo do peruano Alberto Hidalgo, ou no estridentismo mexicano de Manuel Maples Arce, Luis Quintella e companheiros, cujo nome já indica a afinidade com a verve futurista. O mais interessante era notar como esse apelo do novo tendia progressivamente a incorporar a febre nacionalista do pós-guerra, fundindo a mística do novo, da originalidade e da pureza, com o anseio de uma nova ordem social e a "redescoberta" de uma magia oculta das raízes. Um dos personagens decisivos nesse processo de transição foi o lúcido e combativo intelectual peruano José Carlos Mariátegui. Aliás, seu compatriota e amigo, o poeta César Vallejo, já abrira a senda, transitando do sublime *Trilce* (1922) para a colaboração direta com Huidobro, Reverdy, Tristan Tzara e Juan Gris, em sua revista *Favorables-Paris-Poema*, editada na capital francesa em 1926, para uma militância indianista e socialista decidida.[175] Mas foi Mariátegui quem, após o retorno da Europa, criando a revista *Amauata* (1926), passou a polarizar o debate político-intelectual da nova geração. Assim expunha ele seus princípios no primeiro editorial de *Amauata* ("o sábio", em quéchua).

Esta revista, no campo intelectual, não representa um grupo. Representa, muito mais, um movimento, um espírito. No Peru se sente desde algum tempo uma corrente, cada dia mais vigorosa e definida, de renovação. Aos fautores dessa renovação se lhes chama vanguardistas, socialistas, revolucionários etc. A história não os batizou definitivamente ainda. Existem entre eles algumas discrepâncias formais, algumas diferenças psicológicas. Porém, por cima de tudo que os diferencia, todos esses espíritos põem o que os aproxima e mancomuna: sua vontade de criar um Peru novo, dentro do mundo novo. [...] O movimento — intelectual e espiritual — adquire pouco a pouco organicidade.[176]

Outra figura exponencial nesse sentido foi o filósofo e político mexicano José Vasconcelos, autor do influente *La raza cósmica* (1925), duas vezes ministro da Educação em seu país e articulador oficial do movimento muralista que, com Rivera, Orozco, Siqueiros, Fernando Leal, Ramón Alva de la Canal, Fermín Revueltas, Jean Charlot e Emilio García Cahero, teve um papel decisivo em definir os rumos estéticos, políticos e historiográficos da construção de uma identidade latino-americana. Os ícones hieráticos dos muralistas, coligando imagens simbólicas do que seria a cultura indígena pré-colombiana "redescoberta", com índices da imagística revolucionária e evocações da utopia tecnológica, construíram um universo visual cuja força plástica, arcaico-moderna, imprime imediatos estados de convicção nos observadores. Sua distribuição pelas paredes dos prédios públicos, em particular e significativamente o ministério da Educação, evoca a função ritual dos relevos das catedrais góticas, potencializada agora segundo a escala mirabolante das megalópoles. Nada poderia corresponder mais ao sonho grandiloquente da raça cósmica de Vasconcelos, cuja concretização dependeria da prévia implantação de uma cultura totalmente nova e autocentrada.

Eis por que no México nós ensinamos não só o patriotismo mexicano, mas o patriotismo latino-americano, pois aqui está um vasto continente, aberto a todas as raças e a todas as cores de pele, a toda a humanidade, de tal forma que elas possam organizar uma nova experiência de vida coletiva: uma experiência fundada não só na utilidade mas acima de tudo na beleza, naquela beleza que as nossas raças do sul buscam instintivamente, como se nela elas tivessem descoberto a suprema lei divina.[177]

Esse tom místico, estético, político, produziria reverberações por toda parte. No próprio México, o poeta *estridentista* Maples Arce daria testemunho da sua incorporação na nova lírica. "O espírito messiânico da arte unido a um princípio de originalidade e renovação contínua trouxe como consequência uma transformação na atitude criativa do escritor e, por suposto, do contexto geral da literatura mexicana."[178] Os ultraístas argentinos na sua terceira fase, a da revista *Martín Fierro*, ressaltariam igualmente a premência do apelo localista. Imprecavam eles no seu manifesto:

> *Martín Fierro* sente a necessidade imprescindível de definir-se e de chamar quantos sejam capazes de perceber, que nos achamos em presença de uma *nova* sensibilidade e de uma *nova* compreensão que, ao nos pormos de acordo conosco mesmos, descobrem-se-nos panoramas insuspeitados e novos meios e formas de expressão. *Martín Fierro* aceita as consequências e as responsabilidades de se localizar, porque sabe que disso depende a sua saúde. Instruído de seus antecedentes, de sua autonomia, do meridiano em que caminha: consulta o barômetro e o calendário antes de sair à rua para vivê-la com seus nervos e mentalidade de hoje.[179]

Data desse período o envolvimento de Borges com a "religião (do gaúcho), com sua mitologia e seus mártires", "velha como o mundo". Dizia ele de seu amigo Ricardo Güiraldes, prestes a concluir sua epopeia gaúcha *Don Segundo Sombra*, "da riqueza infatigável do mundo, só nos pertencem o arrabalde e os pampas.

Ricardo Güiraldes, primeiro decano de nossas letras, está rezando às planícies; eu — se Deus louvado for — vou cantar os arrabaldes".[180] Noutra oportunidade, ele indicou ainda mais claramente o sentido místico e platônico de sua intenção. "Duas presenças de Deus [...] são o arrabalde e o pampa. Ambos têm sua lenda e quisera escrevê-los com duas maiúsculas para assinalar melhor seu caráter de coisas arquetípicas, coisas não sujeitas às contingências do tempo".[181]

Assim, em maio de 1926, Borges publicava aquela que é até hoje a mais magnífica evocação da sua cidade, "A fundação mitológica de Buenos Aires", que conclui com aqueles versos tão célebres quanto sobressaltantes: "A mim me parece enigmático que se originou Buenos Aires:/ Eu a julgo tão eterna como a água e o ar".[182] Borges, desse modo, transformou Buenos Aires no eixo simbólico do mundo, a cidade transcendente, o modelo ideal da comunhão humana e da subsunção no absoluto, a partir, no entanto, do registro pontual das presenças mais comezinhas e banais da paisagem dos arrabaldes, do rio da Prata, do porto, dos imigrantes, dos vazios adjacentes. Algo porém, estranhamente, ficou irresolvido no consórcio ritual entre o poeta e sua cidade-identidade. Uma inquietação permanente o levaria a refazer seguidas vezes esse poema e até mudar-lhe o título, acabando bem mais tarde por renegá-lo.[183] Ele nunca declarou a razão desse mal-estar. Mas há um sonho — ou seria um pesadelo? — que o afligiu cerca de dois anos depois daquela composição, e que, embora não tenha nenhuma relação com ela, revela no entanto o caráter particular da angústia que atormentava Borges.

Sonhei que saía de outro sonho — prenhe de cataclismos e de tumultos — e que despertava em uma peça irreconhecível. Clareava: uma escassa luminosidade geral definia os pés da cama de ferro, a cadeira exata, a porta e a janela fechadas, a mesa vazia. Pensei com medo *onde estou?* e compreendi que não sabia. Pensei *quem sou?* e não pude reconhecer-me. O medo cresceu em mim. Pensei: Esta vigília desconsolada já é o Inferno; esta vigília sem destino será minha eternidade. Despertei então, de verdade. Tremendo.[184]

4. Da história ao mito e vice-versa duas vezes

Sol, eu te adoro como os selvagens,
de bruços nas torrentes e margens.
....

Torna meu corpo moreno, salgado;
manda embora a dor que eu trago.

O Negro, de dentição suntuosa,
é preto por fora, por dentro é rosa.

Eu sou preto por dentro e rosa por fora,
minha metamorfose te peço agora.

Me muda de cheiro e de cor,
assim como mudaste Jacinto em flor.
....

Sol, Buffallo Bill, Barnum no ofício,
tu embriagas mais que do ópio o vício.

Tu és palhaço, matador de touros,
tens as cadeias dum relógio d'ouro.

Tu és um Negro lutador
a boxear equinócios e o equador.

Sol, eu aguento tuas pancadas;
a força de teus punhos nas minhas espáduas.

Ainda assim tu és meu favorito,
sol, inferno bendito.

Jean Cocteau, "Batterie"

UM JEQUITIBÁ NO PALCO

O ano de 1922 se iniciou em São Paulo com um terremoto. A terra tremeu, o pânico se difundiu pela cidade e as ideias se desarvoraram. Seria o fim do mundo? Seria um sinal dos tempos? Seria mais uma consequência imprevista das invenções modernas? O abalo sísmico foi de grande intensidade, chegando a registrar, no Observatório da Avenida Paulista, "no grande barômetro de gravidade [sic] [...] a componente vertical de um terremoto, cuja amplitude media 8 cm".[1] O abalo incidiu sobre uma extensa zona, cobrindo uma faixa recurva entre os estados do Rio de Janeiro, São Paulo e Minas, mas, ao que parece, não se pôde detectar o seu epicentro ou as suas causas. O que aumentou a sensação geral de mistério e inquietação nervosa. Ainda mais porque o sinistro ocorreu às quatro horas da madrugada, causando, além da forte trepidação do solo e paredes, um ruído ensurdecedor. Houve danos materiais de pouca monta, não se falou porém de perdas humanas. Assim um repórter d'*O Estado* descreveu o incidente, ele também vítima do sobressalto noturno:

[...] Passado o impressionante rumor e cessada a trepidação por ele produzida em muros e edifícios, a cidade inteira, no centro como nos bairros, despertou do silêncio a que estava entregue, apresentando todas as ruas, as mais populosas como as menos habitadas, um movimento intenso e, dada a hora avançada em que isso se observava, bem como as gerais apreensões, muito interessante. [...].[2]

Mais interessante ainda foi que ao abalo sísmico se seguiu, imediatamente, um pandemônio de latidos, guinchos e relinchos dos animais da cidade e, ato contínuo, o fragor de milhares de armas de todos os tipos, disparadas por gente que temendo se tratar de assalto ou invasão, desnorteada por ter ouvido outros disparos ou simplesmente por descontrole nervoso, descarregou os cartuchos que tinha às mãos. O que aumentou em muito a perturbação geral e fez o repórter fechar a matéria com uma perplexa reflexão sobre a abundância de armamento e de gente neurastênica espalhados pela cidade. Uma má combinação.

Que os nervos andassem à flor da pele não deveria surpreender. As condições tumultuosas em que se operava a metropolização de São Paulo, acrescidas da aguda tensão social e política, mais a vertigem irrefreável das novas tecnologias, eram de monta a deixar todos e cada um dos seus habitantes em palpos de aranha. Se por acaso, apesar disso tudo, alguém por si próprio não se achasse tenso o suficiente, lá estavam então os estimulantes, os esportes, as diversões mecânicas, os cinemas, os automóveis e bondes em fúria nas ruas, os voos rasantes dos aviões ou as danças de ritmo sincopado, onde qualquer um poderia buscar a sua dose extra de tensão artificial. As emoções se tornaram baratas. Eis como um cronista d'*O Estado* descrevia o novo panorama psicológico da cidade.

Mantegozza teve absoluta razão quando, com um volume de cento e poucas páginas, sem laivos de pessimismo, crismou esse século "neurótico". De fato, nervosa é hoje toda gente. Multiplicam-se dia a dia as modalidades psicastênicas, que já não se podem conter no estreito círculo denominativo de "neurose", "esgotamento", "neurastenia", "spleen", "surmenage", "et coetera". Cabeças vazias, atordoações, músculos lassos, receios exagerados, insônias, fobias, são coisas de nonada em face das constantes preocupações, verdadeiramente absorventes, da sociedade contemporânea. Cada indivíduo que se encontra é um doente da imaginação. [...] De janela a janela, nos clubes e nos passeios, a sua conversa quase que invariavelmente repousa em casos de hiperestesias e idiossincrasias. [...] É um nunca acabar de psicoses, a atestar que somos, de fato, um povo neurótico.[3]

O fenômeno, como está dito, era internacional e amplo, foi especialmente acentuado pela Guerra e suscitava um anseio generalizado de amparo espiritual, miraculoso, que se manifestou das mais diversas formas. Tanto com uma intensificação do culto místico de Maria, aqui e na Europa, quanto pela nova moda contagiante dos amuletos da sorte, na Europa e aqui.[4] De fato, os amuletos ou *porte-bonheurs*, como eram mais sonoramente chamados, vinham se tornando uma mania, cuja força adquiriu curiosas proporções. Assim, dentre os esforços da Liga Nacionalista e do Centro Acadêmico dos Estudantes de Direito para erigir um monumento cívico a Olavo Bilac, encomendado ao escultor Zadig, alguém se lembrou de organizar uma tômbola pública, "sem números brancos", em que cada comprador de bilhete ganharia o talismã "Béliken", uma pequena e estranha figura de feições primitivas em terracota e bronze.[5] Da mesma forma, quando se tratou da fundação de um pioneiro Instituto de Radioterapia em São Paulo, agregado à Faculdade de Medicina, uma das fontes de captação de recursos foi a venda, na própria redação d'*O Estado,* de uma outra "*mascotte*", "o simpático diabinho rural, Saci-Pererê".[6] Pelo modo como o cronista anuncia e descreve o objeto e a entidade, vê-se logo que ele se dirigia a um público que ignorava ou mal conhecia a personagem. No entanto, as vendas foram um sucesso. Aliás, o próprio texto fundador da moderna ficção brasileira, *Macunaíma* (1928), de Mário de Andrade, é baseado na busca obstinada de um amuleto prodigioso, o muiraquitã.[7] Vemos, assim, como esse pendor pelo fetichismo mágico se cruza surpreendentemente com as dimensões, tidas por mais nobres, da política, do nacionalismo, da ciência e da literatura. Entidades primevas e emoções primitivas preconizando o futuro.

O alcance maciço que ia abrangendo essa nova tendência era patente e incontroverso. Lia-se n'*O Estado* já em maio de 1920:

> Tem-se disseminado largamente em todas as classes sociais e com especialidade naquelas que se prezam culminantes, a mania das *mascottes*, que é como se chama elegantemente o que em vernáculo tem as denominações de — amuleto ou talismã. Trevos plurifólios, figas, números cabalísticos, corcundinhas, *sachets*, bonequinhos de lã, coraçõezinhos, âncoras, triângulos, gatos, peixes, leitõezinhos, todos são as variadíssimas formas que se atribuem aos poderes ocultos e benignos...[8]

Fato que explica o extenso artigo do dr. Franco da Rocha, publicado pel'*O Estado* (10/11/1922), denominado "Psicologia das superstições", em que o célebre psiquiatra procura analisar a ampla difusão das crendices, inclusive dentre as camadas mais cultas, relacionando o fenômeno com uma grande crise espiritual do mundo moderno.

> Há épocas de recrudescência de tendências místicas. [...] As grandes crises mundiais, como esta que ora tivemos — a Grande Guerra — promovem esse estado de espírito que, de certo modo, assombra os homens severos, educados na rígida moral de outra época.

O mais notável, porém, é a lição prática que o médico, a partir de Gustave Le Bon, retira da situação, insinuando o seu fabuloso potencial político.

> Gustave Le Bon tem razão quando diz que [...], ao lado da lógica racional existe a lógica mística e a lógica coletiva, que servem de guia à nossa conduta. [...] a fé, criada pela sugestão, só se abala por outra sugestão mais forte. [...] O raciocínio não representa papel algum preponderante na propagação de uma crença: é uma função anulada pela afetividade.[9]

O mesmo dr. Franco da Rocha, polígrafo dos mais influentes no período, escreveria ainda inúmeros outros artigos baseados nessa área de crescente interesse, a psicologia social, versando sobre temas como a agressividade, o boato e, sucesso maior, sobre a psicanálise. Ele foi o primeiro a dar uma versão da nova disciplina para uso corrente na *Revista do Brasil* (1919).[10] A curiosidade sobre as teorias de Freud era imensa e, em junho de 1923, o prof. Waclaw Radecki, diretor da Faculdade de Psicologia de Varsóvia, em viagem pela América do Sul, foi convidado para dar um curso na Sociedade de Medicina. Ele apresentou em São Paulo duas conferências sobre os "Métodos psicanalíticos em psicologia", com demonstrações práticas e ambas com entrada franca.[11] No início de 1922 era o dr. Alberto Seabra quem expunha a psicologia de Frederico Myers e seus estudos sobre a dimensão recôndita da mente, a "consciência subliminal", explicando seus efeitos sobre fenômenos como a desagregação da personalidade, a escrita automática, o sonho, o sonambulismo, a hipnose e os estados de êxtase, todos "fenômenos supranormais", "que permitem a comunhão das almas".[12] Isso tudo além de vários artigos procurando apresentar o sobrenatural como a última fronteira e atual desafio da ciência experimental e da tecnologia aplicada: "O novo invento de Edison: comunicação com os mortos", "Espiritismo e ciência", "Intuição espiritual a partir do radium", "Os 'vedores' e 'varinhas mágicas' no Congresso de Psicologia Experimental de Paris" etc.[13] O mais notável de todos talvez fosse o popular *Curso de médico psiquista*, oferecido por remessa postal e baseado no "hipnotismo e fluidos irradiados do próprio médico". O curso era dirigido "às pessoas mais ou menos já práticas ou instruídas" e constava dos seguintes livros: *Hipnotismo afortunante, Magnetismo utilitário, Ocultismo prático, Medicina moderna* e *Ciências secretas*, cada um com mais de quatrocentas páginas e ilustrado. Ao final, os alunos recebiam um diploma, "legalizado no Registro de Títulos da Capital Federal".[14]

O que chama a atenção em especial nesse curso é o quarto livro da sequência, o de *Medicina moderna*, já que é o único naquele contexto que, estranhamente, não parece conter nenhuma característica esotérica. Ledo engano. A palavra "moderno", de recente fluência na linguagem cotidiana, em particular através da presença crescente da publicidade, adquire conotações simbólicas que vão do exótico ao mágico, passando pelo revolucionário. Assim como os talismãs são objetos-fetiche, assim também a palavra "moderno" se torna algo como uma palavra-fetiche que, quando agregada a um objeto, o introduz num universo de evocações e reverberações prodigiosas, muito para além e para acima do cotidiano de homens e mulheres comuns. Nos termos da nova tecnologia publicitária, essa palavra se torna a peça decisiva para captar e mobilizar as fantasias excitadas e projeções ansiosas da metrópole fervilhante. Não há limite para o seu uso e, embora na sua raiz ela comporte um mero registro temporal, na semântica publicitária ela capitaliza as melhores energias da imaginação e se traduz, por si só, no mais sólido predicado ético em meio à vasta expectativa por uma vida melhor. Medicina moderna não se opõe simplesmente à medicina antiga por diversidade de princípios:

ela comporta tecnologias mirabolantes, conhecimentos revolucionários, métodos inéditos, resultados extraordinários que ultrapassam tudo o que se sabia sobre a vida e a morte. É admirável, por exemplo, o ícone dos anúncios das aspirinas do laboratório Bayer: um grupo de médicos e enfermeiras em profiláticos aventais e máscaras brancas, portando estetoscópios e instrumentos cirúrgicos, exorcismam demônios espavoridos do corpo de um paciente estendido à sua frente. O cartaz exorta "os avanços da ciência moderna" e as chamadas da campanha eram, como já foi visto: "Energia", "Potência", "Eficiência".[15]

O vocábulo "moderno" vai condensando assim conotações que se sobrepõem em camadas sucessivas e cumulativas, as quais lhe dão uma força expressiva ímpar, muito intensificada por esses três amplos contextos: a revolução tecnológica, a passagem do século e o pós-guerra. "Moderno" se torna a palavra-origem, o novo absoluto, a palavra-futuro, a palavra-ação, a palavra-potência, a palavra-libertação, a palavra-alumbramento, a palavra-reencantamento, a palavra-epifania. Ela introduz um novo sentido à história, alterando o vetor dinâmico do tempo que revela sua índole não a partir de algum ponto remoto no passado, mas de algum lugar no futuro. O passado é, aliás, revisitado e revisto para autorizar a originalidade absoluta do futuro. Reconstruções históricas das primeiras civilizações orientais, estrelando a diva Theda Bara, no cinema, a mais tecnológica das artes, são apresentadas ao mesmo tempo como "exóticas e modernas".[16] Modernas porque exóticas e exóticas porque modernas: escavações arqueológicas, turismo, imagens foto e cinematográficas, fantasias de abolição do espaço e do tempo, só artificialmente podem ser separadas nas imaginações modernas, formadas pelas novas tecnologias de comunicação.

No plano mais imediato, dos hábitos cotidianos e do vestuário, a palavra "moderno" se torna a legenda classificatória que distingue tudo o que passa por ser a última moda vigente. A mais sofisticada casa de comércio da cidade, o Mappin Stores, enfatiza o caráter moderno dos artigos, assinalando com isso que se tratava de mercadorias, notadamente artigos de vestuário, recentemente importados, da Inglaterra para os cavalheiros, de Paris para as damas.[17] As alfaiatarias, seguindo essa linha, anunciavam o desenho moderno dos seus figurinos e revendiam por remessa postal catálogos e cursos de "corte moderno europeu".[18] Já a casa importadora Carvalho Filho, não contente em destacar a modernidade de seus artigos, insistia em lembrar a seus clientes que se encontrava "sempre na vanguarda".[19] Mas onde a concorrência se inflamava numa guerra publicitária aberta, era no mercado de veículos automotores, automóveis, caminhões, motocicletas com ou sem sidecar. Studbacker, Renault, Briscoe, Paige, Berliet, Ford se digladiavam, opondo ao moderno o "supermoderno", a esse o "ultramoderno", ao qual contra-atacava o "revolucionário".[20] O mercado de acessórios e serviços acompanhava o clima belicoso, sendo por exemplo os "pneumáticos *United States* tipo moderno *multicord* da mais alta tecnologia" vendidos na "Cia. Automoderna de peças e complementos".[21] Já se, em vez de possuir, o cliente preferia alugar um carro, bastava uma breve "comunicação telefônica" com a "*Garage Moderna*".[22]

Era mais do que o apelo cerrado ao refinamento tecnológico. Tratava-se acima de tudo da evocação de uma ciência que parecia não ter mais limites nem controles, preconizando a iminente redenção tecnofabril da humanidade. Dos laboratórios para as indústrias, para o mercado, para as casas, o ciclo do prodígio se acelerava num feitio como que de moto-contínuo inesgotável. Do ponto de vista local, em São Paulo, grande núcleo consumidor a partir de uma renda de cunho basicamente agrícola, a perspectiva era mais estática, só se tinha acesso à última etapa do ciclo produtivo tecnológico. A magia parecia maior. Daí o prestígio peculiar de certas simbolizações de realidades descontextualizadas e que, por isso mesmo, adquiriam uma aura de deslumbramento, sendo portanto apropriadas como índices de discriminação social. Vimos já como o automóvel era aqui tudo, menos um utilitário. Algo semelhante ocorre com os fiambres enlatados do Frigorífico Armour, "o mais moderno da América do Sul", quando ele aqui se instalou em 1921, iniciando um espantoso sistema de abate em série e processamento mecânico das carnes em escala colossal.[23] E o que pensar da "Casa Edison", que evocava o "gênio" por trás das novas tecnologias e se apresentava simplesmente como "moderno *magazin*"?[24] Ou o que se passaria no misterioso "Gabinete de raios X do dr. Raphael de Barros", sobre quem só éramos informados que "acaba de chegar da Europa"?[25] Ao que parecia, havia virtudes no moderno, mas elas não eram para todos. Nem tanto assim. O "sapólio Radium", por exemplo: a pequena barra do saponáceo irradiava uma auréola de brilho espontâneo ao seu redor, idêntica àquela do mineral radiativo descoberto pelos cientistas Marie e Pierre Curie apresentados no quadrinho ao lado, idêntica também à substância da equipagem terapêutica usada por médicos no quadrinho seguinte e idêntica, por fim, ao brilho radiante das louças e panelas no último quadrinho.[26]

Já algo de mais grave se dava com as lâminas azuis "Gilette", "o processo moderno de barbear".[27] Elas punham fim, de uma vez por todas, à dependência masculina do barbeiro ou a uma longa, fastidiosa e arriscada cerimônia matinal de tesouras e navalhas. Nesse sentido, essa modernidade era um signo concreto de emancipação, de autonomia. Mais grave ainda e de algum modo associado às lâminas azuis foi o advento da vitrola e a drástica transformação de hábitos sociais que ela acarretou. A publicidade a apresentava como "mais moderna" que o gramofone "tradicional" e salientava que, enquanto esse aparelho era destinado à audição austera de óperas e repertório lírico, no recôndito dos lares e sob a tutela patriarcal, a "moderna vitrola" se destinava aos jovens, aos "ritmos modernos" e às danças e bailes excitados, excitantes, longe da casmurrice adulta e dos entraves familiares. Aqui "moderno" era sinônimo explícito e recurso concreto de liberdade, libertação.[28] Era nessa linha que a palavra "moderno" adquiria eventualmente conotação negativa, significando perda de controle, indisciplina, promiscuidade — do ponto de vista daqueles "homens severos, educados na rígida moral de outra época", de que falava o dr. Franco da Rocha.[29] Na linha inversa, havia ainda as "profissões modernas" oferecendo oportunidades a quem rápido se adaptasse às novas técnicas e equipamentos; as escolas de língua com "métodos modernos" ultrarrápidos de aprendizagem, ou esse prodígio, o manual contábil *Secretário moderno*, "indispensável para se dirigir na vida sem auxílio de outrem".[30] Era a própria introdução do princípio do *"non ducor duco"* no cotidiano do cidadão paulista. Esse estímulo à iniciativa, à ruptura de laços, à ousadia parecia definitivamente consagrado pela modernidade, já que até a vida mais íntima se libertava de ameaças pavorosas e sempiternas. "Agora sim — proclamava o anúncio — pode-se amar à vontade, graças aos progressos da ciência! Sensacional descoberta!!! A injeção antigonocócica cura a gonorreia mais rebelde..."[31] Se o problema, porém, era de outra natureza, nem por isso a ciência haveria de desamparar o orgulho masculino. A Wistremund A. S. anunciava uma terapia rápida e infalível para a impotência. "Cura certa; tratamento moderno e garantido. Deveis nos pedir agora: hoje sem falta, amanhã talvez seja tarde!!!..."[32]

Fica patente por aí o papel decisivo que estaria reservado para a expressão "moderno" (ou seu correlato, "o novo") no jogo político. Ele parecia conter um potencial particularmente explosivo, em especial se assumido como identidade por aqueles que atuavam na oposição ao regime vigente. O que obviamente não demorou a acontecer e foi adquirindo dimensões progressivamente cruciais. A condição agrária, retrógrada e subalterna do país no contexto internacional, agravada ademais por clamorosas discrepâncias sociais, uma estrutura ainda modelada pela sua condição colonial de origem, era particularmente vulnerável à mística semântica de expressões como "moderno" e "novo". Quando um dos arautos da oposição, o jornalista Mário Pinto Serva, verbera da sua cáustica coluna política n'*O Estado*, apregoando no início dos anos 1920 "a nova era que se anuncia", o que ele presume é o inevitável advento de um modelo estatal caracterizado pela racionalidade administrativa, informação estatística e métodos científicos.

> Hoje nós estamos em São Paulo positivamente legislando no ar, na ignorância dos fatos fundamentais dos quais deveria decorrer a prescrição de quaisquer medidas. Todos os nossos conhecimentos sobre o Estado são vagos e flutuantes.[33]

Vai nesse espírito também o projeto de Júlio de Mesquita Filho de tornar São Paulo o principal centro científico da América do Sul.[34] Na mesma linha seguem-se os clamores pela racionalização da política fiscal "de maneira a adotar processos e métodos mais modernos e equitativos com os usados em outros países".[35] Ou a exigência de "um conceito moderno de ação do Estado", nas áreas de saúde e educação física.[36] Os representantes oficiais do PRP hegemônico, hostilizados pela pressão modernizante, reagem nos mesmos termos, sobretudo nas suas novas gerações. Não é por acaso que Washington Luís se envolve em processos de racionalização administrativa, gerenciamento tecnocientífico, historiografia, museologia, ciências sociais, estatísticas e censos, desfiles militares, ginástica, esportes, corridas, fotografia, cinema, carros e aviões.

Havia, porém, um âmbito no qual a questão da modernidade adquiria a sua máxima consistência simbólica e expressão cristalina. Esse âmbito era o das artes, particularmente a música e as artes cênicas, vindo depois as artes plásticas, poesia, literatura de ficção e ensaísmo. A construção de um teatro monumental em São Paulo — que casualmente seria maior e mais ostensivo que o da Capital Federal, inaugurado dois anos antes, em 1909 — foi um dos pontos nucleares da administração de Antônio Prado à frente da prefeitura. O Conselheiro encomendou o projeto ao próprio arquiteto da sua família, o piemontês Claudio Rossi, que o desenhou e iniciou a construção do prédio em 1908, em associação com o genovês Domiziano Rossi e Ramos de Azevedo, entregando-o pronto em 1911.[37] De imediato, o Teatro Municipal revelou o seu espetacular potencial cenográfico, dominando todo o Vale do Anhangabaú a partir do topo da colina do Chá. A imprensa se referia a ele como "o arcano da comunidade municipal e o estandarte da nossa cidade".[38] Seu efeito simbólico arquitetônico e urbanístico externo se equiparava ao prodigioso poder de catalisação cultural que emanava internamente do seu palco. Nesse sentido, o teatro atuava como uma caixa de emissão e repercussão de símbolos sem igual. Havia outros e mais adequados ambientes para o PRP reunir-se em suas convenções e dar seus jantares e bailes, mas a liderança sabia muito bem por que escolhia sempre o Municipal. Nem só o PRP, aliás. Quando o conde Ermelino Matarazzo faleceu, acidentado em meio a um raide automobilístico pelos Alpes italianos, como vimos, foi no Teatro Municipal, ricamente decorado, que se lhe celebraram as exéquias e renderam as últimas homenagens.[39]

Eis um balanço parcial da programação artística do teatro, apresentado por um dos historiadores da cidade.

As temporadas líricas organizadas naquele teatro de 1912 a 1926 por Walter Mocchi levaram à cena 88 óperas de 41 compositores, sendo dezessete italianos, dez franceses, oito brasileiros, quatro alemães e dois russos, compreendendo o repertório geral das temporadas nada menos de 270 espetáculos. Os elencos contavam com as maiores celebridades da época: sopranos Amelita Galli--Curci, Rosina Storchio, Rosa Raisa, Cláudio Muzio; meio-soprano e contraltos Flora Perini, Nini Frascani, Elvira Casazza e Gabriella Besanzoni; tenores Caruso, Bonci, De Muro, Lazaro, Schipa, Pertile, Gigli, Lauri-Volpi, Fleta e Merli; barítonos Titta Ruffo, Stracciari, Galetti, Sanmarco, Giraldoni, Granforte, De Luca e Crabé, e baixos De Angelis, Pasero, Journet e Cirino. Gabriella Besanzoni, considerada a contralto mais extraordinária que atuou entre nós, estreou em São Paulo na temporada oficial de 1918, ao lado de Aurelio Pertile, em *Aida*, sendo regente da orquestra o maestro Marinuzzi. Beniamino Gigli, então no limiar da celebridade, estreou no Municipal em 1920, cantando *La Gioconda*, a ópera com a qual iniciara a sua carreira em 1914.[40]

O repertório das companhias operísticas, dramáticas e de operetas representava, na sua vasta maioria, a cultura do século XIX. Mas, desde o último quartel daquele século, o processo de alta profissionalização das companhias teatrais, empresários ousados e ávidos de oportunidades, a transformação da linguagem cênica, com a introdução da eletricidade, os novos meios de transporte rápidos e a formação de um amplo mercado cultural cosmopolita levaram à reorganização das trupes teatrais em autênticas fábricas de espetáculos.[41] Numa entrevista concedida a P., n'*O Estado,* o célebre violinista catalão Juan Manén desabafava, "a bem dizer, eu não tenho residência fixa. Moro no trem".[42] De fato, fossem concertistas, atores, músicos de orquestras ou cantores, esses artistas em trânsito permanente desenvolvem um sistema de treinamentos e ensaios em exercícios e sequências de performances padronizadas, que podem ser recompostos e recombinados, de forma algo semelhante ao que ocorre com os cenários, figurinos e demais elementos cênicos das montagens.

Seria desse sistema preexistente das companhias teatrais que as grandes companhias cinematográficas americanas apreenderiam o modelo dos grandes estúdios de filmagens em série. Inclusive o próprio sistema de propaganda e promoção das companhias e suas grandes estrelas.[43] Assim, se o repertório era tradicional, o conjunto da sua montagem, sua dinâmica de desempenho cênico, o senso profissional agudo dos seus integrantes, a eficácia precisa e criativa de seu gerenciamento empresarial, suas técnicas de publicidade e star system eram notórios índices de modernidade propagados pelo mundo todo.

A despeito da óbvia precedência do Teatro Municipal, essas companhias se dividiam ainda pelos demais teatros, entre os quais o Politeama, o Santana, o São José, o popular Colombo, no largo da Concórdia, favorito da comunidade italiana. O Teatro Municipal mantinha também, desde o início, a tradição das récitas populares, a preços acessíveis mesmo para as temporadas líricas, nas matinês do domingo. A criação da Sociedade de Cultura Artística por um grupo de amadores entusiastas, dispostos a colaborar para "o nosso progresso estético", estimulando "a formação artística das massas" e o "surto das vocações locais", introduziu uma série de concertos populares, oferecidos no Municipal, envolvendo todos os melhores artistas e companhias que se apresentavam em São Paulo, a preços "muito menores do que geralmente dispende uma família com o cinema".[44]

É claro que assim como a riqueza de São Paulo atraía o melhor da ópera clássica, muito em breve começaram a chegar os modernos, no mesmo nível de qualidade, ou seja, o melhor do melhor, a nata do circuito cosmopolita. Em 1916, Isadora Duncan, nada mais nada menos, seduz a cidade aos seus pés. Em 1917, os inefáveis Balés Russos de Diaghliev, estrelando o deus-dançante, Nijinski, com coreografias dele e de Fokine. Em 1918, Kubelick, de novo ele, Nijinski, e os Bailados de Ana Pavlovna, estrelados pela própria. No ano seguinte, Ana Pavlovna retornou em dose dupla e sufocante: no primeiro programa dançou *O pássaro de fogo*, de Stravinski, e *La Péri*, de Paul Dukas. No segundo, se apresentando em conjunto com a Sinfônica Italiana, sob a regência de Gino Marinnuzzi, num programa que reunia Debussy, Respighi e o "Prelúdio" e a "Morte de Isolda" de Wagner. Ainda nesse ano de 1919, um inesperado sucesso de repercussão: Darius Milhaud organizou no Vieux-Colombier, em Paris, um espetáculo inteiramente dedicado à música brasileira, que, além de apresentar composições de Glauco Velasquez, Alberto Nepomuceno, Henrique Oswald e Milhaud, incluía "tangos, maxixes, sambas, cateretês...".

Em 1920, essa sequência prosseguiria com Arthur Rubinstein executando ao piano, entre outros, Poulenc, Prokofiev e Stravinski; assim como em 1921, Luba d'Alexandrowska apresentaria, com destaque, Debussy e Ravel; e em 1922 novamente Rubinstein se exibiria com Cesar Franck, Albeniz, Debussy e Villa-Lobos...[45]

Em paralelo a esse modernismo musical, coreográfico e cenográfico, as artes plásticas iam compondo seu percurso, com maiores embaraços diante da carência de infraestrutura, estímulos e informações, mas num adensamento igualmente irrefreável. O início foi marcante, com uma exposição casual do jovem pintor russo Lasar Segall, lídimo representante da arte alemã de Dresden e Berlim, onde estudara e em cujo meio se operou entre 1911 e 1913 a fusão entre as estéticas da *Freie Sezession* e do grupo *Die Brücke*, cruzando a intensidade cromática *fauve* com a distorção expressionista e a geometrização rigorosa do cubismo da Seção de Ouro.[46] No ano seguinte, procedente do mesmo meio germânico, onde estudara de 1910 a 1914, exporia a jovem Anita Malfatti, nos salões da Casa Mappin, numa combinação eclética de estilos e configuração artística incipiente, porém de nítida matriz moderna. De volta aos estudos, agora na Independent Art School de Nova York, um dos centros de ressonância da arte francesa durante o interregno da guerra, Anita regressaria com um estilo muito mais atilado, tendo operado ali a fusão entre a sua experiência alemã e a influência francesa internacionalizada. Sua segunda exposição, em fins de 1917, alcança grande repercussão.[47] No mesmo ano, outra exposição relevante fora a de Di Cavalcanti, nos salões d'*A Cigarra*. Eram ilustrações e caricaturas, arte com que ele contribuía para as revistas mundanas, inspiradas no art nouveau e no traço incisivo, sensual, provocante de Beardsley.[48] Aliás, essas revistas de atualidades, variedades e moda, que se tornam requintadas e mais baratas graças às novas técnicas, eram elas mesmas fontes populares de renovação artística. O uso da ilustração, de preferência à fotografia, dava emprego a inúmeros artistas que competiam entre si em modernidade, haurida das revistas europeias. O resultado gráfico dos trabalhos, tanto na ilustração de textos quanto na publicidade, alcançava níveis notáveis de elegância, expressividade, experimentação de cores, economia de recursos, originalidade de concepção e agilidade de traço, em artistas como Ferrignac, Umberto della Latta, J. Carlos, Belmonte e o extraordinário mestre Voltolino.[49]

No início de 1919, Paulo Prado (filho do conselheiro Antônio Prado), em colaboração com o senador Freitas Valle e o cônsul da França, toma uma iniciativa da maior importância, instalando uma Exposição de Pinturas e Esculturas francesas no hall do Teatro Municipal. A parte de pintura, constando de alguns impressionistas menores, era fraca, mas a de escultura era notável, representada por Bourdelle, Rodin e Laurens, os quais, no interior do Municipal, alcançaram a centralidade que as artes plásticas até então nunca tinham tido na cidade.[50] É de se lembrar que em todos os eventos artísticos referidos, como também nesse, era de rigor a presença do presidente do estado, prefeito e respectivos altos escalões nos vernissages. Mas o patrocínio efetivo de artistas locais era e seria um apanágio de patronos abastados. O retorno a

São Paulo, em particular de Paulo Prado, premido pela irrupção da Guerra, após uma longa itinerância de diletante pela Europa, por designação de sua própria família, iria mudar em definitivo o cenário político e cultural vigente.[51] Era em sua casa e na de Olívia Guedes Penteado — igualmente recém-chegada da Europa pelo início da Guerra e viúva desde 1915 do grande fazendeiro de café Ignácio Penteado — que os jovens interessados em "artes modernas" encontravam as últimas revistas, livros, informações, obras, chegados da Europa, e as portas abertas.[52] Não havia ainda um mercado local consistente para as artes e o principal comprador, o poder público, procurava negociar as suas aquisições politicamente, sem maiores compromissos, atendendo com alternância os diferentes lobbies comunitários e estilísticos da cidade. A crítica era mal-informada, oclusa e complacente ou então equívoca, como no caso notório de Monteiro Lobato, que vituperava as telas de Anita Malfatti com a mesma paixão com que louvava aos céus as esculturas de Brecheret, compondo lobbies de intelectuais modernistas para promovê-las junto às autoridades.[53]

Os impressionantes acervos trazidos por Paulo Prado e Olívia Penteado comportavam uma mostra da mais atual e significativa arte francesa: esculturas de Brancusi; ilustrações e gravuras de Derain, Segonzac, Gallanis; pinturas de Matisse, Modigliani, Lhote, Gris, Léger, Braque, Picasso, entre muitos outros.[54] Com a restauração dos intercâmbios mundiais no pós-guerra, as importações de livros e revistas se tornaram ágeis, a diminuição dos custos de fretes tornou os preços mais acessíveis e circulavam com fluência a *Nouvelle Revue Française* e a tão disputada *L'Esprit Nouveau*, com reproduções das imagens mais em evidência na França e suas áreas de influência na Europa.[55] Em 1920, as exposições se acumulam: foi nesse ano que o cronista P. brindou os leitores com a exclamação "a cidade não pensa em outra coisa senão em arte".[56] Não sem razão. Rego Monteiro abriria sua exposição de estilizações "primitivas", inspirada em figuras e temas decorativos indígenas. Logo depois seria aberta à visitação pública a maquete do empolgante Monumento às Bandeiras de Brecheret, seguido, pouco mais tarde, do seu projeto para o Monumento dos Andradas. Desses dois artistas, lembremos que Rego Monteiro estudara em Paris de 1911 a 1914, regressando com a Guerra mas tendo já exposto no Salão dos Independentes, e que Brecheret, imigrante italiano, chegara de Viterbo criança, retornaria para estudos em Roma de 1913 a 1919, tendo uma breve estada em São Paulo em 1920, dirigindo-se depois a Paris, expondo e sendo premiado com o primeiro lugar em escultura no Salão de Outono, em 1921.[57] Nova exposição de Anita Malfatti, em novembro de 1920, atraindo surpreendentes multidões à sede do Club Comercial. Após o que, é a vez do sucesso da mostra do artista suíço, recém-chegado da Europa para radicar-se em São Paulo, John Graz, apresentando trabalhos em que se fundiam a linguagem híbrida do *Blaue Reiter* de Munique e o típico paisagismo pós-impressionista de Genebra.[58] O ano terminaria com um último grande destaque, a Exposição de Arte Moderna Japonesa, organizada pelo *Tosa Art Studio* de Yokohama.[59] Era São Paulo recebendo Paris via Japão.

Em meio a essa fabulosa incidência de expressões artísticas internacionais e modernas, seria igualmente importante lembrar, em paralelo, o esforço sistemático e concentrado pelo desenvolvimento de pesquisas sobre cultura popular sertaneja e iniciativas pela instauração de uma arte que fosse imbuída de um padrão de identidade concebido como autenticamente brasileiro. Essa busca pelo popular, o tradicional, o local e o histórico não era tida como menos moderna, indicando, muito ao contrário, uma nova atitude de desprezo pelo europeísmo embevecido convencional e um empenho para forjar uma consciência soberana, nutrida em raízes próprias, ciente da sua originalidade virente e confiante num destino de expressão superior. Naturalmente, nem o deslocamento e a desagregação provocados pela urbanização vertiginosa, nem a ameaça onímoda representada pela cosmopolitização maciça de São Paulo eram fenômenos indiferentes a essa reação. Introduzir novos laços, a pretexto de resgatar elos, seria uma forma de forjar vínculos simbólicos que substituíssem nexos sociais e políticos que os novos tempos e suas condições haviam corroído. Corrosão essa que vinha ocorrendo tanto nas relações entre as pessoas e grupos quanto nas consciências individuais e nas identidades coletivas. Fixar silhuetas, feições e sortilégios, dar-lhes almas com forte poder de sugestão, seria uma forma de se confirmar contra a dúvida, de seduzir os desgarrados, de atrair os desorientados, de estigmatizar os recalcitrantes. Enfim, seria um modo de unificar sob um signo comum um vetor de coação ao mesmo tempo que socialmente dado, instintualmente assumido. Vimos como essa disposição fora exacerbada ao extremo no pós-guerra europeu e estava inscrita em tom indelével no seio da expressão "espírito novo", criada por Apollinaire em 1917-8. A luta contra o caos se faria pela História e aquela contra a história, por meio do mito.

A partir do paroxismo da pregação patriótica sobrevindo em 1915, com o início da cruzada de Bilac na Academia do Largo de São Francisco e a criação da Liga Nacionalista, cunhou-se o que seria uma tradição da cultura nacionalista militante, cuja raiz primordial e modelo seria a obra *Os sertões*, de Euclides da Cunha.[60] À parte o profundo teor crítico ao descaso e irresponsabilidade social criminosa das elites políticas, o que se queria destacar no livro era sobretudo a peculiaridade da cena brasileira e o empenho de se lhe revelar a originalidade como sendo a mais elevada das disciplinas intelectuais ou artísticas. Quando Monteiro Lobato lança o seu *Urupês*, em 1918, "no mais aceso da campanha nacionalista", ele tem a surpresa de ver o seu livro atingir cinco edições sucessivas naquele mesmo ano, fenômeno inédito até então no meio editorial brasileiro.[61] O que significava, para o crítico Sud Menucci que o resenhou para *O Estado*, "uma mostra formal do quanto pode o sentimento nativista em arte", situando o livro como um novo marco para "os modernos" e profetizando que ele influenciaria toda a nova geração de escritores.[62] Se Euclides havia fixado o retrato de uma figura distante de sertanejo, o "tabaréu do norte", revelando-lhe as características notáveis de plasticidade e adaptabilidade ao meio, Lobato traçou um perfil melancólico do sertanejo do sul, o "caipira", destacando sua natureza arredia, abúlica e resignada, cuja lúgubre figura marcaria época através da caricatura do Jeca-Tatu. Lima Barreto no seu *Triste fim de Policarpo Quaresma* e em vários contos, assim como Amadeu Amaral, mais tarde, no *Política humana*, num espírito semelhante ao de Euclides, ressaltariam que esse sertanejo do sul era vítima do mesmo regime de exclusão social, expropriação e penúria absolutas que o do norte, apontando as origens da sua condição nas discrepâncias da estrutura social e política do país.[63] Mas não seria essa a corrente que vingaria. No afã da mobilização nacionalista, a figura do Jeca-Tatu acabaria adquirindo características simpáticas e o seu estado de penúria seria atribuído a administrações incompetentes, ignorantes ou incapazes de interagir com a realidade nacional e, acima de tudo, à presença dominante, usurpadora, de estrangeiros no país, mormente em São Paulo.[64]

Figura decisiva na difusão desse novo espírito seria o escritor Afonso Arinos, contraparente dos Prado por casamento (com a sobrinha de Eduardo Prado, irmão do Conselheiro) e que fixou residência permanente em Paris desde o início do século. A partir de lá e em sucessivas visitas, Arinos se constituiria no vértice do movimento de "redescoberta" do Brasil "popular", "folclórico" e "colonial". Foi ele quem, da sua perspectiva parisiense, descobriu a dimensão "exótica" do passado, dos hábitos e costumes preservados na tradição popular ou rural e da paisagem do país. E isso tudo muito para a surpresa e a contragosto dos seus contemporâneos, até então fazendo todo o possível para ocultar, esquecer ou banir essas características no seu empenho neurótico de se mostrarem europeus completos, puros, up-to-date, em francês fluente.[65] A sua obsessão "nativista" e "primitiva" causava constrangimento geral aos seus convivas que, no entanto, dada a posição social de Arinos, engoliam o orgulho e mal toleravam a excentricidade do visitante ilustre. Uma pessoa do seu círculo de relações, o dr. Miguel Cóuto, diretor da Faculdade de Medicina de São Paulo, assim descreve um desses anticlímax deliberadamente provocados por Arinos e a atmosfera de denso mal-estar que ele deixou.

> Esse sentimento [nativista] arrancava tão profundamente da sua alma que por mais infantil que parecesse a todos infundia respeito; nem ele era capaz de brincar ou consentir que brincassem com estas cousas. Como todo o crente, desejava impor a sua crença à força de propiciá-la. Dias depois da série de conferências sobre lendas e tradições brasileiras, numa das quais fez representar em cena aberta o auto da *Nau Catarineta,* ofereceu no seu palacete à alta sociedade paulista um baile da maior suntuosidade e requintada opulência, e a meio da noite, quando os salões regurgitavam das mais belas damas, cujos alvos colos nus desapareciam sob rocais de pérolas ou constelações de diamantes, e homens enfarpelados em irrepreensíveis casacas se ombreavam, entrou uma turma de legítimos e retintos caboclos, de chapéus na cabeça e sem colarinhos, para dançar o verdadeiro, o clássico, o incorrupto *cateretê*; e ao se retirarem deste quadro, no qual não sei se o poeta das *Geórgicas* ainda acharia que "a púrpura d'Assíria não altera a brancura das lãs", ele próprio, com aquela sua linha finamente aristocrática, os conduziu até ao topo da escada, apertando a mão de cada um. Neste aperto de mão ia uma renúncia ostensiva, um repto, o desprezo do fiel ao chamado respeito humano.[66]

O mesmo dr. Miguel Couto forneceria ainda um quadro mais completo da natureza claramente religiosa do sentimento que Afonso Arinos nutria, autêntica, aberta e devotadamente, à natureza e panorama interiores do Brasil, assim como à cultura e estilo de vida que ali medravam.

> O sertão não era para ele um prazer, um passatempo, um hábito; era a bem-aventurança elísia ou antes uma religião, a que de tempos a tempos, movido por ímpeto irresistível, havia de render culto; não ia de pés nus ou de alparcas, empunhando a auriflama ou abordando-se no cajado de peregrino, nem entoava em coro a litania, porque não era Jerusalém o seu destino; porém, jamais cometeu a heresia de comparecer no grande templo com as mesmas roupas impregnadas do pó indigno das cidades, senão com a sua andaina de ganga, os seus coturnos amarelos, o seu chapéu de couro de grandes abas e um bastão tosco.[67]

A expressão mais significativa dessa descrição talvez seja "movido por ímpeto irresistível", porque dá conta do conteúdo pulsional, inconsciente das emoções e motivações que ligavam inelutavelmente Arinos aos sertões e seus habitantes, transformando-os em entidades sublimes, de cujo contato e de cuja evocação sua vida se preenchia de significados superiores. Acompanhe-se em particular a memória desse momento em que, numa das suas andanças pelo sertão, ele é tomado de um súbito estado de êxtase, um instante de revelação e transporte, quando num repente se defronta com uma árvore, uma típica árvore brasileira, o jequitibá (do tupi *yekíti'bá*).

> Uma vez, numa das suas romarias de longas jornadas, acompanhado de rapsodos e de tocadores, deparou já ao cair da noite um enorme jequitibá — a que chamava a catedral das florestas —, em

cujo tronco se abrira uma grande cava; então o bardo Catulo, nela penetrando, declamou plangentemente uma ode heroica à natureza *mater*, enquanto o violeiro Pernambuco, entre todos os da fama famosíssimo, dedilhando as primas e o bordão, compunha um hino à lua, que vinha tímida, esquiva, vagarosa se esgueirando por trás das frondes do arvoredo. Era demais; descobrindo-se e pedindo silêncio, Arinos caiu numa espécie de êxtase, que durou enquanto não se perdeu além das serranias o último eco do improviso cerimonial.[68]

Tal qual a reação de Arinos, a imagem do rapsodo sertanejo recitando do vão interior do grande jequitibá, no meio da selva, sob a lua, em meio à música que ecoa nas montanhas distantes, traz evocações tão poderosas, a catedral, a caverna, a mãe, o útero, que de imediato constitui um instante mágico, fora do tempo, nos introduzindo numa dimensão transcendente que as palavras já não podem nomear, em que a consciência cede à emoção e é preciso silenciar.

Afonso Arinos morreu em 1916, na Europa. Em São Paulo, desde 1918, em meio à grande crise dos "cinco Gês", um amplo grupo de amadores, ligados à Sociedade de Cultura Artística e aos clubes desportivos, inicia planos para uma monumental montagem dramático-musical da obra póstuma de Arinos, *O contratador de diamantes*. A notícia se espalha e já no início de 1919, após o Carnaval, ela é a coqueluche da cidade.

O contratador de diamantes! Não se fala em outra coisa nas rodas artísticas e mundanas da nossa capital. A grande preocupação do momento é a representação da bela peça de Afonso Arinos pelo grupo de senhoras, senhoritas, cavalheiros que tomou o compromisso de pôr em cena aqueles admiráveis quadros do Brasil Colonial, do Brasil das Bandeiras e das minas, do Brasil heroico! Todos disputam o prazer e a honra de contribuir para uma obra benemérita, ao mesmo tempo artística, filantrópica e patriótica, para cujo êxito se congregaram alguns dos nossos melhores elementos sociais, o prefeito de São Paulo [Washington Luís] e a Sociedade de Cultura Artística, e que vai dia a dia recebendo a contribuição de todas as classes sociais de São Paulo.[69]

Não era apenas a peça em si e o prestígio do nome de Arinos que contavam. Ganhava realce o fato de que a montagem era uma iniciativa da juventude, uma nova geração de amadores, sem portanto mesquinhos interesses pecuniários, e que se dispunha a uma iniciativa integralmente nacional, sem um único detalhe estrangeiro, com destaque para a pronúncia, genuinamente paulista, em vez das línguas europeias ou do português de acento lusitano, que inclusive os atores profissionais brasileiros assumiam nos palcos. Comentando a montagem, o crítico d'*O Estado* diria:

Cada qual encontra na própria novidade da arte a que, para a felicidade nossa, se entregaram, esse não sei quê de ingênuo e novo, que falta ao profissional e que consegue imprimir, à maior parte das cenas d' *O contratador*, um delicioso sabor de realismo primitivo. Dessa vez o Municipal varreu dos seus vastos salões os vestígios impertinentes da "troupes broulés" [sic]. A atmosfera que nele se respira é brasileira, exclusivamente brasileira. As atitudes despidas de afetação, a pronúncia de certos artistas acentuadamente paulista, juram a autenticidade do espetáculo, produzindo em todos os que ainda não perderam o senso da nacionalidade a que pertencemos, as melhores e mais elevadas emoções.

O texto termina num tom de ameaça tão sintomático quanto muito revelador de que emoções eram essas. "A esses [que não perderam o senso da nacionalidade] convidamos a que compareçam no Municipal. Aos outros, o espetáculo não interessa..."[70]

O tom intimidatório procedia. Quando em maio de 1919 foi apresentado o nome dos componentes do elenco e dos patrocinadores do espetáculo, eles compunham uma autêntica relação do quem é quem na elite plutocrática paulista, sendo não menos notável nas exclusões, que por sua vez estabeleciam o quem não o é.[71] A intenção maior era mais obviamente a segunda que a primeira, o que revelava uma súbita necessidade de afirmação, para quem até então gozava do monopólio incontestado da cena social, mas que agora se ressentia das reviravoltas dramáticas acentuadas pelo contexto da Guerra. Por isso mesmo o evento recebeu uma carga de investimentos capazes de magnificar o seu impacto, muito acima das anunciadas intenções de benemerência para com o Asilo dos Inválidos da Santa Casa e a Sociedade de Cultura Artística.[72] O prefeito Washington Luís cedeu o Teatro Municipal, custeou os cenários, a cargo de Wasth Rodrigues, e outras eventuais despesas gerais. As famílias bancaram os luxuosos figurinos e ensaios.[73] O elenco musical era estupendo, com duas orquestras, uma grande no poço, outra menor no palco. A menor era regida por Francisco Mignone, caracterizado como "Mestre Plácido", envergando "casaca a Luís xv, de bofes de renda e de cabeleira empoada".[74] A orquestra maior, tendo como spalla o professor Zacharias Autuori, teria como regente o maestro Francisco Braga, também compositor das músicas do espetáculo e que viria especialmente do Rio, acompanhado do ministro da Viação, representando o presidente da República, mais um séquito de altas autoridades do governo federal. E por fim, mas não menos importante, o elemento de choque. Pela primeira vez pisando no palco do Municipal, conforme descrição de um jornalista que assistiu aos ensaios, "o congado, que está muito bem marcado, foi dançado com grande 'entrain' e vai ser fatalmente um dos elementos de sucesso da representação, pelo seu sabor característico, tanto mais que os intérpretes são pretos de verdade e dançadores e violeiros autênticos da roça".[75]

A estreia foi um sucesso retumbante. A crítica exultava.

> [...] uma só palavra pode dizer tudo o que foi o espetáculo de ontem: estupendo, simplesmente estupendo! [...] ... não foi uma simples festa de arte [...], mas sim uma vitória, ganha pela nossa sociedade, que obteve um trunfo afirmando, ao lado do seu fino gosto [...] a sua cultura, a sua raça mesmo [...].[76]

Afonso Arinos foi alçado à posição de herói intelectual dos novos tempos. Dois dias depois, P. dedica a ele a sua coluna escrevendo, sob a efígie do autor, um depoimento sobre a convivência que com ele tivera.

> [...] Sempre [...], quando não discorria sobre o passado da nossa raça, era de coisas roceiras que falava — caçadas, viagens pelo sertão fundo, casos e pilhérias de caipiras. E então, com que prazer enternecido Arinos se não deixava ir, a contar, a contar sempre, incansavelmente... Caipiras não havia quem os conhecesse mais e mais os amasse que o criador do "Joaquim Mironga". [...] ... tudo nos dava a impressão de ser ele um roceiro transplantado violentamente para a cidade, e, aqui vivendo e vivendo nos meios mais civilizados e *raffinés*, sempre saudoso da "sua" roça e dos "seus" caipiras... Paris, a mesma Paris por mais que ele a amasse e por mais que se adaptasse a todos os seus requintes, jamais o fez esquecer o sertão brasileiro. E tanto que, mal se pilhava aqui, Afonso Arinos logo se aprestava a uma viagem para o sertão, e lá se afundava dias e dias, meses até no convívio das gentes simples e primitivas![77]

De imediato, a Liga Nacionalista, "compreendendo o alto valor que a peça de Afonso Arinos tem como instrumento de nossa formação estética e cívica", decide financiar uma temporada a preços populares, a fim de dar a maior divulgação possível a "essa nova 'bandeira' que surgiu nos campos de Piratininga".[78] De fato, cívica a peça era. O entrecho, num resumo extremo, narrava a história do contratador da prospecção de diamantes do Distrito Diamantino do Tijuco, Felisberto Caldeira Brant, de preponderante linhagem paulista, líder e patriarca tutelar do seu povo, que é espuriamente extorquido pelo ouvidor-geral, mostrando como os políticos parasitas usurpavam o trabalho dos legítimos produtores locais, para favorecê-lo aos estrangeiros. No clímax da ação, porém, o herói nacional conclama à revolta o povo da cidade que, ao ouvir-lhe as "veementes palavras", "se eletriza à cólera do Contratador e se dispõe a enfrentar valentemente os dragões del-rei...".[79] Não poderia ser mais explícito o conteúdo da peça e com endereço certo. Tanto que na récita popular, o representante da Liga Nacionalista, ao tentar se dirigir à plateia durante o intervalo, foi alvo de tumultuosa assuada que abalou sua fala sob gritos e impropérios, num confronto escandaloso como nunca se vira no Municipal.[80] O que obviamente colaborou muito para a repercussão do evento.

Mas, é claro, nada causou tanto escândalo quanto a apresentação no palco do Municipal dos referidos "pretos de verdade". É interessante observar o contexto e a forma como esses personagens se enquadram no interior da peça. Eis a descrição que P. fez dessa cena-chave, no começo do segundo ato.

Estamos no opulento Tijuco, pelos meados do século XVIII. Ao fundo, o templo, bem caracteristicamente colonial [...]. A praça movimenta-se de povo — e é um ir e vir de gente, em trajes domingueiros, pitorescos e curiosos. Por entre os largos chapelões dos garimpeiros e os belos costumes dos fidalgos, passam as "crinolines" das senhoras, em meneios gentis, sorrindo sob chapéus minúsculos de plumas e flores. [...] ... mas, de repente, ao clamor de Aleluia! Aleluia! — irrompe em cena uma multidão curiosíssima. E enquanto os negros, uma porção de negros e negrinhos em trajes bizarros, cada qual com um cocar de penas e com o seu pandeiro — iniciam a "congada", dançando e cantando ao toque monótono dos atabaques e tambores —, a um canto se aglomera o povo do Tijuco, e lá em cima, numa tribuna, fidalgos e fidalgas gentis, em ademanes graciosos, inclinam os bustos curiosamente para a praça em festa... — Que lindo![81]

A cidade, a praça, o palácio e a igreja. Os negros e negrinhos em trajes bizarros ocupam a praça (Aleluia! Aleluia!) e iniciam o batuque de atabaque, bumbo e pandeiro. Os fidalgos assomam à tribuna do palácio, atraídos pelo ritmo da congada, e se inclinam levemente para olhar com simpatia os celebrantes. O povo da cidade, reunido num canto, observa embevecido os fidalgos olharem com admiração os músicos e dançarinos negros. A plateia do teatro assiste ao povo observando os fidalgos que apreciam a congada "de verdade", dos "negros de verdade". A cena é didática. À parte o escândalo, o que mais se comentou sobre a peça foi o extraordinário luxo da montagem, algo numa escala que nunca se vira em São Paulo e que causou pasmo até a um ator célebre, com carreira internacional, Chabi Pinheiro, "glória do teatro português", que fora prestigiar o evento.[82] Na confecção dos figurinos as famílias concorreram entre si e investiram pesado. Mas o mobiliário e os apetrechos decorativos é que eram sumamente suntuosos, hipnotizando a plateia numa ostentação de riqueza autêntica, que procurava reeditar o fastígio da mineração de diamantes na colônia. Conforme registrou um cronista presente à peça, "a zona dos diamantes era riquíssima. O estilo é d. João V, tanto no mobiliário quanto na prataria. As bandejas da época eram tão pesadas que as carregavam dois escravos de libré, tal qual se viu na peça".[83] Reunindo todos esses elementos, pode-se observar então como o alto prestígio das famílias envolvidas, o renome de Arinos, a força do Municipal, a riqueza dos figurinos, a suntuosidade do mobiliário e prataria de lei, tudo autenticamente colonial, mais — elemento decisivo de contraste — a congada "de verdade" e os "pretos de verdade" convergiam para criar um vínculo simbólico profundo entre distinção social, sofisticação, passado colonial e raiz cultural popular. Aqueles que se inserissem nessa quádrupla dimensão simbólica seriam o que havia de mais elevado, de mais profundo e de mais puro. Os demais nunca foram.

É portanto bastante curioso saber a origem de todo aquele mobiliário e prataria luxuosos e de época, que deram ao espetáculo a sua cintilação mágica. Eles procediam do patrimônio dos Prado e dos Penteado.[84] Aliás, não por acaso, o principal papel feminino era desempenhado por Eglantina Penteado da Silva Prado.[85] Os mesmos Paulo Prado e Olívia Penteado, que patrocinavam, instrumentavam, estimulavam e promoviam os artistas e intelectuais modernistas, eram fontes vitais da "redescoberta" nativista do Brasil, seu passado colonial e a cultura popular. Ambos recém-chegados da Europa, que era a condição permanente de Arinos, eles iriam exercer, a propósito, uma ação catalisadora na transformação da cultura brasileira, ao se comporem com outro personagem crucial, o poeta Blaise Cendrars, apaixonado pela cultura negra. Quando Blaise veio a São Paulo em 1924, sob o patrocínio de Paulo Prado, Olívia Penteado o levou, junto a um grupo de artistas, ao Carnaval do Rio de Janeiro e à Semana Santa nas cidades históricas de Minas, numa série de excursões-revelação, que o grupo denominaria "a descoberta-do-Brasil-1924".[86]

Não menos interessante é saber que naquele ano de 1918 em que *O contratador* fora planejado, A. Piccarolo e L. Finnocchi publicaram o seu *O desenvolvimento industrial de São Paulo,* a partir de dados colhidos junto às Exposições Industriais que se iniciam a partir de 1917 no Palácio das Indústrias no Parque D. Pedro II, especialmente construído para esse fim (onde ficava, aliás, o ateliê de Victor Brecheret).[87] Suas estatísticas e números revelavam uma pujança industrial surpreendente, até então mal conhecida, e que indicava como inevitável o que de fato se tornaria realidade após 1920: o valor da produção industrial de São Paulo passava a ser superior ao do total das sacas de café vendidas.[88] O livro revelava, ademais, que a maioria esmagadora dos proprietários de indústria e dos participantes das Exposições Industriais eram de origem estrangeira, com predominância marcada dos italianos. A contrapartida dessa escalada industrial, é claro, todos conheciam, estava nas ruas: as greves, a agitação social, as conspirações, a figura soturna do terrorista real e manipulada, o temor onipresente da convulsão revolucionária desencadeada por alienígenas — "os indesejáveis". Mas não eram só os industriais e os operários que vinham alterar de forma irreversível a estrutura social e o quadro político vigentes. Nas áreas de expansão mais recente da fronteira do café, o "novo oeste" e a "alta mogiana", rapidamente se tornando as mais produtivas, predominavam os pequenos e médios fazendeiros, na sua grande maioria de origem imigrante, que forçaram o estabelecimento de um mercado de terras livres na zona de expansão, entabulando ao mesmo tempo uma complexa rede de comércio de excedentes e serviços com os mercados da capital do estado. A velha ordem social esboroava por todo lado, assumindo novas configurações, em especial nos contextos críticos da Guerra e do imediato pós-guerra. Compreendendo, lúcido, todo o potencial político dessa reestruturação, Washington Luís compromete a sua plataforma para o governo estadual de 1920 com os novos grupos emergentes.[89] Desde então, as entidades representativas do grande latifúndio cafeeiro tradicional, a Sociedade Rural Brasileira, a Liga Agrícola Brasileira e a Associação Comercial de Santos, seriam alijadas do circuito de tomada de decisões e os "governos fortes" passariam a controlar a situação a partir do apoio das "novas classes".[90] Sua resposta viria pela criação do Partido Democrático, em 1926, pelo conselheiro Antônio Prado e pela Revolução de 1930.

É no interior desse panorama que se enquadra a cerimônia solene de colação de grau dos bacharéis da faculdade do largo de São Francisco, em dezembro de 1919, em que o paraninfo, Herculano de Freitas, ladeado pelo governador do estado, Altino Arantes, e o filho do presidente da República e candidato ao governo local contra Washington Luís, Oscar Rodrigues Alves, orou um longo arrazoado preconizando a reação contra as pressões pela mudança política e social.

> Os que pretendem e reclamam reformas nas instituições e pretendem intervir na elaboração das nossas leis, são na sua quase totalidade estrangeiros. Não se lhes pode, sem abatimento da dignidade nacional, conceder o direito de pleitear, entre nós brasileiros, instituições para o Brasil.

Ele mesmo fixava um diagnóstico da crise social e propunha um novo curso de ação profilática.

> Finalmente se reconhece que a sociedade está atacada de dois gêneros contrários de loucura coletiva: a loucura da riqueza pelos negócios, a loucura da destruição pela anarquia. Ponhamos de permeio, se quisermos salvar a sociedade atual, um novo gênero de fanatismo: o fanatismo da ordem, pela conformidade. Todos que somos dirigentes, todos que temos interesses superiores [...] empreendamos a cruzada amorosa da conversão dos novos gentios da sociedade atual [...].[91]

É nesse contexto também que, em 1920, Pinto Pereira cria o slogan "assimilamos ou seremos assimilados", como tema de uma estratégia política de "reação pela cultura".[92] O que daria ensejo à criação por Sampaio Dória da Reação Nacionalista.

> Os brasileiros estão ameaçados a passar, por imprudência, de senhores da terra a colonos dos estrangeiros, que vencem. [...] A reação nacionalista será, pois, necessariamente, uma reação da cultura pela supremacia do nacional.[93]

O que ecoava a palavra de ordem de Paulo Prado, já em 1917, encetando uma reação de reconquista contra os "Bandeirantes italianos e Conquistadores sírios".[94] Contra esse pano de fundo, talvez se possa compreender mais profundamente o significado da montagem d'*O contratador*, seu impacto, seu sucesso, a mudança de curso que ele operou no cenário cultural e o sentido da sua recepção na imprensa: "Bandeirante foi Caldeira Brant, bandeirante soube ser Arinos; e dignos descendentes de bandeirantes foram seus intérpretes. [...] Talvez esse confronto diga tudo".[95] Ter raiz ou não tê-las, eis a questão.

O contratador surgiu assim, ao mesmo tempo, como cristalização e como catalisador de uma fermentação nativista que adquiria densidade crescente em direção aos anos 1920. Um dos focos dessa fermentação era a Liga Nacionalista, criada em 1917, como já se viu; outro era a *Revista do Brasil*, fundada em 1916 por um grupo de intelectuais de oposição ao PRP.[96] Grandemente estimulada e divulgada por essa revista, prosperava uma literatura de regionalismo paulista, dedicada a retratar a cena rural e a cultura caipira. Os autores e publicações se avolumavam, Amadeu Amaral, Monteiro Lobato, Valdomiro Silveira, Cornélio Pires, Leôncio de Oliveira, Otoniel Mota, Benedito Otávio, Paulo Setúbal, Afonso de Freitas, Egídio Martins, Paulo Duarte, dentre muitos outros. Resenhando o livro *Os caboclos*, de Valdomiro Silveira, editado pela *Revista do Brasil*, o crítico literário d'*O Estado* publicava, no início de 1921, um autêntico manifesto do regionalismo paulista. Depois de demonstrar uma tendência predominante na Europa e Estados Unidos à literatura regional e dialetal, ele conclui que

> ele [Valdomiro Silveira], com Amadeu Amaral, Monteiro Lobato e outros, será, dos primeiros daqueles operários que forjarão, retemperada e dúctil, a língua portuguesa do Brasil [...].

E acrescenta, citando Aluísio Azevedo:

> A nossa literatura, para ser alguma coisa, já que forçosamente, quanto a ideias gerais, tem de ser o reflexo das grandes literaturas mundiais, carece de cultivar o pitoresco local. É o que faço na minha esfera, estudando e descrevendo o nosso passado. O conto regional é a forma inicial daquela literatura de imaginação brasileira. Os românticos deram-lhe um aspecto falso, porque observaram o país com lentes europeias.

E desfecha a conclusão citando Goethe, "o dialeto é o elemento vital em que a alma respira mais livre".[97]

Depois d'*O contratador*, aquilo que era uma corrente intelectual se transforma numa moda de ampla vigência social. É interessante observar como se operam então os deslizamentos e reagregações dos conteúdos míticos difusos pelo imaginário social. O livro de Leôncio de Oliveira, *Vida roceira*, é anunciado com uma ilustração em que as imagens clássicas do Iluminismo e da Revolução Francesa, recicladas no Brasil pela maçonaria no contexto da proclamação da Independência, depois pelo republicanismo, abolicionismo, jacobinismo e radicalismo operário, reaparecem centralizadas na figura do "caipira". Assim, no anúncio do livro, a ilustração apresenta um jovem nu, tal como o "bom selvagem", saindo por entre as chamas purificadoras, com os pulsos cerrados exibindo grilhões bravamente rompidos.[98] Quem lhe pusera os grilhões, como ele se libertara, de quem? — nada disso é sinalizado, mas o símbolo funciona eficazmente, graças ao eco sonoro que ele evoca na memória e no imaginário públicos. Já o Teatro Boa Vista apresentava a burleta *Nossa terra, nossa gente*, de João Felizardo Jr., sobre costumes e ambientes sertanejos, que o crítico de espetáculos d'*O Estado* elogia, apesar de estranhar "o luxo com que se apresentou o corpo dos coros, nada consoante à simplicidade das moças roceiras" e "o tipo do vaqueiro caxinguelê travestido de *cow-boy* e cuja roupa de couro e chapéu de pano não conseguiram denunciar o vaqueiro da Bahia, trazido para o sul como figura exótica".[99]

Nada porém se comparava aos sucessos dos "Saraus regionalistas", lançados pel'*A Cigarra*, e assim anunciados: "Um grupo de distintas senhoritas cantará ao violão, vestidas de caipirinhas, algumas das nossas melhores canções sertanejas e dançarão cateretês com acompanhamento de violão, cavaquinho, flauta, chocalhos e reco-reco. [...] Na segunda parte, o brilhante poeta dr. Paulo Setúbal recitará versos sobre cenas da roça de seu livro *Alma cabocla*, a aparecer breve".[100] O sucesso foi tamanho que, após sucessivas representações, esse tipo de evento acaba se tornando uma prática habitual, em celebrações mundanas, festas beneficentes ou quermesses por todos os cantos da cidade, geralmente com a presença de cantadores e violeiros sertanejos "de verdade", como atração central.[101] Como era de se esperar, esse elã se passa também para o cinema. Dentre as várias opções: *Ubirajara*, com "enfeites, tabas, arcos, flechas e demais ornamentos cedidos pela seção etnográfica do Museu Nacional" e estrelado por "mais de duzentos índios"; *A caipirinha*, "único filme nacional até hoje editado em estilo americano"; *Alma sertaneja*, mostrando "pitorescas paisagens do sertão", a "vida singela do campo", "seus lânguidos cantares", as "festas do arraial, as danças, até as arraigadas lutas".[102] Afora a ficção, outros filmes tinham caráter estritamente documental, como *As festas de São Roque*, apresentando as cavalhadas, ou *Na terra do ouro e da esmeralda*, "um *film* que fala à alma brasileira. [...] Os mais recônditos paraísos que Deus esqueceu no coração da terra brasileira, que o mar beija e o Cruzeiro vigia! Uma obra clara e forte do Brasil".[103] Nesse gênero, o sucesso mais retumbante foi a exibição do filme rodado pelo general Rondon e sua equipe, da vida e costumes dos índios Coroados, da região do Alto São Lourenço. Era a primeira vez que a população da cidade podia ver índios "de verdade", "elementos aborígines puros, fora do contato das praxes civilizadas dos brancos" e que viviam "como os incas e os astecas dos Andes ou do México". O jornal alerta ademais que "todos os quadros podem ser apreciados na sua simplicidade, tendo sido feita uma revisão cuidadosa para não ofender a moral". Informa ainda que esse filme tinha sido apresentado pelo coronel Roosevelt no "grande teatro de New York, o *Carnegie Hall*, perante 3 mil assistentes" e que, "a pedido, foi ainda exibido no *Strand*, na Broadway, durante oito dias, tendo alcançado um sucesso extraordinário".[104] Era o primeiro sucesso da cinematografia brasileira no exterior. Os Estados Unidos se curvavam aos nativos do Brasil. O sucesso no Rio e São Paulo foi total.

Cornélio Pires instaura uma prática que lhe traria enorme popularidade, partindo para viagens a rincões remotos do sertão, que eram em seguida relatadas em bem-humoradas conferências e saraus regionalistas, sempre com os teatros lotados e lutas pelos bilhetes.[105] Artistas e arquitetos paulistas partem para viagens de "estudos" pelos interiores, com visitas obrigatórias às cidades históricas de Minas e capitais do Nordeste, o que se tornaria um ritual confirmatório, do qual retornavam com acervos de "arte colonial" que vendiam rapidamente.[106] P. e outros cronistas se dedicam ao resgate dos últimos traços remanescentes das festas populares, cultura e arquitetura tradicional da cidade de São Paulo.[107] A História entra para a ordem do dia. A Livraria Garraux, na

Rua 15 de Novembro, decide expor quadros de Benedito Calixto retratando São Paulo antigo e atrai uma tal multidão que tumultua a circulação do centro.[108] Von Ihring promove a paulistanização do Museu do Ipiranga, com "retratos de antigos paulistas, cenas da antiga vida paulista [...], bustos de bandeirantes, estátuas de personagens da Independência etc.".[109] Alexandre Marcondes Machado funde a figura do ítalo-paulista, criada pelo caricaturista Voltolino, com os traços do caipira, do circo e teatro populares, dando origem à impagável personagem do Juó Bananere.[110] Oliveira Vianna conjuga o que estabelece como as qualidades morais e emocionais do sertanejo paulista com o impulso de liderança que atribui aos bandeirantes e conclui pelo surgimento de uma nova civilização meridional, cujo bastião seria São Paulo.[111] O raide de Edu Chaves, a travessia do Atlântico por pilotos portugueses de avião, o traslado dos restos mortais do casal imperial de volta ao Brasil no supercouraçado *São Paulo*, restabelecem o círculo simbólico entre as caravelas portuguesas e a modernidade brasileira, dando início a um novo ciclo histórico.[112]

O quanto esses deslizamentos, sobreposições e fusões entre tradição, nativismo, modernidade e cultura popular eram efeitos deliberados, o quanto eram contingências imponderáveis das condições de urbanização, transformação tecnológica e oscilações na estrutura socioeconômica, é um limiar difícil de distinguir. Esse mesmo emaranhado intrincado de relações e reações assinalou a notável escola de músicos que despontou em São Paulo nesse período. O professor Luigi Chiaffarelli, desde que chegara ao Brasil em fins do século XIX, formara gerações de grandes pianistas, com destaque para três artistas de talento e reputação internacional: Guiomar Novaes, Antonieta Rudge e Souza Lima. Outra pianista do mesmo gabarito, Madalena Tagliaferro, fora formada por seu pai, o maestro Tagliaferro. Também fizeram escola os violinistas professores Francisco Chiaffitelli e Torquato Amore.[113]

Mas eram os pianistas quem dominavam a cena, como Eduardo Riesler, interpretando Debussy, ou Heloísa de Brito, divulgando o trabalho do compositor Henrique Oswald, "bem brasileiro pela inspiração e muito moderno pela forma...".[114] A ponto de a crítica forjar a expressão "São Paulo — terra de pianistas".[115] Isso numa época que começa a assistir à ascensão fulminante do violão e instrumentos típicos da música popular, além dos metais estridentes do jazz. A transição de uma forma à outra, entretanto, teria mais o acesso suave de uma ponte, com ambas as formas convergindo uma na direção da outra, conciliando audiências, que de um salto cego no escuro. Uma dessas pontes seria a cantora lírica Vera Janocopoulos, divulgando e promovendo a música de Villa-Lobos nos palcos paulistas já em 1920 e ressaltando suas características populares, brasileiras e modernas.[116] O mesmo papel cumpriria a também cantora Leonor de Aguiar, recém-chegada dos estudos em Paris e que trouxera para divulgação o mais recente repertório em voga na capital francesa.[117]

O caso mais peculiar, porém, era o de Guiomar Novaes. Aluna de Chiaffarelli, pequeno-prodígio, foi enviada à França aos treze anos, em 1909, entrando para o Conservatório de Paris pelas mãos de, nada menos, Fauré, Debussy e Moszkówski. Dois anos depois, recebia o grande prêmio de piano do Conservatório, em meio a uma ovação delirante do público presente ao concurso. Desde então passou a dar recitais nos palcos mais concorridos do mundo. Seu repertório básico e sua sensibilidade eram românticos, mas, graças ao ambiente de sua formação e o tipo de audiência para quem se apresentava, incluía, em regra, uma sessão de modernos nos seus recitais, com destaque para Debussy. Ela se tornaria uma divulgadora da moderna música francesa principalmente nos Estados Unidos, onde fazia suas gravações e passava longas temporadas. Em março de 1921, ela bateu o recorde de público no Carnegie Hall, arrancando o seguinte comentário do crítico de música do *New York Times*: "Nunca a enorme sala do Carnegie Hall, por onde têm passado as maiores celebridades mundiais, as quais têm atraído para ali um numeroso e escolhido público, esteve tão cheia e vibrou com tanto entusiasmo".[118] Guiomar Novaes era, de longe, o maior sucesso artístico brasileiro no exterior. Com essa reputação e o seu virtuosismo, os seus concertos no Rio e em São Paulo eram acontecimentos. Mal eram anunciados, os bilhetes se esgotavam em meio à inevitável refrega entre fãs ardorosos que não aceitariam voltar de mãos vazias. A pedidos, concertos extras tinham que ser marcados uns após os outros.[119] Eram comuns tumultos às portas dos teatros causados por multidões dispostas a entrar a todo custo.[120] O mais curioso é que a pressão do público terminou por forçar a definição de um programa, que se tornaria um padrão a confundir-se com a própria imagem da artista. Uma sessão romântica, sobretudo Chopin, uma sessão moderna, com Debussy e Ravel, vários encores e o grande clímax final, imperativamente com a *Fantasia sobre o Hino Nacional Brasileiro* de Gottschalk.

Aos primeiros acordes da *Fantasia*, o público se punha espontaneamente de pé, acompanhava enlevado até à última nota, quando então explodia em clamor, risos e lágrimas, numa apoteose — em que o palco ficava juncado de flores —, a qual se estendia até que a administração do teatro apagasse as luzes forçando o público a sair. Do lado de fora, se formava uma caravana que acompanhava a artista até a sua casa, repetindo ali a aclamação e a chuva de flores.[121] Por certo, esse curioso fenômeno psicossocial ultrapassava os significados particulares da simples música. Para além do teclado, Guiomar Novaes tocara em alguma corda sensível que, embalada pela música, a transformara num símbolo vivo, forte o suficiente para mobilizar conteúdos emocionais em ardente expectativa de consumação. Que conteúdos eram esses, é difícil sondar. Parte desse poder de deflagrar explosões de emoção, com certeza, vinha do prestígio de ser uma brasileira, "paulista", como a crítica local insistia, que seduziu as plateias mais sofisticadas do mundo. Outra parte, é provável, adviria do seu dialeto romântico, de forte apelo emocional. Outra parte ainda, talvez, derivaria desse peculiar arranjo de linguagens, "clássica", "moderna", "brasileira", com essa última predominando em carga emotiva e coroando as demais, como se fosse o seu desdobramento lógico ou a sua projeção mais legítima. Havia ali algo assim como a autenticação em escala etérea de um destino manifesto. A história e o presente se fundiam num local que era o futuro e era ao mesmo tempo o Brasil.

Algo de assemelhado e intercorrente, muito embora envolvendo desígnios mais nitidamente refletidos, se dava com os esforços sistemáticos pelo resgate de uma cultura popular evanescente. Uma figura-chave nessa área do chamado "novo folk--lore"[122] era Amadeu Amaral, um dos fundadores da Sociedade de Cultura Artística, que organizava muitos dos concertos de Guiomar Novaes, colaborador na fundação também da Liga Nacionalista e na criação da *Revista do Brasil*.[123] Um dos projetos que mais o apaixonava era a criação da Associação Paulista de Estudos Populares. O que a distinguiria, segundo ele, de outras instituições ou pesquisadores que estudaram ou estudavam a cultura popular brasileira, seria o intuito preclaro de definir um padrão eminentemente científico aos estudos, em vez do caráter saudosista, complacente e laudatório que eles vinham denotando até então. É muito curiosa, entretanto, a noção de ciência que Amadeu Amaral estabeleceria como a meta de um tal programa de estudos. Ele mesmo a revelou nas páginas d'*O Estado*.

> Vem a propósito [...] uma obra que merecia continuar-se e lançar um golpe de luz sobre o imenso campo de exploração aberto no Brasil a toda a sorte de cientistas jovens, capazes de cooperar no le-

vantamento de uma "ciência brasileira". Ciência brasileira? Sim, uma ciência não apenas feita de generalidades aprendidas e de verdades por outrem descobertas e alhures verificadas, mas também construída com "nossos" recursos, baseada na observação direta e independente das "nossas" coisas, impulsada pelas iniciativas livres da "nossa" razão experimental diante das interrogações da "nossa" natureza e assim capaz de não ser apenas aluna submissa da grande ciência universal e sem pátria...[124]

"Nossa razão"? Amadeu Amaral sugere se não um desligamento, pelo menos uma autonomia do que fosse uma "ciência brasileira", mais legítima aos nossos propósitos por esse seu localismo assumido, do que a opacidade equívoca da "grande ciência universal e sem pátria". Parece uma tomada de posição relativista, mas é bem mais do que isso. Primeiro porque negar a universalidade da razão significa negar o seu estatuto ontológico e cognitivo, o que o autor não leva às últimas consequências. Segundo, porque ele estabelece uma dimensão espacial, geográfica, "nacional", como categoria ôntica e cognitiva, sem qualquer base de reflexão. A "nossa razão", pois, não tem fundamento racional. Não que isso escape a Amadeu Amaral. Ao contrário, é exatamente aí que ele pretende chegar. Há um limiar claro, até o qual chega a razão. A política que o escritor pretende introduzir é uma que vai daí para diante, não de modo superficial como tem ocorrido, mas verticalmente, em profundidade, até onde nada mais se vê, só se sente.

É ponto que merece atenção a falta do elemento tradicional na formação moral da nossa juventude. [...] Há o ensino da história, há o ensino cívico. Trata-se porém de um ensino intelectual, arquitetado, combinado e transmitido à luz de critérios puramente lógicos, racionais, sem dúvida, utilíssimo, mas de resultados modestos. Dirige-se sobretudo à inteligência. [...] As lições passam. [...] As tradições não. Estas falam à inteligência de todos através do sentimento comum, e quando aquela as aceita, as aformoseia, as exalta, não faz senão reforçar o íntimo prestígio que elas já exercem no coração. É próprio delas infiltrarem-se dentro de nós sem que demos por isso, excitarem a nossa imaginação, associarem-se a todos os nossos afetos simpáticos e a todas as nossas paixões amáveis, aderirem aos nossos hábitos mais caros, e irem assim formando em nosso espírito centros de concepção enérgicos e irradiantes, intimamente engrenados com todas as forças da alma. [...]

Essas [tradições populares] têm o poder excepcional — traço que nunca será demais pôr em relevo — de serem radicalmente, substancialmente identificadoras do indivíduo com a sua terra e a sua gente; as emoções e as evocações que as acompanham, sendo as mais intimamente pessoais, são ao mesmo tempo profundamente sociais: dão-nos o sentimento agudo da nossa personalidade, no que ela tem de mais nosso e mais recôndito, e dão-nos a percepção do irresistível enlaçamento que nos conjuga ao torrão nativo, independente de todo raciocínio, antes de qualquer reflexão, e mesmo contra a nossa vontade. Nada pode pois, ultrapassar o poder, digamos nacionalizador, da Tradição.[125]

O que Amadeu Amaral sugere, portanto, não é que a "razão nacional" se desprenda do que seria a totalidade representada pela "razão universal", assumindo assim uma perspectiva relativa, circunscrita, particular. O que ele propõe, de fato, é que a "razão nacional" ao se desprender se recomponha como uma totalidade em si mesma, cuja suficiência aos seus próprios olhos decorra da mera existência de suas tradições, de sua História e do seu território. Isso não significa renegar a "razão universal", mas submetê-la à condição de uma matéria apropriativa, sempre disponível ante uma deliberação que parte em primeira instância da "razão nacional"; da mesma forma como se concebe a precedência da emoção sobre a consciência. Nesses termos o "ocaso do Ocidente" de que falava Spengler soa não como o declínio de uma região, mas como o eclipse da "razão". A interpretação cultural desse fenômeno, no entanto, tende a assumir a forma de um diagnóstico histórico e geográfico, com indelével entonação profética. "Se a Europa é o passado glorioso e o presente do mundo, começa a fazer carreira a suspeita de que a América seja o futuro."[126] O fenômeno podia ter evidentes características econômicas e estratégicas, sobretudo em função da conjuntura da Guerra. Mas em termos culturais ele simbolizaria a ruptura de vínculos até então assumidos como constitutivos e o advento de uma nova vida e identidade. Mudança de símbolos, mudança de identidade, mudança de gerações, mudança tecnológica, mudança socioeconômica. De forma que, quando Washington Luís assume o governo do estado em 1920, ele naturalmente, como exige o costume, deve conceder uma ópera para celebrar a sua posse. Só que dessa vez ela se chama *La boscaiola*, que significa "A sertaneja", composta por um brasileiro, paulista, João Gomes Jr., sobre temática caracteristicamente nacional, "onde o autor tenta com sucesso o debussysmo descritivo".[127] A fusão entre a História, o popular e o moderno articula o jargão com que a nova identidade da "razão nacional" se apresenta ao público das grandes cidades, difundida pelo incoercível poder de sedução das musas, agora tecnologicamente equipadas.

O quadro que se compõe a essa altura estabelece um drástico contraste com aquele que definira os traços distintivos da cena pública no tempo dos primeiros governos civis da República. O primeiro desses governos fora o de Prudente de Morais, ainda abalado pelas turbulências militares desencadeadas com a instauração do novo regime. Foi só no mandato seguinte, o do também paulista Rodrigues Alves, que se obteve a estabilização do regime, das finanças e dos nexos internacionais. A instauração da nova respeitabilidade republicana foi assinalada pela reforma urbana do Rio de Janeiro, pela modernização do porto, a campanha saneadora da vacina obrigatória e a Grande Exposição Nacional, tudo entre 1904 e 1908. Esse processo, denominado "regeneração" pela imprensa carioca, foi cuidadosamente seguido de acordo com quatro diretrizes fundamentais. Foram elas: "a condenação dos hábitos e costumes ligados pela memória à sociedade tradicional; a negação de todo e qualquer elemento de cultura popular que pudesse macular a imagem civilizada da sociedade dominante; uma política rigorosa de exclusão dos grupos populares da área central da cidade, que será praticamente isolada para o desfrute exclusivo das camadas aburguesadas; e um cosmopolitismo agressivo, profundamente identificado com a vida parisiense".[128] Como se vê, nada poderia divergir mais da nova cena paulista do que esse quadro.

O que se via em São Paulo nesse momento era uma correria sôfrega para escavar raízes tradicionais e restabelecer uma "memória" de tinturas coloniais; um empenho pelo resgate e identificação com uma cultura popular, mormente de recorte "sertanejo"; uma busca das áreas periféricas ao centro, à procura dos espaços livres para corridas e esportes, do público para as façanhas e da animação popular para o Carnaval e as novas celebrações; e um curioso modernismo parisiense, que ensinava a desprezar a velha Europa moribunda e a amar a pujança da América e a "magia dos trópicos". Rodrigues Alves, eleito presidente pela segunda vez, morreu antes da posse em 1919; Rui Barbosa, três vezes candidato à Presidência, morreu sem ser eleito em 1923. Com eles morreu a "República dos Conselheiros", reminiscência tardia da elite monárquica, que gerou a estabilização interna e a credibilidade externa do novo regime, inspirada na ortodoxia do liberalismo cosmopolitista, na centralidade do indivíduo e da Razão universal, contra o radicalismo jacobino, xenófobo e golpista, que permeava as populações dos grandes centros urbanos. A rigor, o último dos conselheiros era Antônio Prado, cuja metamorfose política desde o pós-guerra foi mais que reveladora: articulou a militância desestabilizadora da Sociedade Rural Brasileira, apoiou as revoluções na Bahia e Rio Grande do Sul, criou o Partido Democrático e insuflou a revolução aberta que poria fim ao regime. Extinta a era do indivíduo e da palavra, impunha-se a era das massas e da ação. O prestígio mágico de que gozava o termo "moderno" depois da Guerra se transferiria no final da década para a palavra "revolução". A política da mobilização permanente exigia líderes carismáticos, símbolos coletivos, fé redentora e ação ritualizada. Todas as forças políticas em confronto, com maior ou menor rapidez, aprenderiam a operar com essas novas condições. A mudança drástica que se observava na cena paulista, portanto, era o preâmbulo da mudança de um regime que se assentara até ali sobre a gestão autoritária de uma elite esclarecida europeizada. Do seu desmoronamento derivaria uma nova prática política baseada num consenso criado pela saturação de propaganda nacionalista e popular, controlado por uma categoria de "técnicos" que se arrogam o poder de transformar a simbologia da modernidade numa utopia concreta.

O mesmo fenômeno por certo ocorria no Rio de Janeiro e em outras capitais brasileiras.[129] O pioneirismo de São Paulo talvez se devesse à forte tensão social, sobretudo a partir da Guerra, conjugando as forças emergentes da fronteira agrícola e da economia urbana, contra uma elite assentada porém declinante, que suscitou o recurso ao instrumental simbólico da História, da cultura popular e do modernismo, acabando por fundi-los, dando origem a uma linguagem de extraordinário potencial inclusivo. No Rio de Janeiro, dados o controle da grande imprensa em mãos da comunidade portuguesa, a concentração de quartéis do Exército e Marinha, a memória recente das mazorcas jacobinas e a ser ali a sede do governo federal, as resistências à pregação de atitudes militantes e nacionalismo agressivo eram muito maiores.[130]

Em 1921, por exemplo, em São Paulo, Washington Luís organizou, financiou e realizou uma temporada de concertos sinfônicos, no Teatro Municipal, a preços populares, com um programa variado, composto exclusivamente de compositores brasileiros e modernos.[131] No Rio de Janeiro, no final daquele ano, foi organizada, no salão da Biblioteca Nacional, para um público composto da elite da burguesia carioca, uma conferência sobre "Arte moderna", proferida pelo connaisseur francês Jean de Lubecki. Foi a primeira grande cerimônia pública no país dedicada a aprofundar o significado da estética moderna. Jean de Lubecki, ao que parece, era também um marchand e trouxe uma série de obras para ilustrar a conferência, que poderiam ser negociadas depois. Nove dessas telas foram estampadas na *Revista da Semana*, editada no Rio e a de maior vendagem tanto ali quanto em São Paulo, numa ampla matéria de duas páginas. Três delas são notáveis Picassos (impossível avaliar a autenticidade), as demais todas de medíocres imitadores de "estilos modernos" diluídos, uma das quais, aliás, uma gravura, a revista publicou de ponta-cabeça. Lubecki certamente usava o já mítico prestígio do nome de Picasso como chamariz para vender a moda modernista. O fato é que, além de bom negociante e apesar de alguns deslizes cômicos (Marinetti como líder dadaísta — talvez devido a erro de tradução), ele tinha uma compreensão bastante acrisolada dos desenvolvimentos da arte europeia. Anuncia o declínio do cubismo, define os princípios gerais da estética da Seção de Ouro e declara o renascimento do neoplatonismo.[132]

Era estarrecedora a diferença, porém, entre o acervo de Jean de Lubecki e os acervos de Antônio Prado e Olívia Penteado, sobretudo se esses dois fossem reunidos. No entanto, eles jamais os expuseram ao público, apenas promoviam apresentações de artistas nacionais ou radicados no Brasil. Sete semanas após aquela extensa matéria sobre a conferência de Jean de Lubecki, a *Revista da Semana* publicaria na sua página-frontispício um longo editorial totalmente dedicado à capital paulista, assinado por Hermes Fortes e tendo por título "São Paulo, sentimento e inteligência". O editorialista se põe a louvar

> o desenvolvimento, a cultura, o requinte, a segurança com que se aparelha a grande cidade a contribuir com um dos maiores coeficientes para a formação de um pensamento brasileiro, bem mais do que latente, porque palpitante em atos, palavras, intenções.

E saca conclusões desafiantes.

> — Inteligência paulista, inteligência brasileira... Por que não, meus amigos? [...] Pois em São Paulo a arte constitui um estado cultural. E esse estado cultural, de cinco ou seis eleitos, exerce na elite lítero-social uma atuação sensibilíssima, de sorte que, sem exageração, já existe, em São Paulo, um culto da arte.[133]

PANORAMAS DO MORRO DOS TÍSICOS

> É o novo *ground*. O Club de Regatas do Flamengo [...]. Dali partiu a formação das novas gerações, a glorificação do exercício físico para a saúde do corpo e a saúde da alma. Fazer *sport* há vinte anos ainda era para o Rio uma extravagância. As mães punham as mãos na cabeça quando um dos meninos arranjava um haltere. Estava perdido. Rapaz sem *pince-nez*, sem discutir literatura dos outros, sem cursar as academias — era homem estragado. E o Club de Regatas do Flamengo foi o núcleo de onde irradiou a avassaladora paixão pelos *sports* [...] o delírio muscular da rapaziada. As pessoas graves olhavam "aquilo" a princípio com susto. O povo encheu-se de simpatia. [...] Então, de repente, veio outro *club*, depois outro,

mais outro, enfim, uma porção. O Boqueirão, a Misericórdia, Botafogo, Icaraí estavam cheios de centros de regatas. Rapazes discutiam muque em toda parte. Pela cidade, jovens, outrora raquíticos e balofos, ostentavam largos peitorais e a cinta fina e a perna nervosa e a musculatura herculana dos braços. Era o delírio do *rowing*, era a paixão dos *sports*. Os dias de regatas tornavam-se acontecimentos urbanos. Faltava apenas a sagração de um poeta.[134]

Poetas que louvassem em versos e elegias a nova febre muscular dos esportes não se demoraram, fixando a devoção emergente em fórmulas flamejantes e tom heroico. Primeiro, o mesmo Bilac da Liga de Defesa Nacional, depois, o esplendecente Coelho Neto, o mesmo da Confederação Brasileira de Desportos; indo de permeio a glosa mordaz e refinada de João do Rio, conforme o texto acima. Isso tudo para o escândalo e furor de Lima Barreto, para quem a epidemia das corridas e exercícios físicos, em especial o futebol e os esportes violentos, significava o golpe de misericórdia nos últimos resquícios de uma ética de sensibilidade, enternecimento e solidariedade social, indicando o predomínio dos princípios de agressividade, rivalidade e egocentrismo, irradiados externamente a partir dos Estados Unidos e internamente de São Paulo.[135]

O interessante é que, completamente alheio a essa polêmica entre os partidários e os refratários à mania muscular, o poeta que penetrou mais profundamente nos seus âmbitos recônditos, sondando as peculiaridades, intensidade e sentidos do novo espírito, longe de ser um atleta, era um rapaz esquipático, franzino, tímido e tísico. Sua história, de uma extraordinária solidão, tem nuanças nebulosas. Manuel Bandeira, nascido no Recife em 1886, seguiu um percurso erradio, que o levou a cursar o Colégio Pedro II no Rio, indo ingressar depois no curso de engenheiro-arquiteto da Escola Politécnica de São Paulo. Atacado de tuberculose, porém, ele teve de interromper os estudos, se mudando sucessivamente para nove diferentes localidades entre Minas, Rio e Ceará, até se instalar em 1912 no Sanatório de Clavadel, na Suíça.[136] No isolamento dos Alpes, o moço raquítico, que já àquela altura tinha contato com a poesia simbolista e pós-simbolista belga e francesa, se informa sobre os mais recentes desdobramentos da cena boêmia parisiense. Algo tão extraordinário quanto fortuito ocorreu ali com Manuel Bandeira. Ele se tornou amigo de um outro rapaz, francês, Paul Eugène Grindel, que também se refugiara no clima alpino para tratar seus pulmões atacados. Grindel, que se tornou o interlocutor literário do poeta brasileiro, frequentara os meios radicais de Montmartre se envolvendo com o círculo cubista ao redor de Apollinaire, Max Jacob e André Salmon. Em 1913 ele publicaria seus *Premiers poèmes*; em 1914 o *Dialogue des inutiles*. Convocado para a Guerra nesse ano, ele conheceria os horrores do front, sufocado de bronquite aguda e febre, imerso na lama das trincheiras, onde escreveria seu gemido inútil, *Le devoir et l'inquiétude* (1916-7): "Travaille-tout,/ Creuse des trous/ Pour des squelettes de rien du tout".[137]

Esse último livro Grindel já assinaria com o nome que assumira durante a Guerra, Paul Éluard. Após o conflito, ele se ligaria a Aragon, Soupault e Breton, tornando-se um nexo entre a poesia cubista e a nova expressão surrealista.[138] Seu estilo trincolejante, sinóptico, concutido, objetivo causaria grande impressão em Manuel Bandeira, que confessava dever a Éluard o aprendizado das novas possibilidades poéticas.[139] Com a irrupção da Guerra, o jovem malcurado retornaria ao Brasil, buscando resguardo, combalido e solitário, numa casa do Morro do Curvelo, no Rio de Janeiro. Em 1917 publicaria *Cinza das horas* e em 1919 lançou a provocante coleção de poemas sob o título alusivo de *Carnavais*, de uma variedade e liberdade de formas surpreendentes. Já aqui Manuel Bandeira exprime o elã moderno da entrega total, a paixão cegante da intensidade como fim, o frêmito de integrar uma força coletiva sobre-humana, de alcance sobrenatural, numa linguagem cujo viço coloquial, elíptico e pulsante arremeda o próprio ritmo alucinado dessa rendição. O poema de abertura, "Bacanal", ostenta cruamente esse ativismo desbragado e sem raia, conduzido por uma música compulsiva, aliciante.

> *Quero beber! cantar asneiras*
> *No esto brutal das bebedeiras*
> *Que tudo emborca e faz em caco...*
> *Evoé Baco!*
>
> *Lá se me parte a alma levada*
> *No torvelim da mascarada,*
> *A gargalhar em doudo assomo...*
> *Evoé Momo!*
> ....
> *Se me perguntarem: Que mais queres,*
> *Além de versos e mulheres?...*
> *— Vinhos!... o vinho que é o meu fraco!...*
> *Evoé Baco!*
>
> *O alfange rútilo da lua.*
> *Por degolar a nuca nua*
> *Que me alucina e que eu não domo!...*
> *Evoé Momo!*
>
> *A Lira etérea, a grande Lira!...*
> *Por que eu extático desfira*
> *Em seu louvor versos obscenos,*
> *Evoé Vênus!*[140]

É admirável a acuidade com que o poeta enuncia, numa démarche oblíqua, deslanchada pelo langor estonteante do compasso seguro e a franca simplicidade das palavras, a dimensão trágica do que aparenta ser um ritual da mais desenfreada euforia. O acento sádico, amoral, inconsciente, impulsivo, cede ante a disciplina cadenciada da música e o tom elevado de devoção. É um libertar-se para melhor servir que o poeta aponta; uma expansão da alma que cobra o seu preço sobre os corpos e as mentes. Renascer agigantado na multidão, pelo efeito mesmo da multidão em estado de comoção cerimonial, deixar de ser só, de ser único, de ser só homem, para se compor como uma força irresistível, ceder à música, ser a música, não é mais uma opção como poderia parecer, mas uma contingência que nos enreda modelando as vontades pela forma do seu vórtice. Esse jovem solitário, tímido e tísico, encerrado no exílio involuntário do Morro do Curvelo, soube avaliar com rara sensibilidade o centro nevrálgico da onda de engajamento que engolfava as populações das cidades. A obsessão de ocupar o espaço público, de compartilhar a emoção coletiva, de se tornar parte de uma associação tácita e de convicções vivas, era o efeito mas também o catalisador de um irreversível esgarçamento das experiências comunitárias, interpessoais e mesmo da substancialidade de um padrão pessoal de significado da vida. Apesar do evidente predomínio corporal, exterior, público das manifestações coletivas, era de um crucial esvaziamento do substrato consciente de determinação da vida das próprias pessoas que elas se alimentavam, gerando um anseio sôfrego de emoções intensas capazes de preencher esse vazio. No poema "O sonho de uma terça-feira gorda" Manuel Bandeira novamente evoca essa precipitação interior, num fluxo de versos de uma simplicidade despojada e arrebatadora.

Eu estava contigo. Os nossos dominós eram negros e negras eram as nossas máscaras.

Íamos por entre a turba com solenidade,
Bem conscientes do nosso ar lúgubre
Tão contrastado pelo sentimento de felicidade
Que nos penetrava... Que nos penetrava como uma espada de fogo...
Como a espada de fogo que apunhalava as santas extáticas!

E a impressão em meu sonho era que estávamos
Assim de negro, assim por fora inteiramente de negro,
— Dentro de nós, ao contrário, era tudo claro e luminoso!

Era terça-feira gorda. A multidão inumerável
Burburinhava. Entre clangores de fanfarra
Passavam préstitos apoteóticos.
Eram alegorias ingênuas, ao gosto popular, em cores cruas.
...
Nós caminhávamos de mãos dadas, com solenidade,
O ar lúgubre, negros, negros...
Mas dentro em nós era tudo claro e luminoso!
Nem a alegria estava ali fora de nós.
A alegria estava em nós.
Era dentro de nós que estava a alegria,
— A profunda, a silenciosa alegria...[141]

A felicidade, a alegria aparecem como presenças estranhas nesses versos, como que colonizando o interior dos dois personagens simbolicamente enlutados, penetrando-os como espadas de fogo. É um clima como o da série das mascaradas sinistras de Ensor ou do *Três dançarinos* (1925) de Picasso. A alegria e a felicidade não são escolhas, são contingências inevitáveis, condições-suporte, fontes de prodigiosa energia incitando existências por outro lado calcinadas. Esses lembram aqueles outros versos de T.S. Eliot: "Nós somos os homens ocos/ Nós somos os homens recheados/ Apoiando-nos uns nos outros/ O crânio cheio de palha", que também aguardam ser incendiados.[142] Num outro poema, "A mata", Manuel Bandeira é ainda mais incisivo, perscrutando os anseios insaciáveis em torno de fantasias obsessivas, fantasias de pureza, de potência, de origens e de transcendência. De passagem, os versos registram o quase desprendimento do poeta da alucinação geral, o que lhe propicia o afastamento suficiente ao menos para que se pronuncie a ironia.

> A mata agita-se, revoluteia, contorce-se toda e sacode-se!
> A mata hoje tem alguma coisa para dizer.
> E ulula, e contorce-se toda, como a atriz de uma pantomima trágica.
>
> Cada galho rebelado
> Inculca a mesma perdida ânsia
> Todos eles sabem o mesmo segredo pânico.
> Ou então — é que pedem desesperadamente a mesma instante coisa.
>
> Que saberá a mata? Que pedirá a mata?
> Pedirá água?
> Mas a água despenhou-se há pouco, fustigando-a, escorraçando-a,
> saciando-a como aos alarves.
> Pedirá o fogo para a purificação das necroses milenárias?
> Ou não pede nada, e quer falar e não pode?
> Terá surpreendido o segredo da terra pelos ouvidos finíssimos das
> suas raízes?
>
> A mata agita-se, revoluteia, contorce-se toda e sacode-se!
> A mata está hoje como uma multidão em delírio coletivo.
>
> Só uma touça de bambus à parte,
> Balouça levemente... levemente... levemente...
> E parece sorrir do delírio geral.[143]

O que não quer dizer, porém, que ele, o poeta Manuel Bandeira, seja indiferente ou insensível à carga concreta dos tormentos e aflições que atravessa a existência dessas criaturas cingidas a um repertório circular de fantasias. É, aliás, o fato de ele tomar as condições concretas da existência como seu ponto de referimento e não o carrossel das alucinações frementes, que faz dele o poeta e não o político, o folião ou o penitente. A lucidez do poeta é o seu tóxico, a sua alegria — o que quer dizer, a sua forma compulsória de excitação. Conforme ele nos ilustra com o seu "Não sei dançar", poema introdutório à coleção *Libertinagem*, escrito em 1925.

....

Uns tomam éter, outros cocaína.
Eu tomo alegria!
Eis aí por que vim assistir a este baile de terça-feira gorda.

Mistura muito excelente de chás...
                                        Esta foi açafata...
— Não, foi arrumadeira.
E está dançando com o ex-prefeito municipal.
Tão Brasil!
....

Ninguém se lembra de política...
Nem dos oito mil quilômetros de costa...
O algodão do Seridó é o melhor do mundo?... Que me importa?
Não há malária nem moléstia de Chagas nem ancilóstomos.
A sereia sibila e o ganza do jazz-band batuca
eu tomo alegria![144]

Outro momento dessa lucidez compassiva, que assinala aflita fragmentos de um cotidiano turvado de camadas sobrepostas de violência e coação, está nos "Meninos carvoeiros", de 1921. Aqui a multiplicação geométrica do aviltamento não oculta, como outra e mais fluida dimensão dele, a própria inocência das vítimas.

> Os meninos carvoeiros
> Passam a caminho da cidade.
> — Eh, carvoeiro!
> E vão tocando os animais com um relho enorme.
>
> Os burros são magrinhos e velhos
> Cada um leva seis sacos de carvão de lenha.
> A aniagem é toda remendada.
> Os carvões caem.
>
> (Pela boca da noite vem uma velhinha que os recolhe, dobrando-se
> com um gemido.)
> ....
> Eh, carvoeiro!
>
> Quando voltam vêm mordendo num pão encarvoado,
> Encarapitados nas alimárias,
> Apostando corrida,
> Dançando, bamboleando nas cangalhas como espantalhos
> desamparados![145]

É em particular notável e sucessivas vezes reafirmado o enleio do poeta para com criaturas privadas de fantasias, delírios de grandeza ou comoções exaltadas — os insetos insignificantes e animais presos ao mundo solipsista de sua realidade imediata. Sem ter que atravessar nenhuma trilha ardilosa de ímpetos frenéticos ou ilusões movediças, Manuel Bandeira tem com esses seres silentes, tão solitários quanto ele em meio à turbamulta, o contato direto, palpável, humilde de vidas sem projeções. Sua relação com eles é contingente, sua comunicação se restringe a um limiar táctil, suas presenças lhes são no entanto mais que meros incidentes, na medida em que estabelecem por si sós uma empatia com o seu irremissível insulamento. Eis uma dessas obscuras presenças, aderindo aos remordimentos diários da luta da sua consciência contra os fantasmas da memória e introduzindo um instante fugaz de vitalidade irredutível numa rotina narcotizada. É um trecho do "Noturno da Mosela", de 1921.

....

Fumo até não sentir mais que a brasa e a cinza em minha boca.
O fumo faz mal aos meus pulmões comidos pelas algas.
O fumo é amargo e abjeto. Fumo abençoado, que és amargo e abjeto!

Uma pequenina aranha urde no peitoril da janela a teiazinha levíssima.

Tenho vontade de beijar essa aranhazinha...

No entanto, em cada charuto que acendo cuido encontrar o gosto
que faz esquecer...
.... [146]

Ou, novamente, no perturbador "Chambre vide", de 1922, onde uma presença viva apenas para o instante e o concreto é a única que pode servir de refúgio para um vácuo esmagador.

....

La nuit pèse
Il n'y a pas de papillons de nuit
Oú sont donc ces bêtes?

Les mouches dorment sur le fil de l'électricité
Je suis trop seul vivant dans cette chambre
Petit chat frère du silence
Reste à mes côtés
Car il faut que je sente la vie auprès de moi
Et c'est toi que fais que la chambre n'est [sic] *pas vide*
Petit chat blanc et gris
Reste dans la chambre
Eveillé minutieux et lucide
Petit chat blanc et gris
Petit chat.[147]

Só mesmo uma poética do contingente poderia ilustrar o prodígio de ir buscar refúgio naquele mesmo Morro do Curvelo, onde Manuel Bandeira se instalara, também um outro jovem poeta iniciante, igualmente talentoso, igualmente tísico, igualmente devotado a criar uma nova linguagem expressiva. Ribeiro Couto, nascido na cidade portuária paulista de Santos, ali fez seus estudos elementares, mudando-se em 1915 para São Paulo, a fim de cursar a Faculdade de Direito do Largo São Francisco. Após o quarto ano se mudaria para o Rio de Janeiro, indo se tornar amigo de Manuel Bandeira nos altos ermos do Morro do Curvelo.[148] Era um exagero do destino. Nos seus poemas escritos entre 1921 e 1922, mais tarde reunidos no volume *Um homem na multidão*, se por um lado Ribeiro Couto abandona as experiências com o ritmo, ele por outro lado rejeita disciplinas formais assim como convenções temáticas ou literárias. Isso lhe permitiu criar uma poesia poderosamente desmobilizadora, desprendida de fórmulas e indiferente a expectativas, nada ressoando para além do estritamente tópico e circunstancial. Seus versos conquistavam assim soluções que, ademais de serem antirromânticas, antimetafóricas e antianedóticas, eram sobretudo não programáticas. Eis um exemplo magistral dessa sua poesia de desinvestimento literário na composição "A invenção da poesia brasileira".

Eu escutava o homem maravilhoso,
o revelador tropical das atitudes novas,
o mestre das transformações em caminho:

"— É preciso criar a poesia desse país de sol!
Pobre da tua poesia e dos teus amigos,
pobre dessa poesia nostálgica,
dessa poesia de fracos diante da vida forte.
A vida é força.
A vida é uma afirmação de heroísmos quotidianos,
de entusiasmos isolados donde nascem mundos.
Lá vai passando uma mulher... Chove na velha praça...
Pobre dessa poesia de doentes atrás de janelas!
Eu quero o sol na tua poesia e na dos teus amigos!
O Brasil é cheio de sol! O Brasil é cheio de força!
É preciso criar a poesia do Brasil!"

Eu escutava, de olhos irônicos e mansos,
o mestre ardente das transformações próximas.

Por acaso, começou a chover docemente
na tarde monótona que se ia embora.
Pela vidraça da minha sala morta
ficamos a olhar a praça debaixo da chuva lenta.
Ficamos em silêncio um tempo indefinido...

E lá embaixo passou uma mulher sob a chuva.[149]

Uma variante nessa mesma linha aparece no poema "Livraria". Novamente a ironia aqui é criada pela justaposição do tom épico contra a secura descritiva de um cotidiano banal.

....

Ó sol do Trópico, ó sol do Trópico,
abrasando a rua em que passam suarentos,
os honestos e apressados rapazes do comércio!
E a vitrine exposta, com as brochuras a se descolorirem...
Ó sol do Trópico, desânimo dos fracos!
Ó sol do Trópico, sarcasmo dos caídos!
Ó sol do Trópico, apoteose dos que levam a força dentro de si![150]

Ribeiro Couto desarma impassível o efeito poesia, o sortilégio literário. E o faz discretamente, sem alvoroço ou sem ditar regras. Ele revela algo assim como o avesso da alma de Manuel Bandeira: em vez da experiência do transe da mobilização febricitante, Ribeiro Couto se põe à margem apontando para os passantes na multidão que o dragão é de papel e tinta. Não que isso adiante para as pessoas eletrizadas pelo desfile das quimeras. Nem o poeta insiste, já que o proselitismo é parte ele mesmo da comoção contagiante das celebrações e promete altos destinos. No limite, o poeta não tem o que dizer a quem quer ver nele o Poeta. Ele palpita mas não louva à Vida, ama, mas não celebra o Amor. Como ele ensina no "L'école des femmes":

Eu quero que tu gostes de mim, quero...
Mas não me peças nunca para que te leia poemas.
Cada vez que te obedeço e vou buscar poemas
começo a ler e te espantas logo: "— Mas a métrica?"
E é preciso repetir toda uma explicação monótona.[151]

Outro efeito que ele desativa é o exotismo, essa nossa propensão espontânea a devanear sobre o distante, remoto, inacessível e portanto misterioso, fascinante, alumbrado. Como já foi visto, o exotismo é apenas um modo peculiar de se estar aqui, embora aparente ser apenas um desejo de se estar lá. Ele se alimenta de estereótipos que estão na fantasia de quem o pronuncia, nada tendo que ver com os lugares, coisas e criaturas concretas que ele pretende representar. É o desejo pelo outro amoldado segundo as fantasias do desejante. É um erotismo autoritário. E é um vício da imaginação, mormente quando estimulado pelas conquistas territoriais, pela padronização maciça de um meio, pelo turismo ou pela moda. Ele não é sequer estranho às recentes liberações de carnavais comunitários e às terças-feiras gordas das grandes cidades. Como também já vimos, ele pode até se tornar uma segunda identidade, tão simpática e bonachã como qualquer outra. Para Ribeiro Couto, isso é uma contingência do acaso dos deslocamentos, espaciais ou mentais, e no fundo uma questão de "Sorte", com profundas consequências culturais:

Se eu tivesse ido pequenininho morar na França
Seria agora um jovem poeta de Paris.
Publicaria poemas impregnados da minha pátria nas revistas
modernas.
Pagaria bebidas aos poetas amigos, que murmurariam entre si: "No
fundo, estes sul-americanos são uns idiotas".
Um só dentre eles gostaria de mim: Francis Jammes.
Talvez Francis Jammes apenas gostasse de mim e me escrevesse cartas
muito afetuosas,
comovido pelo fato de eu ter nascido num país distante chamado Brasil,
onde ele imagina que todo mundo é negro e não há senão coqueiros
ardendo ao sol.[152]

O que não quer dizer que o poeta não se sensibilize com a paisagem peculiar diante dos seus olhos e não sinta o brilho ofuscante do sol pleno. Ele apenas é infenso a transformá-los em símbolos, metáforas ou signos anunciadores de um destino selado. Suas anotações de fragmentos de paisagens concretas têm uma assinalada força de evocação poética, mas não são idealizantes nem simbolizantes, não sugerem identidade nem fixam caracteres.

Em frente à minha janela os verdes bambuais
cantam ao vento, o dia todo,
a sua música dispersa de mar alto.

Nos arvoredos da vizinhança
estridulam gargalhadas de joão-de-barro.

Batendo roupa nas lajes do ribeirão
negras pobres conversam.
Gritam meninos correndo nus pelas margens.

Na paisagem queimada de sol
há gansos fanhosos perseguindo-se.[153]

Ou, num outro exemplo, atravessado de tranquila intenção metapoética.

Dependurada num portal
a toalha em que enxuguei as mãos
oscila ao vento.

Amo as coisas simples,
tudo que está em roda de mim
e existe sem ninguém saber.

Casa pobre.

A humilde verdade.[154]

Quando um pequeno grupo de intelectuais, ao redor de Paulo Prado, resolveu empreender um tour de force de propaganda em favor da arte moderna em São Paulo, Manuel Bandeira e Ribeiro Couto foram ambos convidados a participar. A ideia surgiu em fins de 1921, num dos serões no salão de Paulo Prado, incitada ao que parece por Di Cavalcanti. Marinette, a mulher francesa de Paulo, teria lembrado as exposições com palestras e música, típicas dos salões de verão do balneário da moda em Deauville, e o próprio anfitrião se encarregaria de centrar o evento no Teatro Municipal, cuidando do programa, da divulgação e demais detalhes, para lhe garantir um alcance retumbante.[155] Quando afinal as coisas ficaram decididas, o grupo dos poetas entrava de permeio, com poemas e palestras, mas as colunas mestras do espetáculo eram outras, de prestígio e popularidade abaladores: Guiomar Novaes, Villa-Lobos e Graça Aranha.

Graça Aranha era amigo pessoal de Paulo Prado e, trabalhando no serviço diplomático em Paris, lhe prestara favores e ao governo paulista, nos esforços pela liberação dos estoques de café retidos na Alemanha por ocasião da Guerra. Ademais, ele de certo modo herdara ou presumia ter herdado a posição olímpica do barão do Rio Branco e exercia a partir do Itamarati, como fizera o barão, uma ação tutelar sobre a intelectualidade carioca e a Academia Brasileira de Letras. Isso lhe permitia manter um cenáculo de que faziam parte os poetas Ronald de Carvalho e Renato de Almeida, além do próprio Villa-Lobos. Em novembro de 1921, *O Estado* publicou dois enormes artigos de Elísio de Carvalho sobre a filosofia de Graça Aranha e sua repercussão na Europa, onde ele era tratado como a "maior glória do nome brasileiro e orgulho da raça latina", que "se incorporou pela sua ideação e pela sua forma na cultura europeia com os mesmos direitos e as mesmas prerrogativas com que Goethe e Shelley, Nietzsche e Ibsen, Tolstói e D'Annunzio se impuseram à admiração do mundo".[156] Villa-Lobos era uma estrela em vertiginosa ascensão, já de primeira grandeza: era sucesso em Paris, executado por Darius Milhaud, nos palcos do mundo interpretado por Arthur Rubinstein e em São Paulo cantado por Vera Janacopoulos e Leonor de Aguiar. Nunca havia se apresentado na capital paulista e o anúncio da sua vinda forçou a multiplicação de suas apresentações. Guiomar Novaes, já se sabe, era a garantia de luta pelos ingressos, casa abarrotada pelos limites e multidão nas portas. De quebra, estariam expostos no saguão do teatro, entre outros, os já renomados Brecheret, recém-premiado em Paris, Anita Malfatti, John Graz, Rego Monteiro e Di Cavalcanti. Ademais, o governo de Washington Luís colocou o Teatro Municipal e demais facilidades à disposição do evento, conduzindo uma campanha de promoção do espetáculo pelo jornal oficial, o *Correio Paulistano*, pela pena de um dos participantes da reunião, o poeta Menotti del Picchia.[157] Com uma estratégia dessas, Paulo Prado introduziria qualquer cavalo de Troia na cidade, que estaria aos seus pés, irresistivelmente.[158]

A Semana de Arte Moderna foi inaugurada oficialmente no dia 13 de fevereiro de 1922, com a tão ansiada conferência de Graça Aranha, "A emoção estética na arte moderna". O texto era uma condensação da filosofia vitalista que o escritor já vinha divulgando, um pronunciado idealismo integral, com porções diluídas de Bergson. A tônica era a seguinte:

> É na essência da arte que está a Arte. É no sentimento vago do Infinito, que está a soberana emoção artística derivada do som, da forma, da cor. Para o artista a natureza é uma "fuga" perene no Tempo imaginário. [...] Transmitir por ela as vagas emoções absolutas vindas dos sentidos e realizar nessa emoção estética a unida-

de com o Todo é a suprema alegria do espírito. [...] O que hoje fixamos não é a renascença de uma arte que não existe. É o próprio comovente nascimento da arte no Brasil [...]. A vida será, enfim, vivida na sua profunda realidade estética. O próprio Amor é uma função da arte, porque realiza a unidade integral no Todo infinito pela magia das formas do ser amado. [...][159]

Menotti del Picchia, na palestra de abertura do segundo dia, 15 de fevereiro, procurou ser mais "moderno" e ousado nas imagens. Mudada a forma, o vocabulário e o repertório de imagens, subjazia ao discurso o mesmo tônus idealista, nativista, modernista e militante.

[...] Nada de postiço, meloso, artificial, arrevesado, precioso: queremos escrever com sangue — que é humanidade; com eletricidade — que é movimento, expressão dinâmica do século; violência — que é energia bandeirante. Assim nascerá uma arte genuinamente brasileira, filha do céu e da terra, do Homem e do mistério. [...] Hoje que, em Rio Preto, o *cow-boy* nacional reproduz, no seu cavalo chita, a epopeia equestre dos Rolandos furibundos; que o industrial de visão aquilina amontoa milhões mais vistosos do que os de Creso; que Edu Chaves reproduz com audácia paulista o sonho de ícaro, por que não atualizarmos nossa arte, cantando essas Ilíadas Brasileiras? Por que preferirmos uma Atenas cujos destroços de Acrópole já estão pontilhados de balas de metralhadoras? Não! Paremos diante da tragédia hedioderna, a cidade tentacular radica seus gânglios numa área territorial que abriga 600 mil almas. Há na angústia e na glória de sua luta odisseias mais formidáveis que as que cantou o aedo cego. [...] Tudo isso — e o automóvel, os fios elétricos, as usinas, os aeroplanos, a arte — tudo isso forma os nossos elementos da estética moderna, fragmentos de pedra em que construiremos, dia a dia, a Babel do nosso Sonho, no nosso desespero de exilados de um céu que fulge lá em cima, para o qual galgamos na ânsia devoradora de tocar com as mãos as estrelas![160]

Nada de muito excitante como se vê. Modernista sem dúvida, mas muito longe de moderno. Nesse segundo dia, os poetas presentes leram algumas de suas últimas composições. Estavam no programa Oswald de Andrade, Luís Aranha, Sérgio Milliet, Tácito de Almeida, Ribeiro Couto, Mário de Andrade, Plínio Salgado e Agenor Barbosa. Não se sabe quem leu o quê. Mas havia ali talentos se revelando. Em particular esses dois jovens paulistas muito ligados, Luís Aranha e Mário de Andrade, os quais viviam imersos na mais recente poesia francesa que era possível importar, além, claro, das imprescindíveis *Nouvelle Revue Française* e *L'Esprit Nouveau*.[161] Luís Aranha, quase dez anos mais jovem que Mário de Andrade, elaborou uma poesia com impressionante grau de concisão e materialidade, fixando em suas soluções mais efetivas instantes em que a massa concreta da cidade, atravessada da luz e dos elementos, revela a sua condição original e a surpresa das suas múltiplas dimensões inexploradas. A linguagem se reduz quase só a um suporte verbal indicativo, sem metáforas, sem anedota, sem tema, sem ressonâncias literárias. Eis, por exemplo, o "Passeio".

À noite
Asfalto branco da rua
Meu amigo catedral perto de minha cabana
    Garoa
Salto de luz sobre os trilhos da treva
O vento varre meu pensamento
Uma aranha de um metro desce do ar
E o meu guarda-chuva sob o lampião aceso.[162]

No "Noturno" o poeta estabelece uma complexa relação entre a iluminação da cidade, dos postes, dos carros, das vitrines e anúncios, seus reflexos, decomposições e efeitos difusos através da névoa, pelas paredes e chão molhados, e, ao fim, as impressões e distorções que elas causam no sistema sensorial do caminhante notívago, acionando aleatoriamente sensações que engolfam sua consciência. O tom é impessoal e suscita uma homologia entre os arranjos eventuais da agitação urbana e o jogo fortuito de relações que se articulam entre a percepção, a memória e a consciência.

A treva negra abafa tudo...

Arfa estático, em pó, um lampião que medita,
Com seu cérebro a arder no seu crânio de vidro
Subindo para o céu em borbotão
Ou se alastrando pelo chão
Sua ideia se agita.

Caminho só...
E sepulta-me a treva no seu pó.
Mas eis que em grandes flocos de ouro
Lançam-se sobre mim
Partículas da luz cantando em coro.
Ou penetrando a terra
Tremem, choram, gemem...

Amo a treva, amo o lampião;
Mas se admiro a luz em que me envolvo e brilho
Tenho pena da luz que piso pelo chão...

Caminho mudo...
A treva negra envolve tudo...[163]

376

Mário de Andrade já tinha àquela altura o seu *Pauliceia desvairada* pronto para publicação naquele mesmo ano. Seus poemas primavam pela ironia, ora fina, ora beirando o sarcasmo, com a qual fustigava algumas das mais torpes fontes do mal-estar da cidade. Travestido de arlequim, o poeta musicava seu verso, agitava o ritmo e, num clima de animação eufórica, sem tirar a máscara, evocava as vítimas e indigitava os malfazentes. O tom de canto e dança vária, com alguns versos sublimes, imagens soltas, notas plangentes, cortes bruscos, recorrências, crispações, risos e cutiladas, o poeta referendava, para melhor desancar, a própria mobilização aceleradora e artificial da sociedade paulista. Eis um exemplo tirado da "Paisagem nº 2":

....

Deus recortou a alma da Pauliceia
num cor-de-cinza sem odor...
Oh! para além vivem as primaveras eternas!...
Mas os homens passam sonambulando...
E rodando num bando nefário,
vestidas de eletricidade e gasolina,
as doenças jocotoam em redor...

Grande função ao ar livre!
Bailado de Cocteau com os barulhadores de Russolo!
Opus 1921.

São Paulo é um palco de bailados russos.
Sarabandam a tísica, a ambição, as invejas, os crimes
e também as apoteoses da ilusão...
Mas o Nijinski sou eu!
E vem a morte, minha Karsavina!

Quá, quá, quá! Vamos dançar o fox-trot da desesperança
a rir, a rir dos nossos desiguais![164]

Não raro a sátira desvela e ridiculariza a própria ideologia oficial, fazendo desfilar mecanismos de opressão de par com a indignação malcontida. A "Paisagem nº 4" conclui o livro com uma frase de deboche, que ressalta o caráter diversionário do empenho de arregimentação do orgulho cívico paulista.

....

Os caminhões rodando, as carroças rodando,
rápidas as ruas se desenrolando,
rumor surdo e rouco, estrépitos, estalidos...
E o largo coro de ouro das sacas de café!...

Lutar!
A vitória de todos os sozinhos!...
As bandeiras e os clarins dos armazéns abarrotados...
Hostilizar!... Mas as ventaneiras dos braços cruzados!...

E a coroação com os próprios dedos!
Mutismos presidenciais, para trás!

Ponhamos os (Vitória) colares de presas inimigas!
Enguirlandemo-nos de café-cereja!
Taratá! e a peã de escárnio para o mundo!

Oh! Este orgulho máximo de ser paulistamente!!![165]

Chalaças, chufas e remoques à parte, os poetas não eram protagonistas do espetáculo. Os artistas plásticos vinham também quase todos de recentes exposições individuais na cidade, largamente

378

celebradas e visitadas, reunindo no geral trabalhos já conhecidos. Assim, a grande projeção do festival foi, sem dúvida nenhuma, o jovem maestro Villa-Lobos, prodígio da arte moderna brasileira. O próprio programa conjunto do evento fora elaborado de forma a realçar essa projeção. Villa-Lobos era o único artista com participação central nos três dias em que se desdobraram as apresentações. No primeiro dia toda a parte musical do programa era de composições suas, executadas, entre outros, por sua mulher Lucília Villa-Lobos e Ernani Braga. No segundo dia, a honra culminante de ser interpretado, entre os grandes modernos, por Guiomar Novaes no Municipal de São Paulo. No terceiro, o programa todo era exclusivamente dedicado à obra de Villa-Lobos. Os anúncios mesmo da Semana de Arte Moderna na imprensa destacavam sempre, em primeiro lugar e associados, o nome dele e o de Guiomar Novaes.[166] Foi no contexto do festival que ele passou do cenáculo de Graça Aranha para o patrocínio dos Prado, o que o levaria a compor e a executar, já no ano seguinte em São Paulo, o divertimento *Verde velhice*, dedicado ao conselheiro Antônio Prado.[167]

Aliás, logo após a Semana, choveram convites para mais apresentações do maestro na cidade e para uma nova temporada completa no próximo ano. No dia 22 de abril de 1923, em especial, durante a sua segunda temporada, a calorosa acolhida popular no Teatro Politeama, no arrabalde operário, faria o crítico d'*O Estado* exultar: "O Brás mais uma vez dará lições aos bairros aristocráticos".[168] No último dos concertos, realizado no início de maio, no Teatro Municipal lotado e com presença de Washington Luís e todo o alto escalão do governo, Villa-Lobos executou o poema sinfônico *A guerra*, regendo uma orquestra de 110 músicos. Por interferência dos Prado e do governo paulista, o jovem musicista e o público já sabiam que ele ganhara, da administração federal, a sua tão ambicionada bolsa de viagem para Paris. O sucesso foi apoteótico, o público aplaudia frenético e gritava expressões de estímulo e de adeus ao jovem artista.[169] Villa-Lobos conseguira a mais efetiva expressão até então de temas e ritmos populares, formas modernas e acento nacional. Conseguira um público policlassista. Empolgara a cena pública. Ele era a própria plataforma viva da nova arte.

Houve outros desdobramentos interessantes da Semana de Arte Moderna. Por exemplo, a carta aberta de desagravo de Guiomar Novaes, dirigida aos responsáveis pelo festival, denunciando "o caráter bastante exclusivista e intolerante que assumiu a primeira festa de arte moderna [...], em relação às demais escolas de música das quais sou intérprete e admiradora [...]. Senti-me sinceramente contristada com a pública exibição de peças satíricas alusivas à música de Chopin".[170] O fato aludido na carta ocorrera na primeira noite, a publicação do desagravo no dia da segunda apresentação — justamente dedicada à literatura e poesia — incitou, devido ao extraordinário prestígio da pianista, a hostilidade do público a quaisquer iniciativas de minimizar, ridicularizar ou denegrir autores ou obras consideradas clássicas. Como essa atitude de menoscabar símbolos representativos de um "passado", por si só um ato de escasso valor estético, estava entretanto fortemente incorporada no estilo de propaganda do que eram internacionalmente concebidas como as unidades de combate "avanguardistas", como dizia Menotti del Picchia, não demoraram as previsíveis invectivas contra os "antigos". Iria se tornar, aliás, um clichê obrigatório dos participantes da Semana, a começar por Paulo Prado, ao se referirem a ela, lamentarem os "inevitáveis excessos", os "exageros do calor da luta".[171] O público, já predisposto e avalizado pelo protesto de Guiomar Novaes, às primeiras diatribes dos artistas ainda sem renome disparou uma assuada de vaias e insultos, que contribuiriam muitíssimo para construir uma outra reputação, a da própria Semana de Arte Moderna.

Dando prosseguimento ao seu desagravo, Guiomar Novaes, para felicidade geral, marcaria dois novos recitais, "inteiramente dedicados à música de Chopin".[172] É interessante observar que não se trata aqui absolutamente de um confronto entre a arte "moderna" e a arte "antiga". Logo em seguida, Guiomar Novaes voltaria a executar autores de ambas as linhagens em suas apresentações e seria louvada como sempre. A questão, bem clara, era contra a "intolerância", o "exclusivismo". Quando a pianista se dirigia à comissão responsável pela Semana, esse comitê incluía, além de Paulo Prado e Washington Luís, Alfredo Pujol, Oscar Rodrigues Alves, Numa de Oliveira, Alberto Penteado, René Thiollier, Antônio Prado Júnior, José Carlos Macedo Soares, Martinho Prado, Armando Penteado e Edgard Conceição.[173] Uma sequência de nomes que estaria por trás, entre outros vários eventos, da montagem d'*O contratador de diamantes*, do patrocínio às proezas aéreas de Edu Chaves, da diretoria do Automóvel Club e outras associações desportivas, das subvenções a Brecheret e da Sociedade Rural Brasileira, apenas como exemplo. 1922 era o ano do centenário da Independência — o ano da celebração da História. Vários eventos se seguem à Semana, obtendo patrocínio em fontes similares, mas festejando o oposto. Por exemplo, ocorreu nesse ano um deslanche consagrador da chamada "arquitetura colonial", criada em São Paulo por dois estrangeiros, o português Ricardo Severo e o franco-argentino Dubugras.[174] O arquiteto José Mariano institui o concurso oficial de "Arquitetura tradicional", dedicado a distribuir aos projetos vencedores os prêmios "Mestre Valentim", "Araújo Viana" e "Aleijadinho".[175] O arquiteto Ricardo Severo organiza a primeira Exposição de Arte Antiga Brasileira.[176] A Exposição do Centenário da Independência, no Rio de Janeiro, cria um pavilhão para a Exposição de Arte Retrospectiva e de Arte Contemporânea, com generosa colaboração paulista.[177]

É interessante nesse sentido observar a recepção dada à obra de Villa-Lobos e como ele correspondia a esse anseio de uma sólida síntese entre os elementos históricos, populares, modernos e nacionais. Seria obviamente necessário enquadrar a linguagem moderna — a única incompatível com os outros três elementos — em alguma chave abstrata, metafísica para esse fim, o que era avesso ao seu teor original, mas vinha sendo exatamente a inflexão que lhe era imprimida com predominância, em todas as áreas europeizadas do mundo, desde o pós-guerra. Era preciso que o desprendimento, o esfacelamento, a redução ao concreto, ao circunstancial, ao tópico funcionassem não para desvelar a prestidigitação cultural, mas, ao inverso, para produzir um efeito de mistério, um clima de sonho, um distanciamento exótico, uma evocação espiritual — tal como havia ocorrido com *Parade*, malgrado os artistas envolvidos. No terceiro e último dia da semana, que se fechava com um programa inteiro dedicado à sua obra, *O Estado* publicou com destaque um longo artigo de análise estética sobre o sentido profundo da música de Villa-Lobos, escrito por um seu amigo íntimo e colaborador, o poeta Ronald de Carvalho. Alguns trechos são sumamente reveladores de um novo estado de espírito que vinha se impor.

[...] O artista é um fenômeno singular, é uma luz. [...] Villa-Lobos sente a vida como uma criação contínua. Sua arte é masculina, imperiosa; estabelece uma série de problemas que somos obrigados a resolver rapidamente, como se estivéssemos ante a multiplicidade das massas de uma paisagem vista de um aeroplano. Ele compreende a realidade como uma sucessão contínua de instantes, onde cada instante se degrada em um torvelinho de movimentos infinitos. Ele não quer ser novo nem antigo, mas simplesmente Villa-Lobos. Para exprimir o turbilhão vital inventa os ritmos que os motivos cotidianos lhe sugerem. Sua lógica está na forma que, de espaço a espaço, surge enriquecida e renovada da sua sensibilidade.

O tecido do seu contraponto é opulento e cheio de combinações inesperadas e virginais, o mesmo acontecendo com os seus ornamentos harmônicos de uma simplicidade requintada. Essa riqueza técnica, entretanto, só lhe dá mais força à inspiração, pois lhe oferece uma soma de recursos enorme. Seus desenvolvimentos não são repetições mais ou menos mascaradas, não são desenvolvimentos exteriores, mas lógicos e profundos. O desenho melódico de Villa-Lobos revela uma inteligência aguda, mordaz, um espírito ágil que voa e revoa sobre o espetáculo universal, sem se fixar, sem se deixar prender um só minuto. Ele não conseguiria ver a realidade tão intensamente, se aceitasse a receita posta pelo crítico. Assim, não a fragmenta, não a divide artificialmente em partes boas e más, mas a subjuga inteiramente. [...] Villa-Lobos ama a vida. Procura nos seus aspectos raros ou triviais a substância da sua arte. Aos que o julgam apressadamente dá apenas uma ideia de exuberância plástica, de fulgor impressionista. Parece que só a superfície tumultuosa da realidade o emociona. Nada mais errôneo entretanto. Debaixo de todas aquelas fantasias de cor, sob aquele caprichoso desenho de imagens múltiplas e sucessivas, que se cruzam e se mesclam umas às outras, corre uma grande e volumosa torrente de idealismo superior.

Não existe em toda a nossa literatura musical uma inventiva tão pronta, estranha e sugestiva como a sua. Ele é sobretudo um criador de ambientes, de mundos e paisagens espirituais. Os temas que o inspiram são meros pontos de referência, onde, de trecho a trecho, paira uma fantasia móbil como a onda. Sua arte é um contínuo milagre de imprevistos e surpresas. Transmite-nos, ora, anotações da existência cotidiana, da graça ou da amargura das coisas, como na série deliciosa das *Historietas* e nos *Epigramas* [ambos compostos sobre versos do próprio Ronald de Carvalho] ou, como no *Terceiro trio*, o grito desesperado do instinto diante da realidade misteriosa do universo. [...]

A música de Villa-Lobos é uma das mais perfeitas expressões da nossa cultura. Palpita nela a chama da nossa raça, do que há de mais belo e original na raça brasileira. Ela não representa um estado parcial da nossa psique. Não é a índole portuguesa, africana ou indígena, ou a simples simbiose dessas quantidades étnicas que percebemos nela. O que ela nos mostra é uma entidade nova, o caráter especial de um povo que principia a se definir livremente, num meio cósmico digno dos deuses e dos heróis. [...][178]

A química se operava, o modelo fora gerado. E lhe foi dada tanta publicidade e prestígio quanto era possível. As ênfases eram: a fusão das três raças básicas — nenhuma menção aos imigrantes recentes —; a expressão genuína do instinto local; a concepção das paisagens espirituais; a libertação num meio cósmico privilegiado, digno de deuses e heróis. Num certo sentido, a obra de Villa-Lobos assume assim significados que a aproximam daquela dos muralistas mexicanos e do conceito da "raça cósmica", criado pelo seu patrono, o ministro José Vasconcelos. Se os muralistas criaram os ícones visuais do que se concebeu como a "mexicanidad" e a "latino-americanidad", Villa-Lobos foi o primeiro a fixar o índice musical de um novo conceito de "brasilidade". Ele naturalmente não ignorava o extraordinário poder de sugestão e de mobilização psicológica da música, além de ter uma clara compreensão do papel que lhe cumpria. Numa das últimas entrevistas concedidas no Rio, antes de partir para a Europa, ele concluiu seu depoimento com as seguintes palavras:

Julgo que sempre devemos crer na intenção de toda obra de arte, e embora ela nos pareça confusa na primeira impressão, nasce de uma função divina, misteriosa, inexplicável e passa fatalmente para uma outra função, no mesmo estado psíquico em que nasceu. E o silêncio da nossa alma com a fé do nosso espírito completarão o raciocínio da obra de arte a que assistimos.[179]

BÊNÇÃO E REVELAÇÕES DO ESTRANHAMENTO

No dia 7 de abril, os *Concerts Wiener*, em Paris, darão um grande espetáculo em cujo programa figuram apenas três compositores: Stravinski, Villa-Lobos e Milhaud. Não é possível desejar-se maior consagração para o brasileiro. Quem conhece o atual movimento artístico e sabe a significação dos nomes que o acompanham, pode medir a altura alcançada. É curiosa e digna de nota aquela profecia de um cronista do *Diário* que, durante a Semana de Arte Moderna em São Paulo, previa o nome de Villa-Lobos ao lado do russo, tido hoje como o maior gênio musical do seu tempo.[180]

Essa carta, enviada por Sérgio Milliet de Paris e publicada na edição de março de 1924 da revista *Ariel*, em São Paulo, revelava pela primeira vez esse fato tão espantoso quanto real: em apenas um ano Villa-Lobos se impusera como um dos mais importantes compositores contemporâneos no cenário europeu. A aproximação com Darius Milhaud e Stravinski não era casual, já que ele assimilara lições preciosas da estrutura e formas compositivas de ambos, particularmente da fúria rítmica e riqueza cromática dos complexos arranjos orquestrais do mestre russo. O talento do jovem brasileiro era plástico, versátil, aguçado e inventivo. Sabia soldar com sublime eficácia o repertório de ritmos e melodias brasileiros da sua memória, com as correntes predominantes das pesquisas musicais modernas centradas em Paris. O impacto que ele causara em São Paulo foi magnificado em escala mundial pelo seu sucesso na capital das artes. O que o destacou acima de qualquer outro artista ou personalidade antes dele — Santos Dumont, Rui Barbosa ou Guiomar Novaes, por exemplo, se alinhavam por um padrão europeu — foi o fato de ter sido ele o primeiro a transmitir ao mundo uma imagem do que seria "a originalidade brasileira". E foi um clamoroso sucesso, o que não deve ter passado despercebido pelos demais artistas nacionais.

Seria igualmente interessante lembrar o que foram os *Concerts Wiener*. Jean Wiener fora o genial pianista do cabaré Le Gaya, um dos pontos da moda na Paris do pós-guerra, exatamente pelo fato de ter sido o jovem músico um dos primeiros a introduzir o jazz na cena parisiense. Essa reputação instantânea levou Darius Milhaud e Jean Cocteau a convidá-lo para dirigir a seção musical do cabaré que ambos decidiram criar, Le Boeuf sur le Toit, inspirado, como se viu, no maxixe de Zé Boiadero que Milhaud usara como tema para sua composição e que Cocteau transformara num espetáculo teatral, meio ópera-bufa, meio balé circense. Durante os anos 1920, sob o reinado de Cocteau, a casa se transformou na coqueluche e num dos principais centros da vida cultural de Paris.[181] A partir desse meio, o compositor Jean Wiener se associaria com o também musicista Clement Doucet e se tornariam os maiores animadores da vida musical da cidade, organizando concorridíssimos concertos de música contemporânea, centrados nos compositores do Grupo dos Seis, com aberturas, no entanto, para os estrangeiros que trouxessem linguagens e informações exóticas ao meio parisiense, quer fossem músicos de jazz norte-americanos, ou o espanhol Manuel de Falla, ou o russo Stravinski, ou o brasileiro Villa-Lobos, ou ainda o austríaco Schoenberg. Foi no contexto desses concertos, por exemplo, que se deu a primeira audição do *Pierrot lunaire* de Schoenberg na França.[182] Foi nessa série de concertos também que, desde 1920, Milhaud vinha executando não só músicas de Villa-Lobos, mas também de Marcelo Tupinambá, a quem o maestro sempre se referia como "o gênio", de Ernesto Nazaré e uma grande seleção de sambas e maxixes, que o compositor recolhera nos arrabaldes e morros do Rio de Janeiro.[183] Foi ali ademais que os viajantes e turistas brasileiros, desejosos de tomar o tradicional "banho de civilização" em Paris, descobriram o quanto era "importante" e "genial" a cultura da população que os envergonhava pela miséria, ignorância e matiz da pele e que tanto seduzia os franceses.[184] O mesmo aliás acontecia com os norte-americanos, que tinham vertigens ao ver como as francesas disputavam escandalosamente os músicos negros de jazz e que acompanharam, entre o pasmo e o terror, a trajetória de uma obscura dançarina negra de cabaré, proibida de se apresentar em teatros de brancos, malsinada e repudiada no seu país, chamada — ninguém sabia da sua existência até 1924 — Josephine Baker, que atravessou o oceano para se tornar, do dia para a noite, a "Cleópatra do Jazz", a "Rainha de Paris", em todo o restante dos anos 1920.[185]

O quadro cultural parisiense nesse ano de 1924 era de uma intensidade singular. As descontinuidades se multiplicavam. No final do ano anterior havia causado sensação o balé *A criação do mundo*, baseado na coletânea de lendas negras africanas de Blaise Cendrars, musicado por Darius Milhaud, com cenários de Fernand Léger, dançado pelos Bailados Suecos. Em 1924, a sensação é o balé *Relâche*, também dançado pela Companhia dos Bailados Suecos, com roteiro de Francis Picabia e música de Eric Satie. Recebido com choque, tido como eticamente dissoluto e esteticamente dissolvente, indicava um processo acelerado de distanásia da cultura europeia.[186] Nesse ano ainda, Léger, em associação com o fotógrafo americano Dudley Murphy, completa o filme *Ballet Mécanique*, com uma trilha musical entusiasticamente jazzística de Georges Antheil, autêntica suma da estética purista. Em outubro, André Breton publica o "Primeiro

Manifesto do Surrealismo" e organiza a primeira demonstração pública de seus correligionários, invadindo a cerimônia fúnebre de Anatole France.[187]

Em dezembro sairia o número inaugural da revista *A Revolução Surrealista*. É interessante notar que esse momento de apogeu do ardor pela "cultura negra" coincide, pela ascensão dos surrealistas, com o novo surto avassalador da cupidez pelas chamadas "culturas indígenas". Os preços dos artefatos "indígenas" disparam no mercado. Com sua obsessão pelo inconsciente, a escrita automática, as visões, os sonhos, as dimensões profundas, os surrealistas desenvolvem um prodigioso interesse antropológico, que estaria na base da criação do Museu do Homem em Paris. Sua curiosidade irrefreada se dirigia em especial para as comunidades indígenas centradas em rituais xamânicos. Sendo o xamã um técnico do transporte e do êxtase, era ele quem conhecia os segredos do acesso direto ao inconsciente e às dimensões interiores. Pintores e poetas viviam em contato com comerciantes de arte nativa e compravam tudo que fosse de origem esquimó, pré-colombiano e de índios americanos não aculturados.[188] Paris tinha o coração dividido entre os "negros" e os "indígenas", apaixonadamente — tudo, tudo, desde que fosse autêntico, sem nenhuma partícula de influência europeia.

Tomando esse panorama como referência, pode-se buscar uma avaliação mais próxima do estilo de recepção crítica dada à música de Villa-Lobos. Por exemplo, o crítico Paul Le Flem, da *Comoedia* de Paris.

O *Nonetto* se impõe com suas violências rítmicas, seus mil ruídos saídos não se sabe de qual selva turbulenta. É de uma estranheza brutal. É-se tomado de inquietação. Um terror surdo plana, adocicado pelas exclamações do coração, único conforto humano no meio dessa angustiante libertação dos elementos. [...] [Os *Coros*] intervêm logo, trazendo ao conjunto uma animação bárbara e selvagem. De uma voz à outra corre uma melopeia enérgica. A bateria sustenta a persistência desses turbilhões que evocam os combates de alguma horda primitiva.[189]

O caso do crítico André George é mais curioso. Se referindo à primeira parte de um programa que começava com músicas de "inspiração brasileira", ele comenta:

> O senhor Villa-Lobos nos revelou, pouco a pouco, toda uma fauna e toda uma flora exuberantes [que só poderia existir previamente na imaginação do crítico e ser então projetada sobre a música], uma música tropical, em que as linhas da partitura procuravam captar as vibrações alucinantes, as cores loucas, a irradiação prodigiosa de uma natureza cintilante e nova. O autor evoca as florestas do seu país, os cantos e as danças dos índios que vivem às margens do Madeira ou próximo do Mato Grosso.

O mais curioso é que no mesmo artigo, aludindo à segunda parte do programa, "músicas desse período muito europeu do autor", o comentário esfria e o crítico observa serem "menos pessoais" os resultados, quando o compositor "esquece as populações pré-colombianas, o sol dos trópicos, o azul fosforescente, as escalas índio-africanas".[190]

Mais interessante ainda é o comentário do crítico Anthony Bernard, do *The Daily Telegraph* de Londres.

> Por quatro anos Villa-Lobos viajou através do Brasil, vivendo entre os índios nas grandes florestas do norte. Durante esse período ele anotou um grande número de músicas índio-brasileiras. Suas andanças o levaram ao estado do Mato Grosso (no Brasil), onde, nas florestas às margens do rio Madeira vive uma estranha raça de

índios africanos. Essa tribo é uma mistura dos antigos índios nativos com os negros africanos importados.[191]

De onde o articulista tirou essa história estapafúrdia é menos relevante do que perceber que era nisso que ele e o seu público queriam acreditar, mais do que em qualquer outra "verdade" menos interessante. Mas a obra-prima, sem dúvida, ficou por conta de L. Chevaillier, do *Le Monde Musical* de Paris, que passa adiante uma história que já circulava e cujo sabor é especialmente delicioso se narrada em francês.

> Mme. L. Delarue-Mardrus nous raconte, dans un récent article, que M. Villa-Lobos, capturé par des indiens, fut attaché au poteau du suplice et subit pendant trois jours les horreurs d'une cérémonie funèbre où l'art local jouait un rôle de premier plan: plus mort que vif il demeura cependant dans une sorte d'état de réceptivité inconsciente qui lui permit d'enregistrer les accents suggestifs de ses... officiants. Et l'éminent écrivain conclut: "Délivré par les blancs, il revint de cette effroyable aventure muni d'un bagage de rythmes et de modulations dont il a depuis nourri ses compositions".[192]

Note-se que se trata menos de uma tentativa de explicar a arte de Villa-Lobos, do que de aumentar a carga de satisfação do público na recepção da obra. Quanto mais a audiência se convencer de que não há interferências do europeizado compositor, de que tudo aquilo foi diretamente gravado no seu inconsciente e de que ele é apenas o transmissor passivo de uma arte indígena autêntica, pura e 100% selvagem, tanto maior a gratificação da escuta. O compositor brasileiro deveria ser selvagem, independente da sua vontade e malgrado seu talento e cultura. Fenômeno assemelhado ao que de algum modo acometera a poetisa Nancy Cunard, surrealista e amante de Luís Aragon. Quando o deixou, em meados da década, ela estava profundamente envolvida com arte negra, tinha uma enorme coleção de artefatos africanos e acabou se tornando amante de um negro norte-americano, Henry Crowder, pianista de jazz num bar parisiense, que por triste ironia se chamava The Plantation. O casal vivia em atritos porque Nancy exigia que Crowder usasse adereços que o identificassem com a cultura negra tribal, e ele insistia que era apenas um cidadão norte-americano. O caso terminou no dia em que Nancy o esbofeteou em público num cabaré, com seu braço cheio de braceletes "negros" importados, gritando-lhe no rosto: "Seja mais africano!".[193] Possuir algo negro ou índio em Paris era um troféu, mesmo que fosse um ser humano. Casos como o de Villa-Lobos ou de Henry Crowder poderiam indicar apenas um mal-entendido, provocado pelas diferenças de história, cultura e pela distância geográfica, não fosse o fato concreto e inescapável do fracasso do segundo e o sucesso do primeiro.

No ano de 1924 — igualmente da maior importância para a arte brasileira —, um grupo significativo dentre os artistas empenhados em pesquisas de arte moderna fora se instalar em Paris. Lá estavam Brecheret, Anita Malfatti, Tarsila do Amaral, Di Cavalcanti, Rego Monteiro, Gomide (irmão de Regina Graz, também artista e mulher do pintor suíço John Graz), o pianista Souza Lima, o cineasta Alberto Cavalcante e, claro, Villa-Lobos. Alguns voltariam ao Brasil, outros iriam juntar-se ao grupo, num vaivém que se arrastou até o fim da década. Era o que Sérgio Milliet, de Paris, denominava a "nossa embaixada intelectual na Europa".[194] Paulo Prado, patrocinador de muitos daqueles viajantes, percebia com clareza que nesse processo se estavam fertilizando talentos destinados a desempenhar papéis da maior envergadura nos anos seguintes.

Há nesse momento em Paris outros artistas e escritores brasileiros — do mais alto valor — empenhados na patriótica campanha de reabilitação de um país, em geral conhecido unicamente como a terra pitoresca do Pão de Açúcar e do café. Vivem eles ainda nessa sombra onde se preparam os dominadores do futuro da cidade incomparável; surgirão repentinamente, como Brecheret, numa onda de popularidade, ou pelo lento trabalho dos perseverantes e iluminados que ignoram a impaciência.[195]

De fato, Brecheret tornara a ser premiado no Salão de Outono de 1923, com seu fino grupo escultórico de talhe art déco, o *Mise au tombeau*, que seria adquirido por Olívia Penteado, num momento de agrura em que vivia o mestre ítalo-paulista.[196] Nesse mesmo ano chegara a Paris a pintora Tarsila do Amaral, em viagem de estudos e atualização, interessada em tomar aulas com grandes celebridades da pintura contemporânea. Pouco depois da chegada, ela receberia o poeta Oswald de Andrade, com quem vinha mantendo um relacionamento amoroso. O percurso de Tarsila em Paris durante sua estada é dos mais reveladores. Chegada com uma linguagem artística bastante convencional, ela iria transformar radicalmente a sua pintura não apenas em função do aprendizado com seus mestres, mas sobretudo em resposta à própria atmosfera cultural parisiense. Numa das suas primeiras cartas à família já se pode perceber o que a ia afetando especialmente no novo ambiente.

Sinto-me cada vez mais brasileira: quero ser a pintora da minha terra. Como agradeço por ter passado na fazenda a minha infância toda. As reminiscências desse tempo vão se tornando preciosas para mim. Quero, na arte, ser a caipirinha [da fazenda] de São Bernardo, brincando com bonecas de mato, como no último quadro que estou pintando.

Prevendo o espanto que uma revelação tão bizarra como essa causaria aos seus pais, sobretudo vinda de Paris, ela se justifica:

> Não pensem que essa tendência brasileira na arte é malvista aqui. Pelo contrário. O que se quer aqui é que cada um traga contribuição de seu próprio país. Assim se explicam o sucesso dos bailados russos, das gravuras japonesas e da música negra. [E o *coup de grâce*:] Paris está farta de arte parisiense.[197]

Tarsila iniciaria seus estudos no ateliê de André Lhote, um dos expoentes da Seção de Ouro, redefinida a essa altura dentro dos parâmetros mais abrangentes, filosóficos e engajados do chamado purismo. As autênticas almas dessa linhagem dominante, até que o surrealismo lhe surgisse como concorrente, eram o pintor Fernand Léger e o escritor Blaise Cendrars. De Lhote a Cendrars, portanto, o caminho foi direto. E Cendrars, fosse por que fosse, ou talvez porque Tarsila era brasileira e isso lhe parecesse sugestivo, a apresentou, antes de qualquer outro, ao escultor Brancusi, e a jovem pintora se viu assim instantaneamente envolvida com os dois maiores promotores da arte negra em Paris. Em seguida viriam Cocteau, o do Boeuf sur le Toit e, afinal, o grande homem, Fernand Léger, ele mesmo. Tarsila se aproveita para passar das aulas de Lhote para as de Léger. Antes de partir mostra seus trabalhos ao mestre que elogia especialmente "uma paisagenzinha do Rio de Janeiro". Ao se apresentar a Léger, mostra algumas novas telas, e ele elogia "imensamente" em especial *A negra*, dizendo que gostaria de mostrá-la aos seus demais alunos.[198] A cada passo Tarsila pisava no fio de Ariadne às avessas que a atraía e enredava no labirinto parisiense.

Em paralelo, Oswald de Andrade era convidado pelo embaixador Souza Lima a proferir uma conferência sobre "O esforço intelectual do Brasil contemporâneo", no recinto da Sorbonne, para um lobby de intelectuais de grande prestígio que a embaixada em Paris mantinha, editando a *Revue de l'Amerique Latine*, em colaboração com a chancelaria francesa e promovendo os interesses e a imagem do Brasil.[199] Sérgio Milliet lhe daria a assessoria necessária e, em meio a uma extensa apresentação da história cultural do país, ao referir-se aos dois mais notáveis artistas brasileiros conhecidos do público parisiense, Brecheret e Villa-Lobos, disse do primeiro que ele tinha "dirigido suas linhas e seu estilo para a estatuária negro-indiana da colônia" [Brecheret, o emigrante italiano que mal falava português!] e que o segundo era o "mais forte e mais audacioso representante" de uma música que "vive no urucungo do negro, na vivacidade rítmica do índio, na nostalgia do fado português".[200] Na mesma época, Tarsila vai escrevendo seus planos à família: "[...] ficar uns dias na Bahia onde há documentos preciosos de arte brasileira que é o meu caminho atual [...]; [...] tenciono passar muito tempo na fazenda assim que chegar e espero na volta para cá trazer muito assunto brasileiro".[201] Quando Paulo Prado, na sua estada habitual em Paris, visita o seu ateliê junto com Villa-Lobos, os cumprimentos têm para Tarsila um sabor especial. "A opinião do dr. Paulo Prado é que estou suprindo uma grande lacuna na arte brasileira, sendo genuinamente nacional e a mais avançada possível." E anota com especial emoção: "Notei que o entusiasmo deles foi sincero".[202] Nem poderia ser de outra forma; afinal, todo fio tem duas pontas.

Tarsila ainda tomaria aulas com Gleizes, outro dos nomes ilustres da Seção de Ouro, antes de voltar ao Brasil, retornando depois continuamente à Europa em 1924, 1925, 1926 e 1928. De fato, conforme o prognóstico, sua obra elaboraria uma síntese extraordinária entre o purismo parisiense e a "descoberta-do-Brasil", articulada por Paulo Prado, cujo expoente era Villa-Lobos. Nesse sentido, o encontro e a fina compreensão que ela teve da arte de Léger foram decisivos. Fernand Léger foi o artista que se pôs no centro e conseguiu coligar, pelas mais criativas soluções, essa estranha encruzilhada que dividiu os anos 1920 entre a herança cubista, o cinema e o jazz, o neoplatonismo purista, as projeções inconscientes e a utopia social. Passando da pintura da Seção de Ouro para as experiências com o cinema e a música, ele pôde avaliar as afinidades potenciais sugeridas pelas novas noções de mobilidade, ritmo, intemporalidade, cortes e closes introduzidos por essas linguagens emergentes. A amizade íntima com Blaise Cendrars ademais lhe alvitrou o impacto emotivo das cores, a força coesiva da unidade temática e o poder ilimitado da metáfora agregadora da cidade como índice da comunhão. Léger pôde assim compor uma nova imagem pictórica do espaço, centrada em objetos ou seres reduzidos a uma geometria elementar e compostos segundo relações rigorosas tanto de regularidade e equilíbrio contingente de formas, quanto de articulação mecânica conjunta e coesão sincrônica. Os resultados são visões miríficas de mundos compactos, dinâmicos, materialmente sólidos e estruturalmente densos, plenos de possibilidades inesgotáveis, tais como aparecem nas suas imagens de "cidades", "estações", "complexos industriais", "maquinismos" ou as célebres "paisagens animadas". Diversamente da implosão cubista ou dos contrastes insólitos do surrealismo, temos aqui um universo de coesão, plasticidade, homogeneidade, pureza, energia, excitação emocional e alegria.[203]

Tarsila iria inteligentemente reformular essa sintaxe na linha dos propósitos que a animavam. A lição fundamental era como elementos isolados, simplificados na sua estrutura, forma, textura e cor, realocados em função de relações plásticas e compositivas, num espaço pictórico homogêneo, livre de referências temporais ou presenças casuais, criam uma imediata sensação de sonho, alucinação, mobilizando pelo apelo das cores e do ritmo interno a mais pronta resposta e completa aderência emocional do observador à imagem. Que ela já tinha essa propensão claramente afirmada pela apreciação atenta da arte parisiense, antes mesmo de conhecer Léger em pessoa e se tornar sua aluna, se revela pela sua tela *A negra*, em que boa parte desses princípios aparecem aplicados com fino discernimento. Não foi por delicadeza que Léger se interessou pelo quadro e insistiu em mostrá-lo aos seus alunos. Mas a força fertilizadora única do mestre apareceria nítida nas obras-primas posteriores de Tarsila, *São Paulo* (1924), *E.F.C.B.* (1924), *São Paulo (Gazo)* (1924), *A gare* (1925), *Palmeiras* (1925), *Abaporu* (1928), *A boneca* (1928), *Cidade (A rua)* (1929) e *Antropofagia* (1929), por exemplo. O mais interessante é que, em vez do modo de Léger, o qual usa metonímias mecânicas e industriais, como secções de engrenagens, pistões, bocas de chaminés, ela prefere símbolos da cidade, como carros, trens, bombas de gasolina, torres; ou de tropicalidade, palmeiras, cactos, bananeiras; ou de história, construções coloniais, igrejas, cidades históricas, fazendas; ou étnicos, negros, mulatos, mamelucos, tipos regionais. Assim, em vez de uma utopia da sociabilidade moderna e industrial, como Léger, ela instaurou uma utopia da brasilidade tropical. Sua arte desse modo obtém uma síntese temático-emocional vibrante, só comparável à música de Villa-Lobos.

Mais à parte do miolo do núcleo paulista, Vicente do Rego Monteiro, que permaneceu em Paris de 1921 a 1930, mantinha relações estreitas com outros dois colaterais ao grupo, Victor Brecheret e Antônio Gomide. Sua carreira prima pela originalidade nesse período e sua trajetória artística segue um curso curiosamente inverso ao de Tarsila. Desde o início ele se integra à galeria L'Effort Moderne, de Léonce Rosenberg, passando a conviver pessoal e intelectualmente com os egressos da Seção de Ouro, os neoplasticistas e puristas. Torna-se um deles, dos mais criativos, natural e simplesmente. Abandona suas estilizações de arte indígena brasileira, que apresentara nas exposições no Rio e São Paulo, entre 1919 e 1922, compondo um estilo de um rigor formal extremamente refinado, sem no entanto quaisquer características nativistas ou nacionais. Aproveita sua sólida formação em desenho e escultura, reforçada em Paris pela convivência com Bourdelle, Brecheret e através deste a força atrativa de Brancusi, acendra a percepção do papel decisivo representado pelo princípio arquitetônico da composição junto ao amigo Le Corbusier e se abre, como todos, aos ensinamentos da exuberante arte de Léger. Infunde-se fortemente do movimento das artes decorativas, disposto a romper a hierarquia entre as artes e a reconceber democraticamente a sua destinação social. Foi um dos fundadores do Salon des Surindependants, tendo uma vida completamente dedicada à cena artística e política cosmopolita de Paris.[204]

Seus quadros desde fins de 1922 são desconcertantes. Rego Monteiro trabalha sobre a tela imagens bidimensionais a que acrescenta um sutil efeito de sombra e luz sobre massas foscas monocromáticas, sugerindo o escavamento e posterior pintura de tabuletas de argila, conforme, por exemplo, a arte e escrita mesopotâmicas. As imagens são blocos geometricamente recortados, ressaltando figuras volumosas compostas em rigidez hierática, frontais, estáticas, sólidas e pesadas. Delicados volumes esféricos e curvas abauladas, olhos, nariz, seios, joelhos, bíceps, quadris, ou lombos, barrigas, orelhas e pescoços de animais, criam o contraste formal que inverte o ritmo retilíneo dos quadros, introduzindo um contraponto de leveza e palpitação suave às composições. A temporalidade das imagens é flexível, apesar da evocação de uma técnica pré-histórica, e pode abranger desde um tempo mítico das origens, à vida tribal, à natureza intemporal, ao período bíblico ou ao cotidiano contemporâneo de Paris. A simulação da técnica da argila recortada, além de provocar a desorientação espaçotemporal, suscita associações que remetem aos grandes painéis das muralhas das civilizações antigas, com sua clara destinação comunitária. Permitem ademais elegantes arranjos compositivos de simetrias elementares e interpoladas, repassadas de singelos padrões decorativos. A volumetria geométrica e as composições simétricas dão enorme realce ao ritmo, coligando a memória da arte mural e das cerimônias coletivas antigas com a cadência coordenada e a morfologia angulosa da civilização industrial. Obras como *A flagelação* (1923), *A caça* (1923), *Os calceteiros* (1924), *Cabeça de operário* (1924), *O menino e os animais* (1925), *Atirador de arco* (1925), *Os boxeadores* (1927), entre outras, procuram resgatar uma dignidade de que a máquina e a disciplina industrial despojaram o homem moderno.

Pelos casos de Tarsila e de Rego Monteiro podem-se verificar algumas das diversas alternativas que se ofereciam para os artistas nesse período. Pode-se também cotejar a eles alguns dos demais percursos artísticos notáveis, como o de Di Cavalcanti, acentuando ainda mais a dimensão da tropicalidade e do valor expressivo da cor como índice de um enraizamento nacional.[205] Ou, na senda oposta, o decorativismo estilizado e sem raízes de Regina e John Graz.[206] Gomide, por seu turno, investe seus padrões decorativos com experimentos tanto de formas quanto de técnicas, chegando a fazer explorações de rara originalidade com o afresco. É curioso no seu caso observar como, no retorno ao Brasil em fins da década, ele procura adaptar os tons pardacentos e rostos orientalizados hauridos da arte bizantinizante da pré-Renascença e de Siena, de forte conotação espiritual, para retratar imagens dos índios brasileiros. O resultado se revela bastante artificial e decepcionante.[207] Fenômeno semelhante de comprometedora transposição de sua linguagem para uma sintaxe marcadamente nacional ocorreria com Rego Monteiro no seu retorno ao Brasil após 1930.[208]

Em contrapartida aos brasileiros em Paris, estrangeiros ilustres vinham visitar ou se instalar definitivamente em São Paulo.

Era o caso dos russos Lasar Segall, de ascendência judaica, formado em Dresden e Berlim, e Gregori Warchavchik, arquiteto formado no Instituto de Belas Artes de Roma. Segall traria da Alemanha a informação atualizada da "Nova objetividade", de que ele era um dos mais significativos representantes. A linguagem ao mesmo tempo primitivista e socialmente engajada de seus trabalhos, com ecos da Secessão e do *Die Brücke*, se multiplica em gravuras — de que ele se torna o maior mestre local — e pinturas. Ele incorpora registros da cena brasileira, sem alterar, no entanto, o rigor da sua sintaxe expressiva de origem, sem produzir efeitos simbolizantes, de forma a preservar a ênfase da sua abordagem social.[209] Warchavchik, por sua vez, mantém a concisão e economia do seu racionalismo plástico, lutando contra as duras adversidades de um meio carente dos materiais, equipamentos e recursos técnicos indispensáveis para a execução do projeto arquitetônico moderno. Apesar das dificuldades, suas soluções criativas e adaptativas lhe permitem a introdução, em São Paulo, de conceitos de modelagem do espaço e das formas, captação da luz, apropriação topográfica, equilíbrio de planos, contrastes de volumes, composição orgânica de superfícies, funções e valores, inéditos, surpreendentes e modernos no sentido mais aberto e possibilista que comporta esse termo.[210]

No ano seguinte à chegada dos russos, 1924, é a vez daquele que era tido no clima do pós-guerra como o maior poeta moderno francês vivo, um dos criadores da poesia cubista, o suíço Blaise Cendrars, fazer a sua entrada triunfal na capital paulista, pela Estação da Luz.

São-Paulo
Enfim eis as fábricas um arrabalde um bondinho elegante
Condutores elétricos
Uma rua lotada de gente que vai fazer suas compras da tarde

Um gasômetro
Enfim se chega na estação
Saint-Paul
Eu me imagino na estação de Nice
Ou desembarcando na Charing-Cross em Londres
Eu encontro todos meus amigos
Bom dia
Eis-me aqui.[211]

O que teria feito uma das personagens mais centrais, mais em foco, mais festejadas da vida artística de Paris e da Europa, decidir-se a vir a esse recanto remoto do mundo? Blaise Cendrars tinha uma obsessão: a modernidade. Ele era irresistivelmente atraído por todas as manifestações mais extremas do fenômeno moderno. Adolescente ainda, ele fugira de casa para viver como traficante de antiguidades orientais, residindo no expresso da Transiberiana e se envolvendo com anarquistas russos. Foi em seguida testemunhar diretamente o erguimento dos arranha-céus em Nova York, vagando pelas ruas, enregelado e faminto, e pelo porto, o mais rico e movimentado do mundo, vendo chegar e partir cargas colossais de mercadorias e desembarcar falanges intermináveis de homens e mulheres vindos de todos os lados do planeta, despossuídos, andrajosos, mudos, agarrados uns aos outros com uma expressão de terror congelada nos olhos. Dali seguiu para a Califórnia, assistindo às corridas do ouro e do petróleo, observando cidades inteiras nascerem do dia para a noite, como cogumelos depois da chuva. Partiu para o Panamá, onde a engenharia acabara de unir os dois oceanos e onde se implantaram as mais delirantes operações especulativas jamais imaginadas. Voltou a Paris para publicar o *Les pâques à New York*, cujos manuscritos lidos por Apollinaire teriam uma influência decisiva na elaboração do seu *Alcools*. Ambos os livros publicados em 1913 revolucionariam a poesia francesa. No ano seguinte, mal deflagrada a Guerra, Blaise se alistou na Legião Estrangeira para tomar parte no evento que as novas tecnologias transformaram no mais terrível e colossal episódio de brutalidade que jamais se havia visto ou concebido. Foi enviado à zona crítica dos combates, sofreu intenso bombardeio, foi ferido e teve a mão direita amputada. Depois da Guerra, com a morte de Apollinaire e o casal Delaunay fora de Paris, ele e Léger se tornaram as figuras-chave da nova cena cultural.[212] Por que então deixar Paris nesse momento e se deslocar para uma longínqua cidade ao sul da América Latina?

Mais do que uma simples visita, Blaise prolongaria sua estada por nove meses. Ele se sentiria magnetizado pela cidade, à qual voltaria três outras vezes, uma vez por ano, de 1926 a 1928, sempre para longas permanências. Ao que parece, múltiplas dimensões do fenômeno paulista o atraíam. Num texto de 1927 ele diria:

> Em parte alguma do mundo fiquei tão maravilhado pela grandeza manifesta dos nossos dias e pela beleza imutável da atividade humana do que ao desembarcar, há três, quatro anos, pela primeira vez no Brasil.[213]

Parte dessa sedução decorria da vasta e repentina mutação ecológica introduzida pela monocultura moderna e o seu extraordinário poder de concentração de riquezas.

> [...] o mais poderoso agente de transformação da paisagem contemporânea é incontestavelmente a monocultura. Em menos de cinquenta anos a monocultura transformou a aparência do mundo, cuja exploração dirige, com habilidade espantosa. [...] A monocultura tende a transformar, senão o planeta, pelo menos cada uma das zonas do planeta.

O que especialmente lhe interessava na expansão da monocultura moderna era que aos seus olhos ela comportava um potencial magnífico de difusão e consolidação de uma experiência democrática dentre vastas comunidades humanas.

[...] em toda parte, a monocultura revolucionando o relevo do solo, a fauna e a flora, revolucionou igualmente o coração do homem. [...] em toda parte o progresso, a riqueza, as transformações materiais caminham junto com uma progressão moral, uma rápida evolução da sociedade e uma nova concepção de civilização, da democracia, do cidadão e dos seus direitos. É nesse sentido que o café é uma entidade metafísica, assim como os outros produtos da terra e todo o trabalho do homem.[214]

Não escapava, porém, a Blaise o outro lado desse fenômeno, mais imediato e concreto, a fantástica concentração de renda propiciada pela monocultura e pelas atividades especulativas que se desenvolviam em torno dela. Essa jogatina em escala mundial, esse teatro verde do poder fascinava igualmente o poeta. Em 1926, ele escreveu num apêndice ao seu romance *Moravagine*, publicado naquele ano:

28 de janeiro de 1924, eu atravesso o Equador às 14 horas a bordo do *Formose* que me leva ao Brasil. Eu creio que agora estou preparado e posso levar uma vida dupla, uma vida de atividades febris, múltiplas, especulativas, arriscadas para ver o que significa dentre os homens pôr em movimento montes de dinheiro de um modo indiferente e gratuito e, por outro lado, levar uma vida lenta de escritor [...].[215]

Mais tarde, noutro texto, ele se referiria ao Brasil como "o paraíso dos miliardários".[216] Assim, Blaise pretendia penetrar profundamente nesse assomo que era a monocultura moderna, observando-a pelos seus pontos extremos: as mulheres e homens simples, os imigrantes angustiados num limite, o círculo estreito de onde saíam as decisões fixando o destino de milhões de seres no outro. Ele casualmente não poderia estar em melhores condições para isso. Viera a São Paulo e se manteria aqui pelas mãos de Paulo Prado, as mais ricas e poderosas da cidade, do estado e do país. Além das maiores fazendas do estado, sua família controlava uma estrada de ferro, possuía uma das maiores firmas de comissários de café, um banco, uma exportadora, estâncias de gado que supriam sua própria fábrica de carne enlatada, uma indústria de vidro, uma fábrica de papel e uma usina pioneira de processamento de juta.[217]

Paulo Prado, de quem Blaise seria amigo e admirador até sua morte, proporcionou condições para que o poeta tivesse completa liberdade de movimentos indo onde quisesse, fazendo o que gostasse. O poeta ou se enterrava nos sertões das fazendas dos Prado, ou perambulava pelas ruas e subúrbios de São Paulo, observando e conversando com as pessoas comuns. Quis ir ao Rio, quis ir às cidades históricas, subia sozinho às favelas, entrava nas cadeias, comia pelas ruas, fazia amizade com as quituteiras e os feirantes.[218] Desde a chegada, Blaise se entrega à contemplação da cena brasileira, sem entusiasmo pelos intelectuais afrancesados que procuram se acercar dele, com exceção de Paulo Prado. Já na viagem de Santos para São Paulo, se desinteressara da comitiva de intelectuais que fora buscá-lo e se deixava hipnotizar pela suntuosidade da paisagem. No caderninho anotou esses versos de concisão tópica e registro cru, que denominou "Brechas".

Vertidas sobre o mar
Quedas d'água
Árvores cabeludas musgosas
Pesadas folhas plastificadas reluzentes

Um verniz de sol
Um calor bem lustroso
Resplendor
Eu não escuto mais a conversa animada dos meus amigos que
  repartem entre si as novidades que eu trouxe de Paris
Dos dois lados do trem bem próximo ou então do outro lado do vale
  distante
A floresta está ali e me observa e me inquieta e me atrai como a
  máscara de uma múmia
Eu observo
Nem sombra de um olho.[219]

É notável em particular o prazer que o escritor denota em sorver essas imagens, virgens aos seus olhos, da natureza fulgurante da Serra do Mar, cujo esplendor é completamente indiferente aos seus amigos ocupados com assuntos de Paris. Nada lhe agrada mais do que desconhecer de todo os elementos daquela paisagem, não podendo, portanto, vertê-los para fórmulas verbais, o que lhe permite fruí-los pelo contato sensorial direto e indiscriminado.

....

Mas minha maior alegria é não poder dar nomes a esses montes de
  plantas umas mais belas que as outras
E que eu não conheço
E que eu vejo pela primeira vez
E que eu admiro[220]

Noutro momento da viagem já não é mais de Paris que seus amigos falam, mas do Brasil, suas origens coloniais, evolução e destino pujante. O poeta, porém, continua na mesma atitude, preso aos próprios olhos, fixado no frescor concreto e impronunciável do panorama, aberto aos sentidos, fechado às palavras. Esse trecho é de um poema que ele chamou "Ignorância".

Eu não escuto mais todas as belas histórias que me são contadas sobre
o futuro o passado o presente do Brasil
Eu olho pela portinhola do trem que agora acelera a sua marcha
....
Eu já não sei mais nada de tudo que vejo
As formas
As formas de vegetação
As palmeiras os cactos não se sabe como chamar essa espécie de cabo
de vassoura com penachos cor-de-rosa por cima que parece ser uma
fruta afrodisíaca[221]

Blaise admira extasiado a Mata Atlântica, mas não a converte em símbolo, emblema ou alegoria. Ele goza a presença exuberante das plantas e árvores, o efeito conjunto da sua espessa cobertura sobre o relevo dramaticamente acidentado da serra, mas não faz dela uma representação abstrata que configure alguma identidade, força moral ou energia histórica. Assim também com olhos desprendidos de conceitos ele enxerga a cidade. Essa cidade que é uma mistura de Nice com Londres, os vastos jardins e espaços públicos europeizados pelos padrões do norte, atravessados por multidões de predominância mediterrânea: italianos, sobretudo, portugueses, espanhóis, negros, mulatos, árabes... Blaise não precisa provar nada, não quer provar nada, apenas apreciar o frescor multifário de uma experiência social singular e intensa da modernidade em andamento. Do alto do seu quarto de hotel no Largo do Paissandu, ele observa o movimento embaixo. São notas curtas, instantâneos em que a linguagem procura registrar as imagens e o momento concreto quase com a imediatez mecânica e irrefletida com que o celuloide de Eastman registra a luz.

A anotação social aparece pela escolha do foco que o poeta faz. "Paisagem".

> O muro trespintado da PENSIONE MILANESE se enquadra na minha
> > janela
> Eu vejo uma fatia da avenida São João
> Bondes carros bondes
> Bondes-bondes bondes bondes
> Mulas amarelas atreladas a três puxam carrocinhas vazias
> Por cima das pimenteiras da avenida se destaca o anúncio gigante da
> CASA TOKIO
> O sol verte verniz[222]

Nem falta o sarcasmo acre e bem-humorado, com que Blaise ridiculariza o uso espúrio que se faz do automóvel como um instrumento de ostentação, poder e opressão contra a população da cidade, conforme os versos sucessivos das composições "A cidade desperta" e "Klaxons elétricos".

> Os primeiros bondes operários passam
> Um homem vende jornais no meio da praça
> ....
> As buzinas lhe respondem
> E os primeiros carros passam a toda velocidade[223]

> Aqui não se conhece a Liga do Silêncio
> Como em todos os países novos
> A alegria de viver e de ganhar dinheiro se exprime pela voz das
> > buzinas e a peidorrada dos canos de escapamento abertos[244]

Vagando pelos arrabaldes pobres, Blaise, o autor da *Antologia negra* e do balé de lendas africanas *A criação do mundo*, pôde constatar qual era a condição da população negra no Brasil e como renegados, estigmatizados, privados dos direitos elementares e excluídos da cena pública, eles estavam longe de ser heróis em São Paulo. Em que pese a imagem tétrica, seu poema "Menu de bagatela" é de uma notável secura e impacto comunicativo, ressaltando pelo contraste *fauve* de cores e a luminosidade cegante uma cena que se fixa direto na memória como que impressa por um ferro em brasa.

> *O céu é de um azul cru*
> *O muro em frente é de um branco cru*
> *O sol cru bate na minha cabeça*
> *Uma negra instalada num terracinho frita pequeninos peixes numa*
> *panela recortada de uma lata de biscoitos*
> *Dois negrinhos roem um pedaço de cana-de-açúcar*[225]

Mas, apesar dos pesares, o poeta mantinha uma sólida confiança de que a experiência de São Paulo, levada às últimas consequências, pelas próprias tensões de extremos que comportava, pelas expectativas que irradiava, pelas potencialidades que latejavam nela lutando para se concretizar, acabaria gerando um elã democratizador que se provaria irreversível. Blaise parecia ver a cidade como um campo de prova, um grande laboratório urbano, em que a modernidade se redimisse das torpezas da Guerra e se justificasse como uma força aglutinadora e emancipatória. Seu poema "Saint-Paul" é uma das descrições mais atiladas que já se fez da cena urbana, assim como do contexto social e cultural do experimento paulista.

> *Eu adoro esta cidade*
> *São Paulo é como o meu coração*
> *Aqui nenhuma tradição*

Nenhum preconceito
Nem antigo nem moderno

Só contam esse apetite furioso essa confiança absoluta
   esse otimismo essa audácia esse trabalho esse esforço
   essa especulação que faz construir dez casas por hora
   de todos os estilos ridículos grotescos belos grandes pequenos
   norte sul egípcio yankee cubista
Sem outra preocupação que a de seguir as estatísticas
   prever o futuro o conforto a utilidade a mais-valia e
   atrair uma enorme imigração
Todos os países
Todos os povos
Eu amo isso
As duas três velhas casas portuguesas que restam
   são faianças azuis[226]

A estranha irregularidade desse poema é reveladora. Versos curtos são de repente interrompidos na sua cadência simples e livre pelo enorme sexto verso, que torna a ecoar a sua longa extensão nos versos sétimo e décimo primeiro. Esse contraste entre o pequeno e o imenso, esse arranjo caótico de anotações rápidas e longas observações analíticas, sem sinais de pontuação nem rigor sintático, é uma construção provocante. Ela desafia mais a nossa percepção do espaço do que as convenções estéticas. Suas acumulações paratáticas de elementos conflitantes introduzem a confusão nos nossos sentidos mais do que na nossa compreensão. O poema nos fala de amor, mas também de exploração desenfreada de pessoas, de esperanças, de ansiedades. Blaise louva esse fenômeno inédito de multidões heterogêneas — compostas de gente na maioria estranhas umas às outras — que se reuniram num ponto remoto do mundo, unidas apenas pela obsessão comum de forçar a realidade a adquirir a forma dos seus vários sonhos pessoais e obscuros. Mais do que cubista, essa era uma situação surrealista transformada num experimento social de escala assustadoramente grande. São Paulo era uma audaciosa obra de arte modernista em si mesma, com suas contradições intrínsecas, sua coleção de ambições delirantes e seu desprezo pela história, passada ou futura. Espalhadas dentro desse labirinto arquitetônico da metrópole, as poucas casas portuguesas remanescentes da vila colonial, pequenas, decorativas e antigas, eram tão inúteis quanto chalés sob uma avalanche. Elas poderiam, no entanto, servir ao menos como referência para se avaliar a dimensão do cataclismo moderno.

Blaise, como se sabe, seria também o pivô involuntário da "redescoberta-do-Brasil". A fim de levá-lo a conhecer o Rio de Janeiro e as cidades históricas de Minas Gerais, Olívia Penteado formou um grupo de que faziam parte Mário de Andrade, Oswald de Andrade, Tarsila do Amaral, René Thiollier e Gofredo da Silva Telles. No Rio, Blaise frequentaria por sua conta o Morro da Favela, ficaria amigo de Donga, Manuel Bandeira e da rapaziada do Cinema Poeira, "um clube de negros seletos". Em Tiradentes, Minas, ele conheceu na cadeia pública um detento acusado de assassinato seguido de antropofagia, cuja história, incluindo considerações sobre os sentidos do ritual antropofágico em comunidades tribais, ele narraria no seu *Elogio da vida perigosa*, de 1926. Para os poetas presentes na excursão e para Tarsila, o roteiro seria revelador de raízes históricas, étnicas e culturais de que eles andavam ávidos para consubstanciar o seu acento modernista. Dessas viagens derivariam as impressões, estímulos e imagens que motivariam o empenho de fusão entre as linguagens modernas e a temática nacional, a qual Oswald de Andrade denominaria Movimento Pau-brasil.[227] O modo como o processo todo se engendrou é sumariado cristalinamente por

Paulo Prado, que o acompanhou de perto e por inteiro. Diz ele no prefácio ao livro de poemas *Pau-brasil*, de Oswald, que por sinal é dedicado "a Blaise Cendrars, por ocasião da descoberta do Brasil":

A poesia "pau-brasil" é o ovo de Colombo — esse ovo [...] em que ninguém acreditava e que acabou enriquecendo o genovês. Oswald de Andrade, numa viagem a Paris, do alto de um ateliê da *Place Clichy* — umbigo do mundo — descobriu, deslumbrado, a própria terra. A volta à pátria confirmou, no encantamento das descobertas manuelinas, a revelação surpreendente de que o Brasil existia. Esse fato, de que alguns já desconfiavam, abriu seus olhos à visão radiosa de um mundo novo, inexplorado e misterioso. Estava criada a poesia "pau-brasil".[228]

O livro foi publicado em 1925, em Paris, pela editora Au Sans Pareil, dirigida por Cendrars.[229] Mas já no ano anterior, Oswald de Andrade havia elaborado um "Manifesto da poesia pau-brasil", que foi impresso pelo *Correio da Manhã*, logo após as excursões da "descoberta". O tom era grandiloquente e axiomático, como era de hábito no gênero "manifestos". A tônica era forjar uma síntese composta de símbolos históricos, modernos, étnicos, tropicais, nacionais, que produzissem um efeito conjunto final de "brasilidade". Daí as truncagens de elementos isolados, que se coligam por justaposição e as ênfases postas nessas manifestações de forte sugestão agregadora, a música, a dança, a festa, os acepipes, o sexo e a religião — instinto, emoção e mito.

A poesia existe nos fatos. Os casebres de açafrão e de ocre nos verdes da favela, sob o azul cabralino, são fatos estéticos. O Carnaval no Rio é o acontecimento religioso da raça. Pau-brasil. Wagner submerge ante os cordões de Botafogo. Bárbaro e nosso. A formação étnica rica. Riqueza vegetal. O minério. A cozinha. O vatapá, o ouro, a dança. [...]

Obuses de elevadores, cubos de arranha-céus e a sábia preguiça solar. A reza. O Carnaval. A energia íntima. O sabiá. A hospitalidade um pouco sensual, amorosa. A saudade dos pajés e o campo de aviação militar. Pau-brasil. [...]

Bárbaros crédulos pitorescos e meigos. Leitores de jornais. Pau-brasil. A floresta e a escola. O Museu Nacional. A cozinha, o minério, a dança. A vegetação. Pau-brasil.[230]

Apesar da primeira frase do manifesto, as imagens que se seguem a ela fixam emblemas, os quais por sua vez acionam cordas sensíveis no subconsciente emocional. O poeta Oswald de Andrade não está vendo um sabiá, ele evoca um símbolo do nacionalismo romântico. Nas suas poesias do livro homônimo, ele modula com argúcia o verso conciso, enxuto, veloz, declaradamente inspirado na arte de Cendrars. Mas o compõe de forma que ele ecoe uma transcendência, um clima último, ressonante, em que se sintetizem símbolos, memórias e associações, conducentes a uma impressão duradoura de quintessência nacional. É o que se pode verificar, por exemplo, nesse singelo poema "Atelier", dedicado à pintora e sua amada, Tarsila do Amaral.

Caipirinha vestida por Poiret
A preguiça paulista reside nos teus olhos
Que não viram Paris nem Piccadilly
Nem as exclamações dos homens
Em Sevilha
À tua passagem entre brincos

Locomotivas e bichos nacionais
Geometrizam as atmosferas nítidas

Congonhas descora sob o pálio
Das procissões de Minas

A verdura no azul klaxon
Cortada
Sobre a poeira vermelha

Arranha-céus
Fordes
Viadutos
Um cheiro de café
No silêncio emoldurado[231]

A cor como se percebe é um elemento importante para dar ao poema um apelo sensorial. O que cabe bem no caso de uma pintora. Já no caso de "O combate", que tematiza as lutas de boxe ao ar livre organizadas para grandes multidões no Parque Antártica, a cor é decisiva, criando a moldura sensual e simbólica que realça uma atmosfera de agressividade impulsiva, tingida assim de conotações nacionais. A agilidade, ritmo e contundência do poema são de uma destreza que eletriza o fluxo das imagens.

O alto-falante parece um palhaço
Mexem toalhas
No ringue verde amarelo
Benedito ataca e coloca
Diretos direitos
A rádio bandeirantes cinematiza a 100 léguas
Vamos gritar
Levou às cordas o branco
Espatifemos as palhetas no ar
Mais um

Que bicho
Desfaleceu
Sob o céu que é uma bandeira azul

Grandes cágados elétricos processionam
A noite cai
Como um swing[232]

Mário de Andrade, no *Clã do jabuti*, publicado em 1927, mas reunindo poesias de 1924, assume ainda mais ostensivamente uma tônica de compor símbolos e representações nacionais, fortalecidos pelo aliciante sentido rítmico e a musicalidade vernacular dos seus versos. No longo e complexo poema "Noturno de Belo Horizonte", composto logo após as excursões da "descoberta", pode-se apreciar em especial a construção de uma imagem mítica de Minas Gerais, concebida como o epítome simbólico da nação. Desbravada e povoada por paulistas, espaço cosmogônico da epopeia histórica dos bandeirantes, da luta contra a cobiça espúria do estrangeiro invasor, como se viu n'*O contratador*, distante do litoral e incrustada no sertão, solidamente associada às pedras, minérios, montanhas, às elevações, igrejas e torres, ela representa ao mesmo tempo uma São Paulo da pureza dos velhos tempos e algo mais que já não é São Paulo, mas sua incorporação e coligação com o cerne do corpo da nacionalidade, no centro dos sertões interiores, irradiando o puro espírito autóctone e purificando as interferências e contaminações alienígenas. É particularmente forte a culminância final do poema no símbolo litúrgico da água emanando das rochas elevadas, de uma reverberação mítica ilimitada.

....

Mas não há nada como histórias para reunir na mesma casa...
Na Arábia por saber contar histórias

U'a mulher se salvou...
A Espanha estilhaçou-se numa poeira de nações americanas
Mas sobre o tronco sonoro da língua do ão
Portugal reuniu 22 orquídeas desiguais.
Nós somos na Terra o grande milagre do amor.
....

Nós somos na Terra o grande milagre do amor!
E embora tão diversa a nossa vida
Dançamos juntos no carnaval das gentes.
Bloco pachola do "Custa mas vai!"

E abre alas que Eu quero passar!
Nós somos os brasileiros auriverdes!
As esmeraldas das araras
Os rubis dos colibris
Os abacaxis as mangas os cajus
Atravessam amorosamente
A fremente celebração do Universal!
....

O bloco fantasiado de histórias mineiras
Move-se na avenida de seis renques de árvores...
....

É o delírio noturno de Belo Horizonte
....

Dorme Belo Horizonte
Seu corpo respira de leve [...]
....

O ar da terra elevada
Ar arejado batido nas pedras dos morros
Varado através da água trançada das cachoeiras.
Ar que brota nas fontes com as águas
Por toda parte de Minas Gerais.[233]

No ano seguinte ao lançamento desse *Clã do jabuti*, de Mário de Andrade, seria a vez de Oswald de Andrade voltar à carga com um texto que radicalizava as posições anteriores, denominado "Manifesto antropófago". A temática e a técnica são semelhantes às do primeiro manifesto; o que se nota agora, porém, é um acirramento da atitude militante, passando do tom axiomático para o categórico e da atitude decidida para uma disposição intransigente. O nacionalismo assume tonalidades de xenofobia. "Tupi or not tupi, that is the question." "Mas não foram os cruzados que vieram. Foram fugitivos de uma civilização que estamos comendo, porque somos fortes e vingativos, como o Jabuti." Por outro lado se acentuam os apelos para a celebração do instinto, de uma sensualidade eufórica e de uma identidade mítica. "Uma consciência participante, uma rítmica religiosa." "Contra todos os importadores de consciência enlatada. A existência palpável da vida. E a mentalidade pré-lógica para o senhor Levi Bruhl estudar." "Mas nunca admitimos o nascimento da lógica entre nós." "Só podemos atender ao mundo orecular." "O instinto Caraíba." "Nunca fomos catequizados. Fizemos foi Carnaval." "A magia e a vida." "Antes dos portugueses descobrirem o Brasil, o Brasil tinha descoberto a felicidade." "A alegria é a prova dos noves." "No matriarcado de Pindorama."

O tom era tão claro e preocupantemente jacobino, evocando as campanhas xenófobas de desestabilização política do início crítico do período republicano, nesse momento delicado em que já se percebia o abalo estrutural da economia cafeeira, que as autoridades oficiais contra-atacaram, mobilizando-se os escritores ligados aos quadros e jornais do PRP para uma autêntica batalha de manifestos. A força da agitação nacionalista era tamanha a essa altura, mobilizada e inflamada pelos dois lados, que não se tratava mais de confrontar o nacionalismo com o cosmopolitismo, como no período de consolidação do regime, mas de entabular uma luta entre um matiz de nacionalismo assimilacionista, contra outro intransigente. O texto que mais claramente assumia a vertente oficial era o manifesto do verde-amarelismo ou da escola da anta, chamado "Nhengaçu verde-amarelo" (1929), por trás do qual estavam Cassiano Ricardo, Guilherme de Almeida, Menotti del Picchia e Plínio Salgado. O manifesto deixa transparente o maniqueísmo que assumira o debate nacionalista, identificando os adversários "intolerantes" com o modelo negativo do tapuia inassimilável e representando a si mesmos com a figura amistosa, aberta aos cruzamentos e influências, dos tupi. Nessa linha, o grupo da anta estabeleceria um mito da mestiçagem integradora, cuja base ideológica seria buscada no mesmo José Vasconcelos que articulara o movimento do muralismo mexicano e sua visão do surgimento da "quinta raça", a "raça cósmica", como cumprindo o destino manifesto da América Latina. Só que agora, curiosamente, essa raça seria exclusivamente brasileira, evolvida entre as bacias do Amazonas e do Prata e deveria realizar a concórdia universal "pela força centrípeta do elemento tupi".[234]

Nesse final da década, os tempos se tornaram convulsos e as mentes se turvaram. O acirramento das militâncias queria ver em cada criatura um soldado, numa guerra que só admitia dois lados, o certo e o errado, o justo e o opressivo, o bem e o mal. As metáforas militares se tornam cumulativas, dominantes, sufocantes.[235] Por toda parte se fala e se repete, exaustivas vezes, em frente única, combate, vitória e líder.[236] Poucas inteligências conseguem manter a lucidez e a presença de espírito para avaliar os riscos do naufrágio da reflexão e da crítica. Uma dessas mentalidades sóbrias era a do brilhante ficcionista António de Alcântara Machado, criador de um dos estilos mais bem realizados de prosa moderna em suas *Novelas paulistanas*.[237] Ele diagnosticava com agudeza o turvamento dessa "época em que a própria metafísica procura se transformar em ação".[238] E denunciava o advento de uma inédita tirania mental, num "desabafo" escrito na *Revista do*

Brasil. "Nele eu berro contra essa tolice maníaca e inútil de numa investida querer saber quem é que marcha certo. Quem não escreve assim assado não é moderno brasileiro. Para ser considerado é preciso acomodar a sua maneira a uma bitola consagrada." Arrematava seu raciocínio com uma dura conclusão. "Hoje se escreve brasileiro por sistema, por ser da moda."[239] Outra dessas mentes que sobrenadavam o conformismo dos engajamentos maniqueístas era Sérgio Buarque de Holanda, já naquele tempo com a reputação de ser o jovem mais culto da sua geração. Numa entrevista com Blaise Cendrars, insistia no exemplo do poeta, de que "se pode viver em mobilidade, sem que a vida, por isso, deixe de ganhar uma preciosa consistência". Quando Sérgio Buarque é atacado por resistir à "lógica da frente única", é seu amigo Prudente de Morais Neto quem sai em sua defesa. "Que quer então o sr. Sérgio [...]? Quanto a mim penso que o sr. Sérgio não quer nada. E o extraordinário, o importante, o essencial da atitude dele está justamente nesse não querer. Estamos fartos de plataformas e programas. Estamos cansados de todos os idealismos fáceis."[240]

Mas, ao contrário das expectativas de Sérgio Buarque, o momento era refratário à prudência e circunspecção, desprezando a mobilidade em louvor da mobilização. No mesmo ano de 1928, em que Oswald de Andrade publicava o "Manifesto antropófago", e Mário de Andrade aparecia com seu *Macunaíma*, Paulo Prado apresentava um quadro da crise histórica vivida naquele momento pelo país, fazendo um balanço das alternativas drásticas que se ofereciam no seu *Retrato do Brasil*.

> [...] A questão militar, mal de nascença de que nunca se curou o país, a desorganização dos partidos, as falhas da administração, o romantismo da abolição, a desordem geral dos espíritos — fizeram a República, nesse 15 de Novembro que foi a *journée des dupes* da nossa História. E é o que aí está.

O profundo abalo da mudança de forma de governo, a inevitável transmutação de valores sociais e políticos, deram a princípio uma aparência de vitalidade ao organismo nacional. Mas não estava longe o atoleiro em que hoje chafurdamos. Quarenta anos de experiências malsucedidas nos trouxeram à situação atual. Os homens de governo se sucederam ao acaso, sem nenhum motivo imperioso para a indicação de seus nomes, exceto o das conveniências e cambalachos da politicagem. [...] Nos estados entretanto instalavam-se as oligarquias, de cujo perigo já nos advertia Saint-Hilaire, e sob o disfarce do que se chamou a "política dos governadores". Em círculos concêntricos esse sistema vem cumular no próprio poder central que é o sol do nosso sistema. Aí, realizando o famoso sorites do velho Nabuco, João elege a Pedro, que elege a Antônio, que por seu turno volta a eleger ao João primitivo. Como na Bíblia.

Para tão grandes males parecem esgotadas as medicações da terapêutica corrente: é necessário recorrer à cirurgia. [...] Só duas soluções poderão impedir o desmembramento do país e sua desaparição como um todo uno criado pelas circunstâncias históricas, duas soluções catastróficas: a Guerra, a Revolução.[241]

Não passaria despercebida essa incitação aberta à insurreição feita pelo filho do conselheiro Antônio Prado, o qual dois anos antes fundara o Partido Democrático em São Paulo, devotado a um combate sem tréguas ao PRP. A rigor, sua voz vinha engrossar decisivamente uma monodia que soara alto pela primeira vez na campanha presidencial de 1919, quando o conselheiro Rui Barbosa convocara o "Jeca-Tatu", o operariado insurgente e o "elemento militar", para num concurso de energias comporem "a força única capaz da estabilidade e da reorganização que resta ao povo na dissolução da anarquia geral que nos arrasta".[242] A experiência prática de mobilizar o empuxo desses três elementos seria crismada de "revolução", a substância ideológica que lhe daria o ânimo, acenaria com os fins e fixaria os limites, seria o "nacionalismo", numa versão mais calorosa e coordenada da turbulência jacobina, segundo a tônica belicosa, muscular e ativista do pós-guerra. Numa de suas edições de 1922, a *Revista do Brasil* lançou o célebre editorial sobre as três gerações produzidas pela República: a primeira é "a que fez a República" [a de Floriano e dos Conselheiros]; a segunda é "a que lhe goza os proventos" [a dos PRS e das "oligarquias"] e a terceira é "a que cai em si" e deve "republicanizar a República", promovendo "a volta da alma brasileira aos seus hábitos tradicionais de austeridade sadia e rigidez de caráter". Essa última é a "Geração do Centenário, a primeira que 'nasceu pobre e vive por si', que começa a desmontar a mentalidade coletiva e, com ela, o ronceiro aparelho moral que há cem anos nos rege. O que aí vem não é a revolução nos velhos moldes. É mais e melhor: é a revolução das ideias e dos costumes em sua feição cívica".[243] Estava em curso a transformação da metafísica em ação, que seria também a transição da doutrina para a mística, da palavra para o instinto. "Queríamos crer; queríamos uma mística. Jogamo-nos na luta política, convencidos de que somente pelo poder seria possível impor a 'nova ordem'", clamaria Sérgio Milliet.[244] O primeiro ato dessa *tragoedia* moderna, desse *dithúrambos* nacional se daria nesse mesmo ano de 1922, nas areias de Copacabana.[245]

A Revolta do Forte de Copacabana poderia ter sido apenas mais um dos motins endêmicos de cadetes no Rio de Janeiro, inflamado, como de hábito, por um misto de jacobinismo com as tensões internas da corporação. O que a transformou por completo, dando-lhe a configuração de um ato fundador, foi seu desfecho tétrico e inesperado. Em vez de se renderem, depois de cercados e batidos, aguardando processo e ulterior anistia, segundo o que já era uma tradição, dezoito jovens oficiais dividiram entre si partes de uma bandeira brasileira recortada, ocultaram-nas sob o casaco e marcharam, em campo aberto, contra o Palácio do Catete, deixando-se fuzilar pelas tropas legalistas. As raízes dessa reação tão desconcertante podem ser rebuscadas na criação da revista *A Defesa Nacional*, em 1913, por um grupo de jovens oficiais recém-chegados de um período de treinamento junto ao Exército prussiano, que vivia nessa época o clímax da pregação militarista e nacionalista destinado à preparação psicológica para a guerra que se sabia iminente. No editorial de fundação da revista, ela anunciava que se propunha a pregar a reforma e modernização do Exército porque, no momento adequado, ele poderia se tornar "o fator decisivo de transformação política e de estabilização social". Enfatizava ainda a natureza hierárquica da instituição e o seu efeito de condicionar a disciplina social, "transformando homens numa abstração do dever", a serviço de "um princípio superior de disciplina que é a Pátria".[246] Esse novo espírito interno de militantismo se enquadraria perfeitamente com os ativismos nacionalistas civis e depois com as pregações insurrecionais em tom patriótico do pós-guerra. A partir de 1922, a insurreição já tinha os seus mártires para invocar.

O segundo ato, completamente surpreendente e unilateral uma vez mais, veio com a invasão da cidade de São Paulo por tropas federais em revolta, em 1924, para pasmo da população e estremecimento das autoridades. Numa série de movimentos ágeis, os revoltosos ocuparam pontos estratégicos e grande parte da área urbana. Mas como esperavam adesão maciça do Exército e Força Pública em São Paulo, que acabou não ocorrendo, e estavam inferiorizados em armas e contingentes, deliberaram evacuar a capital. Para seu espanto, entretanto, foi o presidente do estado, Carlos de Campos, quem iniciou uma retirada precipitada do perímetro urbano, entregando a cidade e a população aos rebeldes. O governante reuniu as tropas que lhe permaneceram fiéis, solicitou apoio bélico ao Rio de Janeiro e cercou os arredores do município. Em meio a tantas surpresas, nesse momento se iniciou a mais inacreditável de todas elas: incapaz de detectar as posições dos revoltosos, Carlos de Campos ordenou o bombardeio indiscriminado da cidade, intermitentemente e por todas as peças da sua artilharia. A capital de São Paulo, a bela cidade europeizada e culta, orgulho dos dirigentes paulistas, foi sistematicamente bombardeada, sendo especialmente visados os bairros operários e populosos, embora não escapassem também escolas, hospitais e igrejas. Os que tinham recursos e veículos fugiram para o litoral ou interior; os demais ficaram à mercê das armas inclementes que eram supostas defendê-los.[247] Blaise Cendrars, veterano de guerra, estava em São Paulo e viveu esse episódio, cuja pavorosa ironia não lhe escapou.

> Mal colocou sua artilharia em posição sobre as colinas que dominavam a cidade, o general Sócrates, comandante das tropas federais de cerco, desencadeou sobre a cidade aberta, da qual nenhum dos seus 800 mil habitantes havia sido evacuado, um bombardeio "à alemã". Soube aproveitar as lições da Grande Guerra europeia. Não tendo nenhuma catedral de Reims para demolir, Sócrates dava como alvo a seus canhões, ora um hotel reluzente de novo, ora uma bela fábrica moderna, ora um dos novos arranha-céus. Os obuses caíam em rajadas no centro da cidade, destroçando um bonde, mandando aos ares uma confeitaria, espirrando numa escola, explodindo numa praça ou num bar. Aviões dirigiam a operação, lançando bombas que caíam por toda a parte e explodiam ao acaso.
>
> Esse absurdo bombardeio durou 29 dias e 29 noites. De noite, os obuses incendiários tocavam fogo nos bairros operários da Luz e da Mooca, fazendo explodir reservatórios da Shell e depósitos de café. Enquanto essas fogueiras se acendiam, um fogo de fuzis e de metralhadoras as acompanhava, durava até madrugada e sua intensidade me lembrava os ataques maciços de Verdun. Mas o ataque

não acontecia nunca. Durante o dia os obuses recomeçavam a cair no centro da cidade. Percebia-se que os oficiais "legalistas" faziam isso de coração alegre. As ordens eram formais: era preciso esmagar a sedição, pior para a cidade, ela seria reconstruída.[248]

Ao final desses 29 dias, o general Isidoro Dias, comandante dos rebeldes, solicitou uma trégua no bombardeio para preservar a população civil das baetas que se multiplicavam.[249] A resposta do presidente do estado foi categórica: ou rendição incondicional ou a cidade seria reduzida a cinzas.[250] Diante do que os sediciosos, tendo o controle dos entroncamentos ferroviários, organizaram uma astuciosa retirada em trens, indo reunir-se com outras tropas rebeldes vindas do sul nas barrancas do rio Paraná. As forças legais reocuparam a cidade com uma brutalidade inaudita, saqueando, espancando, prendendo dentre uma população que julgava colaboracionista, além de executar sumariamente grupos inteiros de imigrantes suspeitos de terem aderido à revolta.[251] A indignação e ódio da população às autoridades e tropas leais não poderiam ser maiores. Os populares recebiam a passagem dos legalistas fazendo com os dedos um V e um I: "Viva Isidoro!". Por sua vez, os revoltosos em fuga faziam das janelas dos comboios da Sorocabana, pelas cidades em que passavam, os sinais I e V: "Isidoro Volta!". Era o início do sebastianismo republicano. Os casacos ensanguentados, com fragmentos da bandeira nacional, de 1922, se transferiram simbolicamente para os heróis de 1924 e adquiriram uma primeira personificação em Isidoro. Quando, na evolução dos eventos, os revoltosos se organizaram na Coluna Prestes, assumindo-lhes o comando o tenente Luís Carlos Prestes, é para ele que a projeção simbólica se volta, dando origem ao mito vivo do "Cavaleiro da Esperança".[252]

O último ato da História se abre num anoitecer refrescante do início de janeiro de 1930, sob a espessa garoa paulista, nas imediações da Estação do Brás e do Largo da Concórdia. O candidato da Aliança Liberal à campanha presidencial, representando o "povo oprimido" contra o "tacão das oligarquias", fora lançar sua candidatura no Rio de Janeiro. Era redundante, o Rio jacobino já havia assumido o apoio a Getúlio Vargas. O desafio era São Paulo, o núcleo forte do regime, o principal bastião da "república oligárquica". Instado várias vezes se tentaria a incursão, se arriscaria a provocação, Getúlio negaceou. Num rompante, porém, se comunica com os oposicionistas seus simpatizantes em São Paulo e enche um trem de seus correligionários com destino à capital paulista. Era a segunda invasão que São Paulo sofreria após 1924. O clima era tenso, o país se achava na iminência de uma guerra civil, que todos pressentiam. Vargas desembarcou contraído, reuniu seus seguidores na enorme praça em frente à estação e, contemplando a partir da planície do Tamanduateí toda a silhueta iluminada e revolta da cidade, misteriosamente encoberta pela garoa incessante, deu o sinal e ordenou a marcha sobre São Paulo. O restante é narrado por um observador direto, que se encontrava na embocadura da colina central, na entrada da Avenida Rangel Pestana.

Assim que por volta das 20 horas despontou o cortejo na várzea do Carmo, tive um arrepio. Não era possível o que via! Caminhava não um cortejo, mas uma imensa multidão. Que sucederia quando aquela gente toda se encontrasse com a que estava em cima da ladeira?

Santo Deus! Não sei como passei os minutos que mediaram o instante em que divisei a coluna popular em marcha e o do seu encontro com o público da cidade.

Hoje, posso dizer com toda a segurança que nenhum dos cidadãos que assistiram àquele espetáculo poderia tê-lo esquecido. No amplexo daquelas multidões em meio do frenesi coletivo, alguém bradou: "Nós que-re-mos Ge-tú-lio!". A multidão, como nunca São Paulo vira igual, repetia: "Nós queremos, nós queremos Getúlio!".

Daí por diante tudo foi de roldão: as providências policiais e o programa da Comissão de Recepção, tudo, tudo!... São Paulo amanheceu a 5 de janeiro, estatelado. Como pôde acontecer tudo aquilo entre a gente pacata e fria da cidade dos nevoeiros? Na véspera, aquele entusiasmo ardente, aquela multidão serpenteando num cortejo que não tinha fim, constituíram espetáculo nem sequer imaginável... Para uns poucos observadores, porém, uma dúvida perturbava os espíritos. Durante a espantosa apoteose, embora agradecendo as manifestações, o herói aclamado parecia, às vezes, um manequim de museu de cera. O presidente do Rio Grande tinha ares de perplexo, mas insensível, distante, abstrato. Enigma para os que não podiam vislumbrar o seu drama íntimo.[253]

Que enigma era esse? Que se passava na cabeça de Getúlio em meio ao êxtase popular jamais visto que sua presença desencadeava? Provavelmente seria algo relativo àquela escala colossal mesmo de comoção pública. Algo que nem a sua figura pessoal, nem a reputação de possíveis realizações administrativas que ele tivesse feito, nem a força organizatória de algum partido político poderoso de oposição que não existia poderiam justificar ou sequer explicar. O que se passava ali ia justamente além de quaisquer explicações e sugeria que explicações, afinal, talvez não fossem necessárias. Não era Getúlio quem mobilizava aquelas multidões, eram as projeções delas sobre a sua pessoa que galvanizavam a cena pública, transformando a política numa ritualização das fantasias e do entusiasmo coletivo. O enigma que Getúlio decifrou enquanto desfilava em parada sob a garoa paulistana foi compreendido cristalinamente pelo professor Raymundo Faoro.

O homem vestia, predisposto por velhas tendências, o mito. Começava a sentir que não era ele o candidato dos situacionismos divergentes, mas de um país em protesto. A máscara, que parecia caber a Luís Carlos Prestes, amolda-se à sua fisionomia, para não mais desprender-se da cabeça. A camisa, vestida para o torneio dos conciliábulos, converte-se na pele do político. De regresso a Porto Alegre não aludirá mais a "prebenda", ao "bonde": a eleição, de um engodo, seria uma possibilidade, com uma aventura cintilando no horizonte.[254]

Em outubro daquele mesmo ano, como se sabe, a eleição seria refugada e a aventura prevaleceria com todo o fulgor do supremo ato inaugural. Essa apoteose máxima poderia ser o clímax do drama que vimos acompanhando. Ou poderíamos estendê-lo um bocadinho mais, para surpreender Getúlio Vargas, num dos seus proverbiais discursos confirmatórios, declarando:

As forças coletivas que provocaram o movimento revolucionário do Modernismo na literatura brasileira, que se iniciou com a Semana de Arte Moderna de 1922, em São Paulo, foram as mesmas que precipitaram, no campo social e político, a Revolução de 1930.[255]

Ao que parece, teria sido Cassiano Ricardo quem teria sugerido a associação entre os eventos ao discursante. Mas Getúlio estava longe de ser um ingênuo. Quem estava usando o prestígio de quem? É típico dos mitos se fundirem, se contaminarem, se irradiarem, não se excluírem. É característico deles também aderirem aos fatos consumados, legitimando por meio deles a sua substância etérea e dando-lhes, em troca, a vida eterna. Só o que não aconteceu não pode ser transformado em mito.

Ou poderíamos ainda terminar com uma outra imagem de pureza: o fogo. Blaise Cendrars narrou consternado o fim do seu sonho de uma possível comunidade democrática brotando em São Paulo enraizada ao café.

De 1929 a 1934, durante os anos cruciais da crise financeira mundial, o Instituto de Defesa do Café destruiu 36 milhões de sacas de café. Cargas de café foram atiradas ao mar. Queimou-se café na caldeira das locomotivas. Em Santos, uma montanha de sacos de café empilhados uns sobre os outros ardeu dia e noite durante todos os anos da crise e até a declaração de guerra. Digamos uns 50 milhões de sacas. Átila e Tamerlão não foram mais eficientes. Era um absurdo.[256]

Não, Blaise, era jogo. E quem disse que Átila e Tamerlão poderiam ser mais eficazes do que a modernidade, como você mesmo pôde comprovar, poeta-soldado? E quanta coisa mais queimou pelo mundo nesse momento? Não ardeu também o *Reichstag*? Nesses tempos de fogueiras e rituais, os homens pareciam querer se entregar voluntariamente, como que hipnotizados, à voz de comando dos novos aprendizes de feiticeiro. Mas não era observando o comportamento dos celebrantes que os novos magos aprendiam o seu ofício? O que será que havia nesse canto das sereias modernas para que tanta gente em tantas partes do mundo se entregasse a ele de forma tão completa, física e mentalmente? Ou será que era outro som, um grito interior, que os angustiava e os compelia a um coro coletivo, tão vasto, tão alto, tão intenso que lhes abafasse a consciência e a memória? Esse grito que o teu amigo e companheiro de armas, o poeta Guillaume Apollinaire, ouviu na noite que antecedeu o avanço no front e lhe inspirou num transe uma visão dos tempos vindouros:

> *Noite violenta oh noite cujo pavoroso grito profundo*
> *se torna mais intenso de minuto a minuto*
> *Noite que grita como uma mulher que dá à luz*

Nós não ouvimos mais esse grito, não é, Blaise? O parto já se fez.

Conclusão
Cai a noite

Num depoimento autobiográfico escrito em 1970, o crítico e ensaísta Rubens Borba de Morais elaborou considerações das mais interessantes, em especial sobre o período dos anos 1920 e sobre o grupo dos artistas e literatos modernistas, dos quais ele mesmo foi uma das grandes expressões. Um dos pontos que ele fez mais questão de acentuar foi o seguinte:

> Os historiadores brasileiros que insistem em buscar no Brasil as origens dos modernistas [têm] uma visão restrita da literatura, não procuram encaixar a produção nacional no panorama mundial de uma época e nos grandes movimentos internacionais de ideias. Sem essa perspectiva o Movimento Modernista fica suspenso no ar, sem raízes, ou tem uma filiação espúria.[1]

A razão dessa distorção para Rubens Borba de Morais estaria na manutenção, pelos estudiosos, de um modelo analítico transportado de outros períodos, em particular do romantismo, em que as defasagens do Brasil com relação ao contexto internacional eram um dado patente e indiscutível. Mas, conclui o crítico, "a renovação da literatura e da arte brasileiras sob o modelo de Paris não levou anos para nos atingir dessa vez, pela simples razão que em 1921-2 as comunicações eram mais rápidas que na época de Gonçalves Dias. O tempo encurtou depois da guerra de 1914. Está encurtando cada vez mais".[2] Opinião que é corroborada pela percepção aguçada de Prudente de Morais Neto já em entrevista concedida ao *Correio da Manhã*, em 1925. "Agora que parecemos ter chegado ao ponto crítico de nossa evolução, não imitamos a França, com o atraso de outros tempos. [...] Estamos com as ideias ao par".[3]

A discussão parece estar referida a um conceito evolutivo do tempo, ao qual se acrescenta agora uma nova variável, na forma de um índice de intensificação do aceleramento. A questão é por certo mais complexa do que esse diagrama, na medida em que não implica apenas uma variação de ritmo. É penetrante e ao mesmo tempo revelador que esses dois observadores a compreendam assim, entretanto, pois ambos apontam uma escala inédita de sintoma. Talvez, contudo, essa nova sintonia seja a resultante da transformação do aparato tecnológico de alcance mundial, cristalizada de modo mais concentrado e ostensivo no surgimento das megalópoles modernas. Elas têm temporalidades e ritmos que lhes são próprios e que estão mais próximos do que qualquer outra parte dos impulsos mecânicos e automáticos dos equipamentos modernos. O que não quer dizer, é claro, que esses novos termos de sintonia componham um quadro unitário. Tais como os recursos que elas geram, essas tecnologias emergentes operam em função mesmo das formas desiguais da sua distribuição. Basta pensar na óbvia diferença entre um contexto em que elas se infundem como um novo dilúvio, demandando medidas urgentes de contenção e adaptação, e, num outro, seu ponto de compensação, em que elas são tão rarefeitas, que geram uma profusão de desejos insaciados no âmago dos quais sua presença se impõe sem restrições e sem cautelas, como autênticos fetiches de um exótico paraíso futuro. Ambas essas situações — dentre inúmeras outras, sempre cambiantes — se manifestam por todos os lados, muito embora, elas também, em proporções desiguais.

O fato que prevalece, sobre todos os recantos do globo, transparente pela sua saturação nas grandes cidades, é a desestabilização rápida de sistemas de crenças e símbolos, secular ou milenarmente aderidos a um mundo de base técnica relativamente estável, e que se reformulam ao sabor das contingências precipitadas de uma "nova ordem", cuja gestão, por sua própria natureza, embora se funde no planejamento, não comporta a previsibilidade. O deslocamento para o primeiro plano, reformuladas, ampliadas, padronizadas e intensificadas, de tradições cediças como o jogo, o esporte e a arte aberta ao casual e aleatório, é indicativo do curso que tomaram tanto as novas sensibilidades, quanto a reação dos responsáveis pela implantação de estados de ordem nesses caldeirões ebulientes. Os impulsos regressivos reiteradas vezes detectados por pesquisadores que se punham, agora, a sondar as mentes instáveis dos "novos homens" assinalavam um paradoxo inquietante: essas criaturas exasperadas por anseios de raízes, fixidez, amparo e comunidade tinham ao mesmo tempo as suas fantasias galvanizadas pela mais volátil e imprevisível das formas de vida social que jamais se vira. A tendência à abolição do tempo e do espaço pela mediação crescente da velocidade, ademais, convergia para minar aqueles dois planos elementares de referência em função de um outro, que vai se tornando predominante — a ação. O quadro todo como se vê, pelo que implicava de dissipação de balizas, liberação de impulsos, incorporação estrutural da incerteza e do fortuito, ênfase na mobilização física, muscular, reflexa, inconsciente, era particularmente propício para a repotencialização dessa outra entidade arcaica e regressiva, o mito.

Os lugares onde ele vai emergir serão as ruas e praças das grandes cidades, os jornais, os cinemas, as praças de esportes, as artes renovadas e as universidades, por exemplo. Eis como Ronald de Carvalho apresenta o surdir de uma nova disposição de espírito, capaz de confrontar a crise da cultura e devolver a quietude das certezas tácitas, citando um texto de Jean Maxence dos fins da década.

> Foi o cinismo agressivo — diz Maxence —, é preciso não dissimular, que levou muitos jovens a tomar Gide por mestre. Muito mais do que a inquietação! Faz-se necessário que tudo isso finde. O público começa, aliás, a verificar que se divertiram à sua custa. [...] A confusão é infecunda. A criação é uma arquitetura. A indecisão, o estado fluido e amorfo secretam apenas imagens elementares e inorgânicas. [...] Quando se diz que estamos ante um mundo demolido, sem o socorro de uma cultura e uma tradição, não, não e não! São carapetões de após-guerra. Nascemos de uma certa raça e de um certo país: nossas experiências são o prosseguimento de experiências anteriores. Não devemos romper as cadeias de fidelidade. Queremos e devemos reencontrar nossa alma profunda. Nenhuma revolução espiritual terá eficácia se não aceitar por divisa a palavra de Psichari: tomar o partido de seus pais, contra seu pai. Quer dizer que é preciso atingir a mais autêntica tradição, restaurar os valores espirituais que o mundo moderno ataca e envilece, a cada instante. Alguns nos falam, ainda, do primado econômico e da organização do grupo moderno. Mas é necessário, antes, entender-se sobre o homem, para depois entender-se sobre o Estado.[4]

Uma das passagens decisivas do texto, sem dúvida, é aquela que incita a "tomar o partido de seus pais, contra seu pai". Por duas razões sobretudo: porque destaca o primado da ação coletiva coordenada por um objetivo comum e porque mobiliza cargas instintuais contra as contingências de um presente concreto ("o pai"), pelo alinhamento com uma abstração mirífica, a raiz da pureza, a fonte do carisma das origens ("os pais"). Foi precisamente contra essa remodelação orgânica e compulsiva da cultura que Sérgio Buarque de Holanda concentrou toda a carga da sua crítica na metade final da década de 1920. Comparando essas novas inclinações às disposições que palpitavam na origem mesmo da arte rupestre, ele compreendia bem o alcance político desse procedimento de gestão dos estados de espírito.

> Parece claro que o próprio impulso que levou os primeiros homens a gravar desenhos nas paredes das cavernas participa muito, não de um desejo de libertação como já se tem dito [...], não de um esforço de resistência contra o aniquilamento, mas ao contrário e acentuadamente, ao desejo invencível de negar a vida em todas as suas manifestações. Surge assim em sua expressão artística mais rudimentar esse afã de reduzir o informe à forma, o livre ao necessário, o acidental à regra. O desenho regular e monótono dos primitivos, essa exclusão de todos os elementos especiais e acidentais que eles revelam, mostram claramente o significado e o sentido da tendência dos homens para uma regularidade abstrata e unânime.[5]

Sérgio Buarque de Holanda estabelecia assim uma interlocução sólida com o perspectivismo volúvel e a mobilidade descentrada de, por exemplo, Blaise Cendrars, agente, segundo ele, de "uma impermanência desconcertante e encantadora".[6] Por isso, para o crítico paulista, nascido no bairro da Liberdade, "a obra de arte não exprime nunca uma solução, mas simplesmente uma atitude. Diante de cada questão que propõe um determinado momento é sempre possível a nós tomar um ponto de vista novo".[7] É só nessa senda de uma mobilidade em aberto, como recurso alternativo ao apelo compulsivo da mobilização, que se pode compreender formulações que parecem soar enigmáticas atualmente, mas eram de uma oportunidade rara no debate cultural daquele momento.

Não se pode mais hoje — escrevia ele em 1928 no *Jornal do Brasil* — como no tempo de Santo Agostinho, ser ao mesmo tempo e simultaneamente um cidadão do céu e da terra. E o pensamento que realmente quiser importar para a nossa época há de se afirmar sem nenhum receio pelos seus reflexos sociais, por mais detestáveis que estes pareçam. Há de ser essencialmente um pensamento *apolítico*.[8]

Ao contrário, pois, do que sugeriam Ronald de Carvalho e Jean Maxence, a confusão não só é fecunda, como é libertadora, ao colocar as mentes em estado de desprendimento, propiciando a reavaliação crítica permanente do fluxo erradio das circunstâncias. É por isso que, segundo Sérgio Buarque, "só à noite enxergamos claro".[9] E eis-nos de volta à noite. Não a noite heroica e bela. Nem a noite da tragédia também. Nem mesmo a noite da metafísica ou dos rituais com tochas e fachos de holofotes. Apenas uma noite qualquer, longa e exasperante, em que um tuberculoso insone, isolado no alto de um morro, sentia crescer a angústia da solidão. Ou quase solidão.

Petit chat blanc et gris/ Reste encore dans la chambre/ La nuit est si noire dehors/ Et le silence pèse.[10]

Lista das abreviações utilizadas

PERIÓDICOS:

AC — Revista *A Cigarra*
FF — Revista *Fon-Fon*
IB — Revista *Ilustração Brasileira*
N/a — não assinado
OESP — Jornal *O Estado de São Paulo*
PR — Revista *O Parafuso*
RB — *Revista do Brasil*
RC — Revista *Careta*
RS — *Revista da Semana*

OBRAS DE REFERÊNCIA:

DAQ — *Dictionary of Art Quotations*
DDS — *Dictionnaire des simboles*
DLB — *Dicionário Literário Brasileiro*
DLFF — *Dictionnaire de la litterature française et francophone*
DMC — *Dictionnaire de la musique contemporaine*
HGCB — *História Geral da Civilização Brasileira*
HGC — *História Geral das Civilizações*
TNCMH — *The New Cambridge Modern History*
TFDMT — *The Fontana Dictionary of Modern Thought*
TFDMTk — *The Fontana Dictionary of Modern Thinkers*

SÉRIES DOCUMENTAIS:

BOLSA — Latin American Banking and Financial Files, Watson Library, University College, Londres

FO — Consular Reports, Foreign Office, Kew Gardens, Londres

TR — Trade Reports, Official Publications Library, The British Library, Londres

Notas

INTRODUÇÃO (PP. 37-42)

1. Dodds, *The Greeks and the Irrational*; Eliade, *História das crenças e das ideias religiosas*; Cornford, *Principium sapientiae, as origens do pensamento filosófico grego*; Detienne, *Dionysos à ciel ouvert*.

2. Fiz, *Contaminaciones figurativas, imagenes de la arquitectura y la ciudad como figuras de lo Moderno*; Timms & Kelley, *Unreal City, Urban Experience in Modern European Literature and Art*; Eisner, *A tela demoníaca, as influências de Max Reinhardt e do expressionismo*; Machado Jr., *São Paulo em movimento: a representação cinematográfica da metrópole nos anos 20*.

3. Eliot, *Prufrock and Other Observations*, in *Selected Poems*, pp. 25-7.

1. A ABERTURA EM ACORDES HEROICOS DOS ANOS LOUCOS
(PP. 43-130)

1. Leite, *História da civilização paulista*, pp. 288-9.

2. Sobre a Primeira Guerra e seus efeitos internacionais, cf. Atkinson, C. T., "The war of 1914-18", in *TNCMH*, pp. 359-71; Butler, R., "The peace settlement of Versailles, 1918-33", in idem, pp. 443-74; Briggs, A., "Economic interdependence and planned economies", in idem, pp. 502-28; Parry, J. H., "Latin America, 1889-1949", in idem, pp. 184-94; Roberts, *Europe 1880-1945*, pp. 263-375; Cipolla, *The*

Twentieth Century, II, pp. 442-782; Klingman, *The Year Our World Began 1919*, incluindo bibliografia selecionada sobre a guerra e o pós-guerra às pp. 664-70. Sobre as greves em São Paulo nesse momento, cf. Simão, *Sindicato e Estado*, pp. 93-205; Carone, *A República Velha (instituições e classes sociais)*, pp. 189-247; Fausto, *Trabalho urbano e conflito social (1890-1920)*; Pinheiro, P. S., "O proletariado industrial na Primeira República", in *HGCB*, t. 3, II, pp. 137-78; Hall & Pinheiro, "Alargando a história da classe operária: organização, lutas e controle", pp. 96-121.

3. Sobre a gripe espanhola em São Paulo, Oswald de Andrade registrou em suas memórias o seguinte depoimento: "O episódio trágico da gripe amortalha a cidade. Chamam a doença de *espanhola*. Tomou conta do mundo. Caiu também sobre São Paulo enlutando tudo. Seis semanas lívidas, intérminas. Sinto que a peste é pior do que a guerra, pois chega quieta e tira o sentido de orientação para qualquer defesa. A gente não sabe de onde vem o obus silencioso. A cidade mobilizou médicos, hospitais, enfermeiras. Os enterros povoam as ruas. Grandes coches fúnebres atravancam o Centro. Inúmeros caixões desfilam pelos bairros". *Um homem sem profissão — sob as ordens de mamãe*, pp. 106-7. Ver também, n/a, "Ecos dos enterrados vivos", in *PR*, 27/5/1919, pp. 10-1.

4. Sobre as geadas de 1918, cf. Leite, *História da civilização paulista*, p. 288 e n/a, "A perda dos cafezais", *OESP*, 1/11/1919, p. 3. Quanto às nuvens de gafanhotos que atacaram as lavouras do estado, n/a, "Os gafanhotos", *OESP*, 5/5/1919, p. 3: "Nenhum município do estado de São Paulo escapou às visitas desses terríveis acrídeos". Até mesmo a cidade de São Paulo recebeu a visita dessas nuvens invasoras: Moura, *São Paulo de outrora (evocações da metrópole)*, pp. 236-7.

5. N/a, "Ano Novo", *OESP*, 2/1/1923, p. 4.

6. N/a, "Pelo sossego público", *OESP*, 5/1/1923, p. 5.

7. S., "Carnaval e política", 12/3/1919, p. 3.

8. P., "Depois do corso", *OESP*, 6/3/1919, p. 7.

9. O processo de desenvolvimento urbano de São Paulo é descrito no capítulo 2, subcapítulo "Exposição Universal bizarra".

10. P., "A enchente", *OESP*, 4/1/1919, p. 5.

11. Pouco após as catastróficas enchentes que assolaram os bairros populares e operários, era publicado o seguinte anúncio: "Teatro Municipal. Em benefício dos cegos e órfãos franceses de guerra realiza-se hoje, às oito horas e três quartos, um festival artístico-literário organizado pelo sr. Symphonio de Magalhães e que obedecerá o seguinte programa: [...]", cf. n/a, "Teatro Municipal", *OESP*, 7/2/1919, p. 3. Outro hábito extremamente difundido nesse momento é o de as moças e senhoras adotarem como "afilhados" soldados e ex-soldados belgas ou franceses, enviando-lhes dinheiro, necessidades e mimos periodicamente. O cronista P. relatou uma dessas conversas tão na moda, que lhe foi impingida para seu desconforto: "— Vocês não imaginam que carta deliciosa eu recebi ontem do meu afilhado francês.

[...] Até fiquei comovida. Ele me agradece muito os cigarros, as meias, tudo que lhe mandei...". E a moça prosseguia para dizer que iria "continuar a mandar para Nantes, onde ele está morando, os cigarros, as meias, os *cachez-nez* e as *casquettes* de lã que já lhe mandei no ano passado...". P., "Uma palestra", *OESP*, 9/11/1919, p. 5. Ainda sobre o problema crítico e crônico das inundações nas várzeas, n/a, "As inundações", *OESP*, 14/3/1922, p. 5, com fotos; n/a, "A funestíssima administração do dr. Sorriso", in *PR*, 25/2/1919, p. 7, com fotos.

12. Quanto à composição étnica e por nacionalidades da cidade, ver: Araújo Filho, J. R. de, "A população paulistana", in Azevedo, *A cidade de São Paulo, estudos de geografia urbana*, II, pp. 167-246.

13. Os testemunhos abundam, como exemplo: n/a, "Crime misterioso", *OESP*, 2/6/1919, p. 3; n/a, "Queixas e reclamações", *OESP*, 14/12/1919, p. 6; n/a, "Violento conflito", *OESP*, 29/12/1919, p. 4; n/a, "As violências da polícia", *OESP*, 7/8/1919, p. 5, com desdobramentos nos dias 8, 9 e 10 do mesmo mês.

14. Conforme se verá adiante, em maior detalhe, no capítulo 3.

15. P., "Festas...", *OESP*, 18/2/1919, p. 5.

16. Dr. Mário Santos, "O segredo da força e da beleza", in *RS*, 22/4/1922, p. 12; n/a, "Semana desportiva", 27/5/1922, p. 9; António de Alcântara Machado, "Virgens loucas", in *Prosa preparatória & Cavaquinho e saxofone*, pp. 84-7.

17. Dean, *A industrialização de São Paulo*, pp. 115-37; Cano, *Raízes da concentração industrial em São Paulo*, pp. 227-44; Font, *Coffee, Contention and Change in the Making of Modern Brazil*, pp. 87-119.

18. Mesmo na área operária, os influentes meios anarquistas se ressentiam de afrouxar a disciplina convencional dos sentidos e insistiam no primado da palavra e da educação racional.

19. N/a, "Joana D'Arc", *OESP*, 19/5/1920, p. 3.

20. N/a, "Pelos salões", 19/4/1920, p. 4.

21. Idem, ibidem.

22. Bruno, *Histórias e tradições da cidade de S. Paulo*, II, p. 1327 (nota 5); Cia. Antártica, *A capital paulista*, São Paulo, álbum comemorativo, 1920.

23. Júlio de Mesquita Filho, "Um empreendimento científico", *OESP*, 16/5/1920, p. 2; Mário Pinto Serva, "O gênio paulista", *OESP*, 6/10/1919, p. 3; Cincinato Braga, "Magnos problemas econômicos de São Paulo", *OESP*, 30/6/1920, p. 3; Elias Thomé Saliba sondou a fundo as raízes desse nativismo paulista pela perspectiva exatamente de Cincinato Braga, um dos seus principais argumentadores, cf. *Ideias econômicas de Cincinato Braga*.

24. J. A. Nogueira, "A invasão de um mito", *OESP*, 2/4/1920, p. 3.

25. Petrone, M.T. S., "Imigração", in *HGCB*, t. 2. IV, pp. 95-133; Hutter, *Imigração italiana em São Paulo (1880-1889)*, 170 pp.; Holloway, *Imigrantes para o café*, pp. 71-109; Alvim, *Brava gente!, os italianos em São Paulo*.

26. Franco, *Homens livres na ordem escravocrata*; Queiroz, *Bairros rurais paulistas*; idem, *Cultura, sociedade rural, sociedade urbana no Brasil*; Fernandes, *Folclore e mudança social na cidade de São Paulo*; idem, *A integração do negro na sociedade de classes*; idem & Bastide, *Brancos e negros em São Paulo*; Cândido, *Os parceiros do Rio Bonito*; idem, "Dialética da malandragem"; Dias, *Quotidiano e poder em São Paulo no século XIX*; Pinto, "Quotidiano e sobrevivência: a vida do trabalhador pobre na cidade de São Paulo, 1890-1910".

27. Lévi-Strauss, *Tristes tropiques*, p. 35.

28. Fernandes, *Folclore e mudança social na cidade de São Paulo*; idem & Bastide, *Brancos e negros em São Paulo*, passim; Dias, *Quotidiano e poder em São Paulo no século XIX*; Pinto, "Quotidiano e sobrevivência: a vida do trabalhador pobre na cidade de São Paulo, 1890-1910".

29. Langenbuch, *A estruturação da Grande São Paulo, estudo de geografia urbana*, pp. 77-130.

30. Carelli, *Carcamanos e comendadores, os italianos de São Paulo da realidade à ficção, 1919-1930*, pp. 21-72; Alvim, *Brava gente!, os italianos em São Paulo*, pp. 74-177.

31. "Revi São Paulo depois de onze longos anos [...] Essas cidades americanas nos fazem velhos em dois lustros: desabrocham com uma rapidez estonteante [...] Germinam, expandem-se, aplanam-se, transportam-se, tomadas de uma louca embriaguez de juventude edificativa." Ernesto Bertarelli, "Raça latina reverdecida", *OESP*, 24/8/1921, p. 4.

32. P., "A futura Câmara", *OESP*, 26/10/1919, p. 6.

33. Fausto, *Trabalho urbano e conflito social (1890-1920)*, pp. 62-96 e passim; Hardman, *Nem pátria nem patrão, vida operária e cultura anarquista no Brasil*; Prado & Hardman, *Contos anarquistas*; Prado, *Libertários e militantes, arte, memória e cultura anarquista*; Kocher & Lobo, *Ouve meu grito, antologia de poesia operária (1894-1923)*; Hobsbawm, *Revolucionários*, pp. 67-100.

34. Hobsbawm & Ranger, *A invenção das tradições*.

35. Carelli, *Carcamanos e comendadores, os italianos de São Paulo da realidade à ficção, 1919-1930*, pp. 73-188; Lara, *De Pirandello a Piolim, Alcântara Machado e o teatro no modernismo*; Americano, *São Paulo nesse tempo (1915-1935)*, pp. 236-7 e passim.

36. Fernando Pessoa, "Ulisses", in *Obra poética*, p. 6.

37. Sobre o surto da paixão lúdica que caracteriza o período, cf. Harris, *Language, Saussure and Wittgenstein, How to Play Games With Words*, pp. 1-6.

38. N/a, "O valor da luta", ext. da *Revista Sports*, n. 1 (dez. 1919), in *OESP*, 11/12/1919, p. 5.

39. Sobre a relação entre a Guerra e a difusão dos esportes cf. n/a, "Sports — educação física", *OESP*, 26/11/1919, p. 7; Associated Press, "Para a Olimpíada de 1922", *OESP*, 3/12/1919, p. 6; n/a, "Sports — educação física", *OESP*, 6/12/1919,

p. 6; dr. A. Thooris, "A educação física", *OESP*, 14/11/1921, p. 3; n/a, "Os escoteiros de Natal", *OESP*, 3/8/1919, p. 4, onde se lê o axioma lapidar, "O esporte é a expressão civilizada e moderna da bravura".

40. Eichberg, H., "Forward race and the laughter of pygmies: on Olympic sport", in Teich & Porter, *Fin de Siècle and Its Legacy*, pp. 115-30; Zweig, *O mundo que eu vi — minhas memórias*, pp. 237-59.

41. N/a, "Notas e informações", *OESP*, 28/6/1922, p. 3.

42. Arendt, *Imperialismo, a expansão do poder*, pp. 44-58.

43. P., "Depois do corso", *OESP*, 6/3/1919, p. 7.

44. N/a, "O ano esportivo", *OESP*, 1/1/1919, p. 5.

45. N/a, "Sports — tiro", *OESP*, 31/8/1919, p. 6.

46. N/a, "Organização esportiva", *OESP*, 19/9/1919, p. 5.

47. Cf. coluna esportiva do *OESP* dias: 3/6/1919, p. 7; 7/5/1919, p. 5; 28/6/1919, p. 5; 31/8/1919, p. 4; 25/9/1919, p. 5; 3/10/1919, p. 6; 17/10/1919, p. 6, por exemplo.

48. A proliferação desenfreada de campos de futebol nas várzeas operárias exprime bem novos estados de motivação se difundindo entre as populações mais humildes. Cf. n/a, "Ontem, por esses bairros", *OESP*, 26/5/1920, p. 4; também n/a, "Sports", *OESP*, 6/9/1919, p. 5 e 15/11/1919, p. 7. Uma voz marginalizada, porém conspícua e significativa, ecoando no contrafluxo da corrente esportiva predominante é a do carioca Lima Barreto. Suas diatribes contra o arauto impávido das glórias atléticas, o escritor Coelho Neto, são de um sarcasmo corrosivo: Lima Barreto, "Uma conferência esportiva", in Ramos, *A palavra é futebol*, pp. 8-15.

49. Os desdobramentos dessa ordem de associações assumem feições inequívocas na concepção das modernas técnicas de gerenciamento industrial, cujas formulações precedem de pouco a Primeira Guerra Mundial. Cf. Chandler Jr., A. D., "Fin de siècle: industrial transformation", in Teich & Porter, *Fin de Siècle and Its Legacy*, pp. 28-41; Maier, C. S., "The factory as society: ideologies of industrial management in the twentieth century", in Bullen, Pogge & Polonsky, *Ideas Into Politics: Aspects of European History 1880-1950*, pp. 147-63; Craven, "Abstract expressionism, automatism and the age of automation", pp. 80-3. Um registro artístico nítido da supremacia dessa nova mentalidade, observada porém de uma perspectiva crítica, é o clássico filme de Charles Chaplin, *Tempos modernos*, de 1936. Outro registro artístico dessa nova consciência, numa chave mais receptiva, aparece nas obras pós-guerra de Fernand Léger.

50. A noção de "guerra total" haurida da Primeira Guerra e suas decorrências socioculturais são examinadas por Virilio, *War and Cinema, the Logistics of Perception*; Ellis, *The Social History of the Machine Gun*, pp. 111-48; Warner, *Fire Power*, pp. 103-19.

51. Sobre as mudanças de orientação no pensamento militar, as novas correntes nas humanidades, nos novos quadros políticos, nas artes e literatura, cf. Carva-

lho, *Caderno de imagens da Europa*; Weber, *França fin-de-siècle*, pp. 259-83; Johnson, *The Age of Illusion: Art and Politics in France, 1918-1940*, pp. 40-3.

52. N/a, "Sports — educação física", *OESP*, 6/12/1919, p. 6.

53. N/a, "Os nossos progressos", *OESP*, 26/11/1919, p. 7. No mesmo sentido, declarou o dr. A. Thooris, presidente da Comissão Científica da Federação Francesa de Atletismo: "Façamos esportistas. Não se constatou, em França, durante a Guerra, com que rapidez se fazia de um esportista um soldado?", cf. "Revista das revistas", *OESP*, 14/11/1921, p. 3.

54. Telegrama da Associated Press, "Para a Olimpíada de 1922", *OESP*, 3/12/1919, p. 6.

55. Idem, ibidem.

56. N/a, "Os nossos progressos", *OESP*, 26/11/1919, p. 7.

57. N/a, "Sports — educação física", *OESP*, 6/12/1919, p. 6.

58. Dr. A. Thooris, "Revista das revistas", *OESP*, 14/11/1921, p. 3.

59. N/a, "Os nossos progressos", *OESP*, 26/11/1919, p. 7.

60. O capitão de cavalaria alemão G. B. Fosika foi encarregado de organizar e dirigir as atividades esportivas dos prisioneiros germânicos detidos na Sibéria. Para esse fim, ele escreveu um primoroso manual de ética e princípios desportivos, que conclui com estas linhas cristalinas: "The obligations of the true sportsman are numerous enough. But even if one meets all requirements, he is still only a pseudo-sportsman if he cannot control himself. We should keep in mind that in sports activity we should employ not only muscular but also mental powers. These include above all presence of mind and self mastery. [...] The first should be the goal of every sportsman, the second is his duty". Davis, "Sport in Siberia, 1917: a rare document".

61. Eichberg, H., "Forward race and the laughter of pygmies: on Olympic sport", in Teich & Porter, *Fin de Siècle and Its Legacy*, pp. 115-31; Johnson, *The Age of Illusion: Art and Politics in France, 1918-1940*, pp. 42-3; Everett, *London the Glamour Years, 1919-39*, pp. 88-141.

62. Mappin Stores, "Artigos para cavalheiros", ilustrado, *OESP*, 15/5/1919, p. 9; n/a, "O bandeirante dos ares", in *IB*, jan. 1921, p. 6; Fernanda, "Carta de Fernanda Laura", in *IB*, maio 1921, p. 35.

63. "Pedimos reclamar contra o abuso cometido por alguns amadores de regatas do Tietê, os quais, a pretexto de praticar esse *sport* perambulam pelas imediações da Ponte Grande em trajes muito pouco recatados, com o que se escandalizam as famílias que se dirigem a espairecer, para o jardim público existente às margens do rio.", "Queixas e reclamações", *OESP*, 28/2/1920, p. 5.

64. Seraph, "Como Eva se veste no começo do ano de 1921", in *RS*, 1/1/1921, p. 27; Parc Royal, "Banhos de mar", in *RS*, 15/1/1921, p. 6; Raul, "O feminismo másculo", in *RS*, ibidem, p. 15; W. K. Haselden, "Como foi educada a mãe — como é educada a filha", in *RS*, ibidem, p. 33.

65. N/a, "As pálidas e as morenas", *OESP*, 10/5/1920, p. 4.

66. N/a, "O inverno", *OESP*, 12/5/1920, p. 3.

67. N/a, "O exagero da moda", *OESP*, 8/2/1920, p. 7.

68. N/a, "Um grito de alarma", *OESP*, 25/1/1920, p. 6.; n/a, *"L'exemple dange-reux"*, *OESP*, 12/3/1920, p. 3.

69. Para a síntese desse parágrafo: Amadeu Amaral, *Memorial de um passageiro de bonde*; Oswald de Andrade, *Os condenados*; António de Alcântara Machado, *Novelas paulistanas*; Hilário Tácito, *Madame Pommery*; Fonseca, *História da prostituição em São Paulo*; Rago, *Do cabaré ao lar, a utopia da cidade disciplinar*; idem, "Prazer e perdição: a representação da cidade nos anos 20".

70. N/a, "Na cidade, à tarde", *OESP*, 14/4/1920, p. 3.

71. N/a, "Nem tanto ao mar...", *OESP*, 23/3/1920, p. 3.

72. Meihy & Witter, *Futebol e cultura*; Fernando Azevedo, "A evolução esportiva 1822-1922", *OESP*, 9/9/1922, pp. 7-8; o conselheiro Antônio Prado foi pioneiro na criação de um velódromo na cidade em terrenos de sua propriedade, cf. Bruno, *Histórias e tradições da cidade de São Paulo*, pp. 1245-6. Sobre a comunidade inglesa e os esportes, cf. Catálogo, *Happy Birthday SPAC, 1888-1988*.

73. N/a, "Sports — educação física", *OESP*, 6/12/1919, p. 6.

74. N/a, "O *parvenu* no sport", *OESP*, 24/7/1919, p. 7; n/a, "Educação física", *OESP*, 16/5/1919, p. 54.

75. N/a, "Campeonato Sul-Americano", *OESP*, 31/5/1919, p. 5.

76. N/a, "O campeonato acadêmico do atleta completo", *OESP*, 7/3/1919, p. 6.

77. N/a, "Uma iniciativa da classe acadêmica", *OESP*, 1/5/1919, p. 6.

78. N/a, "Educação física", *OESP*, 16/5/1919, p. 5.

79. Do *Estadinho*, n/a, "O Campeonato Municipal", *OESP*, 6/9/1919, p. 5; n/a, "O Campeonato Municipal — uma realidade vitoriosa", *OESP*, 15/11/1919, p. 7.

80. N/a, "Excursão a Mogi das Cruzes", *OESP*, 20/4/1919, p. 5; n/a, *"Raid* a pé a Santos", *OESP*, 20/4/1919, p. 5.

81. Alguns poucos exemplos podem ser os campeonatos internos disputados pelos vários clubes desportivos da cidade, os raides aéreos cobrados pelos pilotos, as provas pedestres do *Estadinho*, as lutas de boxe do Parque Antártica etc. Cf. n/a, "A Taça Fuchs", *OESP*, 16/7/1919, p. 3; n/a, "Box — o grande certame de hoje", *OESP*, 17/9/1922, p. 7; n/a, "Uma iniciativa louvável", *OESP*, 17/10/1919, p. 6, apenas como ilustração.

82. N/a, "Pedestrianismo", *OESP*, 21/2/1919, p. 5; n/a, "Pedestrianismo", *OESP*, 14/8/1919, p. 5; n/a, "Automobilismo", *OESP*, 28/1/1920, p. 2; n/a, "Prova Clássica Estadinho", *OESP*, 14/7/1920; n/a, "Prova Clássica Fanfulla", *OESP*, 5/6/1922, p. 3.

83. N/a, "Pedestrianismo", *OESP*, 21/2/1919, p. 5.

84. N/a, "A Volta de São Paulo — conselhos aos pedestrianos", *OESP*, 8/5/1919, p. 6.

85. N/a, "*Football*", *OESP*, 11/11/1920, p. 5; para a síntese dos dois últimos parágrafos ainda, verificar n/a, "Novos horizontes", *OESP*, 18/2/1919, p. 5, onde está localizada a citação anterior e n/a, "Os nossos progressos", *OESP*, 26/11/1919, p. 7.

86. N/a, "*Football*", *OESP*, 11/11/1920, p. 5.

87. Esse era um hábito que se difundia dentre a elite política, cujos membros competiam entre si para patrocinar eventos esportivos como a Taça Oscar Rodrigues Alves de tênis ou a Prova Altino Arantes de remo, por exemplo n/a, "*Rowing*", *OESP*, 3/10/1919, p. 6.

88. N/a, "Campeonato Estadual de Luta", *OESP*, 25/9/1919, p. 5.

89. N/a, "Recepção aos jogadores paulistas", *OESP*, 3/6/1919, p. 7; n/a, "Recepção dos jogadores paulistas", *OESP*, 4/6/1919, p. 7.

90. N/a, "Pedestrianismo", *OESP*, 21/2/1919, p. 5; n/a, "O *parvenu* no sport", *OESP*, 24/7/1919, p. 7; n/a, "O Circuito Pedestre de São Paulo", *OESP*, 5/8/1919, p. 5; Editorial do *Estadinho*, "O grande problema da educação física", *OESP*, 29/8/1919, p. 4; Mário Pinto Serva, "A conquista do Brasil", *OESP*, 9/12/1919, p. 3.

91. N/a, "Sports", *OESP*, 8/12/1919, p. 7; n/a, "Sports", *OESP*, 7/2/1920, p. 6.

92. N/a, "Reformas que se impõem", *OESP*, 7/2/1920, p. 6.

93. N/a, "Iniciativa de grande alcance", *OESP*, 26/5/1920, p. 8.

94. N/a, "A forte campanha em prol do alistamento eleitoral", *OESP*, 10/8/1919, p. 5; n/a, "Um exemplo a imitar", *OESP*, 19/12/1919, p. 7.

95. N/a, "Hipismo", *OESP*, 1/6/1919, p. 6; n/a, "Prova Clássica Estadinho", *OESP*, 24/2/1921, p. 5; n/a, "O *raid* ciclístico Rio-São Paulo", *OESP*, 7/4/1920, p. 6; n/a, "Corridas de automóveis", *OESP*, 28/1/1920, p. 2; n/a, "A Maratona Paulista", *OESP*, 15/8/1920, p. 5; n/a, "Paulistano x Corinthians", *OESP*, 22/12/1919, p. 5; n/a, "*Football* — o encontro Rio-São Paulo", *OESP*, 7/6/1920, p. 2.

96. N/a, "O *match* Fluminense-Paulistano", *OESP*, 31/3/1920, p. 6.

97. N/a, "Palestra x Paulistano — a assistência", *OESP*, 17/11/1919, p. 4; sobre o jogo anterior, n/a, "Palestra x Corinthians — a assistência", *OESP*, 10/11/1919, p. 5.

98. N/a, "C. A. Paulistano — ampliação da sua praça de sports", *OESP*, 26/6/1919, p. 6.

99. N/a, "Um belo programa", *OESP* (ed. da noite), 29/10/1919, p. 5.

100. N/a, "Ontem, por esses bairros", *OESP*, 26/5/1920, p. 4.

101. N/a, "Jogos intermunicipais", *OESP*, 20/3/1919, p. 6.

102. Quanto aos operários, n/a, "Queixas e reclamações", *OESP*, 20/2/1919, p. 5; quanto aos "moleques vadios e vagabundos", n/a, "Queixas e reclamações", *OESP*, dias 11/1/1920, 8/7/1919, 16/7/1919, 9/2/1919, por exemplo.

103. Sob uma outra perspectiva ainda, de coloração anarquista, o futebol é visto como um fator pernicioso de promoção de atitudes de concorrência, competição e agressividade, comprometendo a disposição fraternitária das popula-

ções oprimidas. A esse respeito, uma das vozes mais eloquentes é sem dúvida a de Lima Barreto, cf. Sevcenko, *Literatura como missão, tensões sociais e criação cultural na Primeira República*, pp. 185-93.

104. N/a, "Excesso de *football*", *OESP*, 17/9/1920, p. 5.

105. N/a, "O Campeonato Sul-Americano", *OESP*, 6/5/1919, p. 6.

106. N/a, "História do *football* em São Paulo", *OESP*, 2/4/1919, p. 6.

107. N/a, "História Antiga e Moderna", *OESP*, 2/10/1919, p. 5.

108. N/a, "Campeonato Sul-Americano — ligeiras considerações", *OESP*, 30/5/1919, p. 3.

109. N/a, "Festa de Corpus Christi", *OESP*, 23/6/1919, pp. 4-5.

110. N/a, "O grande *match* Paulistano-Palestra", *OESP*, 26/6/1919, p. 4.

111. Cf. nota 98, neste capítulo.

112. A primeira citação está em "O grande *match* Paulistano-Palestra", *OESP*, 26/6/1919, p. 4 e a segunda em n/a, "Pela concórdia esportiva — Corinthians e Palestra", *OESP*, 19/7/1919, p. 8.

113. N/a, "Ontem, por esses bairros", *OESP*, 26/5/1920, p. 4.

114. N/a, "Palestra x Corinthians", *OESP*, 26/4/1920, p. 9.

115. N/a, "Paulistano x Palestra", *OESP*, 13/12/1920, p. 5.

116. P., "*Football*", *OESP*, 27/5/1919, p. 5.

117. N/a, "Os escoteiros de Natal", *OESP*, 3/8/1923, p. 4.

118. N/a, "Na entrega dos Prêmios Estadinho", *OESP*, 4/2/1919, p. 5.

119. N/a, "A Taça Estadinho", *OESP*, 22/10/1919, p. 5.

120. Sobre a mudança na Prova Estadinho, n/a, "Pedestrianismo", 22/10/1919, p. 5. O caso de São Paulo destoava clamorosamente do projeto urbanístico do Rio de Janeiro, definido a partir da Avenida Central e se orientando em função dos espaços abertos da orla marítima. Cf. Bruno, *Histórias e tradições da cidade de São Paulo*, pp. 1046-9.

121. N/a, "Pedestrianismo", *OESP*, 21/2/1919, p. 5.

122. N/a, "O Circuito Pedestre de São Paulo", *OESP*, 5/8/1919, p. 5.

123. N/a, "Novos agradecimentos", *OESP*, 14/8/1919, p. 6.

124. N/a, "A Marcha da Milha", *OESP*, 28/8/1919, p. 5.

125. N/a, "Sociedade Sportiva Paulista", *OESP*, 17/4/1920, p. 8.

126. N/a, "Prova Clássica Fanfulla", *OESP*, 5/6/1922, p. 3; Ramos, Cláudia, "Nadadora começou sua carreira no rio", in *Folha de S.Paulo*, 15/5/1991, p. E-3.

127. N/a, "A Maratona Paulista", *OESP*, 15/8/1920, p. 5.

128. Uma das mais refinadas expressões artísticas dessa afinidade erótica entre a tecnologia moderna e o corpo humano é o filme *Metrópolis*, de Fritz Lang, de 1927.

129. United Press, "A corrida das 500 Milhas", *OESP*, 1/6/1919, p. 6.

130. Bruno, *Histórias e tradições da cidade de São Paulo*, pp. 1082, 1249-50.

131. P., "Impressões da Rua 15", *OESP*, 14/2/1919, p. 6; P., "Um problema", *OESP*,

11/4/1919, p. 5; P., "Os bondes no centro", *OESP*, 7/5/1919, p. 5; P., "Os automóveis na Rua 15", *OESP*, 10/8/1919, p. 6; n/a, "Queixas e reclamações", *OESP*, 11/6/1919, p. 5.

132. P., "A capital do barulho", *OESP*, 14/1/1919, p. 6; P., "Os automóveis na Rua 15", *OESP*, 10/5/1919, p. 6; n/a, "Queixas e reclamações", *OESP*, 11/6/1919, p. 5.

133. Só como exemplo, algumas das notícias trágicas cotidianas de atropelamentos fatais, n'*O Estado*: 6/4/1919, ancião; 15/4/1919, operário; 16/5/1919, menina de quatro anos, decapitada; 8/6/1919, operário; 16/6/1919, guarda-noturno; 21/6/1919, ciclista; 23/6/1919, empregado da limpeza pública; 26/5/1919, um copeiro e um menino; 31/5/1919, costureira; 25/6/1919, empregado da Cia. Telefônica; 6/7/1919, verdureiro; 7/8/1919, menina de sete anos; 16/7/1919, menina aprendiz e ancião de setenta anos; 9/8/1919, apagador de lampiões e menino mensageiro de bicicleta; 12/8/1919, operária, dezoito anos, dentre outros.

134. N/a, "O perigo dos veículos", *OESP*, 22/1/1920, p. 8; n/a, "O perigo dos automóveis", *OESP*, 2/2/1920, p. 2; n/a, "Queixas e reclamações", *OESP*, 4/2/1920, p. 4; n/a, "O perigo dos veículos", *OESP*, 25/3/1920, p. 5; Editorial, "Pelas ruas", *OESP*, 19/5/1920, p. 4.

135. É exemplar e excruciante a esse respeito o conto "O monstro de rodas", in António de Alcântara Machado, *Novelas paulistanas*, pp. 113-6.

136. Editorial, "Pelas ruas", *OESP*, 19/5/1920, p. 4; P., "Os veículos no centro", *OESP*, 8/7/1921, p. 4.

137. P., "Impressão no corso", *OESP*, 6/5/1919, p. 5; "Um cidadão residente nesta capital", "Queixas e reclamações", *OESP*, 28/11/1919, p. 5; n/a, "Queixas e reclamações", *OESP*, 3/1/1920, p. 5; P., "A lei sobre veículos", *OESP*, 10/2/1920, p. 4; Editorial, "Os automóveis", 4/12/1920, p. 5; P., "Os veículos no centro", *OESP*, 8/7/1921, p. 4.

138. N/a, "O comendador E. Matarazzo", *OESP*, 29/1/1920, p. 3.

139. N/a, "Queixas e reclamações", *OESP*, 3/1/1920, p. 5.

140. N/a, "Sports — pedestrianismo", *OESP*, 7/8/1919, p. 5; n/a, "A Marcha da Milha", *OESP*, 28/8/1919, p. 6; n/a, "Liga ciclo-motociclística", *OESP*, 15/11/1919, p. 7; n/a, "Corrida de automóveis", *OESP*, 16/1/1920, p. 7; n/a, "Corrida de automóveis", *OESP*, 28/1/1920, p. 2; n/a, "Ciclismo — uma corrida em São Paulo", *OESP*, 1/7/1920, p. 6.

141. P., "Impressão no corso", *OESP*, 6/5/1919, p. 5.

142. N/a, "Uma arriscada prova automobilística", *OESP*, 23/8/1919, p. 11; n/a, "Queixas e reclamações", *OESP*, 20/11/1919, p. 6.

143. Editorial, "Os automóveis", *OESP*, 4/12/1920, p. 5.

144. O Diretor, Manoel Viotti, "Carnaval", *OESP*, 12/2/1920, p. 8; também n/a, "Carnaval, os festejos de hoje", *OESP*, 23/2/1919, p. 5.

145. N/a, "A aviação no Brasil", *OESP*, 28/4/1919, p. 5.

146. N/a, "São Paulo visto de aeroplano", in *RB*, ano 4, v. IX, (maio-ago. 1919), pp. 176/A-B/-7.

147. N/a, "Partida do capitão Lafay", *OESP*, 2/5/1919, p. 4.

148. Overy, R., "Heralds of modernity: cars and planes from invention to necessity", in Teich & Porter, *Fin de Siècle and Its Legacy*, pp. 54-79.

149. Delpes, "A travessia aérea do Atlântico", *OESP*, 11/5/1919, p. 3; Delpes, "A vitória de Hawker", *OESP*, 20/5/1919, p. 3; n/a, "A travessia do Atlântico", *OESP*, 27/6/1919, p. 5; dr. Bettencourt Rodrigues, de Bayonne, "De tudo um pouco", *OESP*, 20/1/1920, p. 2.

150. N/a, "Os voos de Hoover", *OESP*, 12/12/1919, p. 5; n/a, "Aviação em São Paulo", *OESP*, 14/12/1919, p. 6.

151. Casa Lotérica, "Um aeroplano na Praça Antônio Prado", *OESP*, 29/11/1919, p. 4; n/a, "As bonecas de São Nicolau", *OESP*, 11/12/1919, p. 13.

152. N/a, "Os voos de Hoover", *OESP*, 14/12/1919, p. 6.

153. Delpes, "Acrobacias aéreas", *OESP*, 26/10/1919, p. 3.

154. N/a, "A aviação em São Paulo", *OESP*, 14/12/1919, p. 6.

155. N/a, "A aviação em São Paulo", *OESP*, 15/7/1920, p. 3.

156. N/a, "A vitória de Edu Chaves", *OESP*, 30/12/1920, p. 3.

157. Idem, ibidem.

158. Idem, ibidem.

159. P., "A vitória de Edu Chaves", *OESP*, 30/12/1920, p. 6.

160. N/a, "Tarde de aviação", *OESP*, 1/11/1921, p. 4.

161. N/a, "Chegada a São Paulo de uma missão fascista de aviação", *OESP*, 23/3/1923, p. 4; n/a, "A grande tarde de aviação", *OESP*, 9/4/1923, p. 3.

162. Carvalho, J. M. de, "As Forças Armadas na Primeira República: o poder desestabilizador", in *HGCB*, t. 3, II, pp. 193-5.

163. Idem, ibidem.

164. Mário de Andrade, "*Losango cáqui*", in *Poesias completas*, pp. 81-128.

165. N/a, "A. A. São Paulo — curso especial militar", *OESP*, 20/9/1919, p. 5; n/a, "Sports — tiro — Faculdade de Direito", *OESP*, 14/11/1919, p. 5.

166. P. Pessoa, "Exército novo", in *IB*, set. 1920, pp. 13-4; P. Pessoa, "O Exército novo", in *IB*, out. 1920, pp. 35-7; Capitão X, "Semana militar — Centro de Cultura Física", *RS*, 4/2/1922, p. 22.

167. Cf. nota 62, no capítulo 1.

168. N/a, "Os escoteiros de Natal", *OESP*, 3/3/1923, p. 4. Sobre o "novo homem" cf. ainda Virilio, *La machine de vision*, pp. 23-46 e Marand & Zylberman, *Recherche: le soldad du travail (guerre, fascisme et taylorisme)*.

169. Love, *A locomotiva, São Paulo na federação brasileira, 1889-1937*, pp. 63-106.

170. Idem, ibidem.

171. J. A. Nogueira, "Onda verde", *OESP*, 11/7/1921, p. 5.

172. Aspirina Bayer, "Energia", *OESP*, 13/11/1919, p. 13; Aspirina Bayer, "Potência", *OESP*, 20/11/1919, p. 16; Aspirina Bayer, "Eficiência", *OESP*, 6/11/1919, p. 14.

173. Anúncios diários na Seção Geral, a partir de 1920.

174. N/a, "O cachimbo", *OESP*, 8/4/1921, p. 3.

175. Dr. Domingos Jaguaribe, "O mal do século é o álcool", *OESP*, 16/11/1919, p. 8.

176. P., "A propósito de um banquete", *OESP*, 8/12/1919, p. 7.

177. N/a, "Contra o álcool", *OESP*, 17/6/1921, p. 4.

178. N/a, "Vícios elegantes", *OESP*, 5/9/1921, p. 5; Paul Bourget, do *L'Illustration*, "O vício da cocaína", *OESP*, 3/9/1921, p. 3; drs. Courtis Suffi e René Giroux, da *Revue de France*, "A cocainomania", *OESP*, 13/11/1922, p. 3.

179. Suffi e Giroux, "A cocainomania", *OESP*, 13/11/1922, p. 3.

180. N/a, "A campanha contra a cocaína", *OESP*, 28/7/1920, p. 5.

181. Paul Bourget, "O vício da cocaína", *OESP*, 3/9/1921, p. 3.

182. N/a, "Nas garras do vício", *OESP*, 5/10/1921, p. 3.

183. N/a, "Templários", *OESP*, 8/6/1920, p. 4.

184. N/a, "Repressão ao jogo", *OESP*, 16/6/1920, p. 4.

185. N/a, "Coisas do jogo", *OESP*, 14/10/1919, p. 4.

186. N/a, "O jogo Palestra x Corinthians", *OESP*, 7/11/1919, p. 5.

187. Liga Nacionalista, "A jogatina", *OESP*, 16/6/1920, p. 4; Liga Nacionalista, "Contra o jogo", *OESP*, 5/9/1919, p. 6; Liga Nacionalista, "Contra o jogo", *OESP*, 2/9/1919, p. 4, onde se encontra a citação.

188. Font, *Coffee, Contention and Change in the Making of Modern Brazil*, pp. 35-86; Love, *A locomotiva, São Paulo na federação brasileira, 1889-1937*, pp. 63-106.

189. O. F., "A especulação a termo", *OESP*, 5/7/1920, p. 4.

190. O. F., "A situação do café", *OESP*, 13/10/1919, p. 3; Editorial, "Notas e informações, carta de um lavrador de café", *OESP*, 19/10/1919, p. 3.

191. N/a, "Dissipadores", *OESP*, 22/4/1920, p. 4.

192. Martim Francisco, "Viajando (coisas do meu diário)", in *RB*, ano 4, v. xi, 43 (jul. 1919), pp. 219-29.

193. N/a, "Figuras deploráveis", *OESP*, 14/3/1920, p. 5; Liga Nacionalista, "Contra o jogo", 2/9/1919, *OESP*, p. 4

2. OS MAQUINISMOS DE UMA CENOGRAFIA MÓVEL (PP. 131-216)

1. P., "Um grito de alarma", *OESP*, 25/1/1920, p. 6.

2. N/a, "Cassino Antártica", *OESP*, 6/6/1919, p. 4; n/a, "Queixas e reclamações", *OESP*, 17/6/1919, p. 4; n/a, "Club dos Diários", 28/6/1919, p. 3; n/a, "As saias curtas", *OESP*, 18/4/1920, p. 4.

3. N/a, "*L'exemple dangereux*", *OESP*, 12/3/1920, p. 3.

4. N/a, "Joana D'Arc", *OESP*, 19/5/1920, p. 3.

5. Victor Talking Machine Co., "Vitrola", 3/5/1919, *OESP*, p. 13.

6. Casa Murano, "Vitrolas", *OESP*, 10/6/1919, p. 14.

7. Casa Murano, "Dance muito", *OESP*, 19/10/1919, p. 9.

8. N/a, "*L'exemple dangereux*", *OESP*, 12/3/1920, p. 3; n/a, "Pelos salões", *OESP*, 19/4/1920, p. 4.

9. N/a, "Sports", *OESP*, 7/2/1920, p. 6.

10. N/a, "As danças e os bailes", *OESP*, 17/4/1920, p. 4.

11. N/a, "Novos tempos", *OESP*, 19/6/1920, p. 3.

12. P., "Cinematógrafo", *OESP*, 25/3/1919, p. 6.

13. Bratlinger, P., "Mass media and culture in fin-de-siècle Europe", in Teich & Porter, *Fin de Siècle and Its Legacy*, pp. 98-114.

14. Sra. Baily, do *Bulletin of the Pan-American Union*, "O cinematógrafo na América do Sul", *OESP*, 8/11/1920, p. 3; cf. também King, *Magical Reels, a History of Cinema in Latin America*, pp. 7-31.

15. Reveladora desse complexo sistema é a coleção da revista *Paratodos* que, com esse título significativo, era quase que exclusivamente dedicada a fazer fermentar e expandir o imaginário projetado nas telas dos cinemas. A colaboração, não menos insigne, ia de Cecília Meireles a Di Cavalcanti, cf. *Paratodos*, 30/12/1922, pp. 1 e 5, por exemplo.

16. King, *Magical Reels, a History of Cinema in Latin America*, pp. 20-5.

17. N/a, "Visões modernas", *OESP*, 5/5/1920, p. 3.

18. Machado Jr., *São Paulo em movimento: a representação cinematográfica da metrópole nos anos 20*, pp. 38-40.

19. Carta do sr. Feijó Jr., "Do que São Paulo precisa", *OESP*, 21/3/1920, p. 6.

20. N/a, "Sociabilidade", *OESP*, 14/6/1920, p. 2.

21. O. F., "A crise de braços", *OESP*, 12/9/1920, p. 4.

22. Editorial, "Notas e informações", *OESP*, 19/9/1919, p. 3; Dr. Bettencourt Rodrigues, "De tudo um pouco", *OESP*, 6/1/1920, p. 3; Associação dos Empregados do Comércio, "A carestia de vida", *OESP*, 24/4/1920, p. 5; n/a, "Arroz e açúcar", *OESP*, 28/4/1920, p. 4; n/a, "Inquilinos e senhorio", *OESP*, 2/7/1920, p. 5; Editorial, "Notas e informações", *OESP*, 28/9/1921, p. 3 etc.

23. N/a, "Assinaturas para 1920", *OESP*, 17/9/1919, p. 2; n/a, "O jornal de maior circulação no Brasil", *OESP*, 29/11/1919, p. 2; Editorial, "Notas e informações", *OESP*, 18/2/1922, p. 3.

24. C., "A atividade editorial em São Paulo", *OESP*, 5/3/1921, p. 4; n/a, "Livros! Livros!", *OESP*, 13/4/1921, p. 4.

25. N/a, "Programas de gosto", *OESP*, 11/4/1920, p. 3.

26. P., "Exposições", *OESP*, 2/10/1919, p. 5.

27. N/a, "Artes e artistas", *OESP*, 3/10/1919, p. 5.

28. P., "Uma decepção", *OESP*, 26/4/1919, p. 5; P., "Uma sugestão", *OESP*, 21/8/1919, p. 5; P., "A propósito da Pinacoteca", *OESP*, 4/10/1919, p. 8; n/a, "Artes e artistas", *OESP*, 9/10/1919, p. 3; P., "Exposições", *OESP*, 2/10/1919, p. 5.

29. P., "Exposições", *OESP*, 2/10/1919, p. 5.

30. Clóvis Ribeiro, "Os nossos museus", *OESP*, 13/9/1920, p. 2.

31. N/a, "Di Cavalcanti", *OESP*, 19/11/1919, p. 4; n/a, "Di Cavalcanti", *OESP*, 20/11/1919, p. 5; n/a, "Monumento às Bandeiras", *OESP*, 28/8/1920, p. 4; n/a, "Cesáreo de Queirós", *OESP*, 19/11/1921, p. 6.

32. N/a, "Os cordões da bolsa", *OESP*, 21/4/1920, p. 4.

33. Editorial, "Notas e informações", *OESP*, 14/1/1921, p. 4.

34. Smith, B. B., "Industrial psychology", in *TFDMT*, pp. 307-8.

35. N/a, "O Monumento a Bilac", *OESP*, 26/5/1920, p. 3.

36. N/a, "São Paulo e o centenário", *OESP*, 7/6/1919, p. 5.

37. N/a, "A cidade e a posse", *OESP*, 3/5/1920, p. 2; n/a, "O cerimonial da posse", *OESP*, 1/5/1920, p. 3; n/a, "Teatro Municipal", *OESP*, 1/5/1920, p. 2.

38. N/a, "Exposição industrial", *OESP*, 8/11/1920, p. 4.

39. N/a, "O centenário da Bandeira", *OESP*, 19/9/1922, p. 3.

40. P., "Uma glorificação", *OESP*, 5/4/1919, p. 7.

41. P., "Um desastre a evitar-se", *OESP*, 12/4/1921, p. 5.

42. N/a, "Edu foi delirantemente recebido [...]", *OESP*, 14/1/1921, p. 3.

43. Um ícone explícito dessa transição direta da poética para a ação se encontra rutilante no poema "Terceiro / O Conde D. Henrique", da *Mensagem*, in Fernando Pessoa, *Obra poética*, p. 6.

44. N/a, "Edu foi delirantemente recebido [...]", *OESP*, 14/1/1921, p. 3.

45. A., "Bilhetes do Rio", *OESP*, 8/3/1923, p. 5.

46. N/a, "Carnaval, o corso na Avenida", *OESP*, 7/2/1921, p. 4. Um aspecto curioso na comparação dos estilos de festejos carnavalescos entre a população imigrante humilde e a elite nativa foi observado por um missivista paulistano que mandou uma carta indignada para o *OESP*, da qual destacamos o seguinte trecho: "O Largo da Concórdia, frequentado, nos dias de Carnaval, por grande massa popular, na quase totalidade constituída de estrangeiros, conserva-se todos os anos a salvo de quaisquer depredações, sendo ali respeitados os regulamentos municipais para praças e jardins, no que revelam os seus frequentadores uma perfeita e louvável educação. Enquanto isso se dá, no Largo Coração de Jesus, exclusivamente procurado por brasileiros nos dias de festas carnavalescas, é o contrário que se verifica, sendo pisados e destruídos os canteiros, sendo necessário que, passado o Carnaval, a prefeitura promova uma custosa reparação dos jardins dali, os quais não são garantidos pela espontânea urbanidade do público". Cf. n/a, "Queixas e reclamações", *OESP*, 20/2/1919, p. 5.

47. N/a, "Carnaval no Brás", *OESP*, 10/2/1921, p. 3.

48. Dias, *Quotidiano e poder em São Paulo no século XIX*; Morse, *Formação histórica de São Paulo, de comunidade a metrópole*; Love, *A locomotiva, São Paulo na federação brasileira, 1889-1937*.

49. Langenbuch, *A estruturação da Grande São Paulo, estudo de geografia urbana*, pp. 120-2; Almeida, *Foliões*, pp. 391-410.

50. Love, *A locomotiva, São Paulo na federação brasileira, 1889-1937*; Font, *Coffee, Contention and Change in the Making of Modern Brazil*; Morse, *Formação histórica de São Paulo, de comunidade a metrópole*. S. Paulo se torna na década de 1920 responsável sozinho por cerca de 60% do valor total das exportações brasileiras, cf. Saliba, *Ideias econômicas de Cincinato Braga*, p. 34.

51. Sevcenko, "São Paulo, the quintessential, uninhibited megalopolis [...]".

52. Idem, ibidem.

53. Idem, pp. 7-15.

54. N/a, "Queixas e reclamações", *OESP*, 15/6/1919, p. 5.

55. Love, J., "Autonomia e interdependência: São Paulo e a federação brasileira, 1889-1937", in *HGCB*, t. 3, I, pp. 53-76.

56. P., "Festas...", *OESP*, 18/2/1919, p. 5.

57. N/a, "Conversa de teatro", *OESP*, 14/6/1921, p. 5.

58. N/a, "Queixas e reclamações", *OESP*, 28/2/1920, p. 5; n/a, "Ontem, por esses bairros", *OESP*, 26/5/1920, p. 4.

59. P., "Um livrinho útil", *OESP*, 12/8/1919, p. 5.

60. P., "Os nossos jardins", *OESP*, 7/10/1921, p. 7; Bruno, *Histórias e tradições da cidade de São Paulo*, pp. 1331-2.

61. Bruno, *Histórias e tradições da cidade de São Paulo*, p. 1003.

62. P., "Os carvalhos do Jardim Público", *OESP*, 26/11/1922, p. 5.

63. N/a, "Artes e artistas", *OESP*, 19/10/1919, p. 2.

64. P., "O Parque da Avenida", *OESP*, 22/2/1919, p. 6.

65. P., "O Parque da Avenida", *OESP*, 23/5/1919, p. 5.

66. Howard, *Garden Cities of To-morrow*; Osborn, F. J., "Preface", in Howard, op. cit.; Mumford, L., "The garden city idea and modern planning", in idem; Creese, *The Search for Environment, the Garden-city: Before and After*. Penny, *Pilkington Brothers' Garden Village Ventures: the End of the Garden City / Suburb Movement*; Ravetz, *The Government of Space, Town Planning in Modern Society*, pp. 22-5.

67. P., "O Parque da Avenida", *OESP*, 23/5/1919, p. 5; Bruno, *Histórias e tradições da cidade de São Paulo*, p. 1015.

68. Amaral, *Artes plásticas na Semana de 22*, pp. 60-5; Toledo, *Victor Dubugras e as atitudes de inovação em seu tempo*.

69. P., "O Jardim do Obelisco", *OESP*, 29/3/1919, p. 5.

70. Homem, *O prédio Martinelli, a ascensão do imigrante e a verticalização de São Paulo*.

71. Bruno, *Histórias e tradições da cidade de São Paulo*, p. 956.

72. Amaral, *Artes plásticas na Semana de 22*, p. 38.

73. Bruno, *Depoimentos de moradores e visitantes, 1553-1958*, p. 182.

74. "Paisagem nº 1", da *Pauliceia desvairada*, in *Poesias completas*, pp. 44.

75. *Tristes tropiques*, pp. 78-88; a citação está nas pp. 78-9.

76. *Au coeur du monde*, p. 60.

77. Bruno, *Histórias e tradições da cidade de São Paulo*, p. 930.

78. Cano, *Raízes de concentração industrial em São Paulo*, pp. 43-69; Sevcenko, *Literatura como missão, tensões sociais e criação cultural na Primeira República*, pp. 25-51.

79. Sevcenko, "São Paulo, the quintessential, uninhibited megalopolis as seen by Blaise Cendrars in the 1920s".

80. Bruno, *Histórias e tradições da cidade de São Paulo*, pp. 930-55.

81. Idem, p. 948.

82. Idem, pp. 946-7.

83. Idem, p. 947, nota.

84. António de Alcântara Machado, *Prosa preparatória & Cavaquinho e saxofone*, p. 171.

85. N/a, "Morte do ilustre arquiteto", *OESP*, 7/11/1920, p. 3.

86. Creese, *The Search for Environment, the Garden-city: Before and After*, pp. 299-314.

87. Bruno, *Depoimentos de moradores e visitantes, 1553-1958*, p. 178.

88. *Au coeur du monde*, pp. 63-4.

89. Torres, *O bairro do Brás*, pp. 170-3.

90. Idem, ibidem; Bruno, *Histórias e tradições* [...], pp. 1000-16.

91. Bruno, *Histórias e tradições* [...], pp. 1238-41; Americano, *São Paulo naquele tempo (1895-1915)*, pp. 259-61.

92. Corrêa, *A rebelião de 1924 em São Paulo*; FO 371/9511, pp. 162 e 193; FO 371/10 609, p. 163 e Annual Report for 1924.

93. Americano, *São Paulo naquele tempo (1895-1915)*, pp. 259-61; Bruno, *Histórias e tradições* [...], pp. 1245-6, 1003-12.

94. Souza, *O capital imobiliário e a produção do espaço urbano, o caso da Companhia City*, pp. 49-61.

95. Do jornal *A Notícia*, de 2/3/1909, citado por Carone & Perazzo, "Em São Paulo, lutas contra o monopólio: a mobilização social no conflito Guinle x Light", pp. 42-3.

96. Idem, ibidem.

97. Idem, p. 44.

98. Americano, *São Paulo nesse tempo (1915-1935)*, pp. 24-9.

99. Idem, pp. 27-8.

100. Dean, *A industrialização de São Paulo*, pp. 91-162, que fornece a seguinte tabela demonstrativa do surto de crescimento industrial decorrente da Primeira Guerra:

	Número de firmas	Capital (contos)	Valor da produção (contos)	Número de operários
1907	326	127 702	118 087	24 186
1920	4154	537 817	986 110	83 998

Fonte: Centro Industrial do Brasil, Comissão de Expansão Econômica do Brasil, *O Brasil*, III; Censo, 1920, v, 1ª, p. 139.

101. Cf. nota 22, neste capítulo.

102. Da *Nuova antologia*, "A Europa em crise", *OESP*, 5/7/1920, p. 3.

103. Thomson, D., "European civilization in the twentieth century", in *TNCMH*, pp. 556-70.

104. O. F., "Pessimismo", *OESP*, 8/12/1920, p. 5.

105. Creese, *The Search for Environment, the Garden-city: Before and After*, pp. 299-314.

106. Souza, *O capital imobiliário e a produção do espaço urbano, o caso da Companhia City*, p. 36.

107. Idem, p. 35.

108. Idem, pp. 146-51.

109. Cf. nota 66, neste capítulo.

110. Americano, *São Paulo nesse tempo (1915-1935)*, pp. 49-50, que registra o seguinte comentário: "O Jardim América, com fixação do tamanho mínimo de lotes, proporcionalização entre a dimensão dos terrenos e a área edificável, proibição de estabelecimentos comerciais e outras normas, foi um marco na urbanização da cidade. Ao Jardim América seguiu-se o Pacaembu, sob regime idêntico".

111. Sevcenko, "Rio de Janeiro y San Pablo: desarollo social y cultural comparativo, 1900-1930", in Hardoy & Morse, *Nuevas perspectivas en los estudios sobre historia urbana latinoamericana*, p. 158.

112. Sevcenko, *Literatura como missão, tensões sociais e criação cultural na Primeira República*, pp. 25-51.

113. A coluna de P. aparecia com uma regularidade quase diária, entre 1919 e 1922, sob o título "Coisas da cidade".

114. N/a, "O problema das casas", *OESP*, 19/4/1920, p. 4.

115. P., "Um grito de desespero", *OESP*, 10/7/1920; P., "Os ossos da vereança", *OESP*, 15/4/1920; n/a, "O problema das casas", *OESP*, 19/4/1920, p. 4; n/a, "O problema da habitação", *OESP*, 24/3/1920, p. 4.

116. N/a, "O problema de habitação", *OESP*, 24/3/1920, p. 4.

117. Americano, *São Paulo nesse tempo (1915-1935)*, p. 31.

118. P., "Uma rua de cortiços", *OESP*, 5/2/1921, p. 5.

119. P., "O abandono do Brás", *OESP*, 21/1/1921, p. 5.

120. Do *Estadinho*, "Seção livre", "O Partido Municipal", *OESP*, 18/9/1919, p. 8.

121. P., "O Brás", *OESP*, 28/1/1919, p. 5.

122. Um bom exemplo é a sua crônica sobre a festa da paróquia da Santa Cruz dos Enforcados, na Liberdade, onde comenta também as tradicionais festas da Santa Cruz do Bexiga e do Pocinho, cf. P., "Festas populares", *OESP*, 4/5/1919, p. 8.

123. P., "O Bexiga", *OESP*, 15/8/1919, p. 5.

124. Bruno, *Histórias e tradições da cidade de São Paulo*, p. 1016.

125. P., "O Jabaquara", *OESP*, 27/7/1920, p. 6.

126. P., "O Bosque da Saúde", *OESP*, 4/2/1921, p. 4.

127. N/a, "Queixas e reclamações", *OESP*, 29/6/1920, p. 3.

128. Mario Graccho, "Câmara Municipal", *OESP*, 6/4/1920, p. 3.

129. P., "Impressões de um passeio", *OESP*, 6/7/1919, p. 5; P., "O Bexiga", *OESP*, 15/8/1919, p. 5; n/a, "Notícias diversas", *OESP*, 26/9/1919, p. 4; n/a, "Queixas e reclamações", *OESP*, 5/2/1920, p. 4; P., "A Rua Carlos Gomes", *OESP*, 21/3/1920; Mario Graccho, "Câmara Municipal", *OESP*, 6/4/1920; P., "A água na Penha", *OESP*, 16/2/1921, p. 4, dentre outros.

130. N/a, "As inundações", *OESP*, 14/3/1922, p. 5; Seabra, "Enchentes em São Paulo: culpa da Light".

131. N/a, "A falsificação de gêneros", *OESP*, 17/5/1920, p. 4.

132. Dr. Bruno Rangel Pestana, "A água e a febre tifoide em São Paulo", *OESP*, 31/1/1920, p. 4.

133. P., "Pelas crianças doentes", *OESP*, 5/3/1921, p. 5.

134. Sevcenko, "Rio de Janeiro y San Pablo: desarollo social y cultural comparativo, 1900-1930", in Hardoy & Morse, *Nuevas perspectivas en los estudios sobre historia urbana latinoamericana*, pp. 160 ss.

135. Bruno, *Histórias e tradições da cidade de São Paulo*, p. 1383; Americano, *São Paulo nesse tempo (1915-1935)*, pp. 277-8.

136. Sevcenko, "Rio de Janeiro y San Pablo: desarollo social y cultural comparativo, 1900-1930", in Hardoy & Morse, *Nuevas perspectivas en los estudios sobre historia urbana latinoamericana*, pp. 160-8.

137. Idem, ibidem.

138. FO, 371/4440, Carta confidencial de sir Arthur Steel-Maitland a sir E. Crowne, São Paulo, novembro, 1920; Bolsa D 29, 30/7/1921; Bolsa D 29/2, 9/6/1922.

139. Dr. A. de Sampaio Dória, "Discurso do paraninfo aos formandos da Escola Normal de Piracicaba", *OESP*, 2/12/1921, p. 4.; n/a, "Notas e informações", *OESP*, 8/2/1922, p. 3.

140. Brenno Ferraz do Amaral, "Nacionalismo", in *RB*, ano 4, v. XII, 46 (out. 1919), pp. 184-5.

141. Hall & Pinheiro, "Alargando a história da classe operária: organização, lutas e controle", pp. 99-102.

142. Idem, p. 101.

143. Duzentos nomes dos maiores fazendeiros de São Paulo, "Liga Defensiva Brasileira", *OESP*, 8/2/1922, p. 7.

144. Bolsa D 29/1.

145. FO, 371/7185.

146. Torres, *O bairro do Brás*, pp. 179-83.

147. Rolnik, R., "São Paulo, início da industrialização: o espaço e a política", in Kowarick, *As lutas sociais e a cidade*, pp. 78-92; n/a, "Queixas e reclamações", *OESP*, 14/12/1919, p. 6; n/a, "Violento conflito", *OESP*, 29/12/1919, p. 4.

148. Americano, *São Paulo nesse tempo (1915-1935)*, p. 78.

149. N/a, "Crime misterioso", *OESP*, 2/6/1919, p. 3.

150. Hall & Pinheiro, "Alargando a história da classe operária: organização, lutas e controle", p. 103.

151. Idem, pp. 105 ss.; Fausto, *Trabalho urbano e conflito social*, pp. 192-216; Carone, *A República Velha (instituições e classes sociais)*, pp. 226-36.

152. N/a, "O Dia do Trabalho", *OESP*, 3/5/1919, p. 5; n/a, "Movimento paredista", *OESP*, 6/5/1919, p. 5.

153. N/a, "Movimento paredista", *OESP*, 5/8/1919, p. 5; n/a, "As violências da polícia paulista", *OESP*, 8/6/1919, p. 4.

154. N/a, "Partido Comunista — os operários e o governo de São Paulo", *OESP*, 14/5/1919, p. 2.

155. Hall & Pinheiro, "Alargando a história da classe operária: organização, lutas e controle", pp. 104-5.

156. Idem, ibidem.

157. Sevcenko, *Literatura como missão, tensões sociais e criação cultural na Primeira República*, pp. 51-67.

158. N/a, "Furtos", *OESP*, 26/3/1920, p. 5; n/a, "Roubos e mais roubos", *OESP*, 13/6/1919, p. 4; P., "Crimes e criminosos", *OESP*, 26/8/1919, p. 5; n/a, "Astúcias de uma pretinha", *OESP*, 24/3/1920, p. 4; P., "A falta de policiamento", *OESP*, 9/6/1921, p. 4, apenas como exemplo.

159. N/a, "Furtos", *OESP*, 26/3/1920, p. 5.

160. As mais reveladoras são as séries de artigos intituladas "Desumanidade o que se passa nos postos policiais", de maio de 1919, e "As violências da polícia", de agosto do mesmo ano. *O Parafuso* mantinha campanhas no mesmo sentido e ainda mais inflamadas contra as brutalidades praticadas com populares e operários. Cf. "Refúgio dos aflitos e queixosos", in *PR*, 31/3/1920, p. 6.

161. N/a, "Queixas e reclamações", *OESP*, 14/12/1919, p. 6.

162. N/a, "Descoberta de máquinas infernais", *OESP*, 7/11/1919, p. 4; n/a, "A obra dos anarquistas em São Paulo", *OESP*, 8/11/1919, p. 4; n/a, "A descoberta de bombas e material explosivo", *OESP*, 28/3/1920, p. 4; n/a, "Fato misterioso — explosão inexplicável de uma bomba", *OESP*, 14/11/1921, p. 5.

163. N/a, "A obra dos anarquistas em São Paulo", *OESP*, 8/11/1919, p. 4; n/a, "A descoberta de bombas e material explosivo", *OESP*, 28/3/1920, p. 4.

164. "Esse sinistro vem a ser o quinto ou sexto dos grandes sinistros que ocorrem em nossa cidade no curto espaço de um mês", cf. n/a, "Fábrica incendiada", *OESP*, 14/12/1919; n/a, "Grande incêndio", *OESP*, 16/11/1919, p. 3.

165. P., "O posto fatídico", *OESP*, 13/5/1919, p. 5; n/a, "Violências policiais", *OESP*, 3/8/1919, p. 4.

166. Presos encarcerados no posto policial de Vila Mariana, cf. "Queixas e reclamações", *OESP*, 19/3/1919, p. 4.

167. N/a, "Suplício de um preso", *OESP*, 9/4/1919, p. 4.

168. N/a, "Os horrores da Empresa José Giorgi", in *PR*, 25/2/1919, p. 14; n/a, "Mais uma vítima de J. Giorgi", in *PR*, 8/4/1919, p. 9; n/a, "O que sucede aos desgraçados", in *PR*, 5/8/1919, pp. 8-12; n/a, "O suplício de um preso", *OESP*, 8/4/1919, p. 5; n/a, "As violências da polícia", *OESP*, 6/9/1919, p. 4; n/a, "Os trabalhos forçados nos prolongamentos da Sorocabana", *OESP*, 31/7/1919, p. 5; n/a, "As violências da polícia", *OESP*, 7/8/1919 e 10/8/1919, por exemplo.

169. N/a, "Infanticídios", *OESP*, 16/3/1920, p. 4; n/a, "No Japão", *OESP*, 5/7/1920, p. 3; n/a, "Mendicidade nas ruas", *OESP*, 2/2/1921, p. 5; n/a, "Na República Teocrática de São Paulo", in *PR*, 7/10/1919, pp. 2-3.

170. Amadeu Amaral, *Política humana*, pp. 43-7.

3. O VENTO DAS TRINCHEIRAS É QUENTE (PP. 217-310)

1a. *Le 31 du mois d'Août 1914*
Je partis de Deauville un peu avant minuit
Dans la petite auto de Rouveyre
Avec son chauffeur nous étions trois

Nous dîmes adieu à toute une époque
Des géants furieux se dressaient sur l'Europe
Les aigles quittaient leur aire attendant le soleil
Les poissons voraces montaient des abîmes
Les peuples accouraient pour se connaître à fond
Les morts tremblaient de peur dans leurs sombres demeures

Et quand après avoir passé l'après-midi
Par Fontainebleau
Nous arrivâmes à Paris
Au moment où l'on affichait la mobilisation
Nous comprîmes mon camarade et moi
Que la petite auto nous avait conduits dans une Nouvelle époque
Et bien qu'étant déjà tous deux des hommes mûrs
Nous venions cependant de naître

Apollinaire, "La petite auto"

1. Gauguin, *Oviri, écrits d'un sauvage*, pp. 7-13.

2. Idem, pp. 341-2.

3. Goldwater, *Primitivism in Modern Art*, p. 81.

4. Catálogo, *The Paul Klee Exhibition*, p. 38.

5. Chandler Jr., A. D., "*Fin de siècle*: industrial transformation", in Teich & Porter, *Fin de Siècle and Its Legacy*, pp. 28-41; Teichova, A., "A Legacy of *Fin-de--siècle* Capitalism: the Giant Company", in idem, pp. 10-27.

6. Roth, *The Cult of Violence, Sorel and the Sorelians*, pp. 22-3.

7. Whitrow, *Time in History, Views of Time from Prehisiory to the Present Day*, p. 165.

8. Roberts, *Europe 1880-1945*, p. 78.

9. Hobsbawm, *The Age of Empire, 1875-1914*, p. 59.

10. Sevcenko, *Literatura como missão, tensões sociais e criação cultural na Primeira República*, pp. 42-5.

11. Briggs, A., "Economic interdependence and planned economies", in *TNCMH*, p. 505.

12. Idem, ibidem e p. 508. A esse respeito a percepção de Briggs é crucial: "Large scale modern wars involve organizing the full employement of all available national resources, allocating them to various producers not only in the right order of priority but also in the right proportions at the right time, and so arranging financial and price, policies that real resources are transferred rapidly to the war effort. All these implications of large-scale organized violence were less clear in 1914 than they were in 1918, and less clear in 1918 than they were in 1945. The First World War was full of surprises. The generals could not end it quickly, the factories could not produce sufficient munitions, civilians could not be neglected in the distribution of supplies, and the financial problem bore not resemblance at all to pre-war financial questions. In trying to deal with these problems governments faced all kinds of resistances, even resistances within their own ranks from those committed to doctrines of free trade and individualism".

13. Roberts, *Europe 1880-1945*, pp. 80-1.

14. Vyvyan, J. M. K., "The approach of the war of 1914", in *TNCMH*, pp. 329-58.

15. Hobsbawm, *The Age of Empire, 1875-1914*, pp. 142-64.

16. Idem, p. 69; Briggs, A., "Economic interdependence and planned economies", in *TNCMH*, p. 507.

17. Hobsbawm, *The Age of Empire, 1875-1914*, pp. 62-5.

18. Colette fixou o novo espírito na máxima enxuta e canônica "D'abord, il y eut la danse"; Shead, *Music in the 1920s*, pp. 12-8.

19. Max Jacob, *Le laboratoire central*, p. 104.

20. Paul Valéry, *Poésie*, pp. 196-201.

21. Brody, *Paris the Musical Kaleidoscope, 1870-1925*, pp. 190-256; Phyllis, *Jazz Cleopatra, Josephine Baker in her time*.

22. Sparke, *An Introduction to Design and Culture in the Twentieth Century*, p. 19.

23. Idem, pp. 19-36.

24. Gifford, *The Farther Shore, a Natural History of Perception*, 1798-1984; Virilio, *La machine de vision*.

25. Virilio, *War and Cinema, the Logistics of Perception*.

26. Idem.

27. Wohl, *The Generation of 1914*; Eksteins, M., "When death was young...: Germany, modernism and the Great War", in Bullen, Pogge & Polonsky, *Ideas Into Politics: Aspects of European History, 1880-1950*, pp. 25-35.

28. Carsten, *The Rise of Fascism*, pp. 9-44.

29. Sobre a Grande Guerra, cf. nota 2, no capítulo 1. As cifras procedem de Maddison, A., "Economic policy and performance in Europe 1913-1970", in Cipolla, *The Twentieth Century*, pp. 446-7.

30. Wohl, *The Generation of 1914*; Eksteins, M. "When death was young...: Germany, modernism and the Great War", in Bullen, Pogge & Polonsky, *Ideas Into Politics: Aspects of European History, 1880-1950*; Carsten, *The Rise of Fascism*; Roth, *The Cult of Violence, Sorel and the Sorelians*; Zweig, *O mundo que eu vi — minhas memórias*, pp. 307-88.

31. [Se alguém perguntar por que morremos, diga-lhe, porque nossos pais mentiram.] Silkin, *First World War Poetry*, p. 136.

32. Idem, pp. 216-7.

33. Zweig, *O mundo que eu vi — minhas memórias*, pp. 329-30, 337, 342-3.

34. *Turning and turning in the widening gyre*
The falcon cannot hear the falconer;
Things fall apart; the centre cannot hold;
Mere anarchy is loosed upon the world,
The blood-dimmed tide is loosed, and everywhere
The ceremony of innocence is drowned;
The best lack all conviction, while the worst

Are full of passionate intensity.
Surely some revelation is at hand;
Surely the Second Coming is at hand.
The Second Coming! Hardly are those words out
When a vast image out of Spiritus Mundi
Troubles my sight: somewhere in sands of the desert
A shape with lion body and the head of a man,
A gaze blank and pitiless as the sun,
Is moving its slow thighs, while all about it
Reel shadows of the indignant desert birds.
The darkness drops again; but now I know
That twenty centuries of stony sleep
Were vexed to nightmare by a rocking cradle.
And what rough beast, its hour come round at last,
Slouches towards Bethlehem to be born?

> Yeats, "The Second Coming", in *Selected Poetry*, p. 124.

35. Silkin, *First World War Poetry*, p. 203.
Not I, not I, but the wind that blows through me!
A fine wind is blowing the new direction of Time.
If only I let it bear me, carry me, if only it carry me!
If only I am sensitive, subtle, oh, delicate, a winged gift!
If only, most lovely of all, I yield myself and am borrowed
By the fine, fine wind that takes its course through the chaos of the world
Like a fine, an exquisite chisel, a wedge-blade inserted;
If only I am keen and hard like the sheer tip of a wedge
Driven by invisible blows,
The rock will split, we shall come at the wonder, we shall find the Hesperides.
Oh, for the wonder that bubbles into my soul,
I would be a good fountain, a good well-head,
Would blur no whisper, spoil no expression.
What is the knocking?
What is the knocking at the door in the night?
It is somebody wants to do us harm.
No, no, it is the three strange angels.
Admit them, admit them.

36. *DDS*, pp. 776-7.

37. Cohen, *Poesia de nuestro tiempo*, p. 166.

38. Idem, p. 164.
In Peter's Church there is no faith or truth,
Nor justice anywhere in palace or court.

That we continue watchful on the rampart
Concerns no priest. A gaping silken dragon,
Puffed by the wind, suffices us for God.
We, not the City, are the Empire's soul:
A rotten tree lives only in its rind.

39. Idem, p. 217.

40. *TFDMTk*, p. 497.

41. Goldwater, *Primitivism in Modern Art*, p. 5.

42. Idem, pp. 51-62.

43. Victor Segalen, *Essai sur l'exotisme, une esthétique du divers*, p. 70.

44. Idem, pp. 61-2.

45. Idem, p. 77.

46. Gribbin, *In Search of Schrödinger's Cat, Quantum Physics and Reality*, pp. 35-45; Gamow, G., "The declassicalization of physics", in Weiss, *The Origins of Modern Consciousness*, pp. 167-91; Henning, *Creativity in Art and Science, 1860-1960*, pp. 27-30.

47. Einstein, A. "The problem of space, ether and the field in physics", in Commins & Linscott, *The Philosophers of Science*, pp. 473-84.

48. Teich, M., "The unmastered past of human genetics", in Teich & Porter, *Fin de Siècle and Its Legacy*, pp. 296-324; Bayertz, K., "Biology and Beauty: science and aesthetics in fin de siècle Germany", idem, pp. 278-95; Henning, *Creativity in Art and Science*, p. 28.

49. Starobinski, *As palavras sob as palavras, os anagramas de Ferdinand de Saussure*, p. 13.

50. Harrington, A., "A feeling for the 'whole': the holistic reaction in neurology from the fin de siècle to the interwar years", in Teich & Porter, *Fin de Siècle and Its Legacy*, pp. 254-77.

51. Marais, *The Soul of the Ape*.

52. Bratlinger, P., "Mass media and culture in fin-de-siècle Europe", in Teich & Porter, *Fin de Siècle and Its Legacy*, p. 109.

53. Idem, p. 102.

54. Solomon, *Continental Philosophy Since 1750 (the Rise and Fall of the Self)*, pp. 111-26.

55. Idem, p. 152.

56. Lawson, *Reflexivity — The Post-modern Predicament*, p. 68.

57. Wittgenstein, *Diário filosófico (1914-1916)*, p. 139.

58. Hayles, *The Cosmic Web, Scientific Field Models and Literary Strategics in The Twentieth Century*; Oldroyd, *The Arch of Knowledge, an Introductory Study of The History of the Philosophy and Methodology of Science*; Bachelard, *O novo espírito científico*.

59. Hughes, *Consciousness and Society, the Reorientation of European Social Thought (1890-1930)*, p. 395.

60. Forman, *Cultura en Weimar, causalidad y teoría cuántica, 1918-1927*, pp. 44-74.

61. Idem, pp. 53-4.

62. Idem, p. 83.

63. Hayles, *The Cosmic Web, Scientific Field Models and Literary Strategics in The Twentieth Century*, pp. 14-58; Gribbin, *In Search of Shrödinger's Cat, Quantum Physics and Reality*, pp. 1-4, 61, 100, 134, 174.

64. Harrington, A., "A feeling for the 'whole': the holistics reaction in neurology from the fin de siècle to the interwar years", in Teich & Porter, *Fin de Siècle and Its Legacy*, pp. 254-77.

65. Forman, *Cultura en Weimar, causalidad y teoría cuántica, 1918-1927*, pp. 60 e 52; Gay, *A cultura de Weimar*, pp. 85-118.

66. Hughes, *Consciousness and Society, the Reorientation of European Social Thought (1890-1930)*, pp. 368-77.

67. Forman, *Cultura en Weimar, causalidad y teoría cuántica, 1918-1927*, pp. 72-4.

68. Whitrow, *Time in History, Views of Time from Prehistory to the Present Day*, pp. 166-7.

69. Idem, p. 167.

70. Eichberg, H., "Forward race and the laughter of pygmies: on Olympic sports", in Teich & Porter, *Fin de Siècle and Its Legacy*, p. 120.

71. Overy, R., "Nationalism, anti-semitism, socialism and political catholicism as expression of mass politics in the twentieth century", in Teich & Porter, *Fin de Siècle and Its Legacy*, p. 63.

72. Lynes, *The Lively Audience, a Social History of the Visual and Performing Arts in America, 1890-1950*, pp. 117-22.

73. Mordden, *That jazz!, an Idiosyncratic Social History of the American Twenties*, p. 219.

74. Idem, p. 154.

75. Lynes, *The Lively Audience, a Social History of the Visual and Performing Arts in America, 1890-1950*, p. 104.

76. Brody, *Paris the Musical Kaleidoscope, 1870-1925*, p. 191.

77. Berger, *The Success and Failure of Picasso*, p. 85; Fagan-King, "United on the threshold of the twentieth-century mystical ideal: Marie Laurecin's integral involvement with Guillaume Apollinaire and the inmates of the Bateau Lavoir"; Sevcenko, N., "O modernismo é uma luva cheia de dedos", in *Folha de S.Paulo*, 13/2/1992, Caderno 5, p. 5.

78. Colvile, *Vers un langage des arts autour des années vingt*, pp. 93-102; Shead, *Music in the 1920s*, pp. 36-9; Shattuck, *The Banquet Years, the Origins of the Avant-garde in France, 1885 to World War I*, pp. 151-9; Seigel, *Bohemian Paris, Culture,*

Politics and the Boundaries of Bourgeois Life, 1830-1930, pp. 359-65; Berger, *The Success and Failure of Picasso*, pp. 84-7.

79. Berger, *The Success and Failure of Picasso*, pp. 84-7.

80. A expressão é de Cocteau, mais precisamente "a era da incompreensão", cf. Seigel, *Bohemian Paris, Culture, Politics and the Boundaries of Bourgeois Life, 1830-1930*, p. 365.

81. Berger, *The Success and Failure of Picasso*, p. 86.

82. Shattuck, *The Banquet Years, the Origins of the Avant-garde in France, 1885 to World War I*, pp. 153-4.

83. Shead, *Music in the 1920s*, p. 39.

84. Idem, ibidem.

85. Shattuck, *The Banquet Years, the Origins of the Avant-garde in France, 1885 to World War I*, pp. 154-8.

86. Seigel, *Bohemian Paris, Culture, Politics and the Boundaries of Bourgeois Life, 1830-1930*, pp. 360-1.

87. Idem, p. 363, grifos do original.

88. Idem, pp. 365-7.

89. Shattuck, *The Banquet Years, the Origins of the Avant-garde in France, 1885 to World War I*, pp. 241-2 e 223-51.

90. Lewis Carroll, *Through the Looking-glass*, pp. 209-10.

91. Shattuck, *The Banquet Years, the Origins of the Avant-garde in France, 1885 to World War I*, p. 237.

92. Idem, p. 240.

93. Idem, p. 212.

94. Leighten, *Re-ordering the Universe, Picasso and Anarchism, 1897-1914*, pp. 66-70; Shattuck, *The Banquet Years, the Origins of the Avant-garde in France, 1885 to World War I*, pp. 218-9 e 223; sobre a violência no método de Jarry, pp. 209-11.

95. Leighten, *Re-ordering the Universe, Picasso and Anarchism, 1897-1914*, p. 65.

96. Idem, ibidem.

97. Entrevista de Picasso concedida a Christian Zervos em 1935, in Leighten, *Re-ordering the Universe, Picasso and Anarchism, 1897-1914*, p. 95.

98. Idem, pp. 47-70.

99. Idem, ibidem.

100. Idem, pp. 73-94.

101. Nash, "The nature of cubism, a study of conflicting explanations"; Berger, *The Success and Failure of Picasso*, pp. 47-60; Fry, *Cubism*; Sérullaz, *Le Cubisme*; Kosinski, *Douglas Cooper and the Masters of Cubism*.

102. Staller, "Méliès' 'fantastic' cinema and the origins of cubism".

103. Esse traficante belga de arte era um típico exemplar da boemia parisiense. Seu nome era Gery Pieret, e trabalhava como uma espécie de secretário para

Apollinaire como pagamento por compartilhar o alojamento com o poeta. Ao que parece, ele tinha obscuras origens anarquistas e veleidades artísticas, que o levaram a contínuas visitas ao Louvre. Ali ele se apercebeu da precariedade geral do sistema de vigilância, passando a roubar pequenos objetos. Que ele roubasse precisamente o que interessava a Picasso, em cujas mãos os objetos iam sempre acabar, parece ser indicativo de que suas atividades clandestinas eram de alguma forma orientadas a partir do Bateau-Lavoir. Um belo dia, precisamente no dia 22 de agosto de 1911, Gery Pieret decidiu mudar o curso de sua vida e partiu para um golpe mais ousado: ele roubou a *Monalisa*. Roubou e sumiu-se de Paris. Logo que iniciadas, as investigações levaram a Apollinaire e Picasso. Os dois tentaram jogar suas estatuetas roubadas no Sena durante a madrugada, mas acabaram depositando as obras numa caixa de correio, endereçadas ao diário *Paris Journal*. Na sequência, Apollinaire seria detido na prisão da Santé, onde ficaria cerca de um mês até ser libertado, enquanto Picasso se refugiava no interior do país, para evitar ser deportado e entregue ao Exército espanhol, em cujas mãos muito provavelmente teria sido executado como anarquista e desertor. Cf. Steegmuller, *Apollinaire, Poet Among the Painters*, pp. 159-68 e passim.

104. Leighten, *Re-ordering the Universe, Picasso and Anarchism, 1897-1914*, pp. 86-7.

105. Chipp, *Theories of Modern art, a Source Book by Artists and Critics*, p. 264.

106. Idem, p. 265.

107. Entrevista à revista *The Arts*, 1923, cf. DAQ, p. 142.

108. Idem, p. 143.

109. Chipp, *Theories of Modern Art, a Source Book by Artists and Critics*, p. 273.

110. Henderson, *The Fourth Dimension and Non-euclidean Geometry in Modern Art*.

111. Chipp, *Theories of Modern Art, a Source Book by Artists and Critics*, p. 264.

112. Leighten, *Re-ordering the Universe, Picasso and Anarchism, 1897-1914*, p. 89.

113. Idem, p. 90.

114. Idem, ibidem.

115. Fry, *Cubism*, p. 49.

116. Idem, pp. 50-1.

117. Sobre as colagens, cf. Leighten, "'La propagande par le rire': satire and subversion in Apollinaire, Jarry and Picasso's collages"; sobre a poesia cubista, cf. Poupon, *Apollinaire et Cendrars*.

118. Steegmuller, *Apollinaire, Poet Among the Painters*, p. 287.

119. Fry, *Cubism*, pp. 154-6.

120. Reid & Golding, *Léger and Purist Paris*, pp. 60-7.

121. Eulalio, *A aventura brasileira de Blaise Cendrars*, pp. 53-4.

122. Fry, *Cubism*, p. 91.

123. Idem, pp. 174-5.

124. Leighten, *Re-ordering the Universe, Picasso and Anarchism, 1897-1914*, pp. 99-100.

125. Weber, E., "The secret world of Jean Barois, notes on the portrait of an age", in Weiss, *The Origins of Modern Consciousness*, pp. 79-109; Kedward, H. R., "Charles Maurras and the true France", in Bullen, Pogge & Polonsky, *Ideas Into Politics: Aspects of European History, 1880-1950*, pp. 119-49; Roth, *The Cult of Violence, Sorel and the Sorelians*, passim.

126. Fry, *Cubism*, pp. 100-1.

127. Leighten, *Re-ordering the Universe, Picasso and Anarchism, 1897-1914*, pp. 101-21; Fry, *Cubism*, pp. 152-3.

128. Fry, *Cubism*, pp. 31-2.

129. Chipp, *Theories of Modern Art, a Source Book by Artists and Critics*, pp. 341-2.

130. Henderson, "Francis Picabia, radiometers and x-rays in 1913".

131. Fagan-King, "United on the threshold of the twentieth century mystical ideal: Marie Laurencin's integral involvement with Guillaume Apollinaire and the inmates of the Bateau Lavoir"; Décaudin, *Du monde européen à l'univers des mythes*; Laere, F. Van, "*Finnegans Wake*, textualmente", in Butor, *Joyce e o romance moderno*, pp. 135-43.

132. Haftmann, *Painting in the Twentieth Century, an Analysis of the Artists and Their Work*, p. 167.

133. Chipp, *Theories of Modern Art, a Source Book by Artists and Critics*, p. 180.

134. Adamson, "Modernism and fascism: the politics of culture in Italy, 1903-1922"; Rye, *Futurism*, pp. 7-17; De Maria, *La nascita dell'avanguardia*, pp. 11-100; Crispolti, *Storia e critica del futurismo*, pp. 46-103.

135. Idem, p. 367.

136. Idem, pp. 375-6.

137. Verdone, *Che cosa è il futurismo*; Catálogo, *VeloCittà, cinema & futurismo*; Catálogo, *Il passato al futuro, stagione di musica, teatro e danza*; Crispolti, *Il futurismo e la moda*; Catálogo, *Futurism and the Architecture of Sant'Elia*; Crispolti, *Storia e critica del futurismo*.

138. Amason, *A History of Modern Art*, p. 220.

139. Ades, *Dada and Surrealism Reviewed*, pp. 1-2.

140. Arnason, *A History of Modern Art*; cf. também De Maria, *La nascita dell'avanguardia*, pp. 11-20 e Crispolti, *Storia e critica del futurismo*, pp. 32-6.

141. Teles, *Vanguarda europeia e modernismo brasileiro, apresentação e crítica dos principais manifestos vanguardistas*, pp. 74 e 72.

142. Idem, pp. 66-7.

143. Adamson, "Modernism and fascism: the politics of culture in Italy, 1903-1922", p. 379.

144. Apesar do declínio sensível do futurismo na Itália nesse momento, em função da ascensão do fascismo.

145. Adamson, "Modernism and fascism: the politics of culture in Italy, 1903-1922", pp. 376-88.

146. Tisdall & Bozzolla, *Futurism*, p. 200.

147. Gray, *The Russian Experiment in Art, 1863-1922*, pp. 81-184.

148. Idem, p. 94.

149. Idem, p. 120.

150. Mansbach, *From Leningrad to Ljubljana: the Suppressed Avant-gardes of East-Central and Eastern Europe During the Early Twentieth Century*.

151. Idem, pp. 9-54. Alguns dos artistas particularmente relevantes nesse contexto foram os húngaros Lajas Kassák, Belá Vitz, Sándor Bortnyik e Lászlo Moholy Nagy; os iugoslavos Ljubomir Micíc, Mihailo S. Petrov, Jo Klek e Avgust Cernigoj; os tchecos Bohumil Kubišta, Emil Filla, Otto Gutfreund, Miroslav Ponc e Zdeněk Pešánek; os ucranianos Jan Kulec e Serhiy Tymoshenko; e o polonês Tytus Czyzewski, dentre outros.

152. Lageira & Deluy, *Pessoa et le futurisme portugais*, p. 2.

153. Idem, p. 35; o trecho é bastante esclarecedor sobre o contexto místico- -filosófico em que Fernando Pessoa desenvolveria seus temas capitais do sebastianismo e do Quinto Império, cf. seu *Mensagem*, especialmente o poema "A última nau", in *Obra poética*, p. 16.

154. Rye, *Futurism*, pp. 141-9.

155. Ezra Pound, *Collected Shorter Poems*, p. 70.

> *I would bathe myself in strangeness:*
> *These comforts heaped upon me, smother me!*
> *I burn, I scald so for the new,*
> *New friends, new faces,*
> *Places!*
> *Oh to be out of this,*
> *This that is all I wanted*
> > *save the new*
>
> *And you,*
> *Love, you the much, the more desired!*
> *Do I not loathe all walls, streets, stones,*
> *All mire, mist, all fog.*
> *All ways of traffic?*
> *You, I would have flow over me like water,*
> *Oh, but far out of this!*
> *Grass, and low fields, and hills.*

And sun.
Oh, sun enough!
Out, and alone, among some
Alien people!

156. Freud, *Mas alla del principio del placer*, in *Obras Completas*, III, pp. 2520-5.

157. Rye, *Futurism*, p. 142.

158. Lynes, *The Lively Audience, a Social History of the Visual and Performing Arts in America, 1890-1950*, p. 317.

159. Idem, p. 316.

160. Idem, p. 306.

161. Idem, pp. 90-1.

162. Dijkstra, *Cubism, Stieglitz and the Early Poetry of William Carlos Williams*, p. 103.

163. Idem, p. 42.

164. Idem, p. 94.

165. Obviamente o crescimento continuou em ritmo acentuado, para além dos limites cronológicos deste estudo.

166. Franco, *The Modern Culture of Latin America*, pp. 82-3.

167. Forster, M. H., "Latin American vanguardismo: chronology and terminology", in Forster, *Tradition and Renewal, Essays on Twentieth Century Latin American Literature and Culture*, p. 16.

168. Cândido, A., "Literatura y subdesarrollo", in Moreno, *America Latina en su literatura*, pp. 335-53; Sevcenko, "Literatura e analfabetismo no prelúdio republicano".

169. Retamar, R. F., "Intercomunicación y nueva literatura", in Moreno, *America Latina en su literatura*, pp. 317-34; Franco, *The Modern Culture of Latin America*, pp. 83-139; Martínez, J. L., "Unidad y diversidad", in Moreno, op. cit., pp. 88-9.

170. Franco, *The Modern Culture of Latin America*, p. 120.

171. Ades, *Art in Latin America, the Modern Era, 1820-1980*, pp. 125-49.

172. Forster, M. H., "Latin American vanguardismo: chronology and terminology", in Forster, *Tradition and Renewal, Essays on Twentieth Century Latin American Literature and Culture*, p. 28.

173. Idem, p. 34.

174. Idem, p. 33.

175. Flores, *Aproximaciones a César Vallejo*, p. 66.

176. Reedy, D. R., "The cohesive influence of José Carlos Mariátegui on Peruvian art and politics", in Terry, *Artists and Writers in the Evolution of Latin America*, p. 143.

177. Franco, *The Modern Culture of Latin America*, p. 86.

178. Forster, M. H., "Latin American vanguardismo: chronology and terminology", in Forster, *Tradition and Renewal, Essays on Twentieth Century Latin American Literature and Culture*, p. 24.

179. Collazos, *Los vanguardismos en la America Latina*, p. 143.

180. Holloway Jr., "Borges early, conscious mythicization of Buenos Aires", p. 28.

181. Holloway Jr., idem, pp. 19-20.

182. Idem, p. 22.

183. Idem, pp. 22-4.

184. Jorge Luis Borges, *Discussão*, p. 70.

4. DA HISTÓRIA AO MITO E VICE-VERSA DUAS VEZES (pp. 311-426)

1a. *Soleil, je t'adore comme les sauvages,*
à plat ventre sur le rivage.
....

Fais-mois le corps tanné, salé;
fais ma grande douleur s'en aller.

Le Nègre, dont brillent les dents,
est noir dehors, rose dedans.

Moi je suis noir dedans et rose
dehors, fait la métamorphose.

Change-moi d'odeur, de couleur,
comme tu as changé Hyacinthe en fleur.
....

Soleil, Buffalo Bill, Barnum,
tu grises mieux que l'opium.

Tu es un clown, un toréador,
tu as des chaînes de montre en or.

Tu es un Nègre bleu qui boxe
les équateurs, les équinoxes.
Soleil, je supporte tes coups;
tes gros coups de poing sur mon cou.

C'est encore toi que je préfère,
soleil, délicieux enfer.

Jean Cocteau, "Batterie"

1. N/a, "Tremor de terra", *OESP*, 28/1/1922, p. 3.

2. Idem, ibidem.

3. N/a, "Psicoses", 22/6/1920, *OESP*, p. 2.

4. N/a, "Mês mariano", 1/6/1919, *OESP*, p. 6; *Very Rev.* Matthews, W. R., K.C.V.O., "Literature, philosophy and religious thought", in *TNCMH*, pp. 144-9; Roth, *The Cult of Violence, Sorel and the Sorelians*, pp. 6-8, 30-2; P. , "Os amuletos", *OESP*, 11/3/1919, p. 5.

5. P., "Os amuletos", *OESP*, 11/3/1919, p. 5.

6. N/a, "As mascotes", *OESP*, 21/5/1920, p. 4.

7. É oportuno lembrar que, além da muiraquitã, há uma dupla sugestão, irônica e antagônica, a um antiamuleto no próprio nome do personagem Venceslau Pietro Pietra, "que era o gigante Piaimã comedor de gente"; cf. *Macunaíma, o herói sem nenhum caráter*, pp. 99-106.

8. N/a, "As mascotes", *OESP*, 21/5/1920, p. 4.

9. Dr. Franco da Rocha, "Psicologia das superstições", *OESP*, 19/11/1922, p. 5.

10. Dr. Franco da Rocha, "A doutrina de Freud", in *RB*, ano 4, v. XI (maio-ago. 1919), pp. 130-6.

11. N/a, "O prof. Waclaw Radecki em São Paulo", *OESP*, 21/6/1923, p. 5.

12. Alberto Seabra, "O enigma da personalidade", *OESP*, 21/1/1922, p. 3.

13. Dr. Bettencourt Rodrigues, "Almas do outro mundo", *OESP*, 10/12/1920, p. 4; n/a, "O espiritismo e a ciência", "Em torno do espiritismo", "Um fenômeno que a ciência não explica", *OESP*, 24/1/1921, p. 3; Ernesto Bertarelli, "Os milagres do Radium", *OESP*, 21/2/1921, pp. 3-4; dr. Bettencourt Rodrigues, "A varinha divinatória", *OESP*, 13/4/1921, p. 2.

14. N/a, "Melhorai de profissão", 21/6/1919, *OESP*, p. 9.

15. Aspirinas Bayer, "Potência", *OESP*, 20/11/1919, p. 16; Aspirinas Bayer, "Energia", *OESP*, 13/11/1919, p. 13; Aspirinas Bayer, "Eficiência", *OESP*, 6/11/1919, p. 14; Comprimidos Bayer, "A gripe", 18/12/1919, p. 13, onde se encontra a ilustração descrita.

16. N/a, "Theda Bara alma de Buda", *OESP*, 9/5/1919, p. 11.

17. Mappin Stores, "Exposição de inverno", *OESP*, 1/5/1919, p. 9; Mappin Stores, "Para o frio", *OESP*, 21/6/1919, p. 7; Mappin Stores, "Festival de aniversário", *OESP*, 4/12/1919, p. 3; Mappin Stores, "Modas para verão", *OESP*, 6/11/1919, p. 9, como exemplos.

18. Casa Gagliano, "Seção de alfaiataria", *OESP*, 11/5/1919, p. 16; Escola Moderna de Corte, "O corte do alfaiate moderno", *OESP*, 8/3/1920, p. 5.

19. Casa Carvalho, "Sempre na vanguarda", *OESP*, 26/8/1923, p. 5.

20. N/a, "Automóveis Studebaker", *OESP*, 1/6/1919, p. 11; n/a, "Automóveis Renault", *OESP*, 15/6/1919, p. 1; n/a, "Briscoe", *OESP*, 25/6/1919, p. 9; n/a, "Peige", *OESP*, 5/10/1919, p. 9; Automóveis Berliet, "A revolução do automobilismo", 14/12/1919, p. 6, e assim por diante, numa sequência contínua.

21. U. S. Rubber Export Co., "Pneumáticos da United States", *OESP*, 10/8/1919, p. 12; n/a, "Companhia Automoderna", *OESP*, 10/8/1919, p. 13.

22. N/a, "Garage Moderna", *OESP*, 17/3/1921, p. 4.

23. Cia. Armour do Brasil, "O frigorífico da Armour", *OESP*, 1/1/1921, pp. 4-5.

24. Casa Edison, "Grande venda durante este mês", *OESP*, 5/6/1919, p. 11.

25. Dr. Rafael de Barros, "Gabinete de raios X", *OESP*, 8/5/1919, p. 9.

26. Radium Saponáceo, "Radium", *OESP*, 9/3/1920, p. 11.

27. Gillette Safety Razor Co., "Navalha de segurança Gillette", *OESP*, 1/5/1920, p. 15.

28. Casa Murano, "Vitrolas", *OESP*, 10/6/1919, p. 14; Casa Edison, "Discos duplos Phoenix", *OESP*, 1/9/1919, p. 7.

29. Dr. Franco da Rocha, "Psicologia das superstições", *OESP*, 19/11/1922, p. 5; n/a, "Pelo nosso passado", *OESP*, 3/12/1919, p. 7; n/a, "Novos tempos", *OESP*, 19/6/1920, p. 3.

30. International Correspondence, "9 milhões de km^2", *OESP*, 6/5/1919, p. 11; n/a, "Escola 'O Comerciante Prático e Moderno'", *OESP*, 3/5/1919, p. 11; Livraria Quaresma, "O secretário moderno", *OESP*, 22/7/1920, p. 15.

31. N/a, "Injeção antigonocócica", *OESP*, 1/6/1919, p. 20.

32. Wistremund A. S., "Impotência?...", *OESP*, 3/11/1919, p. 8.

33. Mário Pinto Serva, "Estatística paulista", *OESP*, 24/2/1920, p. 2; idem, "A conquista do Brasil", 9/12/1919, p. 3; idem, "O patriotismo lírico", *OESP*, 24/12/1919, p. 2.

34. J. de Mesquita Filho, "Um empreendimento científico", *OESP*, 16/5/1920, p. 2.

35. Heribaldo Siciliano, "Câmara Municipal", *OESP*, 30/11/1919, p. 4.

36. N/a, "Os nossos progressos", *OESP*, 26/11/1919, p. 7.

37. Debenedetti & Salmoni, *Architettura italiana a San Paolo*, pp. 47-52.

38. Catálogo, *O pano sobe. Exposição retrospectiva da obra de reforma e restauro do Teatro Municipal*, p. 4.

39. N/a, "Comemoração fúnebre", *OESP*, 26/2/1920, p. 4.

40. Cenni, *Italianos no Brasil*, pp. 361-2.

41. Lesák, B., "Photography, cinematography and the theatre: a history of a relationship", in Teich & Porter, *Fin de Siècle and Its Legacy*, pp. 140-5.

42. P., "Duas palavras com Manén", *OESP*, 23/8/1919, p. 5.

43. Lesák, B., "Photography, cinematography and the theatre: a history of a relationship", in Teich & Porter, *Fin de Siècle and Its Legacy*, pp. 140-5.

44. N/a, "Sociedade de Cultura Artística", *OESP*, 26/8/1919, p. 3.

45. Naturalmente essa lista se refere apenas aos eventos nos grandes teatros, turnês e temporadas artísticas, sem incluir as audições nas várias associações culturais da cidade, clubes sociais, teatros menores, audições privadas, concertos no conservatório etc.

46. Sobre a exposição e a carreira artística de Lasar Segall, cf. Beccari, *Lasar Segall e o modernismo paulista;* o comentário sobre a mostra de 1913 está nas pp. 48-64.

47. Brito, *História do modernismo brasileiro. Antecedentes da Semana de Arte Moderna*, pp. 40-72; Almeida, *De Anita ao museu*, pp. 9-21; Zanini, *História geral da arte no Brasil*, pp. 513-9.

48. Zanini, *História geral da arte no Brasil*, pp. 520-1.

49. Raul Pederneiras, "O lápis de 1822 a 1922", in *RB*, ano 7, v. XXI, 81 (set. 1922), pp. 62-5; António de Alcântara Machado, *Prosa preparatória & Cavaquinho e saxofone*, pp. 157-61.

50. N/a, "Exposição de pinturas e esculturas francesas", *OESP*, 30/1/1919, p. 4.

51. Levi, *A família Prado*, pp. 231-40.

52. Amaral, *Artes plásticas na Semana de 22*, pp. 296-300.

53. N/a, "Monumento às Bandeiras", *OESP*, 25/7/1920, p. 3; n/a, "Monumento às Bandeiras", *OESP*, 28/7/1920, p. 4. O primeiro autor a observar as relações de Lobato com a arte moderna foi provavelmente Martins, in *O modernismo*, pp. 25-34. Outro estudo que aprofunda a modernidade em Lobato é Campos, *A república do Pica-pau Amarelo, uma leitura de Monteiro Lobato*. Em 25/7/1920, Monteiro Lobato, Menotti del Picchia e Oswald de Andrade compõem uma comissão, dedicada a atrair as atenções e obter do governador Washington Luís a encomenda para a execução e implantação na cidade do Monumento às Bandeiras, de Victor Brecheret. Cf. n/a, "Monumento às Bandeiras", *OESP*, 25/7/1920, p. 3.

54. Amaral, *Artes plásticas na Semana de 22*, p. 297.

55. Idem, ibidem; Feres, *Leituras em francês de Mário de Andrade*; Grembecki, *Mário de Andrade e l'esprit nouveau*; Lopez, *Mário de Andrade: ramais e caminhos*.

56. P., "Um artista de valor", *OESP*, 2/4/1920, p. 4.

57. N/a, "Rego Monteiro", *OESP*, 20/5/1920, p. 4; idem, 21/5/1920, p. 4; n/a, "Projeto [de monumento] aos Andradas", *OESP*, 8/11/1920, p. 3; Zanini, *História geral da arte no Brasil*, p. 523; Brito, *História do modernismo brasileiro. Antecedentes da Semana de Arte Moderna*, pp. 104-34.

58. N/a, "John Graz e Regina Gomide Graz", *OESP*, 12/12/1920, p. 4; Zanini, *História geral da arte no Brasil*, p. 538; n/a, "Anita Malfatti", *OESP*, 25/11/1920, p. 3.

59. N/a, "Exposição de arte moderna japonesa", *OESP*, 16/12/1920, p. 1; idem, 14/12/1920, p. 4.

60. N/a, "Euclides da Cunha", *OESP*, 19/8/1921, p. 4.

61. Sud Menucci, *"Urupês"*, *OESP*, 16/5/1919, p. 4; P., "Novidades literárias", *OESP*, 27/8/1919, p. 5.

62. Sud Menucci, *"Urupês"*, *OESP*, 16/5/1919, p. 4.

63. Amadeu Amaral, *Política humana*; sobre Lima Barreto, cf. Sevcenko, *Literatura como missão, tensões sociais e criação cultural na Primeira República*, pp. 161-98.

64. Oswald de Andrade, "O esforço intelectual do Brasil contemporâneo", in *RB*, ano 8, v. xxiv, 96 (dez. 1923), pp. 383-9.

65. Sevcenko, *Literatura como missão, tensões sociais e criação cultural na Primeira República*, pp. 25-40.

66. Humberto de Campos, *Antologia da Academia Brasileira de Letras*, pp. 307-8.

67. Idem, pp. 306-7.

68. Idem, p. 307.

69. N/a, *"O contratador de diamantes"*, *OESP*, 1/5/1919, p. 4.

70. N/a, *"O contratador de diamantes"*, *OESP*, 11/5/1919, p. 4.

71. N/a, *"O contratador de diamantes"*, *OESP*, 5/5/1919, p. 3.

72. Idem, ibidem.

73. Americano, *São Paulo nesse tempo (1915-1935)*, pp. 234-5.

74. N/a, *"O contratador de diamantes"*, *OESP*, 11/5/1919, p. 4.

75. Idem, ibidem.

76. N/a, *"O contratador de diamantes"*, *OESP*, 13/5/1919, p. 2.

77. P., "A propósito d'*O contratador*", *OESP*, 15/5/1919, p. 6.

78. N/a, *"O contratador de diamantes"*, *OESP*, 17/5/1919, p. 3.

79. P., "Impressões de um espetáculo", *OESP*, 14/5/1919, p. 4.

80. N/a, *"O contratador de diamantes"*, *OESP*, 20/5/1919, p. 2.

81. P., "Impressões de um espetáculo", *OESP*, 14/5/1919, p. 4.

82. N/a, "As impressões de Chabi", *OESP*, 19/5/1919, p. 3.

83. Americano, *São Paulo nesse tempo (1915-1935)*, p. 234.

84. Idem, ibidem.

85. N/a, *"O contratador de diamantes"*, *OESP*, 5/5/1919, p. 3.

86. Eulalio, *A aventura brasileira de Blaise Cendrars*, p. 68; Oswald de Andrade, *Pau-brasil*, p. 61.

87. Font, *Coffee, Contention and Change in the Making of Modern Brazil*, p. 330.

88. Idem, p. 110.

89. Idem, pp. 11-85.

90. Idem, pp. 35-85. Sobre os "governos fortes", cf. Faoro, *Os donos do poder, formação do patronato político brasileiro*, pp. 603-54.

91. N/a, "Colação de grau aos novos bacharéis", *OESP*, 21/12/1919, p. 4.

92. Pinto Pereira, "A ação da alta cultura", *OESP*, 19/11/1920, p. 5.

93. Sr. dr. Sampaio Dória, "Discurso do paraninfo aos formandos da Escola Normal de Piracicaba", *OESP*, 2/12/1921, p. 4.

94. Font, *Coffee, Contention and Change in the Making of Modern Brazil*, p. 110.

95. N/a, "*O contratador de diamantes*", *OESP*, 13/5/1919, p. 2.

96. Paulo Duarte, "Amadeu Amaral", in *Amadeu Amaral, introdução a* Tradições populares, pp. XIV-XV.

97. F. Azzi, "Valdomiro Silveira — *Os caboclos*", *OESP*, 15/2/1921, p. 2

98. N/a, "*Vida roceira* — contos regionais de Leôncio de Oliveira", *OESP*, 22/6/1919, p. 16.

99. N/a, "*Nossa terra, nossa gente*", *OESP*, 29/6/1919, p. 5.

100. N/a, "Sarau regionalista", *OESP*, 20/4/1920, p. 4; idem, 24/4/1920, p. 3. O título das canções sugeria sempre um quê pitoresco: "Nhô Quim", "A casinha de sapé", "A caipirinha", "Catira e bate-pé", "Flor melindrosa", "Aí Joaquina" (essa, cantada com a participação especial do casal Pitanga), "A geada", "Na colheita", "Viola de jatobá", apenas como ilustração.

101. Idem, ibidem; idem, ibidem; idem, 28/4/1920, p. 6; n/a, "Sarau d'*A Cigarra*", *OESP*, 30/4/1920, p. 4; n/a, "Cornélio Pires", *OESP*, 4/12/1920, p. 4; idem, 6/12/1920, p. 4; n/a, "Grande quermesse", *OESP*, 9/1/1921, p. 4; n/a, "Teatro Municipal", 15/10/1921, p. 4, como exemplo.

102. Cinema Congresso, "Espantosa e extraordinária *soirée* de filmes nacionais", *OESP*, 26/8/1919, p. 10.

103. N/a, "Filme nacional", *OESP*, 24/9/1919, p. 4; Cine República, "Na terra do ouro e da esmeralda", *OESP*, 24/9/1923, p. 27.

104. N/a, "O general Rondon". *OESP*, 23/7/1920, p. 4.

105. N/a, "Cornélio Pires", *OESP*, 4/12/1920, p. 4; n/a, "Cornélio Pires", *OESP*, 5/12/1920, p. 4; n/a, "Cornélio Pires — *Lendas e paisagens da minha terra*", *OESP*, 7/7/1922, p. 3.

106. N/a, "Excursão artística", *OESP*, 8/1/1921, p. 2; n/a, "J. Wasth Rodrigues", *OESP*, 11/8/1921, p. 3.

107. P., "Festas populares", *OESP*, 4/5/1919, p. 8; n/a, "Santo Antônio, São Pedro", *OESP*, 14/6/1921, p. 4.

108. P., "São Paulo antigo", *OESP*, 30/11/1920, p. 6.

109. P., "As reformas do museu", *OESP*, 10/10/1921, p. 6.

110. Saliba, "Humor paulista na Primeira República"; Carelli, *Carcamanos e comendadores, os italianos de São Paulo da realidade à ficção, 1919-1930*, pp. 73-122; Carone, E., "Madame Pommery companhia limitada", texto inédito de que o professor Carone, acompanhando esta pesquisa, teve a generosidade de nos oferecer uma cópia.

111. N/a, "Oliveira Viana — *Populações meridionais*", *OESP*, 11/6/1921, p. 4.

112. Liga Nacionalista, "Subscrição popular para uma coroa de bronze", *OESP*, 8/12/1920, p. 6; n/a, "A vitória de Edu Chaves", *OESP*, 30/12/1920, p. 3.

113. Cenni, *Italianos no Brasil*, *"andiamo in'merica"*, p. 365; Americano, *São Paulo nesse tempo (1915-1935)*, p. 242.

114. N/a, "Sociedade de Cultura Artística", *OESP*, 4/6/1919, p. 3; n/a, "Riesler", *OESP*, 1/9/1919, p. 4.

115. N/a, "Heloísa Accioli de Brito", *OESP*, 14/5/1919, p. 3.

116. Entrevista, "Vera Janacopoulos", *OESP*, 13/3/1920, p. 3.

117. N/a, "Leonor de Aguiar", *OESP*, 13/12/1920, p. 4; idem, 20/12/1920, p. 3; idem, 21/12/1920, p. 3.

118. N/a, "Guiomar Novaes", *OESP*, 24/3/1921, p. 3.

119. N/a, "Guiomar Novaes", *OESP*, 13/9/1919, p. 4; idem, 18/9/1919, p. 2; n/a, "Sociedade de Cultura Artística", *OESP*, 30/9/1919, p. 2.

120. N/a, "Guiomar Novaes", *OESP*, 25/9/1919, p. 3.

121. N/a, "Guiomar Novaes", *OESP*, 25/11/1920, p. 4; idem, 2/12/1920, p. 4.

122. N/a, "O sarau d'*A Cigarra*", *OESP*, 30/4/1920, p. 4, onde a expressão "nossos folclores" traz uma carga de charme e última moda, semelhante às conotações provocadas pela palavra "moderno".

123. Paulo Duarte, "Amadeu Amaral", in *Amadeu Amaral, introdução a* Tradições populares, pp. IX-XLVI.

124. Amadeu Amaral, *Tradições populares*, p. 291. É interessante observar as diferenças entre a versão original desse texto, tal como fora exposto na Academia Brasileira de Letras, e a forma na qual apareceu publicado, pouco depois, no mesmo ano de 1925, destinado ao grande público em artigo n'*O Estado de S. Paulo*. Na versão oral e circunscrita ao ambiente interno da Academia, Amadeu Amaral não interrompia a frase final citada na contundente expressão "ciência universal sem pátria...". Ele a completava de forma cerimonial e respeitosa: "capaz de não ser apenas uma aluna submissa da grande ciência universal e sem pátria, mas colaboradora operosa e original, que a enriqueça e também corrija que é a maneira não menos valiosa de enriquecer". Em compensação, invocando o concurso decisivo da Academia de Medicina para a consecução do seu projeto, no discurso da ABL ele assinalara essa cristalina homologia entre "o poder vital da tradição" e o potencial intoxicante dos símbolos pátrios. "Para se fazer ideia do poder vital da tradição, comparado com o das mais refletidas construções lógicas, basta considerar os fracos efeitos emocionais e motores que produzem as lições [escolares] de patriotismo com os de certos excitantes passageiros e ocasionais — um pedaço de pano arvorado numa haste, as notas dipersas de um hino, um fragmento de toada vaga da terra nativa ouvido em terra estranha. Estas pequenas coisas incendeiam como centelhas; estas asas fragélimas de insetos arrebatam como rajadas." Observe-se o significativo detalhe das duas últimas

imagens, de nítida extração bélica. Cf. *Tradições populares*, pp. 29-31, para o discurso na Academia, e pp. 290-1, para o artigo n'*OESP*.

125. Idem, pp. 30-2.

126. Ernesto Bertarelli, "Ocaso e aurora de continentes", *OESP*, 26/2/1921, p. 2.

127. N/a, "*A sertaneja*", *OESP*, 3/5/1920, p. 1.

128. Sevcenko, *Literatura como missão, tensões sociais e criação cultural na Primeira República*, pp. 25-41; a citação está na p. 30.

129. As transformações no Rio de Janeiro através da disseminação dos esportes, da vida nas praias com regatas e natação, cerimônias militares, intensificação e "popularização" do Carnaval, a magnitude crescente dos rituais de aclamação pública, as séries de traslados de corpos de personagens ilustres com cortejos pela cidade, tudo indica alterações no mesmo sentido das que vinham ocorrendo em São Paulo e é perfeitamente transparente pela cobertura das grandes revistas ilustradas: *RS, IB, FF*, dentre outras.

130. É interessante o caso da Liga Nacionalista não ter encontrado repercussão significativa no Rio e o fato de Bilac ter de vir para São Paulo para desencadear seu ativismo nacionalista. Os paulistas estavam bem conscientes e orgulhosos desses fatos para com eles espicaçar qualquer ardor nacionalista carioca, sufocando-o sob as evidências da maré montante do ativismo militante paulista. Quando uma comissão de estudantes membros da Liga Nacionalista carioca vem em missão oficial visitar a Faculdade de Direito do Largo S. Francisco, é recebida com essa increpação mordaz e truculenta: "Boa piada! mocinhos bem vestidinhos, com roupinhas cintadas, bem cintadinhas e belas camisas de seda, abalam-se da Avenida Central, da capital da República, e vêm até os campos de Piratininga pregar civismo! Até parece brincadeira! Pregar civismo em São Paulo! Berço do nacionalismo. Pregar o alistamento eleitoral, a difusão do ensino, o serviço militar obrigatório em SÃO PAULO!!! Ah! Ah! Ah! Estupenda piada... Ó, mocinhos! Patriotas exaltados! Discípulos diletos de Bilac! De Bilac sim! Porque como Bilac soubestes também escolher a Faculdade de Direito de S. Paulo para pregar as mesmas ideias do vate do nacionalismo brasileiro, embora com três anos de atraso...". Anhanguera, "Civismo retardado", *OESP*, 12/9/1919, p. 7.

131. N/a, "Concerto sinfônico", *OESP*, 13/1/1921, p. 3; idem, 9/3/1921, p. 3.

132. N/a, "Arte moderna", in *RS*, 31/12/1921, pp. 14-5.

133. Hermes Fortes, "São Paulo, sentimento e inteligência", in *RS*, 18/2/1922, p. 1, grifos do original.

134. João do Rio, "Hora de *football*", in Ramos, *A palavra é futebol*, pp. 18-21.

135. Sevcenko, *Literatura como missão, tensões sociais e criação cultural na Primeira República*, pp. 188-92.

136. *DLB*, p. 83; Bosi, *História concisa da literatura brasileira*, p. 406; Brito, *Poesia do Modernismo*, pp. 59-61; Martins, *O modernismo*, pp. 209-16.

137. "Trabalhe como louco,/ Cave tocas/ Para esqueletos de coisa alguma." Paul Éluard, *Poésies 1913-1926*, p. 34; Roy, C. "Préface", in Paul Éluard, idem, pp. 9-15; *DLB*, p. 83; Martins, *O modernismo*, pp. 214-5; *DLFF*, p. 507.

138. *DLFF*, p. 507.

139. *DLB*, p. 83.

140. Manuel Bandeira, *Poesias*, pp. 83-4.

141. Idem, pp. 127-8.

142. T.S. Eliot, *Selected Poems*, p. 77.

143. Manuel Bandeira, *Poesias*, p. 161.

144. Idem, p. 172.

145. Idem, p. 157.

146. Idem, p. 159.

147. ···

"A noite pesa
Não há borboletas à noite
Onde então estão essas criaturas?
As moscas dormem no fio elétrico
Eu vivo completamente só neste quarto
Gatinho irmão do silêncio
Repousa ao meu lado
Pois é preciso que eu sinta a vida junto a mim
E é você que faz com que o quarto não esteja vazio
Gatinho branco e cinza
Repousa no quarto
Desperto minucioso e lúcido
Gatinho branco e cinza
Gatinho pequenino." Idem, p. 182.

148. *DLB*, pp. 218-9, 83; Brito, *Poesia do modernismo*, pp. 41-2.

149. Ribeiro Couto, *Um homem na multidão*, p. 20.

150. Idem, p. 24.

151. Idem, p. 42.

152. Idem, p. 35.

153. Idem, p. 80.

154. Idem, p. 79.

155. Amaral, *Artes plásticas na Semana de 22*, pp. 99-128; Catálogo, *Semana de 22, antecedentes e consequências*, pp. 30-1.

156. Elísio de Carvalho, "Graça Aranha, mestre da vida", *OESP*, 14/11/1921, p. 4.

157. Amaral, *Artes plásticas na Semana de 22*, pp. 116-34, esp. p. 130, nota 2.

158. Catálogo, *Semana de 22, antecedentes e consequências*, pp. 28-9.

159. Elísio de Carvalho, "Graça Aranha, mestre da vida", *OESP*, 14/11/1921, p. 4.

160. Amaral, *Artes plásticas na Semana de 22*, pp. 280-2.

161. Idem, p. 297.

162. Luís Aranha, *Cocktails, poemas*, p. 94.

163. Idem, p. 90.

164. Mário de Andrade, *Poesias completas*, pp. 56-7.

165. Idem, pp. 63-4.

166. N/a, "Semana de Arte Moderna", *OESP*, 29/1/1922, p. 3.

167. N/a, "Villa-Lobos", *OESP*, 11/4/1923, p. 3.

168. Idem, ibidem.

169. N/a, "Sociedade de Concertos Sinfônicos", *OESP*, 4/5/1923.

170. Carta aberta de Guiomar Novaes ao Comitê Patrocinador da Semana de Arte Moderna, "Semana de Arte Moderna", *OESP*, 15/2/1922, p. 2.

171. Mário de Andrade, *Aspectos da literatura brasileira*, pp. 252-3.

172. N/a, "Guiomar Novaes", *OESP*, 5/5/1922, p. 3.

173. N/a, "Semana de Arte Moderna", *OESP*, 29/1/1922, p. 3.

174. Amaral, *Artes plásticas na Semana de 22*, pp. 50-65.

175. N/a, "Arquitetura tradicional", *OESP*, 25/8/1922, p. 3.

176. N/a, "Exposição de arte antiga", *OESP*, 12/6/1922, p. 3.

177. N/a, "Exposição de arte retrospectiva e arte contemporânea", *OESP*, 2/8/1922, p. 2.

178. Ronald de Carvalho, "A música de Villa-Lobos", *OESP*, 17/2/1922, p. 2.

179. Batista, Lopez & Lima, *Brasil: primeiro tempo modernista, 1917/1929*, p. 311.

180. Idem, p. 320.

181. Wiser, *The Crazy Years, Paris in the Twenties*, p. 133.

182. *DMC*, p. 247.

183. Batista, Lopez & Lima, *Brasil: primeiro tempo modernista, 1917/1929*, pp. 319-20.

184. Raul Bopp, *Movimentos modernistas no Brasil, 1922-1928*, pp. 14-9.

185. Phyllis, *Jazz Cleopatra, Josephine Baker in Her Time*; Wiser, *The Crazy Years, Paris in the Twenties*, pp. 156-8.

186. Shattuck, *The Banquet Years, the Origins of the Avant-garde in France, 1885 to World War I*, pp. 172-8; Shead, *Music in the 1920s*, pp. 50-1.

187. Catálogo, *Art of the Twenties*, pp. 18-9.

188. Cowling, "The Eskimos, the American indians and the surrealists".

189. Batista, Lopez & Lima, *Brasil: primeiro tempo modernista, 1917/1929*, p. 328.

190. Idem, p. 329.

191. "A senhora L. Delarue-Mardrus nos conta, num artigo recente, que o senhor Villa-Lobos, capturado pelos índios, foi amarrado no poste do suplício

e sofreu durante três dias os horrores de uma cerimônia fúnebre em que a arte local desempenhava um papel de primeiro plano. Mais morto do que vivo ele permaneceu portanto numa espécie de estado de receptividade inconsciente que lhe permitia registrar as entonações sugestivas dos seus... oficiantes. E a eminente escritora conclui: 'Libertado pelos brancos, ele retorna dessa aventura horripilante munido de uma bagagem de ritmos e modulações da qual ele iria depois nutrir as suas composições.'" Idem, p. 348.

192. Idem, p. 331.

193. Wiser, *The Crazy Years. Paris in the Twenties*, p. 164.

194. Batista, Lopez & Lima, *Brasil: primeiro tempo modernista, 1917/1929*, p. 319.

195. Idem, pp. 89-90.

196. Idem, pp. 90-2.

197. Amaral, *Tarsila — sua obra e seu tempo*, I, p. 84.

198. Idem, pp. 86-97.

199. Batista, "Os artistas brasileiros na Escola de Paris — anos 20", pp. 146-52.

200. Batista, Lopez & Lima, *Brasil: primeiro tempo modernista, 1917/1929*, pp. 215-6.

201. Amaral, *Tarsila, sua obra e seu tempo*, I, pp. 94-5.

202. Idem, p. 100.

203. Reid & Golding, *Léger and Purist Paris*, passim.

204. Sobre Vicente do Rego Monteiro, cf. Catálogo, *Vicente do Rego Monteiro, 1899-1970*; Batista, Lopez & Lima, *Brasil: primeiro tempo modernista, 1917/1929*, pp. 77-81, 94-5, 98-101; sobre as dimensões estéticas e políticas do movimento das artes decorativas, cf. Bouillon, *Journal de l'art déco, 1903-1940*; Arwas, *Art déco*.

205. Zanini, *História geral da arte no Brasil*, pp. 552-4.

206. Idem, pp. 560-1.

207. Vemaschi, *Gomide*.

208. Catálogo, *Vicente do Rego Monteiro, 1899-1970*.

209. Beccari, *Lasar Segall e o modernismo paulista*; Catálogo, *Lasar Segall. Exposição retrospectiva do 20º aniversário de falecimento*.

210. Farias, "A arquitetura eclipsada, notas sobre história e arquitetura a propósito da obra de Gregori Warchavchik, introdutor da arquitetura moderna no Brasil"; Catálogo, *Warchavchik e as origens da arquitetura moderna no Brasil*; Catálogo, *Warchavchik, Pilon, Rino Levi, três momentos da arquitetura paulista*. Na sua arguição, por ocasião da defesa de tese, o professor Murilo Marx observou o quanto, à parte as dificuldades decorrentes da ausência de materiais e recursos imprescindíveis à arquitetura moderna em nosso meio, o arquiteto russo teve que se engalfinhar com os entraves representados pelas disposições

obsoletas e a censura estética aberrante do código de obras municipal. Os resultados do seu projeto, nesse sentido, demonstram por igual o grau das suas concessões e compromissos diante da legislação discricionária e, por outro lado, a interlocução inteligente que ele estabeleceu para burlar a parvoíce da censura, manifesta, por exemplo, nas platibandas com que procurou anular a imposição do telhado convencional.

211. Blaise Cendrars, *Au coeur du monde*, pp. 59-60.

212. Poupon, *Apollinaire et Cendrars*; Blaise Cendrars, *Blaise Cendrars*; Buhler, *Blaise Cendrars, homme libre, poète au coeur du monde*; Steins, *Blaise Cendrars bilans nègres*; Bochner, *Blaise Cendrars: discovery and re-creation*; Chefdor, *Blaise Cendrars*.

213. Blaise Cendrars, *Etc..., Etc...* (*um livro 100% brasileiro*), p. 73.

214. Idem, pp. 70-5.

215. Buhler, *Blaise Cendrars, homme libre, poète au coeur du monde*, p. 91.

216. Sevcenko, "São Paulo, the quintessential, uninhibited megalopolis as seen by Blaise Cendrars in the 1920s".

217. Idem, p. 3.

218. Eulalio, *A aventura brasileira de Blaise Cendrars*, pp. 164-6; Amaral, *Blaise Cendrars no Brasil e os modernistas*, pp. 39-78.

219. Blaise Cendrars, *Au coeur du monde*, p. 56.

220. Idem, p. 58.

221. Idem, pp. 58-9.

222. Idem, p. 63.

223. Idem, pp. 61-2.

224. Idem, p. 62.

225. Idem, p. 62.

226. Idem, pp. 63-4.

227. Amaral, *Blaise Cendrars no Brasil e os modernistas*, pp. 39-77.

228. Paulo Prado, "Poesia pau-brasil", in Oswald de Andrade, prefácio ao *Pau-brasil*, p. 57.

229. Amaral, *Blaise Cendrars no Brasil e os modernistas*, p. 73.

230. Teles, *Vanguarda europeia e modernismo brasileiro*, pp. 203-8.

231. Oswald de Andrade, *Pau-brasil*, p. 118.

232. Idem, pp. 120-1.

233. Mário de Andrade, *Poesias completas*, pp. 162-5.

234. Teles, *Vanguarda europeia e modernismo brasileiro*, pp. 233-9.

235. Segundo António de Alcântara Machado, "A paz não veio principiar os tempos de depois da Guerra, mas restabelecer aquele período angustioso de antes da Guerra", aquela época, portanto, que Léon Daudet, líder da Action Française, caracterizava como a "época de espera da Guerra", marcada pelo que

ele mesmo denominava "o espírito *d'avant guerre*"; cf. Machado, *António de Alcântara Machado e o modernismo*, pp. 8-9.

236. No depoimento de Pedro Calmon, "Em 1917, o Brasil era a antítese do que tinha sido em 1910. Em 1910 o civilismo agitou as imaginações contra a política do militarismo. Agora, uma mentalidade liricamente militante indispôs as consciências contra a indiferença civil, vista como algo avesso ao interesse nacional"; cf. Costa, J. C., *A History of Ideas in Brazil*. Berkeley, University of California Press, 1964, p. 240.

237. António de Alcântara Machado, *Novelas paulistanas*. Sobre António de Alcântara Machado, ver também Carelli, *Carcamanos e comendadores, os italianos de São Paulo da realidade à ficção, 1919-1930*, pp. 123-88.

238. António de Alcântara Machado, *Prosa preparatória & Cavaquinho e saxofone*, p. 281.

239. Idem, ibidem.

240. Prudente de Morais Neto, "O lado oposto e outros lados", p. 8.

241. Paulo Prado, "*Retrato do Brasil*", in *Província e nação*, pp. 232-3.

242. Faoro, *Os donos do poder, formação do patronato político brasileiro*, pp. 666, 612-3.

243. Ferraz, "A geração do centenário".

244. Sérgio Milliet, cit. por Alves, in *Mário de Andrade*, p. 13.

245. Eliade, *História das crenças e das ideias religiosas*, pp. 216-7.

246. Rachum, *Nationalism and Revolution in Brazil, 1922-1930*, pp. 115-6.

247. Correa, *A rebelião de 1924 em São Paulo*; vários, *A Light e a Revolução de 24*, ed. especial da revista *História e Energia*, n. 4, set. 1987, São Paulo, Eletropaulo, Departamento de Patrimônio Histórico.

248. Blaise Cendrars, *Etc..., Etc...* (*um livro 100% brasileiro*), pp. 84-8.

249. Rachum, *Nationalism and Revolution in Brazil, 1922-1920*, pp. 131-2; Távora, *À guisa de depoimento*, pp. 274-8, onde o comandante das forças de ocupação descreve como "a pressão das tropas que atacavam a cidade ia crescendo progressivamente. Combatia-se, com ferocidade, no Cambuci, na Mooca e no Belenzinho. O sofrimento da população civil, desabrigada, metralhada e bombardeada, era indescritível, de angústias e de desesperos".

250. Blaise Cendrars, *Etc..., Etc...* (*um livro 100% brasileiro*), p. 88; Távora, idem, ibidem.

251. Rachum, *Nationalism and Revolution in Brazil, 1922-1930*, p. 132; FO 371/9511, pp. 162, 193.

252. Americano, *São Paulo nesse tempo (1915-1935)*, pp. 362-6; Faoro, *Os donos do poder, formação do patronato político brasileiro*, pp. 663-76.

253. Nogueira Filho, *Ideias e lutas de um burguês progressista*, II, pp. 405-6, cit. por Faoro, in *Os donos do poder, formação do patronato político brasileiro*, pp. 691-2.

254. Faoro, *Os donos do poder, formação do patronato político brasileiro*, p. 692.

255. Getúlio Vargas, *O governo trabalhista do Brasil*, p. 828.

256. Blaise Cendrars, *Etc..., Etc... (um livro 100% brasileiro)*, p. 188.

CONCLUSÃO (PP. 427-32)

1. Morais, Rubens A. Borba de, "Recordações de um sobrevivente da Semana de Arte Moderna", apêndice a Amaral, *Artes plásticas na Semana de 22*, p. 294.

2. Idem, p. 297.

3. Prudente de Morais Neto, "O lado oposto e outros lados", p. 7.

4. Ronald de Carvalho, *Caderno de imagens da Europa*, pp. 23-4.

5. Holanda, *Raízes de Sérgio Buarque de Holanda*, p. 68.

6. Idem, p. 99.

7. Idem, p. 72.

8. Idem, p. 114, grifo do original.

9. Idem, p. 9.

10. "Gatinho branco e cinza/ Fique aqui no quarto/ A noite é tão escura lá fora/ E o silêncio pesa." Manuel Bandeira, *Poesias*, p. 182.

Fontes e bibliografia

FONTES BÁSICAS

PERIÓDICOS

O Estado de S. Paulo. São Paulo, 1919 a 1929.
Revista *A Cigarra.* Rio de Janeiro, 1919 a 1927.
Revista *Careta.* Rio de Janeiro, 1921 a 1924.
Revista da Semana. Rio de Janeiro, 1920 a 1925.
Revista do Brasil. São Paulo, 1919 a 1929.
Revista *Fon-Fon.* São Paulo, 1919 a 1929.
Revista *Ilustração Brasileira.* Rio de Janeiro, 1920 a 1924.
Revista *O Parafuso.* São Paulo, 1919 a 1922.
Revista Paratodos. São Paulo, 1920 a 1929.

OBRAS DE ARTISTAS E ESCRITORES

Amadeu Amaral. *Memorial de um passageiro de bonde.* São Paulo, Hucitec/
Secretaria da Cultura, Ciência e Tecnologia do Estado de São Paulo, 1976.
_____. *Novela e conto.* São Paulo, Hucitec, 1976.
_____. *Poesias.* São Paulo, Editora Assunção, 1945.
António de Alcântara Machado. *Novelas paulistanas (Brás, Bexiga e Barra*

Funda, Laranja-da-china, Mana Maria, Contos avulsos). Belo Horizonte/ São Paulo, Itatiaia/Edusp, 1988.

_____. *Pathé-Baby e Prosa turística: o viajante europeu e platino*. Rio de Janeiro, Civilização Brasileira, 1983.

_____. *Prosa preparatória & Cavaquinho e saxofone*. Rio de Janeiro, Civilização Brasileira, 1983.

Belinski, Dobroljubow & Pisarew. *Russische Kritiker*. Introd. Efraim Frisch. Munique, Drei Masken, 1921.

Blaise Cendrars. *Au coeur du monde, poésies complètes: 1924-1929*. Paris, Gallimard, 1985.

_____. *Cuentos negros para niños blancos*. Madri, Espasa-Calpe, 1983.

_____. *Du monde entier, poésies completes: 1912-1924*. Paris, Gallimard, 1967.

_____. *Etc..., Etc... (um livro 100% brasileiro)*. Orgs. T. Thiériot, Alexandre Eulalio e C. A. Calil. São Paulo, Perspectiva/Secretaria da Cultura, Ciência e Tecnologia do Estado de São Paulo, 1976.

_____. *Blaise Cendrars*. 2ª ed. Introd. Louis Parrot, org. J.-H. Levesque. Paris, *Pierre Seghers*, 1953.

Émile Verhaeren. *Les campagnes hallucinées, les villes tentaculaires*. Paris, Gallimard, 1982.

Ezra Pound. *Introducción a Ezra Pound*. Org. J. Ferrán. Barcelona, Barral, 1973.

_____. *Collected Shorter Poems*. Londres, Faber and Faber, 1952.

Fernando Pessoa. *Obra poética*. Rio de Janeiro, Aguilar, 1983.

Franz Kafka. *Parábolas e fragmentos*. Rio de Janeiro, Tecnoprint, s. d.

Gertrude Stein. *Autobiografia de todo mundo*. Rio de Janeiro, Nova Fronteira, 1983.

Guillaume Apollinaire. *Alcools*. Paris, Gallimard, 1989.

_____. *Calligrammes*. Paris, Gallimard, 1966.

Henrick Ibsen. *Peer Gynt*. Londres, Penguin, 1988.

Hilário Tácito. *Madame Pommery*. São Paulo, Revista do Brasil, 1920.

Humberto de Campos. *Antologia da Academia Brasileira de Letras*. Rio de Janeiro, Jackson, 1951.

James Joyce. *Musica de cámara*. Madri, Visor-Alberto Corazón Editor, 1979.

_____. *Ulysses*. Londres, Penguin, 1971.

Jean Cocteau. *Le livre blanc*. Londres, Peter Owen, 1969.

_____. *Les enfants terribles*. Paris, Bernard Grasset, 1985.

_____. *Opium — The Diary of a Cure*. Londres, Peter Owen, 1968.

João do Rio. *A profissão de Jacques Pedreira*. São Paulo, Scipione/Instituto Moreira Salles/Casa de Rui Barbosa, 1992.

Jorge Luis Borges. *Discussão*. São Paulo, Difel, 1985.

Karl Kraus. *Half-truths & One-and-a-half Truth*. Manchester, Carcanet Press, 1986.

Léger, Fernand. *Funções da pintura*. São Paulo, Nobel, 1989.

Lewis Carroll. *Alice's Adventures in Wonderland, Through the Looking-glass and Other Writings*. Introd. Robin Denniston. Londres/Glasgow, Collins, 1972.

Lima Barreto. *Obras de Lima Barreto*. Org. e dir. Francisco de Assis Barbosa, colab. Antônio Houaiss e E. M. Cavalcanti Proença. São Paulo, Brasiliense, 1956. 17 v.

Luís Aranha. *Cocktails, poemas*. São Paulo, Brasiliense, 1984.

Manuel Bandeira. *Poesias*. 7ª ed. Rio de Janeiro, José Olympio, 1955.

Marinetti, Filippo Tommaso. *Per conoscere Marinetti e il futurismo*. Org. Luciano De Maria. 3ª ed. Milão, Mondadori, 1977.

Mário de Andrade. *Amar, verbo intransitivo*. Belo Horizonte, Itatiaia, 1989.

_____. *Contos novos*. São Paulo, Martins Fontes, 1979.

_____. *Macunaíma, o herói sem nenhum caráter*. 18ª ed. Belo Horizonte/São Paulo, Itatiaia/Martins, 1981.

_____. *Poesias completas*. São Paulo, Círculo do Livro, 1976.

Max Jacob. *Le laboratoire central*. Paris, Gallimard, 1960.

Menotti del Picchia. *Máscaras — O amor de Dulcineia*. Rio de Janeiro, Tecnoprint, 1968.

Miesel, Victor H., ed. *Voices of German Expressionism*. Nova Jersey, Prentice-Hall/Englewood Cliffs, 1970.

Miró, Joan. *A cor dos meus sonhos*. Entrevistas com George Raillard. São Paulo, Estação Liberdade, 1989.

Monteiro Lobato. *Obras completas*. São Paulo, Brasiliense, 1956. v. 1-4 e 11-5.

Oswald de Andrade. *Os condenados*. São Paulo, Círculo do Livro, s. d.

_____. *Pau-brasil*. São Paulo, Globo/SEC, 1990.

Ozenfant. *Foundations of Modern Art*. Nova York, Dover, 1952.

Paul Éluard. *Poésies 1913-1926*. Paris, Gallimard, 1971.

Paul Gauguin. *Oviri, écrits d'un sauvage*. Sel. e apres. Daniel Guérin. Paris, Gallimard, 1974.

Paul Klee. *On Modern Art*. Introd. Herbert Read. Londres, Faber and Faber, 1984.

Paul Valéry. *Poésie*. Milão, Feltrinelli, 1978.

Ramos, Ricardo, org. *A palavra é futebol*. São Paulo, Scipione, 1990.

Raul Bopp. *Movimentos modernistas no Brasil, 1922-1928*. Rio de Janeiro, Livraria São José, 1966.

Rees, William, org. *French Poetry (1820-1950)*. Londres, Penguin, 1990.

Ribeiro Couto. *Histórias de cidade grande*. São Paulo, Cultrix, 1960.

_____. *O jardim das confidências*. São Paulo, Monteiro Lobato, s. d.

_____. *Um homem na multidão*. Rio de Janeiro, Livraria Odeon, 1926.

Silkin, Jon., org. *First World War Poetry*. Londres, Penguin, 1981.

T.S. Eliot. *Selected Poems*. Londres, Faber and Faber, 1990.

Victor Segalen. *Essai sur l'exotisme, une esthétique du divers*. Paris, Fata Morgana, 1978.

W. B. Yeats. *Selected Poetry*. Ed. e introd. Timothy Webb. Harmondsworth, Penguin, 1991.

ENSAIOS, ESTUDOS E CRÍTICA

Amadeu Amaral. *Ensaios e conferências*. São Paulo, Hucitec, 1976.

_____. *Letras floridas*. São Paulo, Hucitec, 1976.

_____. *O dialeto caipira*. São Paulo, Hucitec/INL, 1982.

_____. *Política humana*. São Paulo, Hucitec/Secretaria da Cultura, Ciência e Tecnologia do Estado de São Paulo, 1976.

_____. *Tradições populares*. São Paulo/Brasília, Hucitec/INL, 1982.

Araripe Jr. *Araripe Jr.: teoria, crítica e história literária*. Sel. e apres. Alfredo Bosi. Rio de Janeiro/São Paulo, Livros Técnicos e Científicos/Edusp, 1978.

Cardim, Mário. *Trabalho apresentado ao sr. Otto Niemeyer*. São Paulo, Bolsa de Fundos Públicos, 1931.

Farias Brito. *Inéditos e dispersos*. São Paulo, Grijalbo/Edusp, 1966.

_____. *Trechos escolhidos*. Sei. Benedito Nunes. Rio de Janeiro, Agir, 1967.

Freud, Sigmund. *Obras completas*. Madri, Biblioteca Nueva, 1973. 3 v.

Holanda, Sérgio Buarque de. *Raízes de Sérgio Buarque de Holanda*. Org. Francisco de Assis Barbosa. Rio de Janeiro, Rocco, 1989.

_____. *Sérgio Buarque de Holanda*. Org. M. Odila L. da S. Dias. São Paulo, 1985 Ática. (Série Grandes Cientistas Sociais, 51)

Howard, Ebenezer. *Garden Cities of To-morrow*. 4ª ed. Londres, Faber and Faber, 1960.

Marais, Eugene. *The Soul of the Ape*. Harmondsworth, Penguin, 1984.

Mário de Andrade. *Aspectos da literatura brasileira*. 5ª ed. São Paulo, Martins Fontes, 1974.

_____. *O turista aprendiz*. São Paulo, Duas Cidades, 1976.

Morais, Rubens A. Borba de. *Domingo dos séculos*. Rio de Janeiro, Candeia Azul, 1924.

Paulo Duarte. *Amadeu Amaral*. São Paulo, Hucitec, 1976.

Paulo Prado. *Província e nação — Paulística, retrato do Brasil*. Rio de Janeiro, José Olympio, 1972.

Rui Barbosa. *República: teoria e prática*. Sel. e coord. Hildon Rocha. Petrópolis/ Brasília, Vozes/Câmara dos Deputados, 1978.

Sud Menucci. *Alma contemporânea (ensaios de estética)*. 2ª ed. São Paulo, Cultura Brasileira, s. d.

Waddington, C. H. *The Scientific Attitude*. Harmondsworth, Penguin, 1941.

CRÔNICAS E MEMÓRIAS

Americano, Jorge. *São Paulo naquele tempo (1895-1915)*. São Paulo, Melhoramentos, 1962.

_____. *São Paulo nesse tempo (1915-1935)*. São Paulo, Melhoramentos, 1962.

Astrogildo Pereira. *URSS, Itália, Brasil*. São Paulo, Novos Rumos, 1985.

Brittain, V. *Testament of Youth*. Glasgow, Fontana, 1979.

Bruno, Ernani da Silva. *Depoimentos de moradores e visitantes, 1553-1958*. *São Paulo, Registros 4*, 172-92. Secretaria Municipal de Cultura da Prefeitura do Município de São Paulo, 1981.

Duncan, Isadora. *Isadora*. 8ª ed. Rio de Janeiro, José Olympio, 1969.

Emiliano Di Cavalcanti. *Reminiscências líricas de um perfeito carioca*. Rio de Janeiro, Civilização Brasileira, 1964.

Getúlio Vargas. *O governo trabalhista do Brasil*. Rio de Janeiro, José Olympio, 1952.

Gilberto Amado. *A dança sobre o abismo*. Rio de Janeiro, Ariel, s. d.

_____. *Aparências e realidade*. São Paulo, Monteiro Lobato, 1922.

Guggenheim, Peggy. *Una vita per l'arte*. Milão, Rizzoli, 1982.

Lévi-Strauss, Claude. *Tristes tropiques*. Paris, Plon, 1955.

Lopez, Telê Porto Ancona. *Mário de Andrade — entrevistas e depoimentos*. São Paulo, T. A. Queiroz, s. d.

Moura, Paulo Cursino de. *São Paulo de outrora (evocações da metrópole)*. São Paulo/Belo Horizonte, Edusp/Itatiaia, 1980.

Nogueira Filho, Paulo. *Ideias e lutas de um burguês progressista*. São Paulo, Anhembi, 1958. 2 v.

Oswald de Andrade. *Um homem sem profissão — Sob as ordens de mamãe*. Rio de Janeiro, Civilização Brasileira, 1974.

Ronald de Carvalho. *Caderno de imagens da Europa*. Rio de Janeiro, José Olympio, 1935.

Távora, Juarez. *À guisa de depoimento*. São Paulo, Editora d'*O Combate*, 1927.

Wittgenstein, Ludwig. *Diário filosófico (1914-1916)*. Barcelona, Planeta — Agostini, 1986.

Zweig, Stefan. *O mundo que eu vi — minhas memórias*. Rio de Janeiro, Editora Guanabara, 1942.

BIBLIOGRAFIA

HISTÓRIA CONTEMPORÂNEA E GERAL

Allen, G. C. "The economic map of the world: population, commerce and industries." In *TNCMH*, pp. 14-41.

Arendt, Hannah. *Imperialismo, a expansão do poder.* Rio de Janeiro, Documentário, 1976.

Azéma, Jean-Pierre & Winock, Michel. *La Troisième République.* Paris, Calmann-Lévy, 1976.

Barraclough, Geoffrey. *Introdução à história contemporânea.* Rio de Janeiro, Zahar, 1976.

Brown, M. Barret. *Economia do imperialismo.* Lisboa, Ulisseia, 1976.

Bullen, R. J., Pogge, H. von Strandmann & Polonsky, A. B., orgs. *Ideas Into Politics: Aspects of European History, 1880-1950.* Londres, Croom Helm/ Barnes and Noble Books, 1989.

Carsten, F. L. *The Rise of Fascism.* Londres, Methuen, 1974.

Cipolla, Cario M., ed. *The Twentieth Century.* Hassocks, The Harvester Press, 1977. 2v.

Cobban, Alfred. *A History of Modern France.* Harmondsworth, Penguin, 1972. 3 v. v. 3.

Crosby, A. W. *Ecological Imperialism — The Biological Expansion of Europe, 900-1900.* Cambridge, Cambridge University Press, 1986.

Crouzet, Maurice. *A época contemporânea. O declínio da Europa, o mundo soviético.* In *HGC*, t. 7, v. 15.

Dobb, Maurice. *A evolução do capitalismo.* 6ª ed. Rio de Janeiro, Zahar, 1977.

Geary, Dick. *European Labour Protest, 1848-1939.* Bristol, Arrowsmith, 1981.

Gollwitzer, Heinz. *O imperialismo europeu, 1880-1914.* Lisboa, Verbo, s. d.

Grimberg, Carl & Svanström, Ragmar. *De la Belle Époque à la Première Guerre Mondiale.* Verviers, Marabout, 1974.

Hardoy, Jorge E. & Morse, Richard, orgs. *Nuevas perspectivas en los estudios sobre historia urbana latinoamericana.* Buenos Aires, Instituto Internacional de Medio Ambiente y Desarrollo, 1989.

Hobsbawm, Eric J. *A era do capital.* Rio de Janeiro, Paz e Terra, 1977.

_____. *The Age of Empire, 1875-1914.* Londres, Weidenfeld & Nicolson, 1987.

_____. *Revolucionários.* Rio de Janeiro, Paz e Terra, 1982.

_____. & Ranger, Terence, orgs. *A invenção das tradições.* Rio de Janeiro, Paz e Terra, 1984.

Klingman, W. *The Year Our World Began, 1919*. Nova York, St. Martin's Press, 1987.

Marand, Lion & Zylberman, Patrick, orgs. *Recherche: le soldad du travail (guerre, fascisme et taylorisme)*. Paris, n. 32-33 (set. 1978).

Mommsen, Wolfgang J. *La epoca del imperialismo*. Madri, Siglo XXI, 1971.

Morris, P., ed. *Africa, America and Central Asia — Formal and Informal Empire in the 19th Century*. Exeter, University Press, 1984.

Roberts, J. M. *Europe 1880-1945*. Londres, Longman, 1974.

Rodrigues, Luís César B. *A Primeira Guerra Mundial*. São Paulo, Atual, 1991.

Schnerb, Robert. "O século XIX." In *HGC*, t. 6, v. 13 e 14.

Sweezy, Paul. *Teoria do desenvolvimento capitalista*. 3ª ed. Rio de Janeiro, Zahar, 1973.

Thomson, David. "The transformation of social life." In *TNCMH*, 42-72.

_____. *Pequena história do mundo contemporâneo, 1914-1961*. Rio de Janeiro, Zahar, 1967.

_____. *The Era of Violence*. In *TNCMH*, 1-13.

Warner, Philip. *Fire Power*. Londres, Grafton Books, 1989.

HISTÓRIA DA CULTURA

Adamson, Walter L. "Modernism and fascism: the politics of culture in Italy, 1903-1922." *The American Historical Review*, v. 95, 2 (abr. 1990), 359-90.

Ades, Dawn. *Dada and Surrealism Reviewed*. Londres, Arts Council, 1978.

_____. *Art in Latin America, the Modern Era, 1820-1980*. New Haven/Londres, Yale University Press, 1989.

Allen, Frederick Lewis. *Only Yesterday*. Harmondsworth, Penguin, 1938.

Arendt, Hannah. *Entre o passado e o futuro*. São Paulo, Perspectiva, 1979.

Arnason, H. H. *A History of Modern Art*. Londres, Thames & Hudson, 1977.

Arwas, Victor. *Art déco*. Nova York, Harry N. Abrams, 1980.

Bachelard, Gaston. *O novo espírito científico*. 2ª ed. Rio de Janeiro, Tempo Brasileiro, 1985.

Balakian, Anna. *Surrealism, the Road to the Absolute*. Chicago/Londres, The University of Chicago Press, 1986.

Bandini, Mirella. *La vertigine del moderno*. Roma, Officina, 1985.

Banham, Reyner. *Teoria e projeto na primeira era da máquina*. São Paulo, Perspectiva, 1979.

Bell, Michael, org. *The Context of English Literature, 1900-1930*. Londres, Methuen, 1980.

Bender, Thomas. *New York Intellect*. Baltimore, The Johns Hopkins University Press, 1988.

Benevolo, Leonardo. *Historia de la arquitectura moderna*. Barcelona, Gustavo Gili, 1974.

Benjamin, Walter. *Sobre el programa de la filosofía futura y otros ensayos*. Barcelona, Planeta — Agostini, 1986.

Berger, John. *The Success and Failure of Picasso*. Londres, Writers and Readers Publishing, 1980.

_____. *Selected Essays and Articles, the Look of Things*. Harmondsworth, Penguin, 1972.

Bertrand, Pierre. *L'oubli révolution ou mort de l'histoire*. Paris, PUF, 1975.

Besset, Maurice. *The Twentieth Century*. Londres, Herbert Press, 1976.

Biddis, Michael D. *The Age of the Masses*. Aylesbury, Penguin, 1977.

Bouillon, Jean-Paul. *Journal de l'art déco, 1903-1940*. Genebra, Skira, 1988.

Bradbury, Malcom & McFarlane, James, eds. *Modernism, 1890-1930*. Harmondsworth, Penguin, 1976.

Braun, Barbara. "Paul Gauguin's indian identity: how ancient Peruvian pottery inspired his art." *Art History, Journal of the Association of Art Historians*, v. 9, 1 (mar. 1986), 36-51.

Brion-Guerry, L., dir. *L'année 1913, les formes esthétiques de l'oeuvre d'art à la veille de la Première Guerre Mondiale*. Paris, Klincksieck, 1971.

Briosi, Sandro & Hillenaar, Henk, orgs. *Vitalilé et contradictions de l'avant-garde, Italie — France 1909-1924*. Paris, Librairie José Corti, 1988.

Brody, Elaine. *Paris, the Musical Kaleidoscope*. Londres, Robson Books, 1988.

Bronner, Stephen Eric & Kellner, Douglas, eds. *Passion and Rebellion: the Expressionist Heritage*. Londres, Croom Helm, 1983.

Brunhammer, Yvonne. *The Nineteen Twenties Style*. Londres, Cassel, 1987.

Carpenter, Humphrey. *Geniuses Together, American Writers in Paris in the 1920s*. Boston, Houghton Mifflin, 1988.

Cassin, Elena. *La splendeur divine*. Paris, Nouton, 1968.

Catálogo. *Art of the Twenties*. Nova York, MoMA, 1979.

Catálogo. *Bauhausfotografie*. Stuttgart, Goethe Institut, 1990.

Catálogo. *De Cézanne a Miró*. Nova York/Buenos Aires/MoMA/Museo Nacional de Bellas Artes, 1968.

Catálogo. *Douglas Cooper and the Masters of Cubism*. Basileia, Kunstmuseum/Tate Gallery, 1988.

Catálogo. *Expressionismo alemão — modernismo brasileiro*. São Paulo, Instituto Goethe, 1983.

Catálogo. *Futurism and the Architecture of Saint'Elia*. Milão, Mazzotta, 1990.

Catálogo. *Futurisme & Futurismes*. Paris, Le Chemin Vert, 1986.

Catálogo. *Il passato al futuro, stagione di musica, teatro e danza*. Milão, Bompiani, 1986.

Catálogo. *L'amour fou, Photography and Surrealism*. Londres/Baltimore, Hayward Gallery/Hollowpress, 1986.

Catálogo. *The Paul Klee Exhibition*. Veneza, Comune di Venezia, 1986.

Catálogo. *VeloCittà — cinema & futurismo*. Veneza/Milão, Comune di Venezia/Bompiani, 1986.

Champigneulle, Bernard. *A art nouveau*. São Paulo, Verbo/Edusp, 1976.

Châtelet, François, org. *A filosofia do mundo científico e industrial, de 1860 a 1940*. Rio de Janeiro, Zahar, 1974.

Cioran, E. M. *Histoire et utopie*. Paris, Gallimard, 1960.

Cipolla, Carlo M. *Literacy and Development in the West*. Londres, Penguin, 1969.

Clifford, James. *The Predicament of Culture*. Cambridge/Massachusetts, Harvard University Press, 1988.

Clissold, Stephen. *Perfil cultural de Latinoamerica*. Barcelona, Labor, 1967.

Collins, Desmond & Onians, John. "The origins of art." *Art History, Journal of the Association of Art Historians*, v.1, 1 (mar. 1978), 1-25.

Colvile, Georgiana M. M. *Vers un langage des arts autour des années vingt*. Paris, Klincksieck, 1977.

Commins, Saxe & Linscott, Robert N., orgs. *The Philosophers of Science*. Nova York, Pocket Books, 1954.

Cooke, Catherine, ed. *Russian Constructivism & Iakov Chernikhov*. Londres, Architectural Design, 1989.

Corbin, Alain. *O território do vazio, a praia e o imaginário ocidental*. São Paulo, Companhia das Letras, 1989.

Cornford, F. M. *Principium sapientiae, as origens do pensamento filosófico grego*. Lisboa, Calouste Gulbenkian, 1981.

Cowling, Elizabeth. "The eskimos, the American indians and the surrealists." *Art History, Journal of the Association of Art Historians*, v.1, 4 (dez. 1978), 484-500.

Craven, David. "Abstract expressionism, automatism and the age of automation." *Art History, Journal of the Association of Art Historians*, v. 13, 1 (mar. 1990), 76-90.

Crawford, Robert. *The Savage and the City in the Work of T.S. Eliot*. Oxford, Clarendon Press, 1990.

Creese, Walter L. *The Search for Environment, the Garden-city: Before and After*. New Haven/Londres, Yale University Press, 1966.

Crispolti, Enrico. *Il futurismo e la moda.* Milão/Veneza, Comune di Milano/ Marsilio, 1988.

_____. *Storia e critica del futurismo.* Roma, Laterza, 1986.

Crowther B. & Pinfold, M. *The Jazz Singers.* Londres, Blandford Press, 1988.

Davis, G. H. "Sport in Siberia, 1917: a rare document." *Journal of Sport History,* v. 8, 1 (1981), 111-41.

Davis, H. E. *Latin American Thought.* Londres, Coolier-Macmillan, 1974.

Décaudin, M., org. *Du monde européen à l'univers des mythes.* Paris, Lettres Modernes, 1970.

De Maria, Luciano. *La nascita dell'avanguardia.* Veneza, Marsilio, 1986.

Detienne, M. *Dionysos à ciel ouvert.* Paris, Hachette, 1986.

Dijkstra, Bram. *Cubism, Stieglitz, and the Early Poetry of William Carlos Williams.* Nova Jersey, Princeton University Press, 1978.

Dodds, E. R. *The Greeks and the Irrational.* Berkeley, University of California Press, 1951.

Ede, H. S. *Savage Messiah.* Londres, Sphere Books, 1972.

Eksteins, Modris. *Rites of Spring, the Great War and the Birth of the Modern Age.* Londres, Bantam Press, 1989.

Eliade, Mircea. *Aspects du mythe.* Paris, Gallimard, 1963.

_____. *La Busqueda.* Buenos Aires, Ediciones Megápolis, 1971.

_____. *História das crenças e das ideias religiosas.* 2ª ed. Rio de Janeiro, Zahar, 1983, 3 t., 5 v., t. 1, v. 2.

Ellis, John. *The Social History of the Machine Gun.* Londres, Cresset, 1975.

Even, D. *A história do musical americano.* Rio de Janeiro, Lidador, 1967.

Everett, S. *London, the Glamour Years, 1919-39.* Londres, Bison Books, 1985.

Fagan-King, Julia. "United on the threshold of the twentieth-century mystical ideal: Marie Laurencin's integral involvement with Guillaume Apollinaire and the inmates of the Bateau Lavoir." *Art History, Journal of the Association of Art Historians,* v. 2, 1 (mar. 1988), 88-114.

Fineberg, Jonathan. "Les tendances nouvelles, the Union Internationale des Beaux--Arts, des Lettres, des Sciences et de l'Industrie and Kandinsky." *Art History, Journal of the Association of Art Historians,* v. 2, 2 (jun. 1979), 221-30.

Forman, Paul. *Cultura en Weimar, causalidad y teoría cuántica, 1918-1927.* Madri, Alianza, 1984.

Forster, M. H., ed. *Tradition and Renewal, Essays on Twentieth Century Latin American Literature and Culture.* Illinois, University Press, 1975.

Foucault, Michel. *As palavras e as coisas.* Lisboa, Portugália, 1966.

Franco, J. *The Modern Culture of Latin America.* Harmondsworth, Pelican, 1970.

Fusco, R. de. *Historia de la arquitectura contemporanea.* Madri, H. Blume Ediciones, 1981.

Fussel, Paul. *The Great War and Modern Memory*. Oxford, Oxford University Press, 1977.

Gandelman, Claude. "Max Beckmann's triptychs and the simultaneous stage of the '20s." *Art History, Journal of the Association of Art Historians*, v. 1, 4 (dez. 1978), 472-83.

Gay, Peter. *A cultura de Weimar*. Rio de Janeiro, Paz e Terra, 1978.

_____. *The Bourgeois Experience, Education of the Senses*. Nova York, Oxford University Press, 1985.

Gee, Malcolm. "The avant-garde, order and the art market, 1916-23." *Art History, Journal of the Association of Art Historians*, v. 2, 1 (mar. 1979), 95-106.

Gifford, Don. *The Farther Shore, a Natural History of Perception, 1798-1984*. Nova York, The Atlantic Monthly Press, 1990.

Goldwater, R. *Primitivism in Modern Art*. Ed. ampl. Cambridge, Belknap Press, 1986.

Gray, Camilla. *The Russian Experiment in Art, 1863-1922*. Londres, Thames & Hudson, 1986.

Gribbin, John. *In Search of Shrödinger's Cat, Quantum Physics and Reality*. Londres, Corgi Books, 1987.

Gubern, R. *El simio informatizado*. Madri, Fundesco, 1987.

Halévy, Elie. *The Growth of Philosophic Radicalism*. Londres, Faber and Faber, 1972.

Hall, Peter. *Urban & Regional Planning*. Harmondsworth, Penguin, 1976.

Harbison, Robert. *Deliberate Regression*. Londres, André Deutsch, 1980.

Harris, R. *Language, Saussure and Wittgenstein, How to Play Games with Words*. Londres/Nova York, Routledge, 1990.

Hauptmeyer, Carl-Hans et alii. *Annäherungen an das Dorf*. Hanôver, Fackelträger, 1983.

Hauser, Arnold. *The Social History of Art*. Londres, Routledge and Kegan, 1962.

Hayles, Katherine N. *The Cosmic Web, Scientific Field Models and Literary Strategics in the Twentieth Century*. Ithaca/Londres, Cornell University Press, 1984.

Heibel, Yule F. "'They danced on volcanoes': Kandinsky's breakthrough to abstraction, the German avant-garde and the eve of the First World War." *Art History, Journal of the Association of Art Historians*, v. 12, 3 (set. 1989), 342-61.

Henderson, Linda Dalrymple. *The Fourth Dimension and Non-euclidean Geometry in Modern Art*. Princeton, University Press, 1983.

_____. "Francis Picabia, radiometers and x-rays in 1913." *The Art Bulletin*, v. 71, 1 (mar. 1989), 114-23.

Henning, E. B. *Creativity in Art and Science, 1860-1960.* Cleveland, The Cleveland Museum of Art/Indiana University Press, 1987.

Hofmann, Werner. *Turning Points in Twentieth Century Art: 1890-1917.* Londres, Allen Lane/Penguin Press, 1969.

Hughes, H. Stuart. *Consciousness and Society, the Reorientation of European Social Thought (1890-1930).* Nova York, Vintage, 1961.

Hutin, S. *Les gnostiques.* Paris, PUF, 1978.

Johnson, D. & M. *The Age of Illusion: Art and Politics in France, 1918-1940.* Nova York, Rizzoli, 1987.

Jollos, Waldemar. *Arte tedesca fra le due guerre.* Milão, Mondadori, 1955.

Jones, L. *O jazz e sua influência na cultura americana.* Rio de Janeiro, Record, 1967.

Kenner, Hugh. *The Mechanic Muse.* Nova York/Oxford, Oxford University Press, 1987.

Kimoni, Iyay. *Une image du noir et de sa culture: esquisse de l'évolution de l'idée du noir dans les lettres françaises du début du siècle à l'entre deux guerres.* Neuchâtel, H. Messeiller, s. d.

King, John. *Magical Reels, a History of Cinema in Latin America.* Londres, Verso, 1990.

Kosinski, D. M. *Douglas Cooper and the Masters of Cubism.* Londres/Basileia, Tate Gallery/Kunstmuseum, 1988.

Kuhn, Thomas S. *La teoría del Cuerpo Negro y la Discontinuidad Cuántica, 1894-1912.* Madri, Alianza, 1987.

Lawson, H. *Reflexivity — The Post-modern Predicament.* Londres, Hutchinson, 1987.

Leighten, Patrícia. *Re-ordering the Universe, Picasso and Anarchism, 1897-1914.* Princeton, Princeton University Press, 1989.

_____. "'La propagande par le rire': satire and subversion in Apollinaire, Jarry and Picasso's collages." *Gazette des Beaux Arts,* ano 130, v. 112, 6 (out. 1988), pp. 163-172.

Lorenz, Konrad. *Behind the Mirror.* Londres, Methuen, 1977.

Löwith, Karl. *Saggi sulla storia.* Florença, Sansoni, 1971.

Lynes, R. *The Lively Audience, a Social History of the Visual and Performing Arts in America, 1890-1950.* Nova York, Harper & Row, 1985.

Mainardi, Patrícia. "The political origins of modernism." *Art Journal,* v. 44, 1 (primavera 1985), pp. 11-7.

Maiorino, Giancarlo. "The legend of geometry fulfilled. Abstraction and denaturalization of matter in the paintings of Piero della Francesca and Piet Mondrian." *Gazette des Beaux Arts,* ano 128, v. 107, 6 (mar. 1986), pp. 111-7.

Mandelbaum, H. & Myers, E. *Screen Deco*. Kent, Columbus Books, 1985.

Mansbach, S. A., org. *From Leningrad to Ljubljana: the suppressed avant-gardes of East-Central and Eastern Europe during the early Twentieth century*. Ed. esp. do *Art Journal*, v. 49, 1 (primavera 1990).

Matthews, W. R. "Literature, philosophy and religious thought." In *TNCMH*, pp. 125-48.

Meinecke, Friedrich. *Le origini dello storicismo*. Florença, Sansoni, 1954.

Menten, T., org. *Advertising Art in the Art Déco Style*. Nova York, Dover, 1975.

Molloy, Silvia. *La diffusion de la littérature hispano-américaine en France au XXᵉ siècle*. Paris, PUF, 1972.

Mordden, E. *That Jazz!, an Idiosyncratic Social History of the American Twenties*. Nova York, Putnam's Sons, 1978.

Moreno, C. F., coord. *America Latina en su literatura*. 4ª ed. México/Paris, Siglo XXI/Unesco, 1977.

Muller-Armack, A. *El siglo sin Diós*. México, Fondo de Cultura Económica, 1968.

_____. *O cubismo, o futurismo e o construtivismo*. Barcelona, Labor, 1976.

Nadeau, Maurice. *Historia del surrealismo*. Barcelona, Ariel, 1972.

Nash, J. M. "The nature of cubism, a study of conflicting explanations." *Art History, Journal of the Association of Art Historians*, v. 3, 4 (dez. 1980), pp. 435-47.

Nizan, P. *Aden, Arábia*. São Paulo, Marco Zero, 1987.

Oldroyd, D. *The Arch of Knowledge, an Introductory Study of the History of the Philosophy and Methodology of Science*. Nova York/Londres, Methuen, 1986.

Papaioannoe, K. *La consécration de l'histoire*. Paris, Champ Libre, 1983.

Penny, Barbara R. *Pilkington Brothers' Garden Village Ventures: the End of the Garden City/Suburb Movement*. Liverpool, Department of Civic Design, University of Liverpool, 1976.

Phillis, R. *Jazz Cleopatra, Josephine Baker in Her Time*. Londres, Chatto & Windus, 1990.

Poliakov, L. *O mito ariano*. São Paulo, Perspectiva, 1974.

Pomian, K. *L'ordre du temps*. Paris, Gallimard, 1984.

Porter, Roy, ed. *Man Masters Nature*. Londres, BBC, 1987.

Potts, D. C. & Charlton, D. G. *French Thought Since 1600*. Londres, Methuen, 1974.

Pristley, J. B. *Der Europäer und seine Literatur*. Munique, Kurt Desch, 1961.

Ramnoux, C. *La nuit et les enfants de la nuit*. Paris, Flammarion, 1986.

Ratcliff, John. *An Introduction to Town and Country Planning*. Londres, Hutchinson, 1978.

Ravetz, Alison. *The Government of Space, Town Planning in Modern Society*. Londres, Faber and Faber, 1986.

Reid, Norman & Golding, John, orgs. *Léger and Purist Paris*. Londres, The Tate Gallery, 1970.

Ricoeur, P., org. *As culturas e o tempo*. São Paulo, Vozes/Edusp, 1975.

_____. org. *Les temps et le philosophies*. Paris, Payot, 1978.

_____. *Le temps raconté*. Paris, Seuil, 1985.

Rosenfeld, A. *Teatro alemão, história e estudos, 1ª parte: esboço histórico*. São Paulo, Brasiliense, 1968.

Roth, J. J. *The Cult of Violence, Sorel and the Sorelians*. Berkeley, University of California Press, 1980.

Rougemont, D. de. *Love in the Western World*. Nova York, Harper Colophon, 1980.

Said, Edward W. *Orientalismo, o Oriente como invenção do Ocidente*. São Paulo, Companhia das Letras, 1990.

Saraiva, Antônio José. *Para a história da cultura em Portugal*. 3ª ed. Lisboa, Europa-América, 1972. 3 v.

Schorske, C. E. *Fin-de-siècle Vienna, Politics and Culture*. Cambridge, Cambridge University Press, 1985.

Schwartz, Sanford. *The Matrix of Modernism, Pound, Eliot & Early 20th Century Thought*. Princeton, Princeton University Press, 1985.

Seigel, J. *Bohemian Paris, Culture, Politics and the Boundaries of Bourgeois Life, 1830-1930*. Nova York, Viking, 1986.

Servan-Schreiber, J. L. *L'art du temps*. Paris, Fayard, 1983.

Shattuck, Roger. *The Innocent Eye*. Nova York, Farrar Straus Giroux, 1984.

_____. *The Banquet Years, the Origins of the Avant-garde in France, 1885 to World War I*. Ed. rev. Nova York, Vintage, 1968.

Shead, R. *Music in the 1920s*. Londres, Duckworth, 1976.

Sillars, Stuart. *Art and Survival in First World War, Britain*. Nova York, St. Martin's Press, 1987.

Soler, Ricaurte. *El positivismo argentino (Pensamiento filosófico y sociológico)*. Buenos Aires, Paidós, 1968.

Solomon, Robert. C. *Continental Philosophy Since 1750 (the Rise and Fall of the Self)*. Oxford, Oxford University Press, 1988.

Sparke, Penny. *An Introduction to Design and Culture in the Twentieth Century*. Londres, Allen & Unwin, 1986.

Staller, Natasha. "Méliès' 'fantastic' cinema and the origins of cubism." *Art History, Journal of the Association of Art Historians*, v. 12, 2 (jun. 1989), 202-32.

Steegmuller, F. *Apollinaire, Poet Among the Painters*. Harmondsworth, Penguin, 1986.

Stelter, Gilbert A. *Cities and Urbanization*. Toronto, Longman, 1990.

Sterner, Gabriele. *Art nouveau, an Art of Transition — from Individualism to Mass Society*. Nova York, Barron's, 1982.

Stirn, François. *Violence et pouvoir*. Paris, Hatier, 1978.

Stoetzel, J. *La pshychologie sociale*. Paris, Flammarion, 1978.

Symons, J. *Makers of the New, Revolution in Literature, 1912-1939*. Londres, André Deutsch, 1987.

Teich, M. & Porter, R., orgs. *Fin de Siècle and Its Legacy*. Cambridge, Press Syndicate of the University of Cambridge.

Terry, E. D., ed. *Artists and Writers in the Evolution of Latin America*. Alabama, University Press, 1960.

Thévoz, Michel. "Marcel Réja, découvreur de l'art des fous." *Gazette des Beaux Arts*, ano 128, v. 108, 6 (set. 1986), pp. 200-8.

Threlfall, Tim. "Piet Mondrian, an untitled and unknown drawing circa 1918." *Art History, Journal of the Association of Art Historians*, v. 1, 2 (jun. 1978), pp. 229-35.

Timms, E. *Karl Kraus Apocalyptic Satirist, Culture and Catastrophe in Habsburg Vienna*. Londres, Yale University Press, 1986.

_____. & Kelley, D., orgs. *Unreal city, Urban Experience in Modern European Literature and Art*. Nova York, St. Martin's Press, 1985.

Tsuji, Nobuo. "De l'influence des illustrations des livres occidentaux sur les dessins d'Hokusaï, la clé de son originalité." *Gazette de Beaux Arts*, ano 131, v. 113, 6 (abr. 1989), pp. 187-200.

Virilio, P. *La machine de vision*. Paris, Galilée, 1988.

_____. *War and Cinema, the Logistics of Perception*. Londres, Verso, 1989.

Vitz, Paul G. & Glimcher, Arnold B. *Modern Art and Modern Science, the Parallel Analysis of Vision*. Nova York, Praeger, 1984.

Weber, E. *França Fin-de-siècle*. São Paulo, Companhia das Letras, 1988.

Weiss, John, org. *The Origins of Modern Consciousness*. Detroit, Wayne State University Press, 1965.

Whitrow, G. J. *The Natural Philosophy of Time*. Nova York, Harper & Row, 1961.

_____. *Time in History, Views of Time from Prehistory to the Present Day*. Oxford, Oxford University Press, 1988.

Whyte, Iain Boyd. "The end of an avant-garde: the exemple of 'expressionist' architecture." *Art History, Journal of the Association of Art Historians*, v. 3, 1 (mar. 1980), pp. 102-14.

Willett, John. *The New Sobriety, 1917-1933, Art and Politics in the Weimar period*. Londres, Thames & Hudson, 1978.

_____. *El rompecabezas expresionista*. Madri, Guadarrama, 1970.

Williams, R. *Culture & Society*. Londres, The Hogarth Press, 1987.

Willis, Carol. "Zoning and Zeitgeist: the skyscraper city in the 20s." *Journal of the Society of Architectural Historians*, v. 45, 1 (mar. 1986), pp. 47-59.

Wilson, E. *Os anos vinte*. São Paulo, Companhia das Letras, 1987.

Winegarten, Renée. *Writers and Revolution; the Fatal Lure of Action*. Nova York, New Viewpoints, 1974.

Wiser, W. *The Crazy Years. Paris in the Twenties*. Londres, Thames & Hudson, 1990.

Wohl, Robert. *The Generation of 1914*. Londres, Weidenfeld & Nicolson, 1980.

Woodham, Jonathan. "Design and Empire, British design in the 1920s." *Art History, Journal of the Association of Art Historians*, v. 3, 2 (jun. 1980), pp. 229-40.

CRÍTICA, ESTÉTICA, TEORIA DA ARTE E LITERATURA

Abril, Xavier. *Dos estudios: I-Vallejo y Mallarmé; II-Vigencia de Vallejo*. Baía Blanca, Universidad Nacional del Sur, Argentina, 1960.

Adorno, W. Theodor. "Conferência sobre lírica e sociedade." In *Os pensadores*, v. XLVIII, 201-14. São Paulo, Abril Cultural, 1975.

_____. *Crítica cultural y sociedad*. Barcelona, Ariel, 1973.

_____. *Filosofia da nova música*. São Paulo, Perspectiva, 1974.

_____. *Notas de literatura*. Rio de Janeiro, Tempo Brasileiro, 1973.

Alsberg, John. *Modern Art and Its Enigma*. Londres, Weidenfeld & Nicolson, 1983.

Alves, Henrique L. *Mário de Andrade*. 2ª ed. São Paulo/Brasília, Ibrasa/INC, Pró-memória, 1983.

Arnheim, Rudolf. *La forma visual de la arquitectura*. Barcelona, Gustavo Gili, 1978.

Auerbach, Eric. *Mimesis*. São Paulo, Perspectiva, 1971.

Averbuck, L. M. *Cobra Norato e a revolução caraíba*. Rio de Janeiro, José Olympio, 1985.

Barthes, Roland. *Análise estrutural da narrativa*. 4ª ed. Petrópolis, Vozes, 1971.

_____. *Crítica e verdade*. São Paulo, Perspectiva, 1970.

_____. *Novos ensaios críticos/O grau zero da escritura*. São Paulo, Cultrix, 1974.

_____. *L'empire des signes*. Genebra/Paris, Skira/Flammarion, 1970.

Bastide, Roger. *Arte e sociedade*. 2ª ed. São Paulo, Nacional/Edusp, 1971.

Beaumont, E. M., Cocking, J. M. & Cruickshank, J., eds. *Order and Adventure in Post-romantic French Poetry*. Oxford, Basil Blackwell, 1973.

Bégué, C. & Lartigue P. *Alcools Apollinaire*. Paris, Hatier, 1972.

Bell, Ian F. A. *Critic as Scientist; the Modernist Poetics of Ezra Pound*. Londres/ Nova York, Methuen, 1981.

Benjamin, Walter. "A obra de arte na época de suas técnicas de reprodução." In *Os pensadores*, v. XLVIII, 9-34. São Paulo, Abril Cultural, 1975.

_____. "O narrador." Ibidem, 63-82.

_____. *Iluminaciones/2*. Madri, Taurus, 1972.

Bernardini, Aurora Fornoni, org. *O futurismo italiano*. São Paulo, Perspectiva, 1980.

Binni, Walter. *La poetica del decadentismo*. 5ª ed. Florença, Sansoni, 1977.

Blöcker, G. *Lineas y perfiles de la literatura moderna*. Madri, Guadarrama, 1969.

Bochner, Jay. *Blaise Cendrars: Discovery and Re-creation*. Toronto, University of Toronto Press, 1978.

Bosi, Alfredo. *O pré-modernismo*. 3ª ed. São Paulo, Cultrix, 1969.

Bourdieu, Pierre. *A economia das trocas simbólicas*. Introd., org., sel. Sérgio Miceli. São Paulo, Perspectiva, 1974.

Brasil, A. *O modernismo*. Rio de Janeiro, Pallas, 1976.

Brito, Mário da Silva. *História do modernismo brasileiro. Antecedentes da Semana de Arte Moderna*. 2ª ed. Rio de Janeiro, Civilização Brasileira, 1964.

_____. *Poesia do modernismo*. Rio de Janeiro, Civilização Brasileira, 1968.

Brown, R. K. & Reinhold, S. *The Poster Art of A. M. Cassandre*. Nova York, E. P. Dutton, 1979.

Buhler, Jean. *Blaise Cendrars, homme libre, poète au coeur du monde*. Bienne, Éditions du Panorama, 1960.

Bürger, Peter. *Theory of the Avant-garde*. Manchester, University Press, 1984.

Burgos, Jean. "Apollinaire et le recours au mythe." In *Du monde européen à l'univers des mythes*. Actes du colloque de Stavelot, 1968, reunis par Michel Décaudin. Paris, Minard, 1970.

Butor, Michel et alii. *Joyce e o romance moderno*. São Paulo, Documentos, 1969.

Caizergues, P., org. *Apollinaire em 1918*. Paris, Klincksieck, 1988.

Cândido, Antonio. *Formação da literatura brasileira, momentos decisivos*. 4ª ed. São Paulo, Martins, s. d. 2 v.

_____. *Literatura e sociedade*. 3ª ed. São Paulo, Nacional, 1973.

_____. *Tese e antítese*. 2ª ed. São Paulo, Nacional, 1971.

_____. *Vários escritos*. São Paulo, Duas Cidades, 1977.

Cardinal, R. *Primitive Painters*. Londres, Thames & Hudson, 1978.

Charle, Christophe. "Champ littéraire et champ du pouvoir, les écrivains et l'affaire Dreyfus." *Annales E. S. C.*, ano 32, 2 (mar.-abr. 1977), pp. 240-64.

Chefdor, Monique. *Blaise Cendrars*. Boston, Twayne, 1980.

Chipp, Herschel B. *Theories of Modern Art, a Source Book by Artists and Critics*. Berkeley, University of California Press, 1968.

Coelho, Ruy G. de A. "Indivíduo e sociedade na teoria de Augusto Comte." Tese de livre-docência, FFLCH-USP, 1961.

Cohen, J. M. *Poesia de nuestro tiempo*. México, Fondo de Cultura Económica, 1963.

Collazos, Óscar. *Los vanguardismos en la América Latina*. Barcelona, Península, 1977.

Couprie, A. *Du symbolisme au surréalisme, 10 poèmes expliqués*. Paris, Hatier, 1985.

Crowson, Lydia. *The Esthetic of Jean Cocteau*. Hanôver/New Hampshire, University Press of New England, 1978.

Davies, Ivor. "New reflections on the Large glass." *Art History, Journal of the Association of Art Historian*, v. 2, 1 (mar. 1979), pp. 85-94.

Denvir, Bernard. *O fovismo e o expressionismo*. Barcelona, Labor, 1977.

Derrida, Jacques. *A escritura e a diferença*. São Paulo, Perspectiva, 1971.

Dorra, Henri. "Japanese sources for two paintings by Seurat." *Gazette des Beaux Arts*, ano 131, v. 114, 6 (set. 1989), pp. 95-9.

Dube, Wolf-Dieter. *O expressionismo*. São Paulo, Verbo/Edusp, 1976.

Durozoi, G. & Lecherbonnier, B. *El surrealismo, teorías, temas, técnicas*. Madri, Guadarrama, 1974.

Durrell, Lawrence. *A Key to Modern British Poetry*. Norman, University of Oklahoma Press, 1970.

Duve, Thierry de. *Nominalisme pictural*. Paris, Minuit, 1984.

Eco, Umberto. *Apocalípticos e integrados*. São Paulo, Perspectiva, 1976.

Eisner, Lotte. N. *A tela demoníaca, as influências de Max Reinhardt e do expressionismo*. Rio de Janeiro, Paz e Terra, 1985.

Escarpit, R. *Le littéraire et le social*. Paris, Flammarion, 1970.

Fabris, Annateresa. *Futurismo: uma poética da modernidade*. São Paulo, Perspectiva, 1987.

Fiz, S. M. *Contaminaciones figurativas, imagenes de la arquitectura y la ciudad como figuras de lo moderno*. Madri, Alianza, 1986.

Flores, A., org. *Aproximaciones a César Vallejo*. Long Island, Las Américas, 1971.

Forster, E. M. *Aspectos do romance*. 2ª ed. Porto Alegre, Globo, 1974.

Forster, Merlin H., ed. *Tradition and Renewal. Essays on Twentieth-century Latin American Literature and Culture*. Illinois, University of Illinois Press, 1975.

Foucault, Michel. *A arqueologia do saber*. Petrópolis/Lisboa, Vozes/Centro do Livro Brasileiro, 1972.

_____. *El orden del discurso*. Barcelona, Tusquets, 1973.

_____. *Nietzsche, Freud e Marx/Theatrum Philosophicum*. Porto, Rio de Alegre, 1975.

_____. *This Is Not a Pipe*. Londres/Berkeley/Los Angeles, University of California Press, 1983.

Frampton, Kenneth. *Modern Architecture, a Critical History*. Londres, Thames & Hudson, 1980.

Franco, Jean. *The Modern Culture of Latin America, Society and the Artist*. Londres, Pelican, 1970.

Frascina, Francis & Harrison, Charles, eds. *Modern Art and Modernism, a Critical Anthology*. Londres, Harper & Row, 1986.

Fry, Edward F. *Cubism*. Londres, Thames & Hudson, 1978.

Gablik, Suzi. *Has Modernism Failed?* Londres, Thames & Hudson, 1984.

Gandelman, Claude. "Proust as a cubist." *Art History, Journal of the Association of Art Historians*, v. 2, 3 (set. 1979), pp. 355-63.

Gasset, J. O. *The Dehumanization of Art, and Other Essays on Art, Culture, and Literature*. Princeton, University Press, 1968.

Girard, René. *Mensonge romantique et vérité romanesque*. Paris, Bernard Grasset, 1961.

Goldmann, Lucien. *Criação cultural na sociedade moderna*. São Paulo, Difel, 1972.

_____. *Crítica e dogmatismo na cultura moderna*. Rio de Janeiro, Paz e Terra, 1973.

_____. *Sociologia da literatura*. 2ª ed. Rio de Janeiro, Paz e Terra, 1976.

_____. *Structures mentales et création culturalle*. Paris, Anthropos, 1970.

Gramsci, A. *Cultura y literatura*. Barcelona, Península, 1972.

Grossman, Rudolf. *Historia y problemas de la literatura latinoamericana*. Madri, Ediciones de la Revista de Occidente, 1972.

Gullar, F. *Vanguarda e subdesenvolvimento*. Rio de Janeiro, Civilização Brasileira, 1962.

Haftmann, Werner. *Painting in the Twentieth Century, an Analysis of the Artists and Their Work*. Nova York/Londres, Holt, Rinehart & Winston, 1965.

Harrison, Charles & Orton, Fred, eds. *Modernism, Criticism, Realism*. Londres, Harper & Row, 1984.

Holloway Jr., J. E. "Borges early conscious mythicization of Buenos Aires." *Symposium*, v. 42, 1 (primavera 1988), pp. 17-36.

Howarth, W. D., Peyre, M. H. & Cruickshank, J. *French Literature from 1600 to the Present*. Londres, Methuen, 1974.

Hunter, Sam. *Modern French Painting*. Nova York, Dell, 1956.

Jauss, R. Hans et alii. *A literatura e o leitor, textos de estética da recepção*. Coord. Luiz Costa Lima. Rio de Janeiro, Paz e Terra, 1979.

Karginov, German. *Rodchenko*. Londres, Thames & Hudson, 1979.

Kelder, Diane. "Stuart Davis: pragmatist of American modernism." *Art Journal*, v. 39, 1 (outono 1979), pp. 29-36.

Kettle, Arnold. *The Nineteenth-century Novel, Critical Essays and Documents.* Londres, Heinemann, 1977.

Klein, R. "'Je suis véritablement décomposé': sur une lettre de Mallarmé." *Romantisme, revue du dix-neuvième siècle*, n. 61 (jul.-set. 1988), pp. 47-57.

Koestenbaum, Wayne. "*The Waste Land*: T.S. Eliot's and Ezra Pound's collaboration on hysteria." *Twentieth Century Literature*, v. 34, 2 (verão 1988), pp. 113-39.

Korg, Jacob. "Futurism past and present." *Papers on Language & Literature*, v. 24, 2 (primavera 1988), pp. 212-8.

Lafetá, J. L. *1930: A crítica e o modernismo.* São Paulo, Duas Cidades, 1974.

Lageira, J. & Deluy, H. *Pessoa et le futurisme portugais.* Paris, Action Poètique, 1988.

Lannes, R. *Jean Cocteau.* Paris, Seghers, s. d.

Lissitzky-Küppers, Sophie. *El Lissitzky, Life, Letters, Texts.* Introd. Herbert Read. Londres, Thames & Hudson, 1980.

Little, R. *Guillaume Apollinaire.* Londres, The Athlone Press/University of London, 1976.

Löwith, K. *Saggi sulla storia.* Florença, Sansoni, 1971.

Lukács, György. *Le roman historique.* Paris, Payot, 1977.

_____. *Sociología de la literatura.* Barcelona, Península, 1973.

_____. *Teoria do romance.* Lisboa, Presença, s. d.

Martins, Wilson. *O modernismo.* São Paulo, Cultrix, 1973.

Menezes Filho, F. *Apoteose de Schoenberg.* São Paulo, Nova Stella/Edusp, 1987.

Merleau-Ponty, M. *O homem e a comunicação, a prosa do mundo.* Rio de Janeiro, Bloch, 1974.

_____. *O visível e o invisível.* São Paulo, Perspectiva, 1971.

Merquior, José Guilherme. *Formalismo e tradição moderna.* Rio de Janeiro/São Paulo, Forense Universitária/Edusp, 1974.

Meschonnic, Henri. *Modernité, modernité.* Paris, Verdier, 1988.

Meyers, Jeffrey. "Hemingway's primitivism and 'Indian camp'." *Twentieth Century Literature*, v. 34, 2 (verão 1988), pp. 211-22.

Mitchell, D. *The Language of Modern Music.* Londres, Faber and Faber, 1983.

Moles, A. *O cartaz.* São Paulo, Perspectiva/Edusp, 1974.

Moraes, E. J. *A brasilidade modernista.* Rio de Janeiro, Graal, 1978.

Moreau, P. *La critique littéraire en France.* Paris, Armand-Colin, 1960.

Muir, Edwin. *A estrutura do romance.* 2ª ed. Porto Alegre, Globo, 1975.

Muller, Joseph Émile. *O fauvismo.* São Paulo, Verbo/Edusp, 1976.

Nietzsche, Friedrich. *O pensamento vivo de Nietzsche.* Apres. Heinrich Mann, trad. Sérgio Milliet. São Paulo, Martins/Edusp, 1975.

_____. *Obras incompletas*. Sel. Gérard Lebrun, trad. Rubens R. T. Filho. In *Os pensadores*, v. XXXII. São Paulo, Abril Cultural, 1974.

Orr, John. *Tragic Realism and Modern Society, Studies in the Sociology of the Modern Novel*. Londres, MacMillan Press, 1977.

Osakabe, Haquira. *Argumentação e discurso político*. São Paulo, Kairós, 1979.

Paz, O. *Signos em rotação*. São Paulo, Perspectiva, 1976.

Pedrosa, M. *Arte/forma e personalidade*. São Paulo, Kairós, 1979.

Peter, John. *Vladimir's Carrot*. Londres, Methuen, 1988.

Poggioli, Renato. *The Theory of the Avant-garde*. Londres, The Belknap Press, 1968.

Pomorska, K. *Formalismo e futurismo*. São Paulo, Perspectiva, 1972.

Poupon, M. *Apollinaire et Cendrars*. Paris, Lettres Modernes, 1969.

Preti, D. *Sociolinguística: os níveis da fala*. São Paulo, Nacional, 1974.

Rosenfeld, A. *Estrutura e problema da obra literária*. São Paulo, Perspectiva, 1976.

Rowe, William. "Lectura del tiempo en *Trilce*." *Cuadernos hispanoamericanos*, n. 454/455 (abr.-maio 1988), pp. 297-304.

Rye, Jane. *Futurism*. Londres, Studio Vista/Dutton Pictureback, 1972.

Santiago, S. *Uma literatura nos trópicos*. São Paulo, Perspectiva, 1971.

Sartre, Jean-Paul. *Situations — II*. 7ª ed. Paris, Gallimard, 1948.

Schaff, Adam. *Introduzione alla semantica*. 3ª ed. Roma, Editori Riuniti, 1974.

Schnaiderman, Boris. *A poética de Maiakóvski*. São Paulo, Perspectiva, 1971.

Schneede, U. M. *Surrealism*. Nova York, H. N. Abrams, 1974.

Scott, David. "Academicism and modernity in nineteenth-century; French poetry and art." *New Comparison: a Journal of Comparative and General Literary Studies*, n. 5 (verão 1988), pp. 75-88.

Sérullaz, Maurice. *Le cubisme*. Paris, PUF, 1967.

Short, R. *Paul Klee*. Londres, Thames & Hudson, 1979.

Southam, B. C. *A Student's Guide to the Selected Poems of T.S. Eliot*. Londres, Faber and Faber, 1990.

Stangos, Nikos, ed. *Concepts of Modern Art*. Londres, Thames & Hudson, 1985.

Starobinski, J. "A literatura." In *História: novas abordagens*. Org. J. Le Goff e P. Nora. Rio de Janeiro, Francisco Alves, 1976.

_____. *As palavras sob as palavras, os anagramas de Ferdinand de Saussure*. São Paulo, Perspectiva, 1974.

Steadman, P. *Arquitectura y naturaleza*. Madri, H. Blume Ediciones, 1982.

Steins, M. *Blaise Cendrars bilans nègres*. Paris, Lettres Modernes, 1977.

Subirats, Eduardo. *La flor y el cristal, ensayos sobre arte y arquitectura modernos*. Barcelona, Anthropos, 1986.

Surette, Leon. "*The Waste Land* and Jessie Weston: a reassessment." *Twentieth Century Literature*, v. 34, 2 (verão 1988), pp. 223-44.

Susman, W. I. *Culture as History.* Nova York, Pantheon, 1984.

Sypher, Wylie. *Do rococó ao cubismo.* São Paulo, Perspectiva, 1980.

Teles, Gilberto M. *Vanguarda europeia e modernismo brasileiro, apresentação e crítica dos principais movimentos vanguardistas.* Petrópolis, Vozes, 1972.

Terry, Edward Davis, ed. *Artists & Writers in the Evolution of Latin America.* Alabama, University of Alabama Press, 1960.

Tisdall, C. & Bozzolla, A. *Futurism.* Londres, Thames & Hudson, 1985.

Todorov, T. *As estruturas narrativas.* São Paulo, Perspectiva, 1969.

_____. *Poética.* Buenos Aires, Losada, 1975.

Vallier, Dora. *L'art abstrait.* Paris, Le Livre de Poche, 1980.

_____. *L'interieur de l'art.* Paris, Seuil, 1982.

Verdone, M. *Che cosa è il futurismo.* Roma, Ubaldini, 1970.

Waldberg, Patrick. *Surrealism.* Londres, Thames & Hudson, 1978.

Walder, Dennis, ed. *Literature in the Modern World, Critical Essays and Documents.* Oxford, Oxford University Press/The Open University, 1990.

Wellek, R. *Conceitos de crítica.* São Paulo, Cultrix, s. d.

Wijk, Margareth. *Guillaume Apollinaire et l'esprit nouveau.* Lund, CWK Gleerup, 1982.

Williams, K. *Brodie's Notes on James Joyce's Dubliners.* Londres, Pan Books, 1986.

Williams, Raymond. *The Politics of Modernism, Against the New Conformists.* Londres, Verso, 1989.

Zeraffa, M. *Fictions.* Aylesbury, Penguin, 1976.

HISTÓRIA DA PRIMEIRA REPÚBLICA NO BRASIL E DE SUA CULTURA

Almeida, Fernando Azevedo de. *O franciscano Ciccillo.* São Paulo, Pioneira, 1976.

Almeida, Jaime de. "Foliões." Tese de doutorado, FFLCH-USP, 1987.

Almeida, Paulo Mendes de. *De Anita ao museu.* São Paulo, Perspectiva, 1976.

Alvim, Zuleika M. F. *Brava gente!, os italianos em São Paulo.* São Paulo, Brasiliense, 1986.

Amaral, Aracy. *Artes plásticas na Semana de 22.* São Paulo, Perspectiva, 1970.

_____. *Blaise Cendrars no Brasil e os modernistas.* São Paulo, Martins Fontes, 1968.

_____. *Tarsila — sua obra e seu tempo.* São Paulo, Perspectiva/Edusp, 1975. 2 v.

Arrigucci Jr., Davi. *Humildade, paixão e morte, a poesia de Manuel Bandeira.* São Paulo, Companhia das Letras, 1990.

Ávila, Affonso. *O modernismo.* São Paulo, Perspectiva, 1975.

Azevedo, Aroldo, ed. *A cidade de São Paulo, estudos de geografia urbana*. São Paulo, Nacional, 1958. 2 v.

Bacelli, Roney. *Jardim América*. São Paulo, Secretaria Municipal de Cultura da Prefeitura do Município de São Paulo, 1982.

Barata, Mário. *Presença de Assis Chateaubriand na vida brasileira*. São Paulo, Martins, 1971.

Barros, Roque Spencer Maciel de. *A ilustração e a ideia de universidade*. São Paulo, FFLCH-USP. Boletim 241, História e Filosofia da Educação, n. 2, 1959.

Batista, M. R. "Os artistas brasileiros na escola de Paris — anos 20." Tese de doutorado, ECA-USP, 1987.

_____, Telê Porto Ancona, Lopez & Lima, Yone Soares de. *Brasil: primeiro tempo modernista, 1917/1929. Documentação*. São Paulo, Instituto de Estudos Brasileiros/USP, 1972.

Beccari, Vera d'Horta. *Lasar Segall e o modernismo paulista*. São Paulo, Brasiliense, 1984.

Bello, José Maria. *História da República, 1889-1954*. 7ª ed. São Paulo, Nacional, 1976.

Berriel, C. E. O., org. *Mário de Andrade hoje*. São Paulo, Ensaio, 1990.

Boaventura, Maria Eugênia. *A vanguarda antropofágica*. São Paulo, Ática, 1985.

Bolle, Willi. "A cidade sem nenhum caráter. Leitura da *Pauliceia desvairada* de Mário de Andrade." *Espaços & Debates*, ano IX, 27 (1989), pp. 14-27.

Bosi, Alfredo. *História concisa da literatura brasileira*. São Paulo, Cultrix, 1975.

Botelho, Cândida. *Fazenda Santo Antônio*. São Paulo, Árvore da Terra, 1988.

Broca, Brito. *A vida literária no Brasil — 1900*. Rio de Janeiro, José Olympio, 1975.

Bruno, Ernani da Silva. *Histórias e tradições da cidade de São Paulo*. Rio de Janeiro, José Olympio, 1954. 3 v. v. 3.

Caccese, Neuza Pinzaro. *Festa. Contribuição para o estudo do modernismo*. São Paulo, Instituto de Estudos Brasileiros/USP, 1971.

Campos, André Luiz Vieira de. *A república do Pica-pau Amarelo, uma leitura de Monteiro Lobato*. São Paulo, Martins Fontes, 1986.

Cândido, Antonio. *O método crítico de Sílvio Romero*. 2ª ed. São Paulo, FFLCH-USP, Boletim 266, Teoria Literária e Literatura Comparada, n. 1, 1963.

_____. *Os parceiros do Rio Bonito*. São Paulo, Duas Cidades, 1976.

_____. "Dialética da malandragem." *Revista do Instituto de Estudos Brasileiros*, n. 8, São Paulo, Instituto de Estudos Brasileiros/USP, 1970.

Cano, Wilson. *Raízes da concentração industrial em São Paulo*. Rio de Janeiro/São Paulo, Difel, 1977.

Capelato, M. Helena. *Os arautos do liberalismo*. São Paulo, Brasiliense, 1989.

Cardoso, Irene A. R. *A universidade da comunhão paulista*. São Paulo, Autores Associados/Cortez, 1982.

Carelli, Mario. *Carcamanos e comendadores, os italianos de São Paulo da realidade à ficção, 1919-1930*. São Paulo, Ática, 1985.

Carone, Edgard. *A Primeira República (texto e contexto)*. 3ª ed. São Paulo, Difel, 1976.

_____. *A República Velha — evolução política*. 3ª ed. São Paulo, Difel, 1977.

_____. *A República Velha — instituições e classes sociais*. 2ª ed. São Paulo, Difel, 1970.

_____. *Revoluções do Brasil contemporâneo*. São Paulo, Difel, 1975.

_____ & Perazzo, Priscila F. "Em São Paulo, lutas contra o monopólio: a mobilização social no conflito Guinle x Light." *Memória* (abr.-jun. 1990), pp. 38-45. São Paulo, DPH Eletropaulo.

Carvalho, José Murilo de. *A formação das almas*. São Paulo, Companhia das Letras, 1990.

_____. *Os bestiatizados*. São Paulo, Companhia das Letras, 1987.

Carvalho, L. R. de. *A formação filosófica de Farias Brito*. São Paulo, Saraiva/Edusp, 1977.

Casalecchi, José Enio. *O Partido Republicano Paulista*. São Paulo, Brasiliense, 1987.

Castro, Sertório de. *A república que a Revolução destruiu*. Rio de Janeiro, Freitas Bastos, 1932.

Catálogo. *Happy birthday SPAC, 1888-1988*. São Paulo, São Paulo Atlético Clube, 1988.

Catálogo. *Lasar Segall. Exposição retrospectiva do 20º aniversário de falecimento*. São Paulo, Museu Lasar Segall/Secretaria da Cultura, Ciência e Tecnologia do Estado de São Paulo — Secretaria Municipal de Cultura de São Paulo, 1977.

Catálogo. *O pano sobe. Exposição retrospectiva da obra de reforma e restauro do Teatro Municipal*. São Paulo, Prefeitura do Município de São Paulo, 1988.

Catálogo. *Semana de 22, antecedentes e consequências*. São Paulo, MASP/Secretaria da Cultura, Ciência e Tecnologia do Estado de São Paulo, 1972.

Catálogo. *Vicente do Rego Monteiro, 1899-1970*. São Paulo, MAC-USP, 1971.

Catálogo. *Warchavchik e as origens da arquitetura moderna no Brasil*. São Paulo, MASP/Aracy e Samuel Klabin, 1971.

Catálogo. *Warchavchik, Pilon, Rino Levi, três momentos da arquitetura paulista*. São Paulo, Museu Lasar Segall/Funarte/Secretaria de Estado da Cultura do Governo do Estado de São Paulo. Secretaria Municipal de Cultura de São Paulo/FAU-USP, 1983.

Cenni, F. *Italianos no Brasil, "andiamo in'merica"*. São Paulo, Martins, s. d.

Chalmers, V. M. *3 linhas e 4 verdades — o jornalismo de Oswald de Andrade*. São Paulo, Duas Cidades, 1976.

Contier, Arnaldo Daraya. "Villa-Lobos e o Estado Novo: 1937-1945 (anteprojeto: algumas reflexões)." São Paulo, dat., 1987.

Corrêa, Ana Maria Martinez. *A rebelião de 1924 em São Paulo*. São Paulo, Hucitec, 1976.

Costa, Emília Viotti da. *Da Monarquia à República: momentos decisivos*. 2ª ed. São Paulo, Ciências Humanas, 1979.

Costa, João Cruz. *Contribuição à história das ideias no Brasil*. 2ª ed. Rio de Janeiro, Civilização Brasileira, 1967.

Costa, Marta Morais da et alii. *Estudos sobre o modernismo*. Curitiba, Criar, 1982.

Coutinho, Afrânio, dir. *A literatura no Brasil*. 2ª ed. Rio de Janeiro, Sul Americana, 1969. 3 v. v. 3.

Damasceno, Benedita Gouveia. *Poesia negra no modernismo brasileiro*. Campinas, Pontes Editores, 1988.

Danon, Diana Dorothèa & Toledo, Benedito Lima de. *São Paulo: "belle époque"*. São Paulo, Nacional/Edusp, 1974.

Dean, W. *A industrialização de São Paulo*. São Paulo, Edusp/Difel, 1971.

Debenedetti, Emma & Salmoni, Anita. *Architettura italiana a San Paolo*. São Paulo, Instituto Cultural Italo-Brasileiro, 1953.

Decca, Edgar de. *1930, O silêncio dos vencidos*. São Paulo, Brasiliense, 1981.

Decca, M. Auxiliadora Guzzo de. *A vida fora das fábricas*. Rio de Janeiro, Paz e Terra, 1987.

Dias, M. L. R. P. *Desenvolvimento urbano e habitação popular em São Paulo — 1870-1914*. São Paulo, Nobel, 1989.

Dias, M. Odila Leite da Silva. *Quotidiano e poder em São Paulo no século XIX*. São Paulo, Brasiliense, 1984.

Eleutério, Maria de Lurdes. *Oswald — itinerário de um homem sem profissão*. Campinas, Editora da Unicamp, 1989.

Eulalio, Alexandre. *A aventura brasileira de Blaise Cendrars*. São Paulo/Brasília, Quíron/INL, 1978.

Faoro, Raymundo. *Machado de Assis: a pirâmide e o trapézio*. São Paulo, Nacional, 1974.

_____. *Os donos do poder, formação do patronato político brasileiro*. 2ª ed. Porto Alegre/São Paulo, Globo/Edusp, 1975. 2 v. v. 2.

Farias, Agnaldo Aricê C. "A arquitetura eclipsada, notas sobre história e arquitetura a propósito da obra de Gregori Warchavchik, introdutor da arquitetura moderna no Brasil." Tese de mestrado, IFCH-Unicamp, 1990.

Fausto, Boris. *Crime e cotidiano*. São Paulo, Brasiliense.

_____. *Pequenos ensaios de história da República*. Cadernos Cebrap, n. 10, São Paulo, 1972.

_____. *Trabalho urbano e conflito social (1890-1920)*. Rio de Janeiro/São Paulo, Difel, 1977. 2. v.

Feijó, Martim César. *Formação política de Astrojildo Pereira (1890-1920)*. São Paulo, Novos Rumos, 1985.

Feres, Nites Therezinha. *Leituras em francês de Mário de Andrade*. São Paulo, Instituto de Estudos Brasileiros/USP, 1969.

Fernandes, Florestan. *Sociedade de classes e subdesenvolvimento*. Rio de Janeiro, Zahar, 1968.

_____. *Folclore e mudança social na cidade de São Paulo*. Petrópolis, Vozes, 1989.

_____. *A integração do negro na sociedade de classes*. São Paulo, Pioneira, 1965.

_____. & Bastide, R. *Brancos e negros em São Paulo*. 2ª ed. São Paulo, 1959.

Fonseca, Guido. *História da prostituição em São Paulo*. São Paulo, Resenha Universitária, 1982.

Font, Mauricio A. *Coffee, Contention and Change in the Making of Modern Brazil*. Cambridge, Basil Blackwell, 1990.

Franco, Maria Sílvia de Carvalho. "As ideias estão no lugar." In *Cadernos de Debate*, n. 1. 2ª ed., São Paulo, Brasiliense, 1976.

_____. *Homens livres na ordem escravocrata*. São Paulo, Instituto de Estudos Brasileiros/USP, 1969.

Freyre, Gilberto. *Ordem e progresso*. 2ª ed. Rio de Janeiro, José Olympio, 1962. 2 v.

Graham, Richard. *Grã-Bretanha e o início da modernização no Brasil*. São Paulo, Brasiliense, 1973.

Grembecki, Maria Helena. *Mário de Andrade e l'esprit nouveau*. São Paulo, Instituto de Estudos Brasileiros/USP, 1969.

Hall, Michael M. & Pinheiro, Paulo Sérgio. "Alargando a história da classe operária: organização, lutas e controle." In Prado, *Libertários e militantes, arte, memória e cultura anarquista*, pp. 96-120.

Hallewell, L. *O livro no Brasil*. São Paulo, Edusp, 1985.

Hardman, Francisco Foot. *Nem pátria, nem patrão!, vida operária e cultura anarquista no Brasil*. São Paulo, Brasiliense, 1983.

_____. *Trem fantasma*. São Paulo, Companhia das Letras, 1988.

Holloway, Thomas H. *Imigrantes para o café*. Rio de Janeiro, Paz e Terra, 1984.

Homem, M. Cecília Naclério. *O prédio Martinelli; a ascensão do imigrante e a verticalização de São Paulo*. São Paulo, Projeto Editores Associados, 1984.

Hutter, Lúcia M. *Imigração italiana em São Paulo (1880-1889)*. São Paulo, Instituto de Estudos Brasileiros/USP, 1972.

Ianni, Otávio. *Imperialismo na América Latina*. Rio de Janeiro, Civilização Brasileira, 1974.

Kocher, B. & Lobo, E. L., orgs. *Ouve meu grito, antologia de poesia operária (1894-1923)*. Rio de Janeiro, Marco Zero/UFRJ-PROED, 1987.

Kowarick, Lúcio, org. *As lutas sociais e a cidade*. Rio de Janeiro, Paz e Terra/Cedec-UNRISD, 1988.

Langenbuch, Juergen Richard. *A estruturação da Grande São Paulo, estudo de geografia urbana*. Rio de Janeiro, IBGE, 1971.

Lara, Cecília de. *De Pirandello a Piolim: Alcântara Machado e o teatro no modernismo*. Rio de Janeiro, Ministério da Cultura/Instituto Nacional de Artes Cênicas, 1987.

Leal, Vítor N. *Coronelismo, enxada e voto*. 2ª ed. São Paulo, Alfa-Omega, 1975.

Leite, A. *História da civilização paulista*. São Paulo, Saraiva, 1954.

Leite, Dante Moreira. *O caráter nacional brasileiro*. 2ª ed. São Paulo, Pioneira, 1969.

Lessa, Renato. *A invenção republicana*. São Paulo/Rio de Janeiro, Vértice/Instituto Universitário de Pesquisas do Rio de Janeiro, 1988.

Levi, Darrell E. *A família Prado*. São Paulo, Cultura 70, 1977.

Lopes, José Sérgio Leite, coord. *Cultura e identidade operária*. São Paulo, Marco Zero, 1984.

Lopez, Telê Porto Ancona. *Mário de Andrade: ramais e caminho*. São Paulo, Duas Cidades, 1972.

Love, John. *A locomotiva, São Paulo na federação brasileira, 1889-1937*. Rio de Janeiro, Paz e Terra, 1982.

Machado, L. T. *António de Alcântara Machado e o modernismo*. Rio de Janeiro, José Olympio, 1970.

Machado Jr., Rubens L. R. "São Paulo em movimento: a representação cinematográfica da metrópole nos anos 20." Tese de mestrado, ECA-USP, 1989.

Machado Neto, A. L. *Estrutura social da República das Letras*. São Paulo, Edusp/Grijalbo, 1973.

Marson, Adalberto. *A ideologia nacionalista em A. Torres*. São Paulo, Duas Cidades, 1979.

Martins, José de Souza. *A imigração e a crise do Brasil agrário*. São Paulo, Pioneira, 1973.

Martins, Luciano. "La genese d'une intelligentsia (les intellectuels et le politique au Brésil, 1920-1940)." Paris, Centre Nationale de Recherche Scientifique, dat., 1986.

Martins, Luis. *Suplemento literário*. São Paulo, Conselho Estadual de Cultura, s. d.

Meihy, J. C. Sebe Bom & Witter, J. Sebastião, orgs. *Futebol e cultura*. São Paulo, Imprensa Oficial/Arquivo do Estado, 1982.

Mello e Souza, Gilda de. *O tupi e o alaúde — uma interpretação de* Macunaíma. São Paulo, Duas Cidades, 1979.

Miceli, Sérgio. *Poder, sexo e letras na República Velha*. São Paulo, Perspectiva, 1977.

_____. *Intelectuais e classe dirigente no Brasil (1920-1945)*. São Paulo, Difel, 1979.

Miguel-Pereira, Lúcia. *Prosa de ficção: de 1870 a 1920*. 3ª ed. Rio de Janeiro/ Brasília, José Olympio/INL, 1973.

Moreira, Sílvia L. *São Paulo na Primeira República*. São Paulo, Brasiliense, 1988.

Morse, Richard M. *Formação histórica de São Paulo, de comunidade a metrópole*. São Paulo, Difel, 1970.

Motta, Carlos Guilherme, org. *Brasil em perspectiva*. 5ª ed. São Paulo, Difel, 1974.

_____. *Ideologia da cultura brasileira*. 5ª ed. São Paulo, Ática, 1985.

Murce, Renato. *Bastidores do rádio*. Rio de Janeiro, Imago, 1976.

Nogueira, H. *Jackson de Figueiredo*. Rio de Janeiro/São Paulo, Hachette/Loyola, 1976.

Ortiz, Renato. *Cultura brasileira & identidade nacional*. São Paulo, Brasiliense, 1985.

Pacheco e Silva, A. C. *Armando de Salles Oliveira*. São Paulo, Parma/Edusp, 1980.

Palmer Jr., Thomas W. "The locomotive and twenty empty freight cars." *Inter--American Economic Affairs*, v. 4, 3 (inverno 1950), pp. 53-92.

Penna, Maria Luísa. *Fernando de Azevedo: educação e transformação*. São Paulo, Perspectiva, 1987.

Peregrino, Humberto. *História e projeção das instituições culturais do Exército*. Rio de Janeiro, José Olympio, 1967.

Pinto, M. Inez M. Borges. "Quotidiano e sobrevivência: a vida do trabalhador pobre na cidade de São Paulo, 1890-1910." Tese de doutorado, FFLCH-USP, 1984.

Prado, Antônio Arnoni, org. *Libertários e militantes, arte, memória e cultura anarquista. Remate de males*, n. 5 (fev. 1985). Campinas, IEL-Unicamp.

_____. *1922 — Itinerário de uma falsa vanguarda*. São Paulo, Brasiliense, 1983.

_____ & Hardman, Francisco Foot, orgs. *Contos anarquistas*. São Paulo, Brasiliense, 1985.

Prado Jr., Caio. *Evolução política do Brasil e outros estudos*. São Paulo, Brasiliense, 1972.

_____. *História econômica do Brasil*. 14ª ed. São Paulo, Brasiliense, 1971.

Proença, M. Cavalcanti. *Roteiro de* Macunaíma. Rio de Janeiro, Civilização Brasileira, 1978.

Prudente de Morais Neto. "O lado oposto e outros lados." *Revista do Brasil*, ano 3, n. 6 (1987), 8-10. Número especial dedicado a Sérgio Buarque de Holanda. Rio de Janeiro, Prefeitura da Cidade do Rio de Janeiro/Rio Arte/Fundação Rio.

Queiroz, M. Isaura Pereira de. *O mandonismo local na vida política brasileira e outros ensaios.* São Paulo, Alfa-Omega, 1976.

_____. *Bairros rurais paulistas.* São Paulo, Duas Cidades, 1973.

_____. *Cultura, sociedade rural, sociedade urbana no Brasil.* São Paulo, Edusp, 1978.

Rabaçal, Alfredo João. *As congadas no Brasil.* São Paulo, Secretaria da Cultura, Ciência e Tecnologia do Estado de São Paulo/Conselho Estadual de Cultura, 1976.

Rachum, Ilan. "Nationalism and revolution in Brazil, 1922-1930." Tese de doutorado, Columbia University, University Microfilm, Ann Arbour, Michigan, 1970.

Rago, Margareth. *Do cabaré ao lar, a utopia da cidade disciplinar.* Rio de Janeiro, Paz e Terra, 1985.

_____. "Prazer e perdição: a representação da cidade nos anos 20." *Revista Brasileira de História*, n. 13 (set. 1986-fev. 1987), pp. 77-101. São Paulo, Marco Zero/ANPUH.

Reis Filho, Nestor Goulart. *Quadro da arquitetura no Brasil.* São Paulo, Perspectiva, 1970.

Saia, Luís. *Morada paulista.* São Paulo, Perspectiva, 1972.

Saliba, Elias Thomé, org. e introd. *Ideias econômicas de Cincinato Braga.* Brasília/Rio de Janeiro, Senado Federal/Fundação Casa de Rui Barbosa/MEC, 1983.

_____. "Humor paulista na Primeira República", conferência, mimeo, 1989.

Schwartz, Roberto. *Ao vencedor as batatas.* São Paulo, Duas Cidades, 1977.

_____. *A sereia e o desconfiado.* Rio de Janeiro, Civilização Brasileira, 1965.

Seabra, Odette Carvalho de Lima. "Enchentes em São Paulo: culpa da Light?" *Memória*, ano I, 1 (s. d.), pp. 21-4. São Paulo, DHP Eletropaulo.

Sevcenko, Nicolau. *Literatura como missão, tensões sociais e criação cultural na Primeira República.* 3ª ed. São Paulo, Brasiliense, 1989.

_____. "São Paulo, the quintessential uninhibited megalopolis as seen by Blaise Cendrars in the 1920s." Conferência apresentada no XVII Congresso Internacional de Ciências Históricas, Madri, 1990.

_____. "Literatura e analfabetismo no prelúdio republicano." In *Almanaque, cadernos de literatura e ensaio*, n. 14, pp. 80-3. São Paulo, Brasiliense, 1982.

Silveira, M. *A contribuição italiana ao teatro brasileiro*. São Paulo, Quíron, 1976.

Simão, Aziz. *Sindicato e Estado*. São Paulo, Ática, 1981.

Skidmore, Thomas. *Preto no branco*. Rio de Janeiro, Paz e Terra, 1976.

Soihet, Rachel. *Condição feminina e formas de violência*. Rio de Janeiro, Forense Universitária, 1989.

Souza, M. Cláudia Pereira de. "O capital imobiliário e a produção do espaço urbano, o caso da Companhia City." Tese de mestrado, FGV-EAESP, 1988.

Squeff, Ênio & Wisnik, José Miguel. *Música. O nacional e o popular na cultura brasileira*. São Paulo, Brasiliense, 1982.

Tinhorão, J. Ramos. *Música popular — do gramofone ao rádio e TV*. São Paulo, Ática, 1981.

Toledo, Benedito Lima de. *São Paulo: três cidades em um século*. São Paulo, Duas Cidades, 1983.

_____. "Victor Dubugras e as atitudes de inovação em seu tempo." Tese de livre-docência, FAU-USP, 1988.

Torres, M. C. Teixeira Mendes. *O bairro do Brás*. 2ª ed. São Paulo, Departamento de Patrimônio Histórico da Secretaria Municipal de Cultura da Prefeitura de São Paulo, 1981.

Turazzi, M. Inês. *A euforia do progresso e a imposição da ordem*. Rio de Janeiro, Núcleo de publicações Coppe/Marco Zero, 1989.

Vernaschi, Elvira. *Gomide*. São Paulo, M W M/Edusp, 1989.

Versiani, Flávio Rabelo & Barros, J. Roberto Mendonça de, orgs. *Formação econômica do Brasil, a experiência da industrialização*. São Paulo, Saraiva, 1978.

Vilela Luz, Nícia. *A luta pela industrialização do Brasil*. São Paulo, Alfa-Omega, 1975.

Vita, Luís Washington. *Antologia do pensamento social e político no Brasil*. Washington, D.C./São Paulo, SGOEA/Grijalbo, 1968.

Westphalen, Cecília M. & Balhana, Altiva Pilatti. *Reações ao novo refluxo do passado*. Curitiba, Sociedade Brasileira de Pesquisa Histórica do Paraná, 1985.

Wisnik, José Miguel. *O coro dos contrários — a música em torno da Semana de 22*. São Paulo, Duas Cidades, 1977.

Zanini, Walter, coord. *História geral da arte no Brasil*. São Paulo, Instituto Moreira Salles/Fundação Djalma Guimarães, 1983. 2 v. v. 2.

Zilio, Carlos. *A querela do Brasil, a questão da identidade da arte brasileira: a obra de Tarsila, Di Cavalcanti e Portinari/ 1922-1945*. Rio de Janeiro, Funarte, 1982.

_____, Lafetá, J. L. & Leite L. C. M. *Artes plásticas/Literatura*. São Paulo, Brasiliense, 1982.

PERIÓDICOS CIENTÍFICOS

Art History, Journal of the Association of Art Historians. Oxford/Nova York, Basil Blackwell.
Art Journal. Nova York, The College Art Association of America.
Cuadernos Hispanoamericanos.
Gazette des Beaux Arts. Paris, Les Beaux Arts Sociéte d'Édition et de Publication.
Inter-American Economic Affairs.
Journal of Sport History. Seattle, The North American Society for Sport History.
Journal of the Society of Architectural Historians.
New Comparison: a Journal of Comparative and General Literary Studies.
Papers on Language & Literature. Edwardsville, Southern Illinois University.
Romantisme, Revue du Dix-neuvième Siècle. Paris, Éditions CDU-SEDES.
Symposium. Washington, Syracuse University.
The American Historical Review. Washington, American Historical Association.
The Art Bulletin. Nova York, The College Art Association of America.
Twentieth Century Literature. Nova York, Hofstra University.

OBRAS DE REFERÊNCIA

A History of Modern Music. P. Collaer, Nova York, Grosset & Dunlap, 1961.
Annuaire du Brésil (économique et financier). Francisco Guimarães & Georges. Paris, Lafond, 1927
Dicionário literário brasileiro. Raimundo de Menezes. 2ª ed. Rio de Janeiro/São Paulo, Livros Técnicos e Científicos, 1978.
Dictionnaire de la litterature française et francophone. Dir. Jacques Dumougin. Paris, Larousse, 1987. 3 v.
Dictionnaire de la musique contemporaine. Claude Rostand. Paris, Larousse, 1970.
Dictionnaire des simboles. Orgs. J. Chevalier & A. Gheerbrant. Paris, Robert Laffont/Jupiter, 1982.
Dictionary of Art Quotations. Comp. Ian Crofton. Londres, Routledge, 1988.
Encyclopedia of 20th-Century Music. Paul Griffiths. Londres, Thames & Hudson, 1986.

História geral da civilização brasileira. Dir. Sérgio Buarque de Holanda & Boris Fausto. Rio de Janeiro, São Paulo, Difel, 1977. Tomos II (*O Brasil monárquico*) e III (*O Brasil republicano*), 7 v.

História geral das civilizações. 4ª ed. Dir. Maurice Crouzet. Rio de Janeiro, São Paulo, Difel, 1977. 17 v., t. 6, v. 13-14., t. 7, v. 15.

Modern Music, a Concise History from Debussy to Boulez. Paul Griffiths. Londres, Thames & Hudson, 1990.

Para compreender as músicas de hoje. H. Barraud. São Paulo, Perspectiva, 1975.

The Cambridge History of Latin America. Ed. Leslie Bethell. Cambridge, Cambridge University Press, 1988, 5 v., v. 5.

The Fontana Dictionary of Modern Thinkers. Ed. Alan Bullock & R. B. Woodings. Londres, Fontana Books, 1983.

The Fontana Dictionary of Modern Thought. Ed. Alan Bullock & Oliver Stallbrass. Londres, Fontana Books, 1983.

The New Cambridge Modern History. Ed. David Thomson. Cambridge, Cambridge University Press, 1960. 12 v. v. 12 (*The Era of Violence, 1898-1945*).

The Penguin Companion to Literature. Ed. David Daiches. Aylesbury, Penguin, 1971. 4 v.

Índice remissivo

Abaporu (Tarsila do Amaral), 396
Abbot, Arthur, 201
Adam, Paul, 169
"aeroplano, O" (Aranha), 44
Aforismos (Marc), 288
África do Sul, 226
Aguiar, Leonor de, 348, 373
Aida (Verdi), 324
Albeniz, Isaac, 326
Alcântara Machado, António de, 83, 169, 171, 416
álcool, campanha contra, 126; *ver também* drogas
Alcools (Apollinaire), 279, 400
Alemanha, 31, 140, 168, 223, 237-8, 253, 287, 293, 301, 372, 399; unificação do tempo, 254-5
Alexandrowska, Luba d', 326
Alma cabocla (Setúbal), 345
alma e a dança, A (Sócrates), 228
Alma sertaneja (filme), 345
Almada-Negreiros, José de, 296
Almeida, Renato de, 372
Almeida, Tácito de, 375

Alpes suíços, 220, 222
Alva de la Canal, Ramón, 307
amante de Lady Chatterley, O (Lawrence), 297
Amaral, Amadeu, 212, 331, 343-4, 350-2
Amaral, Bruno Ferraz do, 199
Amaral, Tarsila do, 18, 391-6, 398, 409, 411
Amauata (revista), 306
América(s): cultura popular e arte das, 266, 279-80; do Norte, 226; do Sul, 107, 111, 168, 226, 316, 320, 322; hispânica, 227, 302, 303, 304, 307
Américo Neto, 103
Amore, Torquato, 347
amuletos, 314; explicações sociopsicológicas, 315, 316
anarquismo, 66, 178, 207, 268, 272, 289, 291, 342, 400, 418; *ver também* operariado, reação do
Andermars, 120
Andrade, Mário de, 18, 31, 123, 131, 170, 315, 375, 377, 409, 413, 415, 417
Andrade, Oswald de, 375, 392-3, 409-11, 415, 417

511

Andreucci, 89
Angelis, 324
Ansermet, Ernst, 257
Antheil, George, 255
Antologia negra (Cendrars), 282, 406
Antropofagia (Tarsila do Amaral), 396
Apollinaire, Guillaume, 24, 218, 257, 261, 264, 272, 274, 277-9, 285-7, 290, 304, 330, 359, 400, 426
Aprahamian, Felix, 264
Aragon, Luís, 359, 390
Aranha, Luís, 44, 375
Arantes, Altino, 342
Arce, Manuel Maples, 306, 308
Argélia, 226
Argentina, 305, 308; educação física na, 74
Arinos de Mello, Afonso, 331-5, 337, 340, 343
Armory Show, 296, 300-1
arquitetura, 62-3, 168, 171-2, 182, 346, 381, 430; *ver também* urbanização
arte: africana, 304; cubista, 227, 259, 265-6, 275-83, 285-7, 294-5, 297, 299, 301, 304, 326, 356, 359, 395, 399, 409; e etnologia, 274; e heroísmo, 146-7; estrangeira no Brasil, 324-9, 341, 343, 398-410; extraeuropeia, 243-6, 386-98; futurista, 215, 258, 279, 290-2, 294, 296-7, 299, 301, 304, 306; indígena, 63-4, 388-90, 398; negra, 64-5, 227, 263, 304, 387-8, 390-1; popular, 263-5, 276, 314-5, 329-40, 345-6, 348, 350, 352-4; primitiva, 243, 245-6, 276, 286, 389
"Arte poética" (Huidobro), 305-6
artista da fome, O (Kafka), 243
ascensão do fascismo, A (Carsten), 233
Associação Paulista de Estudos Populares, 350-4
Associação Paulista de Sports Atléticos (APSA), 83-5, 87, 107-8
Asturias, Miguel Angel, 304

"Atelier" (Oswald de Andrade), 411-2
Atirador de arco (Rego Monteiro), 398
Auric, 282
Australásia, 226
Austrália, 226
automóvel, 111, 231, 233, 319, 323, 374; bondes, 91, 111, 113, 313; como esporte, 72; e o espaço urbano, 111-4; no Carnaval, 116; pedestres, 114-6; status social, 115-6; violência do, 115-6
Autuori, Zacharias, 336
avião, 116-7, 233, 313, 322, 374; clubes de aviação, 121-2; como esporte, 123; filmagens aéreas, 234; heroísmo, 118-9; interesse político, 123
Azeglio, Massimo D', 289
Azevedo, Aluísio, 344
Azevedo, Fernando, 171

"Bacanal" (Bandeira), 360
bairros: abandono dos, 186, 193; Bexiga, 128, 169, 186, 189; Bosque da Saúde, 160, 190-1; Brás, 45, 57, 88, 152-5, 175, 177, 186-9, 194, 204-5, 207, 379, 423; Carnaval nos, 152-4; desapropriação do centro, 201-4; Jabaquara, 190-1; saneamento básico, 194; *ver também* café/sociedade cafeeira
Baker, Josephine, 230, 387
Balé mecânico (Léger), 282
Balla, Giacomo, 290
Ballet Mécanique (Antheil), 255, 387
Bandeira, Manuel, 18, 24, 358-9, 361, 363-5, 367, 369, 372, 409
Bara, Theda, 318
Barbosa, Agenor, 375
Barbosa, Rui, 149-51, 175, 196, 354, 386, 418
"Batterie" (Cocteau), 312
Baudelaire, Charles-Pierre, 268
Bélgica, 223, 274, 359
Belmonte, 184, 327
Bergson, Henri, 290, 302, 373

Berlim, sinfonia de uma metrópole (Ruttmann), 39
Bernard, Anthony, 389
Bertarelli, Ernesto, 182
Besanzoni, Gabriella, 324
Bexiga, São Paulo, 128, 169, 186, 189
Bilac, Olavo, 26, 94, 145-6, 149, 314
Blast (revista), 297
Blaue Reiter (grupo), 293, 329
Boccioni, Humberto, 290
boemia (fim do século XIX), 267, 268, 271-2; fim da, 281
Bohr, Niels, 252
Bolland, Adrianne, 121
Boltzmann, Ludwig, 246, 252
Bonci, 324
boneca, A (Tarsila do Amaral), 396
Borba de Morais, Rubens, 427
Borges, Jorge Luis, 304-5, 308-9
Born, Hedwig, 252
boscaiola, La (Gomes Jr.), 353
Bosque da Saúde, São Paulo, 160, 190-1
botânica, 247; *ver também* urbanização
Boulton, irmãos, 181
Bourdelle, Antoine, 327, 397
Bouvard, Joseph-Antoine, 167, 172, 175, 181
boxeadores, Os (Rego Monteiro), 398
Braga, Ernani, 379
Braga, Francisco, 336
Brancusi, Constantin, 328, 393, 397
Braque, Georges, 277-9, 285-6, 301, 328
Brás, São Paulo, 45, 57, 88, 152-4, 175, 177, 186-9, 194, 204-5, 207, 379, 423
"Brechas" (Cendrars), 403
Brecheret, Victor, 145, 328-9, 341, 373, 381, 391-2, 394, 396-7
Brest, 76
Breton, André, 290, 359, 387
Breton, Jules-Louis, 284
Brito, Heloísa de, 348
Bruhl, Levi, 415
Bryant, William Cullen, 300

Buarque de Holanda, Sérgio, 11, 27-8, 417, 431
Buffet, Gabrielle, 301
Burliuk, irmãos, 294

Cabeça de operário, A (Rego Monteiro), 398
caboclos, Os (Silveira), 343
café/sociedade cafeeira: colonização antes do, 155-6; concentração de dinheiro na, 119, 124, 157, 164, 174-5, 180-1; cópia dos centros europeus e dos Estados Unidos, 171, 173; crescimento demográfico advindo do, 157-8, 170-2, 174, 178-81; e os problemas urbanos, 158-9, 178-9, 181, 200-203; economia, 128-9, 196; especulação, 179-81; Liga Defensiva Brasileira, 200; mão de obra de ex-escravos, 53, 64-5, 201, 203; mão de obra de imigrantes, 65, 199-200, 203; nacionalismo paulista, 196, 198-200, 341-2; no ritmo da industrialização, 61, 156-7; "novos ricos", 179; oligarquia do, 226; perda política, 196-7; símbolo do mundo industrial, 124
Cahero, Emilio García, 307
caipirinha, A (filme), 345
calceteiros, Os (Rego Monteiro), 398
Caldeira Brant, 338
Calixto, Benedito, 347
Caloi, José, 89
Camera Work (revista), 301
Campos, Carlos de, 420
Canaã (Graça Aranha), 62
Canadá, 162, 180, 226
Carlos, J., 327
Carnavais (Bandeira), 359
Carnaval, 13, 15, 20, 26, 44-7, 49-50, 57, 82, 116, 152, 215-6, 334, 340, 354, 410-1, 415; no Triângulo central e Avenida Paulista, 152, 154; nos bairros, 153-4
Carnot, Marie François Sadi, 270

Carpentier, Alejo, 304
Carrà, Cario, 290
Carroll, Lewis, 269
Carsten, F. L., 233
cartazes, 217, 231, 290
Caruso, Enrico, 324
Carvalho, Elísio de, 372
Carvalho, Ronald de, 372, 382-3, 430, 432
Casazza, Elvira, 324
Cavalcanti, Alberto, 39, 138, 391
Cendrars, Blaise, 24, 170, 173, 279-82, 290, 340, 387, 393, 395, 399-400, 403, 406, 410-1, 417, 421, 425, 431
Cézanne, Paul, 273
"Chambre vide" (Bandeira), 366-7
Charlot, Jean, 307
Chaves, Edu, 26, 89, 119-22, 149, 151-2, 347, 374, 381
Chevaillier, L., 390
Chiaffarelli, Luigi, 347
Chiaffitelli, Francisco, 347
China, 223
Chirico, Giorgio de, 39, 258, 264, 285
Chopin, Fréderic François, 349, 380-1
Cidade (A rua) (Tarsila do Amaral), 396
cidade desperta, A (Cendrars), 406
Cidade moderna (Podsadeck), 39
ciência, 243; e estudos brasilianistas, 329, 350-1; gerenciamento científico, 233; não mais racional e objetiva, 251-4; origem da vida, 220-1; *ver também* botânica; física; filosofia; linguística; medicina; psicanálise
ciência como vocação, A (Weber), 251
Ciências secretas (livro), 317
Cigarra, A (revista), 327, 345
cigarro, símbolo feminino de modernidade, 125, 130
cinema, 230-2, 263, 313, 322, 325: e a moral paulista, 138-9; norte-americano influenciando a sociedade paulistana, 136-9; regionalismo paulista e, 345-6; valorizando a cultura popular, 345-6

Cinema Poeira, rapaziada do, 409
Cinza das horas (Bandeira), 359
Cirino, 324
Citroën, Paul, 39
Clã do jabuti (Mário de Andrade), 413, 415
Clemenceau, Georges, 169
Clube Atlético Paulistano, 57
Cochet, Francisque, 167, 202
Cocteau, Jean, 257, 259, 264-6, 281, 312, 377, 386, 393
Coelho Neto, Henrique Maximiano, 358
coletividade *ver* esporte
Colômbia, 227
Colombo (teatro), 153, 325
"combate, O" (Oswald de Andrade), 412
colônia penal, A (Kafka), 243
Coluna Prestes, 422; *ver também* Prestes, Luís Carlos
comemorações, 147-51; *ver também* herói nacional
Comoedia, revista, 388
Conceição, Edgard, 381
Concerts Wiener, 385-6
contratador de diamantes, O (Arinos), 334-5, 338, 340, 343-4, 381, 413
Coreia, 223
Correio da Manhã, 410, 428
Correio Paulistano, 373
cortiços, 185-6, 189, 207
Costa, Bertholdo, 109
Couto Rodrigues, Miguel Alberto Crispim de, 332-3
Cowan, almirante, 201
Crabé, 324
criação do mundo, A, balé (Cendrars), 282, 387, 406
Crise de 1929-33, 129, 227
Crowder, Henry, 391
cubismo, 266, 279; em Portugal, 296-8; fim do, 280; na França, 257-82; na Inglaterra, 297; na Itália, 289-90; na poesia, 227, 291, 359; na Rússia, 295; no cinema, 395

cultura: extraeuropeia, valorização do exótico e do primitivo, 243-6, 263-4, 280, 388-91, 393-8, *ver também* América e Ocidente exótico; indígena, 63, 388-90, 398; negra, 64, 227, 263, 304, 387, 390-1; popular, 263-7, 276, 314-5, 331-40, 345-8, 350-4; primitiva, 243-6, 286

Cunard, Nancy, 390

Cunha, Euclides da, 330

Curso de médico psiquista (livro), 317

Curzon, marquês, 201

D'Annunzio, Gabriele, 373

dadaísmo, 290, 302, 356

Daily Telegraph, The, 389

Daudet, Léon, 285

Davies, Arthur B., 300

De Luca, 324

De Muro, 324

Debussy, Claude, 163, 326, 348-9

decadência do Ocidente, A (Spengler), 253-4

"décimo terceiro apóstolo, O" (Maiakóvski), 242

Defesa Nacional, A (revista), 420

Delaunay, Robert, 285-6, 288, 296, 401

Delaunay, Sonia, 285-6, 401

Deluy, Henry, 296

Demeny, Georges, 76

Demoiselles d'Avignon, Les (Picasso), 273-8, 280

Der Sturm (show), 296

Derain, André, 275, 277, 328

desenvolvimento industrial de São Paulo, O (Piccarolo e Finnocchi), 340

devoir et l'inquiétude, Le (Grindel), 359

Di Cavalcanti [Emiliano Augusto Cavalcanti de Albuquerque Mello, *dito*], 87, 327, 372-3, 391, 398

Diaghliev, Sergei, 257, 262, 279, 293-4, 325

Dialogue des inutiles (Grindel), 359

Diário de guerra (Wittgenstein), 249

Dias, Isidoro, 422

Die Brücke, grupo, 326, 399

Disraeli, Benjamin, 60

Don Segundo Sombra (Güiraldes), 308

Donga [Ernesto Joaquim Maria dos Santos, *dito*], 282, 409

Dória, Antônio Sampaio, 343

Doucet, Clement, 386

Drew, David, 264

Dreyfus, caso, 257, 268

drogas, 126-7; *ver também* álcool

Duarte, Paulo Alfeu Junqueira de Monteiro, 343

Dubugras, Victor, 167, 381

Duchamp, Marcel, 286, 301-2

Duchamp-Villion, Raymond, 286

Dukas, Paul, 326

Duncan, Isadora, 59, 230, 325

Durey, Louis, 282

E.F.C.B. (Tarsila do Amaral), 396

"école des femmes, L'" (Ribeiro Couto), 369

educação física *ver* esporte

educação pública, 197-8

Einstein, Albert, 246-7, 252; *ver também* física

Eliot, T.S., 17, 24, 40, 362

Elogio da vida perigosa (Cendrars), 409

Éluard, Paul, 359

enchente, 20, 52-3, 156, 192-3; *ver também* urbanização

Ensor, James, 362

Epigramas (Villa-Lobos e Ronald de Carvalho), 383

Equador, 306, 402

Espanha, 69, 223, 414

especulação *ver* Primeira Guerra Mundial

esporte, 75, 82, 313, 322; aceitação e rejeição do, 85; clubes, 83-5, 98-103, 357-8; competividade, 57, 64-5, 68,

77, 84, 86; crônicas jornalísticas, 73, 76, 79-84, 86-91, 95-103; desenvolvimento do, 82, 90; e a moda, 78; e alienação, 76, 92-104, 109-10; e o cotidiano, 85; educação física e as escolas públicas, 75-6, 84-7, 197-8; espaço urbano, 84; fenômeno urbano, 90-3; futebol, 89-103, 108; ginástica como adestramento, 75-7; heroísmo, 88, 102-4, 109; imprensa, participação da, 84; institucional e beneficente, 94-5; literatura esportiva, 95-7; olimpíada pós-guerra, 74; pedestrianismo, 103-9; profissionalização, 88; sentido de coletividade, 68, 74-7; tempo e recordes, 254-5; *ver também* futebol; imprensa

Esprit Nouveau, L' (revista), 282, 328, 375
"Estações" (Léger), 39
Estado de S. Paulo, O, 46, 48, 62, 67, 69-70, 73, 84, 145, 195
Estados Unidos, 222-3, 226, 255, 262: colônias, 223; combate ao álcool, 126; condicionamento físico, 74; consumo de café, 125; economia pré--guerra, 224; influências europeias pós-guerra, 299-300, 302
estimulantes, 57, 125, 313; café como, 124; *ver também* álcool; drogas
Europa, 45, 60, 62-3, 69, 95, 126, 181, 221, 224, 234-5, 237, 241, 243, 245, 257, 262; colônias, 222, 226
exército nacional: criação dos tiros de guerra, 123; modernização, 197; *ver também* militarismo
exotismo, uma estética do diverso, O (Segalen), 244

Falla, Manuel de, 386
Fanfulla, La (jornal), 84, 200
Fantasia sobre o Hino Nacional Brasileiro (Gottschalk), 349
Faoro, Raymundo, 424

Fauré, Gabriel, 348
Favorables-Paris-Poema (revista), 306
Felizardo Jr., João, 345
feminismo, 79; cigarro como símbolo, 125
Ferrignac [Ignácio da Costa Ferreira, *dito*], 327
festas de São Roque, As (filme), 346
Figari, Pedro, 304
Figaro, Le (jornal), 290
Figueiredo, Antônio, 96
Filipinas, 75
filosofia, 248-50, 266; *ver também* ciência
Finnocchi, L., 340
física, 246-7; origem do universo, 220; *ver também* ciência
Fitzgerald, Scott, 256
flagelação, A (Rego Monteiro), 398
flerte, 81-2, 111, 130
Fleta, Miguel Bruno, 324
Fokine, Michel, 325
Folha da Manhã, 184
Folha da Noite, 183
folhetos, 140, 294, 296; *ver também* cartazes
Fonseca, Hermes da, 196
Fontana di Roma (Respighi), 163
Fortes, Hermes, 357
fotografia, 89, 222, 231-2, 234, 290, 322, 327
França, 69, 74, 105, 119, 179, 205, 223, 254, 261, 263, 280, 293, 302, 327-8, 348, 370, 386, 428; arte na, 257-73, 279-81, 290, 386; drogas, 126; exército, 74; guerra de trincheiras, 262; jazz na, 387
France et Monde (revista), 76
France, Anatole, 388
Franck, Cesar, 326
Frascani, Nini, 324
Freie Sezession, 326
Freitas Valle, José de, 327
Freitas, Afonso de, 343

Freitas, Herculano de, 342
Freud, Sigmund, 248, 252, 316; *ver também* ciência
Friedenreich, Arthur, 89
Fry, Edward, 287
futebol, 89-103; estádios, 91, 98, 101-3; fanatismo, 96-103; torcidas, 110
futurismo: em Portugal, 296-8; na Inglaterra, 297; na Itália, 291-2; na Rússia, 294

Gabinete do dr. Caligari, O (Wiene), 39
Galetti, 324
Gallanis, Demetrios, 328
Gallegos, Rómulo, 304
Galli-Curci, Amelita, 324
gare, A (Tarsila do Amaral), 396
Garros, Roland, 120
Gauguin, Paul, 218-20, 222, 238-9, 244, 269
Gay, Peter, 252
Gazeta, A (jornal), 177
George, André, 389
Gerenciamento Científico do Trabalho, teoria do, 255
Gestes et opinions du Docteur Faustroll, 'pataphysicien (Jarry), 268
Gide, André, 271
Gigli, Beniamino, 324
Gioconda, La (ópera), 324
Giraldoni, Eugenio, 324
Giroux, René, 127
Gleizes, Albert, 283, 286-7, 394
Goethe, Johann Wolfgang von, 344, 373
Gomes Jr., João, 353
Gomide, Antônio, 391, 396, 398
Gontcharova, Natália Sergeivna, 293-4
Gottschalk, Louis Moreau, 349
Graça Aranha, José Pereira da, 62, 372-3, 379
Gramsci, Antonio, 293
Granforte, Apollo, 324
Graves, Robert, 241

Graz, John, 329, 373, 391, 398
Graz, Regina, 391, 398
Grécia, 37, 88, 230
greves, 45; *ver também* operário
Grindel, Paul Eugène, 359
gripe espanhola, 44-5, 88, 185, 261
Gris, Juan, 286, 306, 328
Grupo dos Oito, 300
Grupo dos Seis, 282, 386
Gual, João, 89
Guerra do Paraguai, 223
Guerra Franco-Prussiana, 224
guerra, A (Villa-Lobos), 379
Guia botânico do Jardim da Luz e da Praça da República (Usteri), 161; *ver também* botânica
Güiraldes, Ricardo, 304, 308
Guro, Elena, 294

habitação: especulação imobiliária, 184-6; imprensa e denúncias, 52, 53, 54, 184, 185, 186, 212; *ver também* bairros; café/sociedade cafeeira; cortiços
Haftmann, Werner, 288
Heidegger, Martin, 249
Heisenberg, Werner, 252
herói nacional, 88, 102-3, 109-10; comemorações, 149-51
Heroica, sinfonia (Beethoven), 162
Hesíodo, 37
Hidalgo, Alberto, 306
Hipnotismo afortunante (livro), 317
História do football (Figueiredo), 96; *ver também* futebol
Historietas (Villa-Lobos e Ronald de Carvalho), 383
Hobsbawm, Eric, 30
homem da câmara, O (Vertov), 39
homem na multidão, Um (Ribeiro Couto), 367
Honegger, Arthur, 282
Hoover, Orton, 117-8, 120, 122
Hope-Johns, F., 255

Howard, Ebenezer, 166
Hugo, Victor, 60
Huidobro, Vicente, 304-6

Ibsen, Henrik, 297, 373
"Ignorância" (Cendrars), 405
imigração, 64, 198-200, 203: união da classe imigrante, 64; *ver também* bairros; café/sociedade cafeeira; operário; polícia
"Império da Morte, O" (Gauguin), 218
imprensa, 67-9: crônica esportiva, 70-4, 76, 79-90, 92, 95, 99-101; denúncia da miséria social, 212-3, 215-6; denúncia da mortalidade infantil, 193-5; denúncia de maus-tratos nas prisões, 208-10; denúncia sobre o abandono dos bairros, 191; denúncia sobre o problema de habitação, 51-4, 184; e o carnaval, 46-9, 57-60, 153; manifesto regionalista paulista, 344; revista esportiva, 87
índio, 63; e o desenvolvimento urbano, 64; *ver também* arte indígena
inflação *ver* Primeira Guerra Mundial
Inglaterra, 119, 166, 168, 179-81, 221, 223, 287, 319; combate ao álcool, 126; cubismo, 297; educação física, 74; futurismo, 297
Ingres, Jean-Auguste Dominique, 273
"Innocent England" (Lawrence), 297
Introdução à economia moderna (Sorel), 222
"invenção da poesia brasileira, A" (Ribeiro Couto), 368
Itália, 223; cubismo, 289-90; fascismo, 69; futurismo, 290-3; patriotismo, 291

Jabaquara, São Paulo, 190
Jackson, John Hughling, 248, 252
Jacob, Max, 227, 359
Jaguaribe, Domingos, 126

Janacopoulos, Vera, 348, 373
Japão, 162, 222-4, 329
Jarry, Alfred, 257, 265, 268-73, 290
jazz, 132, 255, 259-60, 263-4, 281-2, 348, 364, 387, 391, 395; na França, 386-7
João do Rio [Paulo Barreto, *dito*], 358
jogo, 127-9; *ver também* esporte
Jornal do Brasil, 96, 432
jornalismo *ver* imprensa
Journet, Marcel, 324
Joyce, James, 297

Kafka, Franz, 243
Kahnweiler, Daniel-Henry, 277-9
Kandinski, Vassili, 286, 288, 293, 302
Kant, Emmanuel, 246
Khlebnikov, Velimir, 294
Kipling, Rudyard, 235
"Klaxons elétricos" (Cendrars), 406
Klee, Paul, 220
Kruchenikh, Aleksei, 294
Kubelick, Jan, 325
Kuhn, Walt, 300
Kupka, Frantisek, 286

Lafay, Etienne, 116
Laforgue, Jules, 42
Lagrange, Joseph Louis, 76
Larianov, Mikhail Fiodorovitch, 293-4
Latta, Umberto della, 327
Laurencin, Marie, 285-6
Laurens, Henri, 327
Lauri-Volpi, Giacomo, 324
Lavelaye, Edouard Fontaine, 180-1
Lawrence, David-Herbert, 238, 297
Lazaro, Hipolito, 324
Le Bom, Gustave, 146-7, 248, 316
Le Corbusier, Charles Jeanneret, 286, 397
Le Fauconnier (Le Corbusier), 286
Le Flem, Paul, 388
Leal, Fernando, 307
Léger, 39, 282, 286, 328, 387, 393-4, 396-7, 401

Leighten, Patricia, 277
Lejeune, Louis-François, 282
Leuenroth, Edgard, 204
Lewis, Windham, 297
Lhote, André, 328, 393
Libertinagem (Bandeira), 364
Liga Nacionalista, 126, 128, 145, 149, 314, 330, 337-8, 343, 350
Light and Power, escândalo da, 176-8, 181, 191-2; *ver também* bairros; enchentes; Prado, conselheiro Antônio
Lima Barreto, Afonso Henriques de, 331, 358
linguística, 247; *ver também* ciência
Lissitzki, El [Lazar Markovich Lissitzky, *dito*], 294
literatura: e esporte, 95-7, 358; nacionalista, 330-1; regionalismo paulista, 344; valorização popular, 333-8
"Livraria" (Ribeiro Couto), 369
livros/mercado editorial, 140
Loewy, Raymond, 230
Look! We have come through! (Lawrence), 238
Lowell, James Russell, 248
Lubecki, Jean de, 356
Lunatcharski, Anatóli, 293
Lynes, Russell, 301

Mac Fadden, 77
Macedo Soares, José Carlos, 381
Mach, Ernst, 252
Macunaíma (Mário de Andrade), 315, 417
Magnetismo utilitário (livro), 317
Magritte, René, 39
Maiakóvski, Vladimir, 241, 294
Malevitch, Kasimir, 287-8, 294
Malfatti, Anita, 326, 328-9, 373, 391
Mallarmé, Stéphane, 257, 305
Malraux, André, 274
Manceron, Henri, 244
Manén, Juan, 324

"Manifesto antropófago", 415, 417
"Manifesto Canibal" (Picabia), 290
"Manifesto da poesia pau-brasil", 410
"Manifesto Surrealista" (Breton), 290
"Manifesto Vórtex" (Pound), 297
Mantegozza, 313
Marais, Eugene, 248, 252
Marc, Franz, 286, 288
Marcondes Machado, Alexandre, 347
Marcoussis [Ludwig Casimir Markus, *dito*], 287
Mariano, José, 381
Mariátegui, José Carlos, 304, 306
Marinetti, Filippo Tommaso, 290-4, 296, 356
Marinuzzi, Gino, 162, 324, 326
Marquesas, ilhas, 218
Martín Fierro (revista), 305, 308
Martins, Egídio, 343
Mascagni, Pietro, 255
Massine, 257, 258, 260
"mata, A" (Bandeira), 363-4
Matarazzo, Ermelino, 113, 323
Matisse, Henri, 273, 275, 277, 285, 328
Maxence, Jean, 430, 432
Mayo, Hugo, 306
medicina, 248; origem da vida, 220-1; *ver também* ciência
Medicina moderna (livro), 317
Méliès, Georges, 274
Mendel, Gregor, 247
menino e os animais, O (Rego Monteiro), 398
"Meninos carvoeiros" (Bandeira), 365
Menotti del Picchia, Paulo, 373-4, 380, 416
Menu de bagatela (Cendrars), 407
Menucci, Sud, 331
Mercurio, El (jornal), 305
Merli, Francesco, 324
Mesquita Filho, Júlio de, 322
Mestre do gozo (Segalen), 245
metamorfose, A (Kafka), 243

metrópole, 39, 52, 54-5, 61-2, 66-7, 100, 312-4, 340, 342; e a figura humana, 40; e a guerra, 69; e a velocidade, 40-1; e as neuroses sociais, 313; mercado alimentício em expansão, 226; sensualidade, novo comportamento, 58-62

Metrópolis (Citroën), 39

Metzinger, Jean Dominique, 286-7

México, 302-3, 307-8, 346

Mignone, Francisco, 336

Milhaud, Darius, 282, 326, 373, 385-7

militarismo: criação dos tiros de guerra, 123; e nacionalismo, 420; olimpíada pós-guerra, 74; patriotismo italiano, 292; *ver também* esporte; exército; polícia

Milliet, Sérgio, 375, 385, 391, 394, 419

Mise au tombeau (Brecheret), 392

Mocchi, Walter, 323

"moderno", uso do vocábulo: artes, 322-3; cinema, 318; comércio, 317, 319-20; medicina, 321; moda, 318-9; política e economia, 321-3

Modigliani, Amedeo, 328

Monalisa (Da Vinci), 285

Monde Musical, Le (Chevaillier), 390

Mondrian, Pieter, 286, 288

Monteiro Lobato, José Bento, 161, 171, 328, 330, 343-4

Morais Neto, Pedro Dantas Prudente, 417, 428

Morais, Prudente de, 353

Moravagine (Cendrars), 402

Morris, William, 182

mortalidade infantil, 193-5; saneamento básico, 194; *ver também* bairros; café/sociedade cafeeira; cortiços; habitação

morte, 220; origens da vida, 220-1, sonho premonitório, 218; *ver também* ciência; psicanálise

Morte de Isolda (Wagner), 326

Mosso, Angelo, 76

Moszkówski, Moritz, 348

Mota, Otoniel, 343

Movimento Pau-brasil, 409

muralha da China, A (Kafka), 243

Murger, Henri, 268

Murphy, Dudley, 387

música: regionalismo paulista, 348; resistência aos novos ritmos, 132; universalização da indústria fonográfica, 133; valorização popular, 349-50

Mussolini, Benito, 292

Muths, Guts, 77

Muzio, Cláudio, 324

Myers, Frederico, 316

Myers, Rollo, 264

Na terra do ouro e da esmeralda (filme), 346

nacionalismo, 224, 415; militar, 123-4; paulista, 198-200; *ver também* café/sociedade cafeeira

"Não sei dançar" (Bandeira), 364

Nardini, Pietro, 163

nativismo paulista, 197-200

Nazaré, Ernesto, 387

negra, A (Tarsila do Amaral), 393, 396

negros, 64; *ver também* arte negra

Nepomuceno, Alberto, 326

Newton, Isaac, 246

"Nhengaçu verde-amarelo", manifesto, 416

Nietzsche, Friedrich, 220, 230, 244, 249, 373

Nijinska, Bronislava, 230

Nijinski, Vaslav, 131, 229, 325, 377

Nogueira, J. A., 62

Nossa terra, nossa gente (Felizardo Jr.), 345

"Noturno" (Aranha), 376

"Noturno da Mosela" (Bandeira), 366

"Noturno de Belo Horizonte" (Mário de Andrade), 413

Nouvelle Revue Française (revista), 328, 375

Nova Zelândia, 226

Novaes, Guiomar, 347-50, 372-3, 379-81, 386

Novelas paulistanas (Alcântara Machado), 416

Ocidente exótico, 60, 62, 64, 164; *ver também* América

Ocultismo prático (livro), 317

Oliveira Vianna, Francisco José de, 347

Oliveira, Alberto de, 53

Oliveira, Leôncio de, 343

Oliveira, Numa de, 381

operariado: reação do, 200, 203-4, 206-7; sindicalismo revolucionário, 222

Orfeu, 37-8

Orfeu (revista), 296

Orozco, José, 307

Oswald, Henrique, 326, 348

Otávio, Benedito, 343

Ovídio, 37

Oviri, escritos de um selvagem (Gauguin), 218

Pacheco Chaves, Elias Antônio, 119

Pagliani, 76

"Paisagem" (Cendrars), 406

"Paisagem nº 2" (Mário de Andrade), 131, 377

"Paisagem nº 4" (Mário de Andrade), 378

Palmeiras (Tarsila do Amaral), 396

Papini, Giovanni, 289

pâques à New York, Les (Cendrars), 279, 400

Parade (espetáculo teatral), 256-7, 262-4, 266-7, 279, 382

Parker, Barry, 166-7, 173, 180-1

Pasero, Tancredi, 324

pássaro de fogo, O (Stravinski), 163, 326

"Passeio" (Aranha), 375

Pasteur, Louis, 60

Pau-brasil (Oswald de Andrade), 410

Pavlova, Ana, 163

Peláez, Amélia, 304

Penteado, Alberto, 381

Penteado, Armando, 381

Penteado, Ignácio, 328

Penteado, Olívia Guedes, 328, 340, 356, 392, 409

Pereira Barreto, Luís, 151

Pereira Passos, Francisco, 183

Péri, La (Dukas), 326

Perini, Flora, 324

Pertile, Aurélio, 324

Peru, 306

Pessoa, Fernando, 296

"petite auto, La" (Apollinaire), 218

Pettoruti, Emilio, 304

Picabia, Francis, 39, 286, 290, 301, 387

Picasso, Pablo, 257, 259, 266, 271-4, 276-9, 281, 285-6, 290, 301, 328, 356, 362

Piccarolo, A., 340

Picón-Salas, Manuel, 303

Pierrot lunaire (Schoenberg), 386

Pinheiro, Chabi, 339

Pinto Pereira, 342

pintores cubistas, Os (Apollinaire), 287

Pires, Cornélio, 343, 346

Planck, Max, 246

plunge, The (Pound), 298

Podsadeck, K., 39

poetas, a Primeira Guerra Mundial e, 236-43

polícia, violência da, 200-6; nas competições esportivas, 98; venda de prisioneiros como escravos, 210

Polinésia, 222, 244

Politeama, 325, 379

Política humana (Amadeu Amaral), 331

Popova, Liubov, 294

Portugal, 69; cubismo e futurismo, 296, 297, 298

Poulenc, Francis, 282, 326

Pound, Ezra, 297, 299
Prado, Antônio, conselheiro, 82, 143, 177, 183, 189, 323, 327, 342, 354, 356, 379, 418; escândalo da Light and Power, 176-8, 192; urbanização racional, 173, 175-6
Prado, Eduardo, 331
Prado, Eglantina Penteado da Silva, 340
Prado, Martinho, 381
Prado, Paulo, 327-8, 340, 343, 372-3, 380-1, 391, 394, 403, 410, 417-8
Prado Júnior, Antônio, 116, 381
Prado Júnior, Bento, 33
Premiers poèmes (Grindel), 359
Prestes, Luís Carlos, 422, 425; *ver também* Coluna Prestes
Preyer, William Thierry, 77
Prezzolini, Giuseppe, 289
Primeira Guerra Mundial, 45, 60, 69, 117, 226, 287; desconhecimento da dimensão bélica, 234-5, 238; divisão do mundo pós-guerra, 234-5; e a poesia, 236-9, 241-3; expectativa pré-guerra, 223-5, 232; inflação e especulação no pós-guerra, 235-6; olimpíada no pós-guerra, 74; "paz armada", 224; violência pós-guerra, 233-5
"Primeiro Manifesto do Surrealismo" (Breton), 387-8
Prisma (jornal mural), 305
prisões, maus-tratos nas, 205, 208-10
Proa (revista), 305
Prokofiev, Serguei, 326
prostituição, 130
Proust, Marcel, 257
psicanálise, 248, 316; *ver também* ciência; Freud, Sigmund
psicologia: de massa, 146-51, 231, 233; difusão no Brasil, 316; *ver também* ciência
Pujol, Alfredo, 381

Quintella, Luís, 306

Radecki, Waclaw, 316
Raisa, Rosa, 324
Ramos de Azevedo, Francisco de Paula, 323
Rangel Pestana, Bruno, 194-5
Ravel, Maurice, 326, 349
Ray, Man, 39, 302
raza cósmica, La (Vasconcelos), 307
"Reação Nacionalista", 199
Rego Monteiro, Vicente do, 328, 373, 391, 396-8
Relâche (balé), 387
Relatividade, Teoria da, 246
Renascimento, 38
Renoir, Auguste-Pierre, 257
Respighi, Ottorino, 326
Retrato do Brasil (Paulo Prado), 417
Reverdy, Pierre, 304, 306
Reverón, Armando, 304
Revista da Semana, 356-7
Revista do Brasil, 129, 161, 316, 343, 350, 416-7, 419
revistas, 140; *ver também* imprensa
Revolução Científico-Tecnológica, 221
Revolução de 1930, 342, 425
Revolução de Fevereiro, 262
Revolução Industrial, segunda, 221
revolução na ciência, A (Troeltsch), 251
Revolução Surrealista, A (revista), 388
Revue de France (revista), 127
Revue de l'Amerique Latine (revista), 394
Revueltas, Fermín, 307
"Rhapsody on a Windy Night" (Eliot), 40
Rhodes, Cecil, 225
Ribeiro Couto, Rui, 35, 367, 369-70, 372, 375
Ricardo, Cassiano, 416, 425
Rien que les heures (Cavalcante), 39, 138
Riesler, Eduardo, 348
Rimbaud, Arthur, 268
Rio Branco, 175, 372
Rivera, Diego, 287, 304, 307
Rocha, Franco da, 315-6, 321

Rodin, Auguste, 327
Rodrigues Alves, Oscar, 183, 342, 353-4, 381
Rodrigues, Wasth, 197, 336
Rodtchenko, Alexander, 294
Roma, 39
romantismo, 38, 267, 417, 427
Romero, Nélson, 76
Rondon, Cândido Mariano da Silva, 346
Roosevelt, Franklin Delano, 346
Rosenberg, Léonce, 396
Rossi, Claudio, 323
Rossi, Domiziano, 323
Roth, J. J., 287
Rubinstein, Arthur, 326, 373
Rudge, Antonieta, 347
Ruffo, Titta, 324
Ruskin, John, 182
Rússia, 223, 226, 287, 293: combate ao álcool, 126; cubismo, 294; futurismo, 293-4
Russolo, Luigi, 290, 377
Ruttmann, Walter, 39

Sá-Carneiro, Mário de, 296
Sagração da primavera (Stravinski), 230, 265
"Saint-Paul" (Cendrars), 400, 407
Salgado, Plínio, 375, 416
Salmon, André, 271, 276, 359
Sanmarco, Mario, 324
Santana, teatro, 325
Santa-Rita Pintor [Guilherme Augusto Cau da Costa de Santa Rita, *dito*], 296
Santos Dumont, Alberto, 386
São José (teatro), 325
São Paulo (Tarsila do Amaral), 396
São Paulo (*Gazo*) (Tarsila do Amaral), 396
Satie, Eric, 255, 257, 259, 264-6, 282, 387
Saussure, Ferdinand de, 247
Schipa, Tito, 324
Schoenberg, Arnold, 386

Seabra, Alberto, 316
Seabra, Dulce, 32
Seção de Ouro, 285, 287, 294-7, 299, 301, 304, 326, 356, 393-4, 396
"Second Coming, The" (Yeats), 238
See, coronel, 75
Segalen, Victor, 243-5
Segall, Lasar, 326, 399
Segonzac, André Dynoyer de, 328
Semana de Arte Moderna, 373, 379-80, 385, 425
sertões, Os (Euclides da Cunha), 330
Serva, Mário Pinto, 322
Setúbal, Paulo, 343, 345
Severini, Gino, 290
Severo, Ricardo, 381
Shattuck, Roger, 264
Shead, Richard, 264
Shelley, Percy Bysshe, 373
Shortt, W. H., 255
Silva Telles, Gofredo da, 409
Silveira, Valdomiro, 343
simbolismo, 38, 106, 267, 303
Simi, Arbace, 89
Simonsen, Roberto, 206
sindicalismo *ver* operariado: reação do
Siqueiros, David, 304, 307
socialismo, 69, 146
"sociedade, A" (crônica), 58
Sociedade de Cultura Artística, 325, 334-6, 350
Sociedade Sportiva Paulista, 107
Sócrates, 228, 421
Solar, Xul, 304
"song of a man who has come through, A" (Lawrence), 238
"sonho de uma terça-feira gorda, O" (Bandeira), 361
Sorel, Georges, 222, 272, 290, 293
"Sorte" (Ribeiro Couto), 370
Soupault, Philippe, 359
Sousa, Cláudio de, 132

Souza Lima, Álvaro Pereira de, 347, 391, 393
Souza-Cardoso, Amadeu de, 296
Spengler, Oswald, 253, 353
Sports (revista), 67, 87, 133
Stein, Gertrude, 277
Stein, Leo, 277
Stieglitz, Alfred, 300-2
Storchio, Rosina, 324
Stracciari, Riccardo, 324
Stravinski, Igor, 32, 163, 230, 265, 326, 385-6
Suffi, Courtis, 127
surrealismo, 38, 252, 261, 304, 393, 395

Tagliaferro, Madalena, 347
Tagliaferro, maestro, 347
Tailleferre, Germaine, 282
talismãs, 317; *ver também* amuletos
Tatlin, Vladimir, 294
Taylor, Francis Henry, 300
Taylor, Frederick Winstow, 255
teatro, regionalismo paulista no, 345-7
Teatro Municipal, São Paulo, 162, 168, 323, 325, 327, 336, 356, 372-3, 379
tecnologia, inovações da, 230-2, 263
tempo: e trabalho (produção), 255; esporte e, 254-5; gerenciamento do, 254-5
Thiollier, René, 381, 409
Thiry, Robert, 120
Thooris, A., 76
tifo, 194-5; *ver também* bairros; imprensa; urbanização
Tissié, Philippe, 76
Tolstói, Leon, 60, 373
Tompkins, Calvin, 300
torre de Babel, A (Kafka), 243
"torre de crânios, A" (Rosenberg), 235, 236
Torres-García, Joaquín, 304
Três dançarinos (Picasso), 362
Trilce (Vallejo), 306

Tristão e Isolda (Wagner), 163
Triste fim de Policarpo Quaresma, O (Lima Barreto), 331
Troeltsch, Ernst, 251
Trubetskoi, Pavel, 293
Tupinambá, Marcelo, 387
Tzara, Tristan, 306

Ubirajara (filme), 345
Ubu roi (Jarry), 265, 268
Ulisses (Joyce), 297
universo, origem do, 220
Unwin, Raymond, 180
urbanização: Antônio Prado e racionalismo urbano, 173-5; espaço urbano e população, 61, 145-51, 154; arborização e paisagismo, 160-2; arquitetura, 168-73; cópia dos centros europeus e dos Estados Unidos, 171-3; crescimento desordenado, 183-5; *ver também* botânica
Uruguai, 74; *ver também* América
Urupês (Monteiro Lobato), 330
Usteri, A., 161

vaca na Torre Eiffel, A (composição de Donga), 282
Valéry, Paul, 227, 229
Vallejo, César, 304, 306
Van Gogh, Vincent, 274
Varèse, Edgard, 257
Vargas, Getúlio, 423, 425
Vasconcelos, José, 307, 384, 416
Vedrines, Jules, 120
Velasquez, Glauco, 326
Verde velhice (Villa-Lobos), 379
Verdi, Giuseppe, 60, 144
Verdier, Jean-Antoine, 116
Vertov, Dziga, 39
Vida roceira (Leôncio Oliveira), 344
Villa-Lobos, Heitor, 326, 348, 372-3, 379-80, 382-6, 388-91, 394, 396
Villa-Lobos, Lucília, 379

Villion, Jacques, 286
Virgílio Maro, Públio, 37
Voltolino, 125, 327, 347
Von Ihering, Hermann, 347
Vries, Hugo de, 247

Wagner, Richard, 60, 163, 410
Warchavchik, Gregori, 399
Washington Luís [Pereira de Sousa], 85-6, 107, 116, 119, 121-2, 143, 145, 147-8, 161, 196-8, 200-3, 322, 335-6, 341-2, 353, 356, 373, 379, 381
Weber, Max, 251

Whiteman, Paul, 255-6
Wiene, Robert, 39
Wiener, Jean, 386
Wilde, Oscar, 297
Wittgenstein, Ludwig, 249

Yeats, William Butler, 238
Yodebska, Misia, 257

Zadig, William, 314
Zé Boiadero, 282, 386
Ziegler, 77
Zweig, Stefan, 236

Crédito das ilustrações

Figura órfica: Chin, na *Revista Illustração Brazileira* VIII, 8, out. 1920; *Le rideau de Parade*: Musée National d'Art Moderne, Paris; *Quatro mulheres*: *Revista Paratodos*, 23/12/1922; *A dançarina Kyra*: estudo de James Hargis Connelly, na *Revista Paratodos*, 25/11/1922; *R. Valentino*: Móra, na *Revista Paratodos*, 23/9/1922; *J. Baker*: Lipnitzki-Viollet; *Jack in the box*: Bibliothèque de l'Opéra de Paris, coleção Boris Kochno; *M. Ray*: Coleção Lucien Treillard, Paris; *La création du monde*: Fondation Erik Satie, Paris; *Dançarina de Von Laban*: Fondation Erik Satie, Paris; *Marionete para teatro de sombras dadaísta*: Fondation Erik Satie, Paris; *Madam Satan*: foto de cena do filme produzido por Cecil B. De Mille em 1930; *Navios e aviões de guerra*: *Revista da Semana*, 26/2/1921; *Panhard*: cartaz publicitário, c. 1930; *LeMans*: Bibliothèque Nationale, Paris; *Cafés du Brésil*: *A Gazeta* (1929); *Olimpíadas de Antuérpia*: *Revista Illustração Brazileira* (set. 1920); Martinelli: apud Benedito Lima de Toledo, *São Paulo: três cidades em um século*, 2ª ed. amp., São Paulo, Duas Cidades, 1983; *São Paulo, a sinfonia de uma metrópole*: cartaz do filme, acervo Cinemateca Brasileira; *Cidade moderna*: K. Podsadeck, 1928; *Anhangabaú*: British Chamber of Commerce of Sao Paulo & Southern Brazil, *Sao Paulo: Official Yearly Handbook* (São Paulo), 1930, apud Benedito Lima de Toledo, *São Paulo: três cidades em um século*, 2ª ed. amp., São Paulo, Duas Cidades, 1983; *rio Pinheiros*, Centro de Memória Hans Nobilieg, Esporte Clube Pinheiros; *Heróis do Brasil F. C.* (1928): DPH do Arquivo Negativo da DIM — Secretaria Municipal de Cultura de São Paulo; *Pouso de Edu Chaves em Buenos Aires*: *Revista da Semana*, 15/1/1921; *Edu Chaves*: *Revista da Semana*,

8/1/1921; *Corrida de motos*: *Revista da Semana*, 9/4/1921; *Monumento a Olavo Bilac*: *Revista Paratodos*, 14/10/1922; *Monumento a Carlos Gomes*: *Revista Paratodos*, 21/10/1922; *M. Centofany e A. Ardany*: *O Malho*, 2/10/1922; *Desfile militar*: *O Malho*, 30/9/1922; *Revista das tropas*: *Revista Paratodos*, 4/12/1922; *Registro de imigrantes*: DPH do Arquivo Negativo da DIM — Secretaria Municipal de Cultura de São Paulo; *Criança operária*: DPH do Arquivo Negativo da DIM — Secretaria Municipal de Cultura de São Paulo; *Enchente, no Butantã*: Acervo Eletropaulo; *Bombardeio*: Acervo Eletropaulo; *Carros blindados*: foto cedida por *O Estado de S. Paulo, Delegacia do Cambuci*: *Revista Eu Vi* I, 3 (3/11/1930).

Todos os esforços foram feitos para localizar a origem e a propriedade do material iconográfico publicado neste livro. No caso de qualquer dúvida quanto ao uso de alguma ilustração, a Editora Companhia das Letras, expressando seu pesar por qualquer erro que tenha sido inadvertidamente cometido, ficará contente em poder fazer as necessárias correções nas futuras edições.

1ª EDIÇÃO [1992] 5 reimpressões
2ª EDIÇÃO [2024]

ESTA OBRA FOI COMPOSTA PELA PÁGINA VIVA EM MINION E IMPRESSA PELA GRÁFICA BARTIRA EM OFSETE SOBRE PAPEL PÓLEN NATURAL DA SUZANO S.A. PARA A EDITORA SCHWARCZ EM JANEIRO DE 2024.

A marca FSC® é a garantia de que a madeira utilizada na fabricação do papel deste livro provém de florestas que foram gerenciadas de maneira ambientalmente correta, socialmente justa e economicamente viável, além de outras fontes de origem controlada.